Seminar on Criminal Law
(2nd Edition)
Mitsue KIMURA
University of Tokyo Press, 2016
ISBN978-4-13-032379-6

演習刑法

[第2版]

木村光江 [著]

東京大学出版会

はしがき

　本書は，司法試験を目指す皆さんに向け，刑法の答案の書き方を学ぶことに焦点を絞った演習書である。このコンセプトは初版から変わらないが，内容的には大幅に変更を加えた。大きな変更点は次の４点である。
　(1) 司法試験の試験問題がほぼ定着したので，それに沿った形式の設問とし，問題文の長さ，論点の多さも本試験に近いものとした。
　(2) ただ，司法試験の問題も変化してきており，当初は長文の中から事実を拾って，例えば故意の有無等を認定させるといったものもみられたが，近年は，そのような問題は少なくなり，問題文も短くなってきている。本書では，このような変化も取り入れて問題を作成した。
　(3) 初版では，総論・各論を明確に分けた構成となっていたが，2版ではすべて総論・各論の融合問題とした。章立ては「総論」「各論」と区別したが，各設問は主として総論ないし各論の論点が多いというに過ぎない。
　(4) 初版では，解説の後に「解答案」を提示したが，2版では「解説」の前に置いた。設問を読み，まずは自分で解答案を作成してみることが重要だと考えたからである。
　また，初版から引き続き，実践書に徹するために以下の７点の工夫をした。
　(1) 設問は，すべて新しい判例・裁判例の事案を参考とし，最新論点を取り上げるようにした。
　(2) 設問に続き「論点の整理」を示し，どのような意図で問題作成に当たったかを示した。論点を見つけ出すことは，出題者の意図を読み解くことであり，答案作成の柱となる。
　(3) 「論点の整理」の次に「解答の筋道」を付けた。答案作成のためのガイドを示したもので，いかなる罪が問題となるのか，そこで問題となっている論点は何かをはじめ，各論点ごとのポイント，把握しておくべき判例などを示した。
　(4) 全ての設問について「解答案」を示した。私自身の学生時代の経験か

らも，実際に模範答案を見て，（誤解を恐れずにいえば）それを「真似る」ことが非常に役立つからである。それぞれの答案作成に当たっての具体的な注意点を，「答案作成上の注意」として示した。

　(5) 各講の末尾に「参考判例」を示した。論点を把握する上では，重要判例を知っておくことが非常に有用だからである。

　(6) 解説の中でも特に重要な「キーワード」についてはゴチックにした。答案では，そのキーワードを落とすことなく解答に反映させることが重要だというサインである。

　(7) 学習の整理のために，目次の他に「論点目次」を付けた。

　本書の利用方法は，学習の段階に応じて異なるであろう。ある程度学習の進んだ方は，まず「設問」のみを読んで自力で解答を作成し，それを「解答案」「解説」で検証する方法を採るとよいだろう。

　ただ，問題を読んだだけではどこから手を着けたらよいか分からないという場合は，まず「論点の整理」を読み，それをもとに書いてみるとよいだろうし，それでもよく分からない場合は，「解答の筋道」を確認した上で，答案構成を考えるようにしていただきたい。

　本書には「解答案」が提示されているが，全く同じ問題は2つとなく，この解答案を暗記することは意味がない。本書の「解答案」を参考に，各自の書きやすい「型」を自分で見つける必要がある。特に第1講は，予備試験受験者も意識し，答案の書き方の基礎を学んでもらいたいという趣旨で，論点の少ない基本的な問題とした。まず，第1講で問題の読み解き方，解答の組み立て方を身につけていただきたい。

　各講で示した設問の多くは，筆者がこれまで学部や法科大学院で行ってきた講義・演習で取り上げたものを元に作成した。学生の皆さんの質問から，極めて多くの示唆・刺激を受けた。問題を解くに当たってどこで迷うのか，それを解決するためにはどのような視点が必要なのかなど，学生の皆さんとの質疑応答から得られたものは多い。本書では，そのような質疑応答の成果もできる限り盛り込んだ。学生の皆さんとのやりとりが本書を作成するきっかけであったし，本書でそれらの疑問点の一部にでも答えることができてい

るとすれば幸いである。また，本書の校正に当たっては，首都大学東京・山科麻衣准教授，角田弥生助教の多大な協力を得た。本書が少しでも読みやすくなったとすれば，お二人のおかげである。

 初版の刊行から 10 年以上の歳月が経ってしまったが，この間，第 2 版刊行を勧め常に支えて下さったのが東京大学出版会の山田秀樹さんであった。山田さんには，改訂が遅れたお詫びと共に，心から御礼申し上げる。

　　2016 年 1 月

木 村 光 江

目 次

はしがき …………i
論点目次 …………xi
参照教科書一覧 …………xvii

第Ⅰ部 総論問題

第1講 実行行為と結果 …………3

設問（3）　論点の整理（5）　解答の筋道（5）　解答例（7）　解説（9）［1.甲の行為の分析——問題全体の把握（具体的な事例に応じた論点の整理）（9）　2.実行行為の意義（10）　3.故意の重要性（11）　4.結果の特定（11）　5.因果関係論の役割（12）　6.犯人の行為の介在（13）　7.甲の実行行為——実質的把握（15）　8.Dの死亡結果（17）］　参考判例（17）

第2講 実行行為・中止犯 …………19

設問（19）　論点の整理（21）　解答の筋道（22）　解答例（23）　解説（28）［1.甲の行為の分析——問題全体の把握（28）　2.殺人の準備行為（28）　3.実行行為の意義（29）　4.故意と計画の関係——故意の重要性（31）　5.Bについて（33）　6.着手未遂・実行未遂（34）　7.任意性（自己の意思により）（35）］　参考判例（38）

第 **3** 講 **因果関係** ··39

設問（39） 論点の整理（41） 解答の筋道（43） 解答例（44） 解説（48）
[1. 傷害致死罪（205 条）と危険運転致死罪（48） 2. 傷害致死罪と方法の錯誤──B に対する傷害罪（50） 3. 因果関係・客観的帰責──A に対する傷害致死罪（52） 4. 乙の罪責（55）］ 参考判例（55）

第 **4** 講 **不作為犯** ··57

設問（57） 論点の整理（60） 解答の筋道（61） 解答例（63） 解説（68）
[1. 不作為の殺人罪の実行行為性──甲の罪責（68） 2. 不作為犯の因果関係（72） 3. 不作為の遺棄致死罪──丙の罪責（73） 4. 乙の罪責（76） 5. 丁の行為（77）］ 参考判例（78）

第 **5** 講 **被害者の承諾** ··79

設問（79） 論点の整理（82） 解答の筋道（83） 解答例（84） 解説（90）
[1. 甲の乙，丙，丁，A に対する傷害罪──同意傷害（90） 2. 甲のレンタカーに対する行為（93） 3. 乙が保険金を騙取する行為（94） 4. 乙が丁を脅してしゃべらないようにするために，丁の指を詰める行為（94）] 参考判例（96）

第 **6** 講 **挑発行為と正当防衛** ··97

設問（97） 論点の整理（99） 解答の筋道（99） 解答例（101） 解説（104）［1. 傷害罪の構成要件該当性──実行行為性（104） 2. 正当防衛の成否──喧嘩両成敗と自招防衛（105） 3. 防衛するための行為（107） 4. C に対する傷害罪の成否（111）］ 参考判例（113）

第 **7** 講 **誤想過剰防衛** ··114

設問（114） 論点の整理（116） 解答の筋道（117） 解答例（118） 解説

(123)［1. 甲が台所でAをナイフで刺す行為（第1行為）の罪責（123）　2. 乙が踊り場で刺した行為（第2行為）（126）　3. 乙の罪責（130）］　参考判例（133）

第8講 原因において自由な行為 ……………………………………134

設問（134）　論点の整理（136）　解答の筋道（137）　解答例（138）　解説（142）［1. 問題の所在（142）　2. 原因において自由な行為（143）　3. 責任能力判断と実行行為（146）　4. 原因行為と結果行為との関連性（146）　5. Bに対する侵害行為と責任能力（150）］　参考判例（152）

第9講 不作為と共犯 …………………………………………………153

設問（153）　論点の整理（156）　解答の筋道（157）　解答例（158）　解説（163）［1. 乙の罪責（163）　2. 甲の罪責（165）　3. 丙の罪責（167）　4. 私文書作成罪の成否（169）］　参考判例（171）

第10講 過剰防衛と共同正犯 …………………………………………172

設問（172）　論点の整理（174）　解答の筋道（175）　解答例（176）　解説（180）［1. 甲が，アパート階段付近でAを刺した行為（180）　2. 乙がAに車を衝突させた行為（182）　3. 乙が甲に傷害を負わせた行為（184）］　参考判例（186）

第11講 共同正犯と幇助 ………………………………………………188

設問（188）　論点の整理（191）　解答の筋道（192）　解答例（193）　解説（197）［1. 甲の罪責について（197）　2. 乙の罪責について（201）　3. 丙の罪責について（203）］　参考判例（204）

第12講 間接正犯と教唆犯 ……………………………………………………… 205

設問（205）　論点の整理（207）　解答の筋道（208）　解答例（208）　解説（213）［1. 甲とAとの共犯関係（213）　2. 間接正犯と共謀共同正犯（214）　3. Aの強盗罪の成否と甲の罪責（216）　4. 甲のBに対する傷害罪の成否（217）　5. 乙の罪責について（218）］　参考判例（220）

第13講 共犯と離脱・錯誤 ……………………………………………………… 221

設問（221）　論点の整理（224）　解答の筋道（225）　解答例（226）　解説（231）［1. 事前の共謀の内容（231）　2. 乙の罪責について（233）　3. 甲の罪責について（235）　4. 丙の罪責について（236）］　参考判例（238）

第14講 共犯と罪数 ………………………………………………………………… 240

設問（240）　論点の整理（243）　解答の筋道（243）　解答例（244）　解説（250）［1. 寄付金詐欺（250）　2. 銀行口座の開設について（251）　3. 威力業務妨害罪の成否（252）　4. 公務執行妨害罪の成否（255）　5. Iの傷害結果について（257）］　参考判例（258）

第Ⅱ部　各論問題

第15講 業務妨害罪 ………………………………………………………………… 261

設問（261）　論点の整理（264）　解答の筋道（264）　解答例（265）　解説（270）［1. 信用毀損罪の実行行為（270）　2.「信用」の毀損（271）　3. 間接正犯の成否（272）　4. ニコチン入りのジュースを店頭に置く行為（273）　5. 掲示板への書き込みと実行行為（274）　6. 公務と業務の関係（274）　7. Xコンビニに対する業務妨害罪（276）　8. 乙の共犯関係（276）］　参考判例（277）

第16講 不法領得の意思 ……………………………………………………… 278

設問（278）　論点の整理（280）　解答の筋道（281）　解答例（281）　解説（286）［1. 返還意思と不法領得の意思（286）　2. 窃盗の既遂時期と詐欺未遂罪（288）　3. Dに対する事後強盗罪（290）　4. 建造物侵入罪の成否（291）　5. Gに対する事後強盗罪（291）　6. 公務執行妨害罪の成否（292）　7. 事後強盗罪と共犯──乙の罪責（293）　8. 乙のHに対する傷害（295）］　参考判例（295）

第17講 窃盗罪 ……………………………………………………………………… 298

設問（298）　論点の整理（300）　解答の筋道（301）　解答例（301）　解説（307）［1. コピーの文書性とファクシミリ（307）　2. 契約申込書の偽造（310）　3. 電話機の奪取行為（311）　4. パチスロのメダルの窃取行為（313）］　参考判例（315）

第18講 強盗罪 ……………………………………………………………………… 317

設問（317）　論点の整理（319）　解答の筋道（320）　解答例（321）　解説（326）［1. 傷害罪の共謀（326）　2. 不法領得の意思（326）　3. 乙の現金強取──反抗抑圧後の財物奪取意思（328）　4. 共犯者間の犯罪の成否（329）　5. アルバイト店員Bが傷害を負った行為（330）］　参考判例（331）

第19講 詐欺罪 ……………………………………………………………………… 333

設問（333）　論点の整理（335）　解答の筋道（336）　解答例（337）　解説（344）［1. 欺く行為の意義（344）　2. マンションの賃貸借契約を締結する行為（346）　3. 乙が丙にクレジットカードを利用させる行為（348）　4. 丙の罪責（348）　5. 丁の罪責（351）］　参考判例（351）

第20講 横領罪・背任罪 ……………………………………………353

設問（353） 論点の整理（355） 解答の筋道（356） 解答例（357） 解説（364）［1. 甲・Ｂ間の抵当権設定契約に関する問題（364） 2. 乙に対する抵当権設定行為に関する問題（367） 3. 丙への売却行為について（369） 4. 乙の罪責について（371） 5. 丙の罪責について（373）］ 参考判例（374）

第21講 放火罪 ……………………………………………………376

設問（376） 論点の整理（379） 解答の筋道（379） 解答例（380） 解説（386）［一 甲の罪責について（386） 1. 現住建造物放火罪の成否（386） 2. 正当防衛・緊急避難の成否（388） 3. 丙，丁及びＡに対する傷害罪（389） 4. 甲の罪責の処理について（391） 二 乙，丙及び丁の罪責について（392） 1. 傷害罪の成否（392） 2. 放火罪・失火罪について──丁が消火を断念して逃走した行為（392）］ 参考判例（393）

第22講 文書偽造罪 ………………………………………………395

設問（395） 論点の整理（398） 解答の筋道（399） 解答例（399） 解説（406）［一 甲の罪責（406） 1. 乙に被保険者証を交付させる行為（406） 2. Ｐ金融からＰカードを受領する行為（406） 3. Ｓ銀行に対する行為（409） 4. 丙にキャッシュカードを使用させた行為（410） 二 乙の罪責（410） 三 丙の罪責（411）］ 参考判例（412）

第23講 賄賂罪 ……………………………………………………414

設問（414） 論点の整理（417） 解答の筋道（418） 解答例（419） 解説（426）［一 甲の罪責（426） 1. 恐喝罪の成否（426） 2. 加重収賄罪の成否について（426） 二 丁の罪責（428） 1. 恐喝罪の成否（428） 2. 収賄罪の共同正犯の成否（428） 3. 横領罪の成否（429） 三 乙の罪責（430） 1. 業務上横領罪について（430） 2. 丙にファイルを持ち出させ，コピーを作成さ

せる行為について（431）　3. 金庫内の金員に対する業務上横領罪（432）
4. 贈賄罪（434）　四　丙の罪責（434）］　参考判例（435）

事項索引 ……………437
判例索引 ……………441

論点目次

1 客観的構成要件

1-1 実行行為

実行行為の1個性（❶❷）　実行行為と故意の関係（❶）

1-2 不作為犯

不作為による殺人罪（❹❽）　不作為による遺棄罪（❹⓭）
不作為による欺く行為（⓱）　不作為による傷害罪（⓲）
不作為による放火罪（㉑）　不作為による幇助（❾）

1-3 因果関係

条件関係（❶）　相当因果関係論（❶❸）　客観的帰責論（❸）
行為者の行為の介在（❶）　被害者の行為の介在（❸）
第三者の行為の介在（❹❺㉑）　因果関係の認識（❸）

1-4 未遂犯

実行行為の意義（❶❷）　実行の着手（❶❷）
実行未遂と着手未遂（❷）　中止犯の任意性（❷）
殺人罪の実行の着手（⓯）　窃盗罪の実行の着手（⓫⓬⓭⓰）
放火罪の実行の着手（㉑）

1-5 被害者の承諾

被害者の承諾（❺）　承諾と社会的相当性（❺）　同意傷害（❺）

2 主観的構成要件

2-1 故　意

故意の意義（❶）　客観的構成要件の認識（❶❷）
未必の故意（❷❻）　具体的事実の錯誤（❸）

抽象的事実の錯誤（❶⑧）　　法定的符合説と未必の故意（❷⑫）
故意の個数（❸）　　因果関係の錯誤（❸）
法律の錯誤（⑭）　　第三者に生じた防衛結果（❻⑩）
誤想防衛（❻⑩㉑）　　誤想過剰防衛（❼⑩㉑）
誤想過剰防衛と共犯（❼）　　誤想避難（❻）

2-2 過　失

重過失（❽）　　過失行為に対する防衛（❼）

3 違法性

3-1 正当防衛

防衛行為の連続性（❼）　　自招防衛（❻）
積極加害意思と急迫性（❻❼⑩⑫）　　積極加害意思と防衛の意思（❻⑩）
第三者に生じた防衛結果（❻⑩）　　量的過剰（⑫）
過剰防衛と共同正犯（⑩）

3-2 緊急避難

緊急避難（❻⑩㉑）　　現在の危難（㉑）
補充性の過剰（㉑）　　過剰避難（㉑）

4 責任能力

原因において自由な行為

行為と結果の同時存在の原則（❽）
限定責任能力と原因において自由な行為（❽）
責任能力と故意（❽）

5 共犯論

5-1 共犯論総論

行為共同説・犯罪共同説（❹❾）　　要素従属性（⑫）
間接正犯における行為支配（⑫）

5-2 共同正犯

間接正犯と共謀共同正犯（❷❷）　　正犯と共犯の区別（⓫㉓）
共謀の射程（❺❼❾⓫⓭⓮⓱⓲㉑㉓）　　共犯と錯誤（⓭）
過剰防衛と共同正犯（❿）　　誤想過剰防衛と共同正犯（❼）
共同正犯と幇助の限界（⓫）

5-3 教唆犯・幇助犯

間接正犯と教唆犯の限界（⓬）　　幇助の因果性（⓫⓱⓲）
不作為の幇助（❾）　　教唆の共謀（❾）

5-4 共犯の諸問題

共犯と身分（⓰⓴㉓）　　65条1項と2項の関係（⓴㉓）
共犯の離脱・解消（⓭）　　承継的共犯（❼⓮⓰㉓）
傷害罪と承継的共犯（⓮）　　事後強盗罪と承継的共犯（⓰）

6 罪　数

包括一罪（㉑）　　科刑上一罪（⓮）　　観念的競合と法条競合（⓮）
かすがい現象（⓰⓲㉑）　　寄付金詐欺と罪数（⓮）

7 生命身体に対する罪

7-1 殺人罪

不作為の殺人（⓭）　　殺人罪と傷害罪の共同正犯（❾）

7-2 傷害罪・過失傷害罪

同意傷害（❺）　　同時傷害の特例（❼⓭⓮㉑）
傷害罪と承継的共犯（⓮）　　危険運転致死傷（❺）
業務上過失致死傷罪（❹）

7-3 遺棄罪

保護責任者遺棄罪（❹❾）　　保護責任者の地位（❾⓭）
不作為による遺棄罪（❹❾⓭）

8 自由に対する罪

8-1 強要罪
意思決定の自由の意義（⓱）

8-2 強姦罪
強姦罪の故意（⓲）

8-3 住居侵入罪
囲繞地（⓫）　　侵入の意義（❾⓬⓭）

9 信用業務に対する罪

9-1 信用毀損罪
信用の意義（⓯）　　業務妨害罪との関係（⓯）

9-2 業務妨害罪
公務と業務の関係（⓮⓯）　　虚偽の風説の流布・偽計の意義（⓯）
威力の意義（⓯）　　妨害結果（⓯）

10 財産犯

10-1 財産犯一般
財物と情報（㉓）　　不法領得の意思（⓰）
不法領得の意思と損壊の意思（⓭⓲）
不法原因給付と詐欺・横領罪（❾⓲⓳）
財産上の利益（⓫⓳⓴）

10-2 窃盗罪
窃取の意義（⓱）　　銀行預金の占有（㉓）
窃盗罪の既遂時期（⓰）　　窃盗罪と詐欺罪の限界（⓱）
親族相盗例と親族の範囲（⓴）

10-3 強盗罪
強盗罪の故意（⓲）　　反抗抑圧後の財物奪取意思（⓲）

論点目次●xv

事後強盗罪における暴行・脅迫の意義（⑪⑬⑯⑱）
事後強盗罪における窃盗の犯行の機会（⑯）
事後強盗罪の身分犯性（⑯）　　事後強盗罪と承継的共犯（⑯）
強盗致死傷罪と強盗の機会（⑪⑯）

10-4 詐欺罪

実行の着手（⑤）　　欺く行為の意義（⑲㉒）　　処分行為の意義（⑲）
詐欺罪における損害（⑲⑳）　　クレジットカード詐欺（⑪⑲）
無銭飲食（⑲）　　窃盗罪と詐欺罪の限界（⑰）

10-5 恐喝罪

恐喝罪と賄賂罪（㉓）

10-6 横領罪

横領罪における占有（⑳㉓）　　横領罪の不法領得の意思（㉓）
領得行為の意義（⑳）　　横領後の横領（⑳）
業務上横領罪の身分犯性（⑳）　　不法原因給付と横領罪（⑲）
横領罪と背任罪の限界（⑳）

10-7 背任罪

事務処理者（⑲⑳）　　任務違背行為（⑲⑳）　　図利加害目的（⑳）
背任罪における損害（⑳）　　横領罪と背任罪の区別（⑳）

10-8 毀棄隠匿罪

毀棄・隠匿の意義（③⑤⑫）　　器物損壊罪の故意（⑬）
窃盗罪と隠匿罪との共犯関係（⑬⑱）

11　社会法益に対する罪

11-1 放火罪

現住建造物の意義（㉑）　　建造物の一体性（㉑）　　放火罪の着手時期（㉑）
難燃性建造物と焼損（㉑）　　消火妨害罪（㉑）

11-2 偽造罪

人格の同一性の齟齬（⑰⑳㉒）　　コピー・ファクシミリの文書性（⑰㉒㉓）
名義人の承諾と偽造（⑲㉒）　　自署性（㉒）　　通称名の使用と偽造（㉒）
虚偽公文書作成罪（⑨）　　有印・無印（⑰㉒）　　行使・供用の意義（㉒）

電磁的公正証書原本不実記録罪（⑲⑳）　　虚偽診断書作成罪（⑨）

12　国家法益に対する罪

12-1 公務執行妨害罪

　　職務の要保護性（⑭）　　要保護性に関する錯誤（⑭）
　　公務と業務の関係（⑭⑮⑯）

12-2 犯人蔵匿罪

　　隠避の意義（⑰）　　犯人による犯人隠避の教唆（⑰）

12-3 賄賂罪

　　賄賂罪における職務権限（㉓）　　恐喝罪と賄賂罪（㉓）

参照教科書一覧

【総論】

浅田和茂『刑法総論』（補正版）2007
阿部純二『刑法総論』（増訂版）2001
板倉宏『刑法総論』（補正版）2007
井田良『講義刑法学・総論』2008
伊東研祐『刑法講義総論』2010
植松正『再訂刑法概論Ⅰ総論』1974
内田文昭『改訂刑法』（補正版）1997
大塚仁『刑法概説総論』（第4版）2008
大野平吉『概説犯罪総論』（補正版）1989
大谷實『新版刑法講義総論』（新版第4版補正版）2012
岡野光雄『刑法要論総論』（第2版）2009
小野清一郎『新訂刑法講義総論』1950
香川達夫『刑法講義総論』（第3版）1995
川端博『刑法総論講義』（第3版）2013
吉川経夫『刑法総論』（改訂版）1972
木村亀二『刑法総論』1959
木村光江『刑法』（第3版）2010
草野豹一郎『刑法要論』1956
江家義男『刑法講義総則編』（改訂版）1947
斉藤信宰『刑法講義総論』（第2版）2007
斎藤信治『刑法総論』（第6版）2008
齋野彦弥『刑法総論』2007
佐伯千仭『四訂刑法講義総論』1981
佐久間修『刑法総論』2009
沢登俊雄『刑法概論』1976
荘子邦雄『刑法総論』（新版）1981
曽根威彦『刑法総論』（第4版）2008
高橋則夫『刑法総論』（第2版）2013
団藤重光『刑法綱要総論』（第3版）1991
内藤謙『刑法講義総論上・中・下Ⅰ・Ⅱ』1983, 86, 91, 2002
中義勝『講述犯罪総論』1980
中野次雄『刑法総論概要』（第3版）1992
中山研一『刑法総論』1982
奈良俊夫『概説刑法総論』1984
西田典之『刑法総論』（第2版）2010
西原春夫『刑法総論』1977
野村稔『刑法総論』（補正版）1998
橋本正博『刑法総論』2015
林幹人『刑法総論』（第2版）2008
日髙義博『刑法総論』2015
平野龍一『刑法総論Ⅰ・Ⅱ』1972, 75
平場安治『刑法総論講義』1952
福田平『全訂刑法総論』（第5版）2011
藤木英雄『刑法総論講義』1975
堀内捷三『刑法総論』2000
前田雅英『刑法総論講義』（第6版）2015
牧野英一『刑法総論上・下巻』1958, 59
町野朔『刑法総論講義案Ⅰ』（第2版）1995
松原芳博『刑法総論』2013
松宮孝明『刑法総論講義』（第4版）2009
宮本英脩『刑法大綱』1935
山口厚『刑法総論』（第2版）2007
山中敬一『刑法総論』（第3版）2015

【各論】

板倉宏『刑法各論』2004
井田良『刑法各論』（第2版）2013
伊東研祐『刑法講義各論』2011
内田文昭『刑法各論』（第3版）1996
植松正『再訂刑法概論Ⅱ各論』1975
植松正＝日髙義博『新刑法教室Ⅱ』2001
大塚仁『刑法概説各論』（第3版増補版）2005
大谷實『刑法講義各論』（新版第4版）2013
岡野光雄『刑法要説各論』（第5版）2009
小野清一郎『新訂刑法講義各論』（第3版）1950
香川達夫『刑法講義各論』（第3版）1996
川端博『刑法各論講義』（第2版）2010
吉川経夫『刑法各論』1982
木村亀二『刑法各論』1959
木村光江『刑法』（第3版）2010
江家義男『刑法各論』（増補版）1963
小暮得雄他編『刑法講義各論』1988
斉藤信宰『刑法講義各論』（新版）2007
斎藤信治『刑法各論』（第4版）2014
佐伯千仭『刑法各論』（訂正版）1981
佐久間修『刑法各論』（第2版）2012
須之内克彦『刑法概説各論』（第2版）2014

曽根威彦『刑法各論』（第 5 版）2012
高橋則夫『刑法各論』（第 2 版）2014
団藤重光『刑法綱要各論』（第 3 版）1990
中義勝『刑法各論』1975
中谷瑾子『刑法各論講義上』1983
中森喜彦『刑法各論』（第 3 版）2011
中山研一『刑法各論』1984
西田典之『刑法各論』（第 6 版）2012
西原春夫『犯罪各論』（第 2 版）1983
林幹人『刑法各論』（第 2 版）2007
日髙義博『刑法各論講義ノート』（第 2 版）1998
平川宗信『刑法各論』1995
平野龍一『刑法概説』1977
福田平『全訂刑法各論』（第 3 版増補版）2002
藤木英雄『刑法講義各論』1976
堀内捷三『刑法各論』2003

前田雅英『刑法各論講義』（第 6 版）2015
牧野英一『刑法各論上・下巻』1950，51
町野朔『刑法各論の現在』1996
松宮孝明『刑法各論講義』（第 3 版）2012
松村格『日本刑法各論教科書』（第 2 版）2007
宮本英脩『刑法大綱』1935
山口厚『刑法各論』（第 2 版）2010
山中敬一『刑法各論』（第 3 版）2015

大コンメ 1～13　大塚＝河上＝佐藤編『大コンメンタール 1～13 巻』（第 2 版）1999～2006（第 3 版，2013～）
前田雅英他『条解刑法』（第 3 版）2013
前田雅英『最新重要判例 250 刑法』（第 10 版）2015
山口厚他『刑法判例百選Ⅰ・Ⅱ』（第 7 版）2014

【法令】【判例集】【雑誌】の略記は通常の例による。

第 I 部 総論問題

実行行為と結果

▶設 問

甲の刑事責任について，具体的事実を示しつつ論じなさい（特別法違反の点を除く。）。

1　甲（30歳）は，妻A（28歳）及び長女B（2歳）とマンションの9階に暮らしていたが，2年ほど前から甲は働いておらず，家計はホステスであるAが支えており，甲は，家事やAを勤務先の店に送り迎えするなどしていたが，普段から，甲はAから甲斐性がないと言われ，近隣の部屋に聞こえるような夫婦げんかを繰り返していた。

2　平成24年4月11日午後8時頃，Aは出勤のため居間にある化粧台の前で化粧をしていたが，その直前にも夫婦げんかをしていたことから，甲は，Aを店に送っていかないと言い出した。それに対しAは，「それなら，客の誰かに迎えに来てもらうからいい。」と言い出したため，甲は，そんなことは絶対に許せないと思い，しきりに止めようとしたが，逆にAから，「あんたは稼ぎもないくせに偉そうなことを言うな。私には強い味方がいるんだ。ここの家賃も私が払っているんだから，早く出て行け。Bは私が育てる。」などとなじられた。

3　甲は，以前からAが店の客の誰かと親しい関係にあるのではないかと疑っていたところ，現にAが客に送迎を頼むとか，味方がいるなどと言い出したことから，Aを他の者に取られるくらいならAもBも道連れにして，無理心中し，自分も死のうと思った。

　そこで，台所から包丁（刃体の長さ16.6センチメートル）を持ってきて，化粧をしているAの背後から，Aの髪の毛を摑んで引き倒し，床の上に仰向けに転がったAの身体の上に馬乗りになり，包丁で左胸部を1

回突き刺した。Aは，腕で包丁を避けようとして抵抗したため，胸部の他，両腕にも傷を負った。

4　傍にいたBが，この様子を見て大声で泣き出したため，甲はそちらに気を取られてAの身体から離れたところ，その隙にAが逃げようとして玄関に向かって走り出したため，甲は包丁を持ったまま後を追い，玄関でAを捕まえ，居間に引きずり戻した。その場にぐったりとしゃがみ込んだAに対し，「誰か特定の客と付き合っているんだろう。白状しろ。」と詰め寄ったところ，Aがぐったりしたまま首を縦に振って「ごめんなさい。」と言ったことから，やはりそうだったのかと思うと同時に，他の者にAを渡すぐらいなら，やはり一緒に死ぬ以外にないと思った。そして，Aの身体からは血が流れていたことから，このまま放置すれば失血死するだろうと思い，甲は包丁を台所に置きに行った。

5　ところが，Aは甲が居間から出て行った隙に，今度は玄関とは逆の方向にあるベランダに出て，ベランダ伝いに隣室のCに助けを求めようとして，約1メートルほどの高さのベランダの手すりに上った。台所から戻ってこれに気づいた甲は，Aが，いつも頼りにして相談に乗ってもらっているCのところに逃げ込もうとしているのが分かったため，絶対にCのところに行かせずに，確実にAを殺さなければならないと思った。そして，Aが抵抗するのでこれ以上包丁で刺すのは難しいと考え，Aを居間に連れ戻し，手足を縛って身動きできないようにした上で，自分もA，Bと一緒にガス中毒死しようと決意した。

6　そこで甲は，「何をしている。」と怒鳴りながら，居間に連れ戻そうとしてAに近づき，Aの足に摑みかかった。Aは，隣室のCの居室ベランダとの境の仕切り板を摑んで，C宅のベランダに移ろうとしたところ，甲から摑みかかられたため，ベランダの手すりの上で手を振り回すなどして抵抗したが，バランスを崩し，午後8時20分頃，地上から約24メートルのベランダから落下した。

　　Aが落下したのは，マンション敷地内のコンクリートで舗装された通路であったが，たまたまそこを通りかかった住民のD（男性，50歳）が，落下してきたAに衝突した。

7　AとDは，物音に気づいた住民の通報で到着した救急車により，午後9時過ぎに近くの医療センターに搬送されたが，Aは同日午後9時30分頃，同センターにおいて，D及び地面に激突したことによる背部

及び胸部打撲による外傷性ショックにより死亡した。Dは，同じく搬送された医療センターにおいて，翌日午前3時頃，全身打撲により死亡した。Bには，外傷はなかった。

論点の整理

　犯罪は，構成要件に該当し，違法で有責な行為である。その内容については，本書で順次説明していくが，具体的に問題を解く上では，示された問題を分析し，まず，何罪の構成要件に該当するかを的確に判断することが重要である。事実を要件にあてはめていく作業は，実際にやってみるとかなり困難を伴うことが分かるであろう。

　客観的構成要件は行為と結果，そしてその間の因果関係から構成されている。そして，主観的構成要件（通常は故意）に該当することが必要である。両者がそろってはじめて構成要件該当性が認められることになる（木村33頁）。

　本講では，主として客観的構成要件該当性を検討する。本講の問題では，①包丁で刺す行為，②失血死させようとする行為，③ガス中毒死させようとして不安定な場所にいる被害者に摑みかかる行為が問題となる。これらの行為のうち，どの行為を「実行行為」として問題にすべきなのか，どこまで細かく分けて構成すべきなのか，それに対応して，どの「結果」が本講において重要なのかを考えてみよう。そして，そのような行為と結果との因果関係をいかに把握するのかも整理しておこう。

解答の筋道

1．甲の行為の分析——問題全体の把握
　　①包丁で刺す行為
　　②失血死させようとして放置する行為
　　③ガス中毒死させようとして不安定な場所にいる被害者に摑みかかる行為
　　→一連の殺人の実行行為といえるのかが問題
2．実行行為の意義

実行行為＝「犯罪構成要件が予定する結果発生の現実的危険性」のある行為
→①の刺突行為のみが実行行為か
→①～③は，一貫した殺害意図に基づく一連の殺人の実行行為
3．故意の重要性
・故意＝客観的構成要件の認識
→①～③は，「死の結果を発生させる危険性があることを認識しつつ」行った1個の実行行為
4．結果の特定
・いかなる結果を，構成要件該当結果とすべきか
→詰問して謝らせる行為（強要罪），摑みかかる行為（暴行罪）は，一連の殺害行為の一部→別個に評価する必要なし
5．因果関係論の役割
・原則として条件関係を前提に，その結果をその行為に帰責し得るか
6．犯人自身の行為の介入と考えるのか
・摑みかかる行為は「介在事情」か
7．甲の実行行為――実質的把握
・「摑みかかる行為は①～③の一連の殺害行為の一部」であり，その一連の殺害行為と転落死との因果関係あり
8．Dの死の結果
　(1) 実行行為の把握
　　・摑みかかる行為により，Aが転落し，Dが死亡
　　　→「Aの転落」が介在した因果関係の問題とする必要なし
　　　⇒Aに対する殺害行為により，AとDが死亡したと理解すれば足りる
　(2) Dに対する殺意の有無
　　・Aに対する殺意があり，その殺意をもった実行行為によりDが死亡
　　・敷地内通路を人が歩いていることは，およそ希有なことではない
　　　→Dに対する殺人の故意あり
9．甲の罪責
　甲には，A及びDに対する殺人既遂罪が成立（Bに対しては，犯罪は成立せず）

[答案作成上の注意]

本講は，導入のための問題であり，論点は他の講のものと比べ比較的単純である。そこで，記述すべき量としては下記の程度で足りよう。ただし，殺人罪の構成要件該当性が問題となること，複数の実行行為があるようにみえるが，一連の（1個の）殺人罪の実行行為であると評価すべきこと，その評価に当たっては，殺意の連続が重要であることは，正確に記す必要がある。

解答案

1．Aを死亡させた行為について

甲がAを転落死させた行為につき，殺人既遂罪（199条）が成立するか。

(1) 殺人の実行行為とは，人の死が発生する現実的危険性のある行為であり，殺意を持って行うことが必要である。

甲が，Aの身体の枢要部である胸部を，刃体の長さ16センチメートル余りの包丁という殺傷能力の高い凶器で刺す行為は，Aの死の結果を発生させる現実的危険性のある行為であり，殺意もあるから，甲の刺突行為は殺人罪の実行行為に当たる。

(2) もっとも，Aは刺突により直接死亡したのではなく，ベランダからの転落による外傷性ショックで死亡し，刺突行為と転落死の間に，甲がベランダの手すり上にいたAに摑みかかるという甲の行為が介在している。

そこで，殺人罪の実行行為である刺突行為と転落死との間に，行為者自身の摑みかかるという介在事情が存在するようにもみえる。

(3) しかし甲が，刺突行為に続き，Aを放置して失血死させようとし，さらにベランダからAを連れ戻してガス中毒死させようとした行為は，すべてAを殺害する意図で行われた，一連の殺害行為とみるべきである。

たしかに，ベランダで摑みかかる行為は，Aを突き落とす意図でな

されたものではないから，単なる暴行行為であるようにもみえる。しかし，地上20メートル以上の高さのあるベランダの手すり上にいる者に摑みかかる行為は，バランスを崩して転落させ，地面に身体を打ち付けることによって死の結果を生じさせる危険性があるものであって，それ自体で十分に死の危険発生の現実的危険性を有する行為である。また，Aを連れ戻すことは，Aをガス中毒死させるために必要不可欠な行為であり，既に重症を負っているAを室内に連れ戻せば，ガス中毒死させることに障害となる特段の事情は存在しない。よって，Aを連れ戻すために摑みかかる行為は，ガス中毒死させるという殺人の実行行為の一部を構成すると評価することができる。

刺突行為とベランダで摑みかかる行為とは，時間的に連続してなされており，場所もマンションの一室内で行われていること，甲は，一貫してAを殺害する意図を有していることから，刺突行為，失血死させようとして放置する行為，ベランダで摑みかかる行為は，すべて，一連の殺人罪の実行行為であり，1個の殺人行為であると解すべきである。

(4) Aは転落したことによる外傷性ショックで死亡しているが，Aの転落を直接招いた摑みかかる行為を含む，甲の一連の殺害行為からAの転落死が生じているから，因果関係も認められる。

よって，甲にはAに対する殺人既遂罪（199条）が成立する。

2．Dを死亡させた行為について

(1) Aを転落させ，そのAに衝突したDを死亡させたことについて，甲に殺人既遂罪（199条）が成立するか。

前述のように，甲がベランダの手すり上のAに摑みかかる行為は，殺人の実行行為に当たる。

ただし，甲の摑みかかる行為とDの死との間に，Aの転落という事情が介在しているので，因果関係の存否が問題となるようにみえる。しかし，甲がAに摑みかかる行為は，Aを転落させるという殺人の実行行為そのものであるから，Aを転落させるという殺人の現実的危険性

のある行為により，そのAをDに衝突させてDを死亡させたということができ，Aの転落を介在事情とする必要はない。

甲の，Aに対する殺人の実行行為から，直接Dの死の結果が発生しているから因果関係も認められる。

また，DがAと衝突したのはマンションの敷地内の通路であったが，そのような通路に住民が歩いていることは異常なこととはいえないから，因果関係が否定される事情は認められない。

(2) では，Dに対する殺意が認められるか。

Aという人に対する殺意があり，その殺意をもった実行行為によりDが死亡しているから，構成要件該当事実の認識に欠けるところはなく，Dに対する殺人罪の故意も認められる。

また，マンション敷地内を住民が通行することは日常的に行われることであり，およそ予想できない事態とはいえないから，主観的帰責が欠けるとして故意を否定するような事情も認められない（38条1項）。

よって，甲にはDに対する殺人既遂罪（199条）が成立する。

3．結　論

以上から，甲にはAに対する殺人既遂罪（199条）とDに対する殺人既遂罪（199条）が成立し，これらは1個の殺害行為により生じているから観念的競合（54条1項前段）に当たる。

以　上

● 解　説

1．甲の行為の分析──問題全体の把握（具体的な事例に応じた論点の整理）

甲の行為を細分化すると，①激昂して台所から包丁を取り出してAに向かって行き，②居間でAを仰向けに押し倒して馬乗りになり，③殺意をもって，包丁でAの胸部等を数回突き刺し重傷を負わせ，④重傷を負ったA

が玄関から逃げ出そうとするや，包丁を持ったまま後を追ってこれを居間に連れ戻し，⑤Aに詰問して謝罪させ，⑥失血死させようとして，包丁を置きにその場を離れたところ，Aがその隙にベランダに逃げ出し，手すり伝いに隣家に逃げ込もうとしていたところに摑みかかり，⑦Aがこれを避けようとしてバランスを崩し，ベランダから転落して死亡し，⑧Dがその巻き添えとなり死亡した，という段階に分けられる。

それぞれを完全にばらばらにして考察すると，①は，殺意があるとすれば，殺人罪の未遂になるか否かが問題となり，②は暴行罪，③は殺人未遂罪，④は暴行罪ないし逮捕罪が成立しそうである。そして⑤は強要罪の成否が問題となり，⑥は暴行罪で，⑦⑧について傷害致死罪が成立するようにみえる。

しかし，このような分析的な議論が無意味であることは，容易に理解できるであろう。本問の甲は，一貫してAを殺害する意図で行動しており，あくまでも一連の行為として捉え，「何罪が成立するのか」を把握すべきである。**行為者の意図は行為の連続性を考える上でも，非常に重要**である。その際には，まず，①から④まで（前半の行為）をひとまとめに考えた上で，それと⑤から⑦の後半の行為とが，完全に1つのものと見ることができるかを検討することになる。本問の最大のポイントは，**前半の行為と後半の行為を，全体として一体と考えられるか否か**にある。

2. 実行行為の意義

各構成要件が予定する行為を実行行為という。本講で問題とする殺人罪の実行行為は，「人を殺す行為」である。実行行為は，結果犯の場合には，各犯罪類型ごとに定められた結果を発生させる現実的危険性を持った行為を指す（木村42頁）。「殺す」行為とは，死の結果を生じさせた行為の全てを含むのではなく，類型的に人の死を導くような行為でなければならない。例えば，呪術で殺そうとしたところ，そのことを知った被害者が精神的に追い詰められて自殺したような場合は，「殺す行為」がなされたとはいえない。

このような実行行為が，その構成要件を特色づける最も主要な要素である。そして，殺害行為の開始である実行の着手が認められれば，殺人未遂としての処罰が可能となる。さらに，行為者に結果を帰属させるか否かの判断である因果関係は，実行行為と結果との間において問題となる（⇨第3講）。

実行行為に当たるか否かの判断は，形式的なものではない。例えば，実行行為は必ずしも行為者自身が自らの手で全てを行う必要はない。あたかも，ピストルを道具として人を殺すように，事情を全く認識していない者に毒を運ばせて目的の人物を毒殺する行為も，殺人罪の実行行為であることには変わりない。このように，人を「道具」として犯罪を実行する場合を間接正犯と呼ぶ。実行行為の有無は，「外形」のみで決まるわけではない。

本問の後段に関しても，「摑みかかる」という外形だけで判断するのではなく，実行行為を実質的に理解する必要がある。すなわち，「Aが転落したのは，Aが甲の攻撃を避けようとして自ら落下したのであって，甲が殺害したとはいえない」と考えてはならないのである。さらに，このような事例について，わざわざ「被害者Aの行為を利用した間接正犯」であると説明する必要もない。甲自身の，殺人の実行行為と考えられるからである。

3．故意の重要性

行為の**構成要件該当性判断を行うには，犯意がどのようなものであったか**を正確に理解しておくことが肝要である。本講の甲の場合，一家心中しようとして包丁を持ち出しており，はじめから殺意（殺人罪の故意）がある。

どのような構成要件該当性が認められるかを検討するには，主観面が非常に重要である。人が殺された場合，客観面のみを見れば，3つの犯罪類型が考えられる。殺人罪と傷害致死罪と過失致死罪である。そして，殺意がある場合が殺人罪であり，傷害ないし暴行の故意の認定にとどまる場合が傷害致死罪であり，それらが欠ければ（もちろん注意義務違反があることを前提に）過失致死罪となる。問題を解く上では，常に客観面と主観面を意識しなければならない。

そして，故意は客観的構成要件の認識であり，実行行為と同時に存在していなければならない。犯罪結果を認識しながら実行行為を行うからこそ，その行為に故意非難が向けられるのである。

4．結果の特定

現実の刑事司法手続は，基本的に，客観的な結果発生から出発する。例えば殺人罪であれば，人の死から捜査が始まる（殺人未遂であっても，被害者に

なんらかの「危険」が生じなければ，刑事手続は動き出さない）。そして，死の原因となった，例えばピストル発射行為等の実行行為が手繰り寄せられていき，さらには「殺意の有無」といった主観的領域にまで及んでいく。本講の問題でも，実際の事件であれば，Aの落下によるAとDの死から捜査は始まることになる。

　結果は客観的・外部的事情であり，その発生の有無は，主観的事情より明確である。ただし，「その構成要件が予定する結果」といえるか否かという評価を含むことに注意を要する。結果としての「危険性の発生の有無」を判断すべき場合はもちろん，「具体的な侵害結果」についても，各構成要件ごとに，実質的・具体的に論じられなければならないからである。

　構成要件該当の結果として取り上げるか否かが問題となるのは，軽微な結果である場合が多い。そして，問題を解く場合には，成立する他の犯罪との関係で，あえて取り上げる必要があるかについても考えなければならない。本問の③の包丁による重傷も，重大な結果ではあるが（この場合には殺人未遂の「結果」ということになる），全体として1個の殺人罪と考える場合には，その中で評価されることになる。まして，馬乗りになった暴行や謝罪させた強要行為について，その結果を個別に取り上げて論ずる必要はないし，論ずべきではない。

5．因果関係論の役割

　客観的な実行行為が認定され，それに応じた故意が認められ，当該構成要件が予定する結果が特定されたとしても，犯罪が完成したわけではない。実行行為と現に生じた結果との間に，**客観的な「原因と結果」と呼べる関係**がなければ構成要件該当性は完結しない。この「原因と結果」と呼べる関係の有無を論じるのが，因果関係論である。このような関係が認められない場合は，結果は行為者には帰責されず，未遂罪の成否が問題となるにとどまる（未遂処罰規定がある場合）。結果的加重犯（例えば傷害致死罪）の場合，重い結果との間に因果関係がなければ，基本犯（暴行罪や傷害罪）のみの罪責を負う。

　それでは，Aの外傷性ショック死は，甲の行為が原因となって生じたといえるのであろうか。「当該行為が存在しなければ当該結果が発生しなかったであろう」という関係（「あれなくばこれなし」の関係）を条件関係と呼ぶ。

刑法上の因果関係を判定する基礎として，重要な手がかりとして用いられてきたものである。

この条件関係は，かなり広い範囲で認められる。例えば，殴って軽傷を与えたところ，被害者が救急車で病院に運ばれる途中に交通事故で死んだ場合でも，「殴ること」と「死」の条件関係は存在する。殴らなければ救急車には乗らず，救急車に乗らなければ事故で死亡することはなかったからである。本問の場合，甲の⑥の摑みかかる行為がなければAの死（及びDの死）は生じなかったことは明らかなので，条件関係は認められることになる。

ただし，条件関係は「実行行為」と結果との関係でなければならない。では，⑥の摑みかかる行為が本問の実行行為といえるのであろうか。殺害行為は包丁で突き刺す行為ではないのか，それとも，③の包丁での刺突から⑥に至る一連の行為が実行行為と解されることになるのであろうか。ここで，再び実行行為の意義に戻ることになる。

また，条件関係を論じる「結果」は，現に生じた結果に限る。例えば，XがAを轢き，10時間後に死ぬような傷害を負わせたが，その場に倒れたままでいたAを，さらにその2時間後に，Yが轢いて即死させた事例の場合，問題となる結果は，現に生じた「2時間後の死」であり，10時間後の死ではない。もっとも，Xの轢過があったためにAがその場に倒れていた以上，Xの轢過行為とAの死との条件関係は肯定される（もちろん，Yの轢過とAの死との条件関係も肯定される）。

最決昭53・3・22（刑集32・2・381）は，誤って被害者をライフル銃で射ち，せいぜい10〜15分しか生きられない重傷を負わせたところ，被害者があまりに苦しんでいるのを見て射殺したという事案について，殺人罪（射殺）の他に業務上過失致傷罪（ライフル銃での誤射）の成立を認め，業務上過失致死罪の成立は認めなかった。初めの誤射と死との間の因果関係を否定したのである。しかし，ライフルで誤射しなければ，故意の射殺もなかったわけで，誤射と死との条件関係はある。致死罪を認めないということは，条件関係以外の部分で因果関係を否定したことになる（⇨第3講参照）。

6．犯人の行為の介在

因果関係は，条件関係のみで決まるわけではない。それでは因果関係が広

く認められ過ぎるからである。そこで現在の有力説は，条件関係が認められる場合のうち，裁判時に明らかとなった事実を前提に，**当該行為の危険性が結果に現実化**したものである場合に因果関係を認めるとする（⇨第3講，前田・総論127頁）[1]。

因果関係の存否が実際に問題になるのは，実行行為時に特別な事情が存在した場合や，実行行為と結果発生との間に第三者や被害者，さらには犯人自身の行為が介在する場合である。そして因果関係の存否は，単に「現に生じた因果経過がどれだけ突飛だったのか」だけでは判定できない。第三者や被害者の行為が介在して結果が発生した場合に，行為者の実行行為に結果を帰属させることができるか否かは，実行行為が**行為時の特別な事情や介在事情**とあいまって結果が発生したか否かによる。具体的には，（ア）実行行為そのものの持つ結果発生の確率の大小，（イ）行為時の併発事情ないし行為後の介在事情の異常性の大小，（ウ）実行行為と併発事情ないし行為後の介在事情の結果への寄与度の衡量の3つの要素を組み合わせることにより判断すべきである（前田・総論134頁）。

本講の事案は，因果関係が問題になる事例のうち，行為者自身の行為が介在する場合とみることも不可能ではない。行為者の行為が介在する類型の判例としては，①被害者を殺害しようと崖から川に突き落としたところ，崖の途中の木にひっかかった被害者が人事不省に陥ったため，行為者が，後日の弁解のために被害者を助けるように見せかけようとしたところ，行為者自身も落ちそうになったので手を放したため被害者が転落して死亡したという事案につき，殺人既遂罪を認めたもの（大判大12・3・23刑集2・254）と，②殺そうとして首を絞めたところ被害者がぐったりしたため，死んだと思い込んで犯行の発覚を防ぐ目的で砂浜に捨てたところ，実はまだ生きていた被害者が，首を絞められたことと砂末を吸い込んだことにより死亡した事案につき，殺人既遂罪を認めたもの（大判大12・4・30刑集2・378）がある。後者は，「社会生活上の普通観念に照し被告の殺害の目的を以て為したる行為と被害者の死と

---

[1] 従来の通説であった相当因果関係説（⇨第3講参照）は，条件関係の認められる場合のうち，一般人から見て結果発生が相当なものであると判断できる場合にのみ刑法的因果関係を認めるとしてきた。現在の有力説は，相当説が行為時の事情を中心に考えるのに対し，行為時に加え行為後の事情を考慮する点が異なる（前田・総論133頁参照）。

の間に原因結果の関係あることを認むるを正当とすべく被告の誤認により死体遺棄の目的に出でたる行為は毫も前記の因果関係を遮断するものに非」ずと判示した[2]。

　これに対し，③最決昭53・3・22（前掲13頁）は，誤射行為と死との因果関係を否定した。②の判例の場合，介在事情（砂浜に捨てた行為）は異常性が小さく，結果に対する寄与度は絶対的ではない。したがって，因果関係は否定されない。①の判例の事案もこれに近いと評価できる。他方，③の判例の場合，途中に介在した意図的射殺行為の異常性，結果発生への寄与度の重大性からみて，誤射行為につき因果関係が否定されることになる。

7. 甲の実行行為──実質的把握

　6.での分析は，①②③判例とも，第1行為のみを実行行為と把握し，それと最終結果との因果関係を問題とすることを前提としている。これに対し，第2行為により結果を発生させようとしたところ，第1行為により結果が発生したような場合を，**早すぎた構成要件の実現**と呼ぶ場合もある（山口・総論214頁）。そのような場合も，第1行為に結果発生の現実的危険性が認められれば，第1行為を実行行為と解して，その後の（第2行為も含めた）介在事情の実行行為への帰責を問題にすることとなる。

　しかし，本問の甲の場合，そもそも殺害行為である刺突行為（第1行為）が終了し，その後別個に摑みかかる行為（第2行為）が行われてAが死亡したと評価すべきか否かこそが問われるべき問題である。本問の甲は，一貫してAを殺害しようとして，「殺害行為」を複数回行ったに過ぎないと考えるべきである。なぜなら，包丁で刺した行為，失血死させようとした行為，ガス中毒死させようとして摑みかかる行為がなされている間，一貫してAを

---

[2]　これらの2判例のように，行為者は第1の行為で結果を発生させたと思い第2の行為を行ったところ，実は第2の行為によりはじめて結果が生じた事案を，ヴェーバーの概括的故意の問題と呼び，因果関係とは別個の問題として扱うこともある。ヴェーバーの概括的故意に関しては，①第1行為と第2行為を別個の行為として評価すべきとする見解（第1行為の故意未遂犯と第2行為の過失犯とする）と，②一連の行為とした上で，(a)第1行為の既遂犯とする見解と，(b)因果関係の錯誤とする見解がある（前田・総論146頁）。ただし，最も重要なのは，第1行為と第2行為を一連の行為とみることができるか否か，すなわち実行行為の特定の問題であり，それは具体的事案により異なる。

殺害し，自己も自殺するという意図が途切れていないからである。最後の「摑みかかる行為」もAを連れ戻してガス中毒死させるための行為の一部であった。そうだとすると，そもそも「犯人自身の行為の介在した場合の因果関係」を問題とするまでもなく，包丁で刺した後，さらにベランダで摑みかかる行為も，**1個の殺意に基づく1個の殺人行為**と理解しなければならないことになる。殺害しようとピストルを数発発射したが命中せず，しばらく追跡した後に改めて発射した弾丸で殺害した場合，全体として1個の殺人となるのとほぼ同様と考えられるからである。

本問の場合，甲の詰問に対しAが謝罪したので，甲が包丁を置きに行ったところ，Aはその隙にベランダに逃げ出したという経緯がある。そこで，甲の行為は，包丁を置きに行った時点で切断して考えるべきようにも思われる。しかし，同一居室内での短時間の事態であり，しかも包丁を置きに行った時の甲の内心は，放置して失血死させる意図であったから，甲のAに対する「殺意」は連続している。「一旦包丁を置きに行ったのだから，その後の摑みかかる行為の際の『殺意』は全く新たに生じたものである」と形式的に理解するのは妥当でない。

本問は**東京高判平13・2・20**（判時1756・162）を参考としたものであるが，東京高裁は，被害者を刺し殺そうという被告人の殺意は，刺突行為後においては，自己の支配下に置いて出血死を待つという内容に変化し，さらにその後，ベランダから逃げようとした被害者を連れ戻してガス中毒死させるという内容に変化しているものの，殺意としては同一であり，結局，刺突行為時から被害者に摑みかかった行為の時まで殺意が継続していたと認定した上で，「ベランダの手すり上にいる被害者を摑まえようとする行為は，一般には暴行にとどまり，殺害行為とはいい難いが，本件においては，被告人としては，被害者を摑まえ，被告人方に連れ戻しガス中毒死させる意図であり，被害者としても被告人に摑まえられれば死に至るのは必至と考え，転落の危険も省みず，手で振り払うなどして被告人から逃れようとしたものである。また，刺突行為から被害者を摑まえようとする行為は，**一連の行為**であり，被告人には具体的内容は異なるものの**殺意が継続**していたのである以上，被害者を摑まえる行為はガス中毒死させるためには必要不可欠な行為であり，殺害行為の一部とするのが相当であり，本件包丁を戻した時点で殺害行為が終了し

たものとするのは相当でない。」と判示した。

　甲の罪責を考えるには，刺突行為と摑みかかる行為を区別し，刺突行為のみを殺人の実行行為と解すると，最終的な死との因果関係は否定される余地もあろう。また，摑みかかる行為を殺害の実行行為とすれば転落死との因果関係の存在は明確であるが，甲の行為の把握として，刺突行為と完全に切り離してしまうと，摑みかかる行為自体が殺害の実行行為といえるか，さらに摑みかかる行為に殺意を認めることができるかは，必ずしも明らかではない。このように結論の妥当性に疑問があるだけでなく，実態としても，殺害意思の連続性，行為の時間的・場所的連続性からみて，刺突行為と摑みかかる行為とは一連の殺人の実行行為と解すべきであろう。なお，第2講の車の衝突と同様，20メートル以上の高さのベランダの手すり上にいる被害者に摑みかかる行為自体に，殺害結果発生の現実的危険性が認められる必要があることにも留意すべきである。

8．Dの死亡結果

　Aに対する殺人の実行行為により，Dが死亡しているから，法定的符合説からDに対する殺人罪の故意は否定されない。もっとも，法定的符合は故意の問題であり，その前提として，甲の殺害行為とDの死との間の因果関係が肯定されなければならない。例えば，その場所にDがいることが通常あり得ないといった事情がある場合には（例えば，立入厳禁の場所である等），因果関係が否定されることも皆無ではないであろう。

　なお，甲の行為とDの死との間に「Aの転落」が介在したと考える必要はない。1発の銃弾がAとDの両名に命中した場合と同じだからである。

　Bに対しては，何ら侵害行為を行っていないので，殺人予備罪を含め，犯罪は成立しない。

【参考判例】

大判大12・3・23（刑集2・254）　［解説］14頁参照。

大判大12・4・30（刑集2・378）　［解説］14頁参照。〈前田・重要判例No.24，伊東

研祐・百選Ⅰ No.15〉
最決昭 53・3・22（刑集 32・2・381）［解説］13 頁参照。〈仲道祐樹・百選Ⅰ No.14〉
東京高判平 13・2・20（判時 1756・162）［解説］16 頁参照。本問と類似の事案について，殺人既遂罪を認めた。〈前田・重要判例 No.8〉

実行行為・中止犯

▶設 問

 甲の刑事責任について，具体的事実を示しつつ論じなさい（特別法違反の点を除く。）。

1 甲（男性，40歳）は，かねてA（女性，35歳）に対して一方的に思いを寄せていたが，Aは，しつこくつきまとう甲を嫌っていた。甲は，Aが相手にしてくれないことから次第にAを恨むようになり，同女を殺害して自分も死のうと考えるようになった。甲は，殺害計画を実行する下調べをするために，Aの自宅付近で待ち伏せするなどしてAの日常の行動を探っていたが，Aは，朝，長女B（3歳）を保育園に連れて行き，その後勤務先で働いた後に，夕方保育園からBを引き取って帰宅すること，さらに，日曜日には会員制のスポーツクラブに通っていることなどを知るに至った。

2 甲は，平成27年5月8日の朝，今日，Aを殺害する計画を実行しようと決意したが，Aがスポーツクラブに通うなどしており，非常に俊敏であることが分かっていたので，殺害しようとしても逃げられてしまうのではないかと思い，Aを車で尾行して車をAに衝突させ，Aの動きを封じた上で刺し殺す方法で殺害することにした。そこで，同日の午後2時頃，自宅近くのスーパーマーケットC店で，包丁（刃渡り20センチメートル）を購入した。

3 甲は，続いて午後3時頃，尾行に用いる自動車をレンタカー会社から借り受けようと思い，購入した包丁を鞄に入れ，C店から約500メートル離れたレンタカー会社D店に向かった。

 甲は，計画を実行したあかつきには車を返却することはないと思って

いたが，Ｄ店の店員Ｅに対し，「半日，普通乗用車を借りたい。」と申し向け，12時間の契約で自動車を借り受け，料金として8,000円を支払い，追加料金が生じた場合には返却時に精算するという約束をした。

　甲は，借りた車を運転して，4時過ぎにＢの通う保育園から20メートルほど離れたコンビニの駐車場に停車し，包丁を鞄から取り出して，すぐに使えるように助手席に置いた。

4　同日の午後4時30分頃，ＡはＢを保育園から引き取り，自宅に向かってＢの手を引きながら，甲が待ち伏せしているコンビニの駐車場の前の道路を通りかかった。これを見た甲は，Ａが自車の前を通り過ぎるとすぐに車を発進させ，時速約20キロメートルの速度でＡの右斜め後方から車両前部を衝突させた。

　甲は，Ａを転倒させるつもりだったが，甲の思惑とは異なり，衝突の衝撃で，Ａは転倒することはなく，ボンネットに撥ね上げられて，後頭部をフロントガラスに打ち付けた。甲はすぐに車両を停止させたが，甲車両の停止後に，Ａは路上に落下した。さらに，Ｂは，直接その身体に車が衝突したわけではなかったが，Ａが車に衝突した衝撃でＢの身体が押されたため，コンクリートの路面に転倒して大声で泣き出した。

5　Ａは路上に落下した後，立ち上がってＢの方に駆け寄り，大声で「Ｂちゃん，Ｂちゃん。」と叫んだ。甲は，Ａが必死でＢの名前を呼んでいるのを見て，急に「Ａを殺すことはできない」との考えを生じ，包丁を手に取ることなく車から降り，しゃがんでＢを抱えるようにしていたＡのそばに行って，「ごめんなさい。Ａさんを殺して死ぬつもりだった。」と言った。

6　Ａは，以前からつきまとっている甲が近寄ってきたことから，慌ててＢを抱えてコンビニの店内に逃げ込んだ。Ａは，店員のＦ（男性，25歳）に対し，「助けて。警察を呼んで。」と叫んで，その場にしゃがみ込んでしまった。甲は，弁解しようとしてＡの後を追ったが，Ａが店の中に入ってからは，それ以上追うのをやめ，車をその場に放置したままその場から走り去った。Ｆが110番通報をしたため，ＡとＢは救急車で病院に搬送され，手当を受けたが，Ａは車に衝突したことにより，加療3週間を要する腰部及び頭部打撲の傷害を負い，また，Ｂも転倒したことにより加療2週間を要する頭部打撲の傷害を負った。

論点の整理

　犯罪は，構成要件に該当し，違法で有責な行為であるが，具体的に問題を解く上では，示された問題を分析し，まず何罪の構成要件に該当するかを判断することが重要である。本問の出題の主たる狙いは，「歩行者に自動車を衝突させる行為」を取り上げ，当該行為に殺人罪の実行行為性が認められるためには，どのような条件を満たせばよいかを検討することにある。

　特に，行為者が一定の殺害計画を立てたものの，計画通りに結果が発生しなかった場合，いかなる行為に殺人の実行行為性を認めるかについては，判断が難しい場合が少なくない。そもそも1個の行為なのか，それとも複数の行為とすべきなのかの判断が難しいからである。例えば，被害者を自動車に誘い込み，クロロホルムを使って失神させた上，溺死させるという計画を立て，車内で多量のクロロホルムを吸引させ，昏倒させ（第1行為），その上で，ぐったりした被害者を車で岸壁まで運び，車ごと海中に沈めた（第2行為）が，溺死ではなく，クロロホルム摂取による呼吸停止等により死亡した可能性が否定できない場合，「クロロホルムを吸引させる行為」が殺人の実行行為といえるかが問題となる（最決平16・3・22刑集58・3・187）。

　また，被害者を殺害しようとして，アパート室内で包丁で刺したが（第1行為），被害者がベランダに逃れたため，殺害行為を継続するために室内に連れ戻そうとして，ベランダの手すりに乗った被害者に摑みかかったところ（第2行為），被害者がベランダから転落して死亡した場合，「被害者に摑みかかる行為」が殺人の実行行為といえるかが問題となる（東京高判平13・2・20判時1756・162⇒第1講16頁参照）。

　本問が参考とした**名古屋高判平19・2・16**（判タ1247・342）は，自動車の衝突で転倒させ，その上で刺殺する計画だったところ，自動車を衝突させただけでその後の計画を実行しなかった事案であったが，「自動車を衝突させる行為」が殺人の実行行為に当たるかが争われた。

　本問では，計画の途中で自ら犯罪の継続を放棄していることから，中止犯が問題となるが，その前提として，そもそも殺人罪の実行の着手が認められるのか，さらに実行行為がまだ継続しているのかが的確に検討されていないと，中止犯の適用の可否も判断できないことに注意すべきである。当然のこ

とながら，殺人罪の実行行為の開始時点で，殺意が認められなければならない点も重要である。

解答の筋道

1. 甲の行為の分析——問題全体の把握
   ①包丁の購入行為，②レンタカーを借りる行為，③A，Bに車を衝突させる行為，④Aの様子を見て，急に殺害を断念し，立ち去る行為　が問題となり得る
   ⇒いずれの行為を「一連の行為」とみるかが重要
2. 殺人の準備行為
   ①包丁を購入する行為
   →殺人の準備行為だが，後に殺人未遂罪が成立するので，予備罪不成立
   ②レンタカーを借りる行為
   →殺人の準備行為の一部だが，自動車に対する1項詐欺罪として評価
3. 殺人罪の実行行為性
   ・車を衝突させる行為は殺人罪の実行行為か，準備行為に過ぎないか
     →衝突させる行為と，刺す行為が一連の行為といえるか
     →「一連の行為」の判断基準⇒密接行為といえるか
   ①第1行為が，殺人に至る客観的な危険性を有すること
     →危険性の大小により，②「密接性」の要求される程度が異なる
   ②密接行為性
     （ア）第1行為が第2行為を確実・容易に行うために必要不可欠であること
     （イ）第1行為から第2行為に至る間に，障害となる特別の事情がないこと
     （ウ）第1行為と第2行為との時間的場所的近接性があること
     （エ）結果実現意思の連続性
   ③第1行為時に故意があること
4. 故意と計画の関係
   (1) 実行行為性→客観・主観の両面が必要
     →客観的な結果発生の危険性　＋　主観的な客観的構成要件の認識
   (2) どの時点で殺意が認められるか
     客観的構成要件の認識→計画自体とは異なる
     →殺害計画があっても，客観的な構成要件該当行為の認識が必要
5. Bに対する罪責
   ・法定的符合説→Bに対しても殺人未遂罪の構成要件該当性あり

・ただし，本問の事案では，未必の故意あり
6．中止未遂の成否
　(1) 着手未遂・実行未遂の区別
　　　・計画も含めて実行行為終了の有無を判断
　(2) 中　止
　　　・着手未遂→断念すれば「中止した」といえる
　(3) 任意性
　　　・一般人であれば犯行を継続したか否か
　　　　→論理的には悔悟の念は不要，しかし，反省しているか否かは，任意性の判断要素として重要
　　　・甲が断念した動機，物理的障害の有無

● 解答例

[答案作成上の注意]

　主たる論点は，実行行為を一連のものとするか否かである。行為者の計画を考慮して判断することになるが，クロロホルムに関する決定（最決平16・3・22刑集58・3・187）の考え方を基本として整理することが肝要である。Bについては，単に法定的符合説の形式的な説明ではなく，事案に即して，未必の故意が認められる等の論証が必要である。
　自動車についての詐欺罪も成立するが，論述の順序としては，時系列に沿って書けばよい。

▶ 解答案

一　レンタカーに対する詐欺罪の成否
　甲が，返還するつもりがないのに，レンタカーを借りる行為は，詐欺罪（246条1項）に当たるか。
　(1) 甲が，返還するつもりがないのに，これがあるように装って，Eに対しレンタカーを借りる契約を申し出る行為は，「欺」く行為に当たる。

(2) また，Eは，甲の欺く行為により，レンタカーが返還されるものとの錯誤に陥り，この錯誤に基づいて，「財物」であるレンタカーを，甲に「交付」している。

よって，甲にはレンタカーに関する詐欺罪（246条1項）が成立する。

二　Aに対する殺人未遂罪の成否

1．甲が，自動車を衝突させて，Aに傷害を負わせた行為は，殺人未遂罪（203条，199条）に当たるか。

(1) 甲は，Aに自動車を衝突させ（以下，「本件第1行為」という），転倒させてその動きを止めた上，刃物で刺し殺す（以下，「本件第2行為」という）との計画の下に本件第1行為に及んだが，本件第2行為には至っていない。甲は，第1行為でAを殺害するつもりはなかったため，第1行為を殺人罪の実行行為といえるかが問題となる。

(2) 殺人罪の実行の着手時期は，殺意を持って他人の生命を断絶する現実的危険性を含む行為を開始した時点であるが，本問のように複数の行為がある場合に殺害行為がどの時点で開始され，いつ終了したかの判断は，客観的な結果発生の危険性に加え，行為者の計画を含めた主観的事情を併せて検討する必要がある。

すなわち，第1行為をもって実行の着手があったというためには，①第1行為が第2行為を確実かつ容易に行うために必要不可欠なものであり，②第1行為に成功した場合，それ以降の殺害計画を遂行する上で障害となるような特段の事情が存在しないこと，③第1行為と第2行為との間の時間的場所的近接性があること，そして④殺害の意思が継続していること，が必要である。

(3) 本問についてみると，まず，①甲が，本件第1行為に及んだのは，本件第2行為の前提として，俊敏なAに逃げられないよう，その動きを止めるためであり，本件第1行為が本件第2行為を確実かつ容易に行うために必要不可欠のものであったといえる。また，②Aに車を衝突させれば，そばにいるのはBのみであり，本件第1行為が成功した後，

それ以降の殺害計画を遂行する上で障害となるような特段の事情は認められない。さらに、③甲の計画では、本件第1行為の後に本件第2行為が連続して行われることが予定されており、両者の間に時間的場所的近接性があるといえる。そして、④第1行為の時点から甲はAを殺害する意図を有していた。

以上から、甲の第1行為をもって、殺人罪の実行の着手があったものといえる。もっとも、A、Bともに死亡結果は発生していないから、甲の行為は殺人未遂罪の客観的構成要件に該当する。

２．殺人罪の故意について

殺人罪が成立するためには、殺人罪の故意が必要であるが（38条1項）、甲は、第2行為をもってAを殺害する計画であったため、第1行為の段階では殺意がないようにもみえる。しかし、殺人罪の故意とは、一般人ならば殺人罪の違法性を認識できるであろう事実の認識、すなわち、人の死の具体的危険性の発生の認識をいうところ、自動車のような重量の大きな物を時速約20キロメートルの速度でAに衝突させた第1行為自体が、人の死亡結果を生じさせる危険性を有することは経験則上明らかである。

甲は、第1行為が死の危険性のある行為であることの認識はあり、また、甲は第1行為後にその場で第2行為により刺し殺そうと明確に考えつつ第1行為を行っているから、第1行為と第2行為との密接性についての認識にも欠けるところはない。よって、殺人罪の違法性を認識し得る事実の認識があり、第1行為の時点で殺意を認めることができる。

以上から、甲には殺人未遂罪（203条、199条）が成立する。

三　中止未遂の成否

甲は第2行為を止めているが、これは中止未遂（43条ただし書）に当たるか。

中止未遂が成立するためには、実行に着手した者が、「自己の意思」により、「犯罪を中止」することが必要である。

1．「犯罪を中止した」といえるか。

(1)「犯罪を中止した」というためには結果発生を防止したと評価できることを要するところ，実行行為が終了した場合（実行未遂）は，結果発生を阻止するための積極的な努力が必要であるが，実行行為が終了していない場合（着手未遂）は，その後の実行行為を行わない不作為があれば結果発生が防止されるため，防止努力を要しない。

(2) 本問についてみると，甲の殺人の実行行為は第1行為から第2行為までの一連の連続する行為であるところ，第2行為は行われていない。すなわち，実行行為はまだ終了しておらず，着手未遂の段階にあったことになる。

よって，甲はその後，実行行為を継続していない以上，「犯罪を中止した」といえる。

2．「自己の意思により」，すなわち任意性があったといえるか。

(1) 本問で甲が第2行為の実行を思いとどまった点について，任意性の要件を満たすか。その判断基準が問題となる。

(2) そもそも，中止未遂において刑の必要的減免が認められる根拠は，自己の意思で思いとどまったことによって責任が減少することに求められる。そして，①責任判断は国民の納得し得る非難可能性の有無によりなされるから，一般人を基準として判断すべきである。また，②責任非難が減少するというためには，行為者を基準にして，悔悟の念から中止したことも必要と考える。そこで，「自己の意思により」というためには，①一般人なら思いとどまるとは必ずしも考えられない事情があること，及び②行為者が悔悟の念などにより中止したことが必要である。

(3) 本問についてみると，①Aが甲の手の届かない場所に逃走したり，通行人が甲の行動を物理的に妨げたりした事情はない。また，コンビニ店内に入ることを妨げられたといった事情もみられないから，Aを包丁で刺すことについて物理的障害があったとはいえない。これらの事情の下では，さらに実行行為を継続するのが通常であり，一般人なら思いとどまるとはいえない。②さらに甲は，AがBの名前を呼ぶのを見て

「殺すことはできない」と考えた上で，Aに対して「ごめんなさい。」と謝罪の意思を示していることから，甲には悔悟の念があるといえる。
　よって，甲の中止行為は任意性の要件を満たす。
　以上から，甲の行為は中止未遂（43条ただし書）に当たり，必要的な刑の減免が認められる。

四　Bに対する殺人未遂罪の成否
　1．甲が，Aに車を衝突させる行為は，Aに対する殺人の実行行為に当たる。AはBの手を引いており，AとBはほぼ同じ場所にいたといえるから，車のような大きさと重量の物をAに衝突させる行為は，同時に，ほぼ同じ場所にいるBに対しても，死の結果を発生させる現実的危険性を有する行為であるといえる。
　2．また，甲は，AがBの手を引いていることを認識しているから，BがAのすぐそばにいることは認識していた。よって，Aに車を衝突させる認識があれば，Bにも衝突するであろうことを，少なくとも未必的には認識していたといえる。
　よって，Bに対する殺意も認められる。
　以上から，甲のBに対する殺人未遂罪（203条，199条）が成立する。
　また，甲は，Bに対しても，それ以上の殺害行為は継続していないから，中止未遂（43条ただし書）の適用があり，必要的減免が認められる。

五　結　論
　甲には，①レンタカーについての1項詐欺罪（246条1項），②Aに対する殺人未遂罪（203条，199条）と③Bに対する殺人未遂罪（203条，199条）が成立し，②③は1個の行為によりなされているから観念的競合（54条1項前段）に当たり，①とは併合罪（45条前段）となる。また，②③について中止未遂（43条ただし書）の適用が認められる。

　　　　　　　　　　　　　　　　　　　　　　　　　　以　上

1. 甲の行為の分析——問題全体の把握

まず、甲の行為が、A及びBに対する殺人（未遂）罪の構成要件に該当することを、具体的な事実を挙げて、明確に示すことが重要である。殺人罪に当たらないとすると、（傷害結果が発生しているので）傷害罪に当たることになるが、それで足りるかがまさに争点である。

甲の行為を分析すると、①殺害に使用する目的で包丁を購入した行為、②返却するつもりがないのにレンタカーを借りる行為、③Aに車を衝突させ、ボンネットに撥ね上げた後に路上に落下させ、さらにBを転倒させる行為、④Aの様子を見て、急に同女を殺すことはできないと考え、「ごめんなさい。」と言った行為、に分けられる。

①〜③について、それぞれ独立して考察すると、①②は殺人予備罪、さらに②は詐欺罪、③は傷害罪、また④は刑法的な評価の対象とはならないともいえそうである。しかし、このように、分析的に論ずることが妥当か、それとも、これらを一連の殺害に向けられた行為として評価すべきかを論ずる必要がある。

2. 殺人の準備行為

殺人罪の実行行為性を論ずる前に、殺害の準備のために行った包丁の購入行為と、車を借りる行為について検討しておく。

包丁の購入行為は、殺人の準備行為であるが、予備罪が成立するわけではない。その後、後述するように殺人の実行の着手が認められる以上、予備行為は殺人未遂罪の中で評価すれば足りるからである。

それに対し、車を借りる行為については、殺害行為の準備に止まらない法益侵害性が認められる。たしかに、甲は、Aに衝突させて転倒させるための凶器として自動車を借りているので、殺人の準備行為にも当たる。しかし、返却する意図がないにもかかわらず、自動車を借りる行為自体については、殺人の準備行為とは別に、自動車に対する詐欺罪の成立を認めるべきである。欺罔行為は、当初より返すつもりがないのに、店員Eに対し、「半日車を借

りたい」と虚偽の事実を申し向けてレンタカー契約を申し出る行為であり，Eが錯誤に陥って車を甲に渡すことが交付行為に当たる。よって，自動車に対する1項詐欺罪（246条1項）が成立することになる。

3. 実行行為の意義

次に，甲がAに車を衝突させた行為について検討を加える。殺人罪の実行の着手時期は，行為者が殺意を持って他人の生命を断つ現実的危険性を含む行為を開始した時である。甲には，A殺害の意図が認められるといえるが，③の時速20キロメートルの速度でAの右斜め後方から車両前部を衝突させた行為から殺人行為が始まったといえるのか，それとも，③は殺人の準備段階に過ぎず，結局殺害行為には着手もしていないのかが問題となる。

本問が参考にした名古屋高判平19・2・16の原審（名古屋地判平17・6・1公刊物未登載）は，殺人未遂の訴因に対して，被害者に自動車を衝突させた行為は，刺突する行為の準備に過ぎず，その時点で被告人に殺意があったとまで認めることはできない，として傷害罪の限度で有罪認定した。

これに対し，名古屋高判平19・2・16は，「（被告人の）計画によれば，自動車を同女に衝突させる行為は，同女に逃げられることなく**刃物で刺すために必要**であり，そして，被告人の思惑どおりに自動車を衝突させて同女を転倒させた場合，それ以降の計画を遂行する上で**障害となるような特段の事情**はなく，自動車を衝突させる行為と刃物による刺突行為は引き続き行われることになっていたのであって，そこには同時，同所といってもいいほどの**時間的場所的近接性**が認められることなどにも照らすと，自動車を同女に衝突させる行為と刺突行為とは**密接な関連を有する一連の行為**というべきであり，被告人が自動車を同女に衝突させた時点で殺人に至る**客観的な現実的危険性**も認められるから，その時点で殺人罪の実行の着手があったものと認めるのが相当である。」として，③の時点で死の結果発生の現実的危険性及び殺意があることを認めた。そして，殺人未遂罪の成立を認めた上で，中止未遂に当たるとした（原判決のように傷害罪にとどまるとすると，傷害結果が発生している以上，中止未遂は論ずる余地がない）。

実行行為の一連性に関する最も重要な判例が**最決平16・3・22**（刑集58・3・187）である。被告人Xは，夫Aを事故死に見せかけて殺害し生命保険金を

詐取しようとし，被告人Yに，その方法も含めて殺害の実行を依頼した。被告人YはZら3名と共に，示談交渉を装ってAを車に誘い込み，クロロホルムを使って失神させた上，溺死させるという計画を立てた。Zらは計画通りにAをZらの車の助手席に誘い入れ，多量のクロロホルムを染み込ませてあるタオルをAの背後からその鼻口部に押し当て，クロロホルムの吸引を続けさせてAを昏倒させた（第1行為）。その後，Zらは，Aを港まで運び，呼び寄せたYと共に，ぐったりとして動かないAを運転席に運び入れ，その自動車を岸壁から海中に転落させて沈めた（第2行為）。Aの死因は，溺水に基づく窒息か，クロロホルム摂取に基づく呼吸停止，心停止，窒息，ショック又は肺機能不全であるが，いずれであるかは特定できなかった。

最高裁は，被告人らは，第1行為自体によってAが死亡する可能性があるとの認識を有していなかったとしつつ，客観的にみれば，第1行為は，人を死に至らしめる危険性の相当高い行為であったとして，次のように判示した。「第1行為は第2行為を確実かつ容易に行うために必要不可欠なものであったといえること，第1行為に成功した場合，それ以降の殺害計画を遂行する上で障害となるような特段の事情が存しなかったと認められることや，第1行為と第2行為との間の時間的場所的近接性などに照らすと，第1行為は第2行為に密接な行為であり，実行犯3名が第1行為を開始した時点で既に殺人に至る客観的な危険性が明らかに認められるから，その時点において殺人罪の実行の着手があったものと解するのが相当である。」。

平成19年の名古屋高裁判決が，平成16年の最高裁決定を踏襲したものであることは明らかである。そこでは，**（ア）第1行為が第2行為を確実・容易に行うために必要不可欠であること，（イ）第1行為から第2行為に至る間に，障害となる特段の事情がないこと，（ウ）第1行為と第2行為との時間的場所的近接性があること，さらに，（エ）第1行為の時点で殺人に至る客観的な危険性があることを根拠に，行為が一連のものであり，第1行為の時点で実行の着手が認められること**が導かれている。重要なのは，まず，（エ）第1行為の時点で，結果発生の具体的危険性が認められること，そして，（ア）（イ）（ウ）時間的，場所的近接性，行為の連続性・必然性からみて，一連の行為が1個の実行行為と評価できることである。

もっとも，本問や名古屋高裁の事案では，「一連の行為」の後半部分が存

在しない点で，クロロホルムを吸引させた事案とは異なる。クロロホルムの事案では，それに続いて，実際に海中に沈める行為があったからこそ，一連の殺害行為と認めることができると評価する見解もあり得る。しかし，名古屋高裁は明確に，「**予定されていた第2の行為に及んでいないとしても，**（平成16年決定と）**同様と考えられる。**」とした。（ア）〜（エ）が認められれば，第1行為の時点で一連の実行行為の着手が認められることに違いはないとしたのである。

4．故意と計画の関係——故意の重要性

一連の殺人の危険性を持った行為が始まったとしても，そこに殺人罪の故意が認められなければ殺人の実行行為とはいえない。故意とは，客観的構成要件の認識であり，客観的な実行行為と同時に存在していなければならない。犯罪結果を認識しながら実行行為を行うからこそ，その行為に故意非難を向けることが可能だからである。

では，本問の第1行為の時点で，殺意が認められるのか。甲の「計画」のみを重視すると，第1行為で殺害する意図はなかったのであるから，第1行為の時点では殺意は認められないようにもみえる。しかし，**計画と犯意**とは異なる。犯意とは，当該客観的構成要件の認識である以上，その構成要件結果が発生する危険性を認識していることが必要となる。いかに殺害の計画を持っていたとしても，その危険発生の認識がなければ殺意はない。

平成16年最高裁決定は，行為者らの認識（計画）と殺意とは必ずしも一致しないことを明確に示した。すなわち，「実行犯3名は，クロロホルムを吸引させてAを失神させた上自動車ごと海中に転落させるという一連の殺人行為に着手して，その目的を遂げたのであるから，たとえ，**実行犯3名の認識と異なり，第2行為の前の時点でAが第1行為により死亡していたとしても，殺人の故意に欠けるところはな**」いとしたのである。「実行犯3名の認識」が「計画」であり，それと「殺意」とは異なるとしたことになる。

平成19年名古屋高裁判決でも，「第1の行為の時点で殺害の結果発生に至る客観的，現実的危険性が認められる場合，第1の行為自体において，殺害の結果が発生せず，Xにおいても**第1の行為自体での殺害の結果発生を意図していなくとも，第1の行為時に殺人の実行行為に着手したものと認めるの**

が相当であ」るとしている。ここでも、「結果発生の意図」がなくとも、殺意は認めることができるとされている。

いずれの事案においても、殺意が認められる根拠は、**第1行為の客観的危険性**である（名古屋高裁の原審が、そもそも第1行為の時点では死の結果発生の客観的危険性はなかったと認定していることに注意する必要がある）。クロロホルムを吸引させる行為が、客観的に死の結果を発生させる危険性を有するものであること、あるいは、時速20キロの速度の自動車を歩行者に衝突させる行為が死の結果を発生させる具体的な危険を有することが認められ、さらに行為者が当該行為の危険性を認識しているからこそ、殺意も認められる。いずれの事案でも、行為者らは被害者を動けなくするという意図は持っていたのであり、**危険発生の認識**がなかったとはいえない。

本問でも、20キロの時速の自動車を人に衝突させる行為が、客観的に人の死の危険を発生させる行為であることが認められることを前提に、それを認識しつつ行うからこそ、殺人罪の実行行為性が認められるのである。

では、客観的な危険性とその認識さえあれば、行為者の「計画」は全く問題とならないのか。そうではない。仮に、被害者に傷害を負わせる計画で、20キロの速度で車を衝突させた場合、これを殺人未遂とすることは難しいであろう。

クロロホルムの事案でも、第1行為自体によって死亡する可能性の認識はなくても、「人を死に至らしめる危険性の相当程度高い行為」である「クロロホルムを嗅がせること」を認識しつつ行っている。そして、クロロホルムで殺そうとは思っていないが、逆に「死ぬことはない」と認識していたわけでもない。さらに、クロロホルムを吸引させる行為は第2行為を確実かつ容易に行うために必要不可欠なものであり、それに成功すればそれ以降の殺害計画を遂行する上で障害となるような特段の事情は存在せず、しかも両者は時間的場所的に近接した密接な行為である。そのような一連の行為を行うことを認識しつつ、客観的危険性のある第1行為を行った以上、第1行為の時点で殺人罪の故意が認定できるのである。

自動車を衝突させる行為も、実行の着手時の行為、すなわち「四輪自動車を時速約20キロメートルで被害者の背後から衝突」させる行為自体で被害者を死亡に至らせることがあることは経験則上明らかであるから、「衝突さ

せる」という認識だけでも殺意に欠けることはないとすることは不可能ではない。ただ，時速20キロで背後から衝突させることの認識の立証だけでは，未必の殺意に必要な「死の蓋然性」の認識を基礎付け得ないという懸念も残る。それだからこそ，名古屋高裁は，平成16年最高裁決定を引用しつつ，その後に引き続いて行う計画であった刺突行為が，衝突行為と一連の行為であることを認定した上で，故意非難が十分に可能だとしたのである。

5．Bについて

本問では，Aのみならず，Bにも傷害を加えている。甲は，AがBの手を引いていることを認識しており，Aのみならず，Bに対しても車を衝突させる未必的な認識を有していたと考えられる。よって，A及びBに対する殺人未遂罪が成立する。

ただし，「Aに対する故意があるから，法定的符合説によりBについても殺人未遂となる」という説明では不十分である。

まず，客観的に，甲が，Aに車を衝突させる行為は，Aに対する殺人の実行行為に当たる。AはBの手を引いており，AとBはほぼ同じ場所にいたといえるから，車のような大きさや重量のある物をAに衝突させる行為は，同時に，ほぼ同じ場所にいるBに対しても，死の結果を発生させる現実的危険性を有する行為であるといえる。

もっとも，Aに対する殺人の実行行為性が認められたのは，その後，Aを刺突するという第2行為を行う計画があったからである。それに対し，甲にはBを刺突する計画はないことから，第1行為の時点で，Bに対する殺人の実行行為性が認められないようにもみえる。

しかし，このように解すべきではない。なぜなら，第1行為にAに対する殺人の実行行為がある以上，それと因果関係を有するBの傷害結果も，甲の殺害行為の結果といえるからである。

また，殺意についても，単に法定的符合説だから殺意が認められるという説明では不十分で，より事案に即して考えるべきであろう。甲は，AがBの手を引いていることを認識しているから，BがAのすぐそばにいることは認識していた。よって，Aに車を衝突させる認識があれば，Bにも衝突するであろうことを，少なくとも**未必的には認識していた**といえる。

よって，Bに対する殺意も認められる。

以上から，甲のBに対する殺人未遂罪（203条，199条）が成立する。

また，甲は，Bに対しても，それ以上の殺害行為は継続していないから，中止未遂（43条ただし書）の適用があり，必要的減免が認められる。

6．着手未遂・実行未遂

本問では，仮に車での衝突行為を傷害罪と認定すると，結果は発生しているためそもそも中止未遂を論ずる余地はない。殺人行為と認定してはじめて，中止未遂が問題となる。

中止未遂の成立には，**①自己の意思により，②犯罪を中止すること**が必要である。実行行為が終了する前の段階で終わった「着手未遂」であれば，それ以上の犯行の継続を任意に止めれば中止未遂が認められる。それに対し，実行行為は終了したが結果が発生しなかったという「実行未遂」の場合には，結果発生を防止する行為が必要である（さらに，一般には**真摯な結果防止努力**でなければならないとされる）。

このように，着手未遂か実行未遂かにより，中止犯の成否の判断がかなり異なるにもかかわらず，実際には着手未遂か実行未遂かの区別はそれほど容易ではない。例えば**最決昭32・9・10**（刑集11・9・2202）は，母親を道連れに心中しようとし，母親をバットで殴ったところ，頭部から血を流して苦しんでいるのを見て，驚愕・恐怖し，その後の殺害行為を続行できず，傷害を負わせたにとどまったという事案につき，「それ以上殴るのを止めた」という着手未遂であるとの前提に立ち，「殺害行為を継続するのがむしろ一般の通例」とはいえないとして任意性を否定した。ただ，この事例では既に殴ってしまった以上，実行行為は終了しており，結果防止努力をしなかったから中止犯が否定されたと評価することも可能である。

その後の判例でも，区別が微妙なものがある。**東京高判昭62・7・16**（判時1247・140）は，行為者が，被害者の飲食店への出入りを断られたため憤慨し，自宅から牛刀を持ち出し，路上で被害者に切りつけたところ，被害者が左手で防いだため，左腕に2週間のけがを負わせたが，被害者が命だけは助けてくれと哀願したので，それ以上切りつけるのを止めて，タクシーで病院に運んだという事案につき，原審が実行未遂であると評価し，障害未遂に過ぎな

いとしたのに対し，高裁は着手未遂であるとした上で，憐憫の情から自ら中止し，しかも病院に運んでおり，反省・後悔の念もあるとして，中止未遂の成立を認めた。

さらに，**東京高判昭 51・7・14**（判時 834・106）は，共犯者に日本刀で被害者の肩に切りつけさせたが，その後共犯者がとどめを刺そうとするのを，死なせてはいけないと思い直し，共犯者を止め，病院に連れて行かせて治療を受けさせたという事案であったが，着手未遂とした上で任意性を認めている。これも実行未遂と評価することが不可能ではない事案である。

実行未遂か着手未遂かの判断が客観的に困難な場合には，行為者の当初の計画（例えば 5 回斬りつけるつもりだったが 1 回で止めた等）も考慮して，「実行行為性」の有無を判断せざるを得ないとする見解が有力である。しかし，いかに 5 回のうち 1 回しか実行しなかったとしても，死の危険性のある行為であれば殺人の実行未遂といえよう。首を絞めつけ被害者がぐったりした後に，それ以上絞めるのを止めたとしても，実行行為は終了している（福岡高判平 11・9・7 判時 1691・156。木村 64 頁参照）。

本問の時速 20 キロの速度で車を衝突させる行為は，死の結果を発生させ得る危険な行為であり，よって実行未遂であるとする余地も全くないわけではない。しかし，行為者の計画を前提とした殺人の実行行為は「車に衝突させ，刺殺すること」であり，また，実際に衝突させる行為が（たしかに，未遂の実行行為性を認める程度の危険性は認められるものの），直ちに死の結果を発生させるほどの危険性を有するものではなかったことを考慮すれば，第 2 行為（すなわち刺突行為）が行われていない以上，実行行為は終了しておらず，着手未遂の段階にとどまるとすべきであろう。

7. 任意性（自己の意思により）

着手未遂であるとすれば，倒れている被害者に対して格別の救護活動を行わなくとも，その後に刃物で刺すことを断念すれば，中止未遂を肯定することが可能である。ただし，断念した理由が，自己の意思によること（任意性）が必要である。甲が，A の様子を見て，「A を殺すことはできない」と考えたことや，A に向かって「ごめんなさい」と言ったこと，さらに，コンビニに逃げ込んだ A に対し，それ以上追うのを止めて，そのまま立ち去って

いることなどの事情から，中止の任意性を判断することが重要である。

任意性の判断基準については，行為者本人を基準とする（a）主観説と，一般人を基準とする（b）客観説とが対立するとされる。理論的には，本人がどう思ったかで中止犯の成否を決定することはできず，客観説が妥当であろうが，いずれの見解を採用したとしても，実際には「どちらともいえない」と考えられる場合も少なくない。重要なのは両説の対立の意義ではなく，**「どのような事情が認められれば，一般人であれば思いとどまるのか」**を判断することにある。

判例は，一貫して客観説を採用しているとされるが，**反省・悔悟の情**から出た行為か否かを強調する傾向が強い。その理由は，「一般人であれば思いとどまるか否か」の判断が必ずしも容易ではないため，行為者の悔悟の情の存否が，結果的に任意性を判断する上で重要なメルクマールとなるからである。「一般人ならば，必ずしも思いとどまるとは限らない」場合に，反省・悔悟の情から中止した場合には，中止犯として必要的減免を認めるべきだと考えられるのである。

例えば，**最決昭 32・9・10**（刑集 11・9・2202）は，「一般人なら，通常犯行の継続を思いとどまるような認識だったか」否かで判断すべきだとして客観説を採用する。ただし，具体的判断では，「驚いて止めたのであり，悔悟の念から止めたわけではない」から，「自己の意思による中止ではない」とした。一般人基準であれば，「驚いた場合」でも中止としてよいはずであり，悔悟の念は必ずしも要らないはずである。しかし，母親をバットで殴り，頭部から血を流して苦しんでいるのを見てその後の殺害行為を継続しなかったという事案につき，これが「一般人であれば犯行を継続した」といえるかを判断するのは非常に難しい。そこで，「驚いて止めたのであり，悔悟の念から止めたわけではない」以上，一般人であっても継続できなかった場合に当たり，任意性を否定したと評価できよう。

また，**福岡高判昭 61・3・6**（高刑集 39・1・1）は，被害者の喉をナイフで刺したところ，被害者の口から多量の血が流れたため，驚愕したと同時に，たいへんなことをしたと思い，止血し医者を呼ぶ等の措置を講じたため，死亡するに至らなかったという事案につき，「多量の血が出て驚愕したことが中止行為の契機とはなっているが，通常人であれば，このような中止行為をとる

とは限らないような状況において，当該行為を行っており，反省・悔悟の情などから任意の意思に基づいて中止行為が為されたと認められる」として中止を認めた。

さらに，**名古屋高判平 2・1・25**（判タ 739・243）も，親子心中で，父親が寝ている長男の首をロープで絞めたところ，長男の苦しそうな目を見て，憐憫の情を催し，ロープを引くのを止めたという事案であったが，「被告人はロープを引き続けようと思えばできたのに，長男の悲しそうで苦しそうな目を見たことにより，愛情の念が生じたことにより中止したもの」であり，任意の中止といえるとした。いずれも一般人を基準としていると評価できるものの，反省・悔悟の情を考慮している。

その他，うめき声を聞いてかわいそうになって中止した場合（名古屋高判平 2・7・17 判タ 739・245），哀願されて強姦を断念した場合（浦和地判平 4・2・27 判タ 795・263），出血を見て驚愕するとともに悔悟し，救命措置を依頼した場合（東京地判平 8・3・28 判時 1596・125），妊娠させることがかわいそうになって強姦を断念した場合（大阪地判平 9・6・18 判時 1610・155），長男を包丁で刺したが出血で驚愕するとともに犯意を喪失した場合（横浜地判平 10・3・30 判時 1649・179），被害者の命乞いの言動を契機に，病院に搬送して救命措置を講じさせた場合（札幌高判平 13・5・10 判タ 1089・298）について，任意性が認められている。

これらの裁判例をみると，判例も「悔悟の念」だけを強調しているわけではないことが分かる。ただし，「**一般人なら通常思いとどまるような事情**」の有無の判断が微妙な場合に，反省・悔悟の念があることが明らかとなれば，事実上中止犯を認めやすくなるといえよう（前田・総論 120 頁）。

平成 19 年の名古屋高裁判決では，「同女への一種の憐憫の情が湧いたか若しくは自己の行動についての自責の念が起きたためと認めるのが合理的であ」ることを理由に，任意の中止を認めている。

本問でも，Bに駆け寄るAを見て，殺すことはできないと考えていること，包丁を手に取ることなく降車して，Bを抱えるAに向かって「ごめんなさい」と言っていること，Aがコンビニに逃げ込んだ時点で，Fや他の者が甲を妨害したという事実はなく，警察官も到着していないことから，物理的な障害がないにもかかわらず，反省の念から任意に中止したと認めることができよう。

なお，本問は着手未遂の事例であり，結果防止努力をしなくとも任意性が認められる以上中止未遂が成立する。仮に，車を衝突させた時点で殺害行為が終了した実行未遂と理解するとすれば，単に立ち去っただけでは「中止した」といえるだけの行為があるとはいえず，中止未遂は認められないことになる。しかし，本問の事例に関する限り，そのような評価は妥当でない。

また，Aに対して殺害行為を途中で断念していることと，Bに対する殺人未遂罪の関係であるが，Bに対しても，それ以上何らの暴行等を加えておらず，同様に中止未遂を認めてよいと解される。

【参考判例】

最決昭32・9・10（刑集11・9・2202）［解説］34, 36頁参照。ただし，実質的には，実行未遂であるにもかかわらず結果防止努力が欠けた点が重要である。〈前田・重要判例No. 15〉

福岡高判昭61・3・6（高刑集39・1・1）［解説］36頁参照。〈野澤充・百選I No. 69〉

東京高判昭62・7・16（判時1247・140）［解説］34頁参照。〈城下裕次・百選I No. 70〉

東京地判平7・10・24（判時1596・125）　養女と共に無理心中しようとして養女を傷害した後，自宅に放火したが，その後養女を救助しようと屋外に連れ出したものの，結局通行人の通報で救助された事例で，結果防止努力が十分でないとして中止犯が否定された。〈前田・重要判例No. 17〉

東京高判平13・4・9（高刑速3132・50）　自室の衣類に放火した者が，炎を見て，周りの衣類をかぶせるなどした上，119番通報し，消防署員らにより消火された場合につき，結果発生を防止したとはいえないとされた。〈金澤真理・百選I No. 71〉

福岡高判平11・9・7（判時1691・156）［解説］35頁参照。〈前田・重要判例No. 16〉

因果関係

▶設 問

　甲及び乙の罪責について，具体的事実を挙げて論じなさい（特別法違反の点を除く。）。

1　甲（20歳，男性）は，平成27年8月20日，友人乙（20歳，男性）と居酒屋で飲食した後，夜12時過ぎに乙を乗せて，自己の所有する乗用車を運転して帰宅する途中，往復2車線の幹線道路を走行していたが，カーブにさしかかったところで，対向車線を走ってきたA（26歳）が運転する4トントラック（車体の長さ約9メートル）が，センターラインをややはみ出してきたため，嫌がらせをされたと誤解して立腹し，助手席の乙に対し，「頭に来た。追いかけて，運転している奴を車から引きずり下ろし，ボコボコにしてやろう。」と持ちかけ，急ブレーキをかけて自車をUターンさせ，Aの運転する車を追いかけ始めた。

2　乙は，甲が激昂しやすく，たしなめても言うことを聞かないことが分かっていたため反対せずに，「よし，分かった。痛い目に遭わせてやろう。」と答えたが，甲が酔って運転していることから，危ない目に遭うのは嫌だと思っていた。

　甲は，深夜とはいえ相当の交通量のある幹線道路を，制限速度が時速50キロメートルのところ時速約100キロメートルのスピードで走行し，A車を追跡した。

3　甲は，A車に追いつくと，その後方約1メートルほどに接近したり，自ら対向車線に進出してA車の横約1メートルほどに接近して並び，Aに向かって「この野郎，止まれ。降りろ。」などと怒鳴った。Aは，運送会社社員であり，トラックの運転技術も高かったことから，何とか

甲の追跡を逃れようと速度を上げて走行していたが、甲が対向車線に進出して自車の右側に異常に接近してきたことから、これを避けようとして左にハンドルを切ったところ、A車の左側をほぼ並んで走行していたBの運転するオートバイに気づかず、これに接触し、オートバイを横転させ、Bは舗道上に投げ出されてしまった。

　これにより、Bは加療2か月を要する傷害を負った。

　　Aは、オートバイと接触したことは分かったが、横から甲が怒鳴るなどして追跡し続けていたことから、ここで停車したらどんな目に遭うか分からないと思い、そのまま走り続けた。甲及び乙は、A車とオートバイとの接触については、全く気づかなかった。

4　甲は、約15分間、約3キロメートルにわたり、A車の直後に接近したり、A車の横に並んで走るなどの運転を繰り返し、大声で、「止まれ。降りろ。」などと叫ぶなどしていたが、C橋の手前に差し掛かったところで、甲は強引に自車をA車の前に割り込ませて止まり、A車を急停車させた。

　　甲と乙とは車を降り、A車に近づき、甲はAの座っている運転席に向かって、「よくも嫌がらせしたな。降りろ、出てこい。痛い目に遭わせてやる。」と怒鳴り、さらに、その後約10分間にわたり、A車の運転席ドアやドアガラス、フロントガラス、方向指示灯等を足で数回蹴り、A車の屋根に上がって屋根を数回踏みつけ、さらにアンテナを折り曲げたりするなどの激烈な行為を繰り返した。乙も、甲と共に、フロントガラスを手拳で叩いたり、ドアを蹴ったりした。

5　この間、Aは車内にいて怯えていたが、自車の直前に甲の車が停められており、また道幅が狭く、甲車を避けて自車を発進して逃走することは困難な状況であったことから、助けを呼ぶしかないと思い、携帯電話で110番通報し、「助けてください。お願いします。お願いします。」と言い続けたが、現在地などを質問されても慌てていたことと土地に不案内であったこと、また深夜で付近が暗かったことから答えられず、ただ、大声で「助けてください。」としか言えなかった。Aは、電話でも話がうまく通じず、また、何台かの車が付近を通過したにもかかわらず、誰も助けてくれなかったことから、自力で何とか逃げるしかないと考えた。

6　甲は、フロントガラスやドアガラスを手拳で殴打したり足蹴りにし

ても割れなかったため，乙に対し，「俺の車のトランクに入っている折りたたみテーブルを持ってこよう。あれでガラスを割ってやる。」と告げ，2人で甲車の方に戻りかけた。この様子を見たAは，この隙に車から降りて走って逃げるしかないと思い，急いで車外に飛び出し，橋の方に向かって車道を走り始めた。

7　Aは，甲らが追ってくると思ったことから，橋の上の左端欄干に沿って，対岸に向かい逃走した。C橋の上には約50メートル間隔で街路灯が設置されていたものの，ほとんど車も通らず，かなり暗く見通しも利かない状況であったが，Aが振り返った限りでは，甲らは追ってこない様子だった。しかし，Aは，甲らから執拗に追跡され，さらに停車中の自車にも執拗に殴りかかられたことから恐怖に駆られ，橋の上を約270メートルにわたり，後ろを振り返りながら逃走した。

　同橋は，往復2車線の全長約600メートルの鉄筋コンクリート製の橋であったが，橋の中程には，橋の両外側に張り出す形で待避所が設けられており，同待避所には約1メートルのコンクリート製欄干が設置されていた。Aは，前後の見通しの利かない暗い橋の上を，夢中で走るうち，この待避所に入り込んでしまった。そして，振り返りながら全力で走っていたために，待避所の欄干に気づかず，欄干手前の段差につまずいて欄干を乗り越えてしまい，そのまま約12メートル下の川の中州に落下した。中州には，橋脚の耐震工事のための鉄板等の資材が置かれていたが，Aはその鉄板の上に転落し，左後頭部打撲によるくも膜下出血により死亡した。

論点の整理

　本問では，特に近年問題となることの多い，**行為後に被害者の行為が介在した事案**を取り上げた。

　さらに，直接暴行を加えた者以外の者に傷害結果が生じた場合についても問題となる。いわば「方法の錯誤」が生じた場合に因果関係を認めることができるかが問われる。

　もっとも，その前提として最も重要なのが，実行行為をどう捉えるかである。因果関係判断においても，第1講，第2講で取り上げたように，そもそ

も何罪の構成要件該当性が認められるかを見極めることが極めて重要である。本問の甲，乙は，執拗で危険な追跡行為を行っており，これは故意の暴行行為に当たるから，自動車運転過失致死傷罪ではないことに注意すべきである。また，甲がＡ車に異常に接近する等した行為は，自動車運転処罰法2条4号の危険運転に該当する。しかし，Ａについては，運転行為自体により死傷結果が生じているわけではないので，危険運転致死傷罪には該当しない。この点も，正確に理解しておく必要がある。

　因果関係論については，相当因果関係説が通説であるとされてきたが，近年は，行為の持つ危険性が結果に実現したといえるかという基準が用いられるようになっている。本講では，判例を手がかりに，介在事情と因果関係の存否について検討する。

　また，行為後に行為者自身の行為が介在する場合は，事実上因果関係の錯誤と呼ばれる事例と重なる。しかし，行為者の行為が介在する場合にのみ錯誤論として「故意」の有無を問題とすべきではなく，被害者・第三者の行為の介在と同様に客観的な因果関係の存否として扱うのが妥当である（⇨第1講参照）。

　さらに，従来は，**行為時の特殊事情のある場合と，行為後の介在事情がある場合**とを区別して論ずることが多かった。このように区別すると，例えば，心臓疾患のある被害者が，暴行を加えられ，やむを得ず逃走したことにより心臓疾患が原因で死亡したような場合，行為時の事情か行為後の事情かを悩むところである（仙台地判平20・6・3⇨後掲［参考判例］参照）。しかし，行為時の事情と行為後の事情とを区別する実益はなく，いくつかの原因が「あいまって」結果を発生させた場合には，そのいずれにも因果関係が認められることになる（後掲・注2参照）。（ア）実行行為に存する結果発生の確率の大小（広義の相当性），（イ）介在事情の異常性の大小，（ウ）介在事情の結果への寄与の大小という判断基準も，当該行為の結果への影響力が，他の原因と比較して相対的に極めて小さい場合には，因果関係が欠けることを示す基準といえる。

解答の筋道

一　甲の罪責
　1．甲・乙の共謀：事前に傷害の共謀あり
　2．Aに対する傷害致死罪の成否
　　(1) 実行行為の特定と，行為の一連性
　　　①甲が追跡し，幅寄せ等する行為
　　　→一連の傷害の実行行為の開始
　　　※傷害の故意がある以上，危険運転致死傷罪には当たらない
　　　②A車を停車させ，車に対して暴力を加えること
　　　→器物損壊行為もAに対する暴行
　　　⇒幅寄せ，A車に対する暴行：ともに，一連のAに対する暴行
　　　③「一連の行為」の認定
　　　　（ア）第1行為の危険性　（イ）行為の密接性　（ウ）第1行為時の故意
　　(2) Aの死との因果関係
　　　①Aに対する暴行→②Aの逃走・転落→③Aの死
　　　→Aの逃走が介在していることをどう評価するか
　3．Bの傷害との因果関係
　　甲の認識→Aに対する暴行
　　→暴行を加えた以外の者に死傷の結果が発生した場合
　　⇒人を狙って人に傷害結果→Bに対する傷害罪成立
　4．車の損壊──乙との現場共謀
二　乙の罪責
　1．傷害の共謀
　2．車による暴行
　→甲のみが運転しているが，暴行（追跡行為）も共同正犯か
　→当初の共謀に基づく傷害罪の共同実行
　3．車に対する侵害
　→甲・乙が，当初の共謀に基づきAに対して暴行・脅迫
　→傷害罪の共同実行の一部
　4．車の損壊──甲との現場共謀

44●第Ⅰ部 総論問題

●解答例

[答案作成上の注意]

本問は，危険運転致死傷罪の解釈を問う問題ではないが，本問のように傷害の故意がある場合には，たとえ自動車を用いたとしても，自動車運転過失致死傷罪とならないことはもちろん，危険運転致死傷罪にも当たらない（死傷について故意がないことが前提だからである）ことに注意すべきである。

また，因果関係については，本問のような事案では，何を介在事情とするかが必ずしも明確ではない。被害者が車外に逃走したこと，被害者が欄干から転落したことなど，分解して考えることも不可能ではないが，夜間の見通しの利かない場所で逃走して転落しているから，これは一連の逃走のための行動と考えてよい。

なお，複数の原因が因果関係を有する場合は多く，そのため**因果関係が欠けるとされる場合は非常に少ない**ことにも留意する必要がある。

▶解答案

一　甲の罪責について

  1．Aに対する傷害致死罪（205条）の成否について

　（1）甲が，乙と共にAに対して，車を接近させしながら執拗に追跡し，停止させた後も運転席ドアを足で蹴るなどした一連の行為は，不法な有形力の行使といえ，「暴行」に当たる。また，これらの行為は，乙の部分で述べるように，乙との共謀に基づく行為といえる。

　これらの暴行の際に，甲らは，Aを痛い目に遭わせることを意図しているから，傷害の故意も認められる。

　そして，Aが橋から転落し，Aの死亡という結果が生じている。よって，傷害致死罪の構成要件に該当するようにみえる。

　（2）もっとも，甲らの暴行行為と，Aの死亡との間には，逃げ出したAが欄干下の段差につまずいて欄干を乗り越えたという過失行為が介在している。このため，甲らの行為とAの死亡との間に因果関係が

認められるかが問題となる。

　因果関係は，実行行為が介在事情とあいまって結果を惹起したこと，すなわち，行為の危険性が結果に現実化したといえる場合に認められる。本問のように，行為後に予想外の事情が介在して結果が発生した場合，単に現に生じた因果経過がどれだけ突飛だったのかだけではなく，①実行行為に存在する結果発生の確率の大小，②介在事情の異常性の大小，③実行行為と介在事情の最終結果への寄与の大小，すなわち介在事情が先行の行為を凌駕するような事情であったかを総合して判断すべきと解する。

　これを本問についてみると，①甲らの一連の暴行行為は，罵声を浴びせながら車を接近させつつ，15分間，3キロメートルにわたって，制限速度の倍もの速度で執拗に追跡し，さらに甲らの車を割り込ませて停止させた後も，運転席ドアを足で蹴る等して威嚇行為を継続するという危険性の高いものであり，Aの死亡という結果発生の確率は決して低くはない。

　次に，②暗くて見通しの利かない状況で，後ろを振り返りながら270メートルもの距離を疾走し，欄干を乗り越えるというAの行為は，Aの過剰反応による行為であるとして，異常性が大きいようにもみえる。

　しかし，Aは，甲らから執拗に威嚇行為を継続され，極度に畏怖狼狽していたことは明らかであり，このような状況下では，Aが，甲らの暴行から逃れる方法として，何とか甲らの一瞬の隙をみて逃走することは当然の手段であり，追跡を回避するために見通しの悪い中で欄干付近を全力で走る逃走行為も，甲らの暴行に誘発されたもので，合理性のある行動であるといえるから，Aの逃走行為は異常なものとはいえない。

　また，たしかに③Aの逃走行為が，Aの死亡という結果に寄与した度合いが高いことは否定できないが，①甲らの行為の危険性，②Aの逃走が甲らの暴行に誘発されたものであることとを併せて総合的に判断すると，甲らの暴行行為とAの死亡結果の間の因果関係は否定されない。

(3) よって，甲には，Aに対する傷害致死罪の共同正犯（205条，60条）が成立する。

2．Bに対する傷害罪（204条）の成否について

(1) 甲らが意図的にAの車に異常に接近した行為は，不法な有形力の行使といえ，「暴行」に当たる。

また，Bには，横転し，加療2か月を要する傷害という結果が生じている。

そして，甲らがAの車に接近したことで，Aが急ハンドルを切りBのオートバイに接触し，Bを横転させて負傷させているから，甲らがA車に幅寄せした行為の危険性が，Bの傷害結果に現実化したものと評価でき，因果関係も認められる。

(2) もっとも，甲らには，Aを痛めつける意思しかなかったため，Bに対する暴行ないし傷害の故意が認められるかが問題となる。

故意は，一般人が当該構成要件の違法性を意識し得るだけの事実の認識であり，そのような認識がある以上，同じ構成要件の範囲内で生じた結果については帰責することができると解すべきである。すなわち，認識した内容と発生した事実が構成要件の範囲内で符合していれば，故意が認められると解する。

これを本問にあてはめると，甲はAという人に対する傷害の意思で，Bという人に対しても暴行を加えていると理解できるから，Bに対する傷害罪の故意を認めることができる。

以上から，甲には，Bに対する傷害罪の共同正犯（204条，60条）が成立する。

3．A車に対する器物損壊罪（261条）の成否について

甲は，乙と共に「他人の物」であるA車に対し，運転席ドア等を足で蹴り，アンテナを折り曲げるなどしている。少なくともアンテナを折り曲げる行為は，車の効用を害する行為といえるから，「損壊」に当たる。

よって，甲には，Aの車に対する器物損壊罪の共同正犯（261条，60

条）が成立する。

　4．結　論
　以上より，甲には，①Aに対する傷害致死罪（205条），②Bに対する傷害罪（204条），③A車に対する器物損壊罪（261条）が成立し，いずれも後述のように乙と共同正犯（60条）となる。①と②は1個の傷害行為から生じているから観念的競合（54条1項前段）となり，これと③とは併合罪（45条前段）となる。

二　乙の罪責について
　(1)　Aに対する傷害罪の共同正犯（60条，204条）が成立するか。まず，乙と甲とに傷害罪の共謀が認められるか。乙は，甲が「ボコボコにしてやろう。」と言ったのに対し，危ない目に遭うのは嫌だと思っており，積極的に加担する意図が欠け，正犯意思が認められないのではないか。
　しかし，乙は甲に対し，「よし，分かった。痛い目に遭わせてやろう。」と答えており，しかも車から降りることなく助手席に同乗している。これは，甲と共に行動してAに傷害を加えることを十分に認識し，かつそのことを甲にも告げる行為であり，単なる幇助や教唆の意思ではなく，正犯意思を認めることができる。よって，この時点で，甲との間にAに対して傷害を加える共謀があったといえる。
　また，暴行である幅寄せ等の運転をしていたのは専ら甲であったが，乙は，これを止めることなく同乗し続けていることから，幅寄せ等の行為も乙が共同実行しているといえる。
　(2)　さらに，A車を停車させた後には，自ら車に対して暴行を加えており，器物損壊罪の共同正犯に当たる。
　(3)　よって，乙には，①Aに対する傷害致死罪の共同正犯（60条，205条），②Bに対する傷害罪の共同正犯（60条，204条），③A車に対する器物損壊罪（60条，261条）が成立し，①②は観念的競合（54条1項前段）となり，これと③とは併合罪（45条前段）となる。

　　　　　　　　　　　　　　　　　　　　　　　　　　　　以　上

1. 傷害致死罪（205条）と危険運転致死罪

（1）本問の甲の行為は、①A車を追跡し、異常にA車に接近する幅寄せ行為や、直前に割り込むなどの行為と、②A車を停車させた後の、A車のドア、ガラス等を叩き、蹴る行為、アンテナを折るなどの行為に分けることができる。①の幅寄せ等の行為はAに対する暴行罪に該当し、②のA車に対する侵害行為はA車の器物損壊行為であると同時に、Aに対する暴行罪に該当する。

これらの2つの行為は、①が②と異なり自動車を用いていること、さらに①と②の間に甲がA車を停車させたという事情があり、2つに分けて考える余地もあろう。しかし、（ア）①、②の行為は、甲がA車を追跡し始めてから休むことなく続けられていること、（イ）甲は、激昂したことにより、Aに対して何らかの危害を加える（ボコボコにするという発言が重要）という一貫した意図で、これらの一連の行為を行っていることから、**1個の暴行行為**と評価することができる（⇨第1講、第2講参照）。

なお、甲の「車から引きずり下ろしてボコボコにする」との発言から、単なる暴行ではなく、**傷害の故意**を認めることが妥当である。また、乙も、「痛い目に遭わせてやろう。」と応じているから、この時点で、傷害の共謀が成立したと認めることができる。他方、殺意まで認めるのは困難である。

さらに、追跡行為や幅寄せ行為、さらにAの車両に対する叩く、蹴るといった行為は、Aの身体に直接加えられたものではないが、Aの身体に対する不法な有形力の行使であり、暴行罪に該当する（本問が参考にした東京高判平16・12・1判時1920・154の他、後掲・東京地判昭49・11・7判タ319・295参照）。

車に対する侵害行為のうち、特にアンテナを折る行為は、明らかに器物損壊罪に当たる。例えば、ナイフで殺害した場合、殺人罪と衣服の損壊罪は包括一罪とされる（前田・総論394頁）。しかし、車に対する損壊は、これとは異なり、車中の人に対する暴行に包括して評価されるとはいえない。よって、観念的競合と解すべきであろう。

（2）幅寄せや直前に割り込む行為は、自動車運転処罰法の2条（危険運転

致死傷罪）4 号の「人又は車の通行を妨害する目的で，走行中の自動車の直前に進入し，その他通行中の人又は車に著しく接近」する行為であるから，このような危険運転により人を死傷させている甲の行為は，この罪に当たるようにみえる。本罪の法定刑は，負傷の場合は 15 年以下の懲役，死亡させた場合には 1 年以上の有期懲役である。

ただ，危険運転致死傷罪は，危険運転をする者が，幅寄せ等の危険運転を意図的に行う場合であるから，暴行の故意があることは当然の前提であるが，さらに進んで，交通事故により傷害を負わせる意図まで持っていれば傷害罪（204 条）に当たる。危険運転致死傷罪は，**死傷について故意がない場合にのみ成立**する罪だからである（条解刑法 601 頁）。よって，A に対する傷害の故意を持つ甲の行為は，危険運転致死傷罪には該当しない。

もっとも，甲，乙は「車から引きずり降ろして痛い目に遭わせる」という共謀をしており，「自動車事故」により傷害結果を追わせる意図は持っていない。そこで，「危険運転による傷害の故意」は認められないとして，甲による幅寄せ等の危険運転は危険運転致死傷罪の実行行為に該当し，少なくとも危険運転の結果として傷害を負った B に対する関係では，危険運転致傷罪（自動車運転処罰法 2 条）に該当するといえるようにも思われる。

しかし，甲が A 車に対して幅寄せや直前への割り込みを繰り返した行為は，あくまでも A 車を停車させ，その上で A に暴行を加える意図でなされたものであり，危険運転行為ではなく故意による傷害行為の一部と捉えるべきである。自動車で撥ねた後に被害者を殺害しようとする計画で，自動車に衝突させる行為が殺人罪の実行行為性を持つように（⇨第 2 講参照），幅寄せ行為等は，A に対する傷害の実行行為（としての暴行）の一部であると考えるべきである。

したがって，危険運転を繰り返している時点で，A に対する（同様に B に対しても——後述 2. 参照），傷害の故意に基づく暴行の実行行為が開始されており，それにより生じた負傷，致死の結果は，傷害罪ないし傷害致死罪として評価すべきである。

なお，危険運転致傷罪の法定刑は 15 年以下の懲役であるのに対し，傷害罪（204 条）は 15 年以下の懲役又は 50 万円以下の罰金であるから，特に B に対する関係では，罰金刑のある傷害罪の方が法定刑が軽くなるという問題

がある。しかし，傷害の故意がある行為について危険運転致死傷罪の成立を認めることはできないし，また，懲役刑を選択する限りでは法定刑は同じであるから，必ずしも不合理な結論となるわけではない。

(3) 甲の故意を暴行とするか傷害とするかにつき，本問が参照した**東京高判平 16・12・1（判時 1920・154）**は，幅寄せや進路妨害を繰り返した行為を傷害の故意による暴行と認定した。同判決は，被害車両の運転に立腹し，車体を極めて接近させるいわゆる幅寄せ行為を頻繁に行い，かつ，被害車両を強引に追い越してその前に斜めに割り込む進路妨害を数回行うなどして約 3 キロメートルにわたって執拗に追跡し，この間，進路妨害により被害車両を無理遣り 2 度停車させたものの，被害車両が逃走し，3 度目に停車させた地点で，約 10 分間にわたり，被害車両を足蹴りするなどの行為を継続したところ，被害者が隙を見て車外に逃走し，見通しの利かない場所を疾走したため，コンクリート製欄干に気付かずに段差につまずいて欄干を飛び越え，約 11.5 メートル下のアスファルト舗装された地面に転落し，死亡するに至った事案につき傷害致死罪の成立を認めたものである。

同判決では，「本件追跡行為が**報復的な暴行に当然伴う傷害の意図に基づくもの**」であることを認めている。したがって，危険運転致死罪の成立の余地はない。

なお，傷害致死罪には 2 つの異なった類型が存在する。(ア) 傷害の故意のある通常の傷害罪から致死の結果が生じた場合と，(イ) 暴行の故意しか存在しない傷害罪，いわば暴行致傷から死の結果が生じた場合である。例えば，石をぶつけて脅すつもりが，石が頭に命中して死亡した場合はもとより，石が傍らを通過したのに驚いた被害者が崖から落ちて死亡した場合も，過失致死ではなく傷害致死となる。

本問では，傷害の故意を認定しなくても，暴行の故意があるとすれば (イ) の型の傷害致死罪に該当することになる。しかし，甲には当初より傷害の故意があることを明確にしておけば，危険運転致死罪について論ずる必要がないことが，より明白となる。

2. 傷害致死罪と方法の錯誤——B に対する傷害罪

(1) A が B を負傷させた行為は，自動車運転致傷罪に該当する。では，

甲及び乙は，Bの傷害について責任を負わないのであろうか。

参考となる判例として，**東京地判昭 49・11・7**（判夕 319・295）がある。高速道路上で大型トラックを運転していたXが，Aの運転する普通トラックをなかなか追い越せなかったため，Aに嫌がらせをしようとA車の左側面に幅寄せしたところ，ハンドル操作を誤ってA車に衝突させA及び同乗していたB，Cに傷害を負わせた上，A車を対向車線に押し出したため，対向車線を走っていたDの運転する乗用車と衝突させ，D及び同乗していたEが傷害を負い，Eがまもなく死亡したという事案であった。

東京地裁は①「**幅寄せ**」行為が **208 条の暴行に該当する**（現在では，危険運転致死傷罪が問題となる）とした上で，②A，B，C 及び D に対する傷害罪，さらに E に対する傷害致死罪を認めた。判例の採用する法定的符合説によれば，予見しなかった D，E に対しても暴行の故意は認められ，傷害致死罪が成立することになると解するのが自然である。

本問では，甲は，あくまでも A に対する傷害の意図で A 車に接近している。しかし，A に対する暴行があり，その暴行により A がハンドル操作を誤って B に衝突し，B が転倒して傷害を負ったというのであるから，東京地裁昭和 49 年判決と同様に，B に生じた結果についても甲は傷害致死罪の罪責を負うと解すべきである。

もっとも，B の傷害は，甲の危険運転から生じていることから，危険運転致傷罪に当たるようにもみえる。しかし，甲の幅寄せ等は，**A に対する（危険運転ではなく）傷害罪の実行行為**として行われたものであるから，B の傷害結果も，甲の傷害行為から生じたものとして，傷害罪として評価すべきである。

(2) なお，甲の暴行と B の傷害との間には，「A の誤ったハンドル操作」が介在していると解し，因果関係を論ずる必要があるか。もちろん，このように評価することも不可能ではないが，もともと甲の暴行は，A に向けられると同時に，客観的に，その周囲を通行する B を含めた他の者にも向けられていたと理解できる。そうであれば，単純に，甲の傷害故意が B にも及び，それにより B が傷害を負ったと理解すれば足りる。

3. 因果関係・客観的帰責――Aに対する傷害致死罪

　(1)　次に，Aに対する傷害致死罪の成立について検討する。因果関係論が争われる事例には，①**行為時に被害者に特殊な事情の存在する場合**と，②**行為後に特殊な事情の介在する場合**とがある。判例で争われる事例は②に関するものが目立つが，①と②とがあいまって**結果が生ずる場合**も多い。

　従来有力であった相当因果関係説の折衷説によれば，行為時に一般人が知り得た事情及び行為者が特に知っていた事情を基礎として，当該行為から当該結果が発生することが相当であれば因果関係が認められるとするが，この基準では，行為後の介在事情が相当か否かについて判断することができない。また，客観説も，行為時に発生した全事情と予見可能な行為後の事情を基礎とするが，具体的に介在事情をどのように判断するかの手がかりは乏しい。そのため，現在では，裁判時に明らかになった事実を前提に，事後的な総合判断を行い，**当該行為の危険性が結果に現実化**したといえる場合に因果関係を認める見解が有力である[1]。

　本問では，被害者の行為（逃走して橋から転落した行為）が介在しているが，このような場合に，判例はどのような基準で因果関係の存否を判断しているのであろうか。**最決平15・7・16**（刑集57・7・950）は，会社の同僚6名が，制裁を加えるため被害者Aを公園に誘い出し，約2時間余りにわたり激しくかつ執拗な暴行を加えた上，マンション居室に連行して約45分間にわたり断続的に暴行を加えたところ，Aが隙をみて逃走し，その約10分後に，マンションから約800メートル離れた高速道路に進入して，疾走してきた自動車に衝突されて転倒し，さらに後続の自動車に轢過され，外傷性ショックで死亡した事案につき，「高速道路に進入したことは，それ自体極めて危険な行為であるというほかないが，……極度の恐怖感を抱き必死に逃走を図る過程でとっさに……選択したものと認められ，……**暴行から逃れる方法として著しく不自然，不相当であったとはいえない**」として，高速道路

---

1)　最決平22・10・26（刑集64・7・1019）は，管制官が便名を誤って降下指示をしたために，航空機の異常接近が生じ，乗客が負傷した事案につき，「本件ニアミスは，言い間違いによる本件降下指示の危険性が現実化したもの」であるとした。前田・総論127頁参照。

上での死亡は，被告人らの暴行に起因するものと評価することができるとした。

この事案の介在事情は，「徒歩で高速道路に進入して逃走するという被害者の行為」であるが，判例は，①6名の長時間による激しい暴行が加えられていること，②高速道路への進入は，逃走方法として著しく不自然，不相当とはいえないことを理由に，暴行と交通事故死との因果関係を認めている。死を招いた直接の原因は自動車に轢過されたことであっても，①②のような事情があれば，轢死の結果は，**行為者らの暴行の危険性が現実化**したものといえるからである。

また，**最決平 16・2・17**（刑集 58・2・169）は，底の割れたビール瓶で首を突き刺すなどして多量の出血を生じた被害者が，医師の指示を守らずに安静を保たなかったことなどから容体が急変し，結局，上記傷害に由来する脳機能障害により死亡するに至った事案につき，①被害者の受けた傷害が，それ自体死亡の結果をもたらし得る身体の損傷であったことを理由に，仮に，②被害者が医師の指示を守らずに安静につとめなかったという事情が介在していたとしても，因果関係は肯定できるとした。

ここで重要なのは，当該行為のみで結果が発生したのではなく，**他の原因とあいまって結果が発生した場合**でも，因果関係は認められるということである[2]。

これらの最高裁判例からは，判例が，①当初の行為の重大性（傷害致死が問題となるので，死の危険発生の大きさ）を重視していることが分かる（最決平 2・11・20⇨［参考判例］参照）。そして，その他の判断要素として，②介在事情がどの程度異常であったか（例えば，高速道路への進入，安静を守らないことなどが，どの程度異常か）が考慮されている。これは，当該介在事情が「突飛か否か」ではなく，①の実行行為と介在事情との関連性（誘発されたといえるか）により判断され，実際には，およそ考えられないような事情でない限り

---

[2] 最判昭 25・3・31（刑集 4・3・469。被害者の脆弱な体質とあいまって死亡結果が発生したとしても傷害致死の因果関係は否定されないとする）。仙台地判平 20・6・3（裁判所 HP，前田・重要判例 No.19）は，暴行を受けた心臓に疾患のある被害者が，走って逃走したために急性循環不全で死亡した事案につき，「被害者の身体にある高度の病変と暴行とがあいまって死亡の結果を生じた場合でも，因果関係を肯定する余地がある」とする。

認められることが多いであろう。

　さらに、③介在事情の結果への寄与の大小も問題となるが、例えば、傷害を負った入院中の患者を、侵入した第三者が射殺するなど、先行の行為を凌駕（圧倒）するような事情（全く別個の故意行為が介在したような場合）を除き、②で異常性が認められない限りは、通常は寄与度が大きいとはいえない。

　また、行為時の特殊な事情（併発事情）（例えば、被害者の心臓疾患）は、単に①当初の行為の危険性に影響するだけではなく、②介在事情の異常性とともに併発事情の異常性、さらに③介在事情の寄与度とともに、併発事情の寄与度も併せて総合的に判断されることになる。行為時に特殊な事情が存在する場合と、行為後に介在事情があった場合とを峻別することはほとんど意味がなく、**併発事情、介在事情の複数の事情があいまって結果を発生させた場合には、①実行行為そのものの危険性の大小、②行為時併発事情・行為後介在事情の異常性、③実行行為と併発・介在事情の最終結果への寄与の大小**の各要素を総合的に衡量して、実行行為と結果との因果関係の有無を判断することになる。

　(2) では、Aの逃走行為の介在をどのように評価すべきか。Aが車両から出た後に、（ア）甲らが追跡して来ない様子であることを分かっていたにもかかわらず逃げ続けたこと、（イ）暗くて付近がよく見えない危険な橋の上を、相当な勢いで後ろを振り返りながら約270メートルも逃走したことは、通常予測し得ない異常な事態であるようにもみえる。

　しかし、（ウ）甲らの車での追跡が15分にもわたる執拗なものであり、停車後も10分間にわたり、2名で車に対し殴りかかったり足蹴りにしていること、（エ）Aが110番通報でも的確に対応できないほど動揺した状態であったこと、（オ）車を捨て、徒歩で逃走しなければならないと思ったことから、Aが極度に畏怖狼狽していたことは明らかである。このような状況下で、Aが甲らの暴行から逃れる方法として、隙をみて逃走することは当然のことであり、合理性を欠く行動とはいえない。したがって、①甲らの暴行が激烈で執拗であったことから実行行為の重大性が認められ、②Aの逃走行為はこれらに誘発されたもので異常とはいえず、③Aの逃走行為よりも甲らの暴行の方が相対的に結果への寄与度は大きいと解

される。

　よって，Aが橋から転落し，同所において左後頭部打撲によるくも膜下出血により死亡した結果につき，甲・乙らの前記暴行は因果関係を有するということができる。

4．乙の罪責

　乙は，甲の追跡行為について，本心では気が進まなかったものの，特に甲を制止する様子もなく，むしろ，「よし，分かった。痛い目に遭わせてやろう。」などと発言し，むしろ甲の追跡及びその後の暴行・傷害行為に積極的に関わる発言をしている。このことから，追跡し始めた時点で，**甲，乙間に，Aに対する傷害の共謀**が成立すると評価することができる。

　甲と同様に，乙も，Bの傷害については全く認識していないが，人に対する傷害の意図で暴行を加え，その結果人が負傷している以上，乙も甲と共に，Bに対する傷害罪の共同正犯となる。

　また，Aに対しては，追跡に加え，停車後はより積極的に，乙自らもA車のガラスやドアを叩いたり蹴ったりしている。したがって，これらの一連の暴行行為とAの死との因果関係が認められる以上，乙はAに対する傷害致死罪についても甲との共同正犯の刑責を負う。

【参考判例】

仙台地判平20・6・3（裁判所HP）［解説］53頁注2）参照。〈前田・重要判例No.19〉

最決昭42・10・24（刑集21・8・1116）　自動車で衝突させて傷害した後，第三者の故意行為が介在して死亡した場合について，故意行為の介入は経験則上当然予想し得ないとして因果関係を否定した。〈前田・重要判例No.20〉

最決平2・11・20（刑集44・8・837）　頭部を多数回殴打し意識を失わせた後，港の資材置場に放置したところ，第三者が被害者の頭部を角材で殴打し翌日死亡した事案につき，当初暴行を加えた者に傷害致死罪の成立を認めた。〈前田・重要判例No.21，山中敬一・百選ⅠNo.10〉

最決平18・3・27（刑集60・3・382）　道路上で停車中の乗用車後部トランク内に被

害者を監禁していたところ，後方から他車が追突して被害者が死亡した場合につき，監禁致死罪の成立を認めた。〈前田・重要判例 No. 22〉
最決平 15・7・16（刑集 57・7・950）［解説］52 頁参照。〈樋口亮介・百選 I No. 13〉

不作為犯

▶設 問

甲，乙，丙及び丁の罪責について論じなさい（特別法違反の点を除く。）。

1 甲（男性，40歳）は，宗教団体A教団を主宰する乙（女性，60歳）と共に，教団のナンバー2として教団で指導的立場にあったが，元暴力団員であり，長年，薬物の売買を行っていた。また，教団ナンバー3の丙（男性，30歳）も以前，甲と同じ暴力団に所属し，甲の弟分として行動していた。

　乙は，教団主催の集会参加者たちに，「乙が特別に調合したカプセル薬を飲めば，疲れが取れて，頭がすっきりする。」などと言って，1回1万円から数万円でカプセル状の錠剤を渡していた。カプセルの中身は，覚せい剤が混入された粉末であり，信者たちも，違法な薬物であることをうすうす気づいていたが，覚せい剤が混入されていることの明確な認識はなかった。

2 B（女性，45歳）は，常々疲れを感じていたことから，知人に紹介されたA教団の集会に参加し，甲や乙の話を聞くうちに，是非薬を手に入れたいと思い，教団に入会し，甲から1万円でカプセルに入った薬を購入した。帰宅後にこれを服用したBは，服用直後に少し目まいを覚えたが，その後数時間は，非常に前向きな気持ちになり，いつも以上に仕事がはかどるように感じた。

3 Bは，その後，しばしば甲や丙から薬を購入し，次第にその頻度が増し，教団の薬を飲まないと，体調が悪くなり，頭痛や吐き気がするようになったため，消費者金融から借金をして，A教団から薬を購入するようになった。Bは，何か依存性のある違法な薬物が混入しているので

はないかと気づいたものの，とにかく楽になるのでどうしても教団の薬が手放せないと考えるようになった。
4　Bは頻繁に教団の集会に参加するようになり，ある日，かなり遠方の町で開催される集会に参加することとし，甲，乙，丙や，他の信者とツアーを組んでCホテルに宿泊することになった。集会終了後，甲は丙と共に信者にカプセルを売り，Bも甲から購入した。Bは，宿泊している305号室に戻って服用したが，服用直後に，急に胸が締め付けられるような苦しさを覚え，じっとしていられなくなった。

　Bは，同ホテルに甲や乙も宿泊していることを知っていたので，助けを呼ぼうと，午後7時30分頃，乙の宿泊している1002号室に電話をかけた。
5　1002号室には，甲，乙及び丙がいたが，Bからの電話をとった丙に対し，Bは「苦しくて死にそうだ。すぐに来て欲しい。」と訴えた。そこで，丙が，甲及び乙に，「Bが，苦しいから来てくれと言っている。」と伝えたところ，甲が，「何号室か聞いて，おまえが行って見てこい。」と命じたため，丙がBから部屋番号を聞き出し，305号室に向かった。
6　305号室に行くと，丙を見るなりBは，「苦しくて仕方ない。熱い，熱い。」とうわごとのように話し，床の上にしゃがみ込んで，「苦しい，苦しい。」と言い続け，さらに，「ウー，ウー」などとうなり声を出し始め，両手，両足をばたつかせるなど暴れ出した。

　丙は，Bの様子が尋常ではないことに驚き，内線で1002号室に電話をかけ，甲に，すぐに来てくれるように頼んだ。甲は，Bが暴れていると聞いて，覚せい剤の急性中毒症状ではないかと察し，丙に対し，「すぐに行くから，ドアを閉めて外に音が聞こえないようにしろ。Bがそれ以上暴れないように，押さえ付けておけ。」と命じた。
7　甲が305号室に入ると，Bがベッドの上でうめき声を上げながら，「熱い，熱い。」と言って，自ら衣服をはぎ取ろうとしており，身体をねじったり，手足をばたつかせたりしている状態だった。甲は，身体を冷やせば症状が治まるかもしれないと考え，フロントに電話をして，「友人が風邪で熱を出したので，氷枕を持ってきて欲しい。」と依頼した。

　午後8時頃に，フロント係の丁がピッチャー1杯の氷と氷枕を持って来た。丁が，「医者を呼びましょうか。」と問いかけたが，甲はこれを制し，「後はこちらでやるから大丈夫だ。ありがとう。」と言って，氷と氷

枕を受け取ると，すぐにドアを閉めた。丁も，たいしたことはなさそうだと思い，フロントに戻った。

8　甲は，丙に命じて，氷枕でＢの頭部を冷やそうとしたが，Ｂが暴れて手がつけられない状態になり，床の上を這いつくばったり，急に大声を出したりし始めた。そこで甲は，丙に手伝わせて，2人でＢの身体をベッドに押さえ付けたりしていたが，約30分ほどすると，Ｂが次第にぐったりしてきて，声も出さず，ほとんど動かない状態になった。

9　甲は丙に対し，「おそらく，覚せい剤の中毒症状が出たのだろう。医者に診せた方がよいのだが，そんなことをすれば，覚せい剤のことがばれる。Ｂもそのうちに気がつくだろうから，また様子を見に来よう。」などと話をし，8時10分過ぎに2人で部屋を出た。部屋を出る際に，甲は，再び様子を見に来る必要があるかもしれないと考え，ベッドサイドに置かれていた305号室の鍵を持ち出した。

10　夜9時30分頃，甲は305号室に出向き，持っていた鍵でドアを開けたところ，Ｂが，甲及び丙が部屋を出た時のままの状態でベッドの上にうずくまるように寝ており，動かない状態で，脈はかすかに感じられたものの，呼吸をしているかどうかよく分からない状態だった。また，頬を叩いても全く反応がなく，顔色は土気色になっていたことから，甲は，Ｂは危篤状態で，このまま放置すれば数時間のうちには死亡するだろうと思った。

　しかし，甲は，教団が覚せい剤を信者に渡していたことが露見すれば，実際に覚せい剤取引をしていた自分が最も重い責任を負わされると思い，このまま逃走しようと考えた。そこで，1002号室に電話をかけ，電話に出た丙に，「Ｂは，まだ目を覚まさない。俺はこれから飲みに行くから，乙にはそのように伝えておいてくれ。」と言い，電話を切ると，鍵を部屋に残したまま305号室を出て，そのままホテルから立ち去って逃走した。丙は，乙に，甲からの電話の内容を伝え，乙も「分かった。」と答えた。

11　丙は，午前0時を過ぎても甲が戻らず，Ｂの様子も気がかりだったため，305号室に電話をかけたが誰も出なかった。また，甲の携帯電話に連絡したがつながらない状態だった。丙は，Ｂの容体が心配になり，乙に対して，「Ｂが危ないかもしれない。フロントに連絡して医者を呼んだ方がよいのではないか。」と聞いたが，乙は，「甲が寝かせておくと言

っていたのでしょう。騒いで，覚せい剤のことが世間に知れたらたいへんです。そのままにしておきなさい。」と言われてしまった。

12　丙は，暴力団にいた当時の兄貴分だった甲に逆らえず，覚せい剤の売買を手伝っていたが，この上，人殺しにまで加担させられてはたまらないと思い，午前0時10分頃に乙に内緒でフロントに電話をかけ，電話に出た丁に対し，「305号室の客が，さっきより具合が悪くなったようなので，様子を見に行ってくれないか。」と伝えた。丁は，ちょうどフロントに何件か苦情が来ていて，その対応に追われていたため，「後で伺います。」と答えて電話を切ったが，その後丁は，丙からの電話の件を忘れ，305号室の様子を見に行くことはなかった。

13　翌朝10時に，客室係がベッドにBが倒れているのを発見して通報し，司法解剖の結果，Bの死因は覚せい剤による急性心不全であり，死亡推定時刻は午前0時30分頃であるとされた。Cホテルは市の中心部にあり，救急車の出動を要請すれば，約5分で救急車が到着し，約10分後には市内の病院に搬送することが可能な状態であった。鑑定によれば，仮に，甲がBの様子を確認した午後9時30分頃に救急措置を要請していたとすれば，救命する可能性は約80％程度，また，丙がフロントに電話をした午前0時10分頃に救急措置を要請した場合には，救命可能性は約20％であったであろうとされた。

論点の整理

　本問では，Bの死に最も近接した行為は，丁が丙からの電話を失念し，Bの様子を見に行かなかったことである。しかし，死に至る実行行為性という意味で最も重大なのは，Bが瀕死の状態であることを認識しつつ，これを放置した甲の行為である。そこで，まず，甲の不作為の殺人罪の成否から検討すべきである。

　もちろん，この行為については，乙，丙との共同正犯の成否が問題となり得るが，それは甲の犯罪の成否を確定した上で，甲と乙，丙との共謀の有無を改めて検討すればよい。

　さらに，丙はその約1時間前にBが錯乱状態に陥っているのを認識しており，また，乙も，Bが危ない状態にあることは，甲，丙からの情報で

分かっていた。これらの者すべてが，狭義の作為義務を負うかが問題となる。

また，甲がBの状態を確認した時点での救命可能性が80％，丙が救急措置についてフロントに委ねた時点での救命可能性が20％であった。この程度の救命可能性でも，「当該作為がなされていれば，結果発生が避けられた」といえるか，すなわち因果関係の存否が問われる。

なお，丙が，一応救助を依頼したともいえる行動に出たにもかかわらず，それを取り次ぐべきであった丁が，失念して放置してしまった。しかも，丁は，305号室の客が重病ではないかという認識を持ち得る立場にあった。このような事情が介在した場合に，乙，丙の罪責をどのように理解すべきかも問題となる。重大な過失が介在したということもできるし，あるいは，他の者が救助してくれると思ったのに，それがなかったという，一種の作為義務に関する錯誤の問題ともいえる。

解答の筋道

1．不作為の殺人罪の成否――甲の罪責
　(1) 覚せい剤を与える行為→これ自体が傷害罪に当たる余地は？
　(2) 午後7時半の時点でのBの身体の状態
　→錯乱状態，医者を呼ぶ必要がある状態であることは甲も認識
　(3) 午後8時過ぎに甲・丙が305号室を出た時点での甲の遺棄罪の実行行為性
　→①Bの生命・身体に対する危険性発生の有無→あり
　　②甲の立場（狭義の作為義務）：覚せい剤投与，305号室でBを救える者は甲と丙しかいない⇒保護責任者
　　③回避可能性：救命措置を要請することは容易
　⇒保護責任者遺棄罪の実行行為性あり
　(4) 午後9時半の時点での甲の殺人罪の実行行為性
　→①Bはほとんど反応なし→放置すれば死亡する危険性あり，甲もそれを認識
　　②甲の立場（狭義の作為義務）：覚せい剤投与（先行行為），305号室に甲のみ
　　③回避可能性：救急措置を要請することは容易
　⇒殺人罪の実行行為性あり
　(5) 因果関係
　　・甲の殺人の実行行為＝午後9時半時点での救命可能性＝80％→因果関係あり

- その後，丙の電話を丁が失念した事情が介在
  - →Bは瀕死の状態→介在事情があっても，因果関係あり
 (6) 不作為の遺棄と，不作為の殺人の関係
  →同一人に対し，同一場所・近接した時間での行為⇒殺人罪で足りる
2．不作為の遺棄致死罪——丙の罪責
 (1) 午後8時過ぎの時点での丙の罪責
  →先行行為，その他の実行行為性も，甲との意思の連絡に基づいて行動
  ⇒保護責任者遺棄罪の実行行為性あり
 (2) 遺棄罪の実行行為性
  ・午後8時過ぎ，同9時半，午前0時過ぎは一連の実行行為
  ・午前0時過ぎの時点でフロントに電話→十分な回避措置といえず
  ⇒一連の不作為により，保護責任者遺棄罪の実行行為性あり
 (3) 致死罪の成否
  ・最も重大な行為は，午後9時半の時点の甲の不作為の殺人
  ⇒この時点での共犯としての丙の行為→致死との因果関係あり
3．共謀の内容——乙の罪責
 (1) 乙の保護責任
  ①甲，丙とのやり取りで，Bが危険な状況にあることは認識
  ②甲・丙と共謀して覚せい剤投与（先行行為）→保護責任者の立場
  ③覚せい剤が発覚することを恐れ，丙にも口止め→結果回避せず
  ⇒保護責任者遺棄罪の実行行為性あり
 (2) 致死罪について
  →丙と同様に，救命可能性が低く保護責任者遺棄罪にとどまるか
4．丁の罪責
 (1) 氷を運んだ時点
  →病人の存在は認識したが，甲に大丈夫だと言われた→保護義務は発生せず
 (2) 午前0時過ぎの時点
  ・客観的には義務違反あり：丙からの依頼を失念
   →過失あり，ただし「調子が悪い」と言われた程度→緊急性は認識できず
   →放置した行為は業務上過失致死罪にも当たらず

[答案作成上の注意]

不作為犯の成否については、①危険の発生、②行為者の地位、③作為（結果回避）可能性が揃って、はじめて作為義務が生ずる。一般に、②のみを作為義務という場合もあるが（保障人的地位）、①危険性の発生はもちろん、③作為可能性（結果回避可能性）があってはじめて作為義務があり、作為義務違反が認められることになる点に注意を要する。作為義務違反が認められれば、実行行為が認められることになる。

また、③作為可能性は、実行行為性の前提であると同時に、因果関係を認める前提ともなる。もっとも、実行行為として求められる作為（結果回避）可能性と、因果関係として求められる結果回避可能性とは異なることに注意を要する（⇨70頁注1）参照）。

● 解答案

一　甲の罪責

甲が、Bを放置して死亡させた行為について、殺人罪（199条）が成立するか。

1．殺人罪の実行行為とは、殺意をもって、人の生命に対する具体的な危険性を発生させる行為をいう。

甲が、Bに覚せい剤の入ったカプセルを与えた行為は、直ちに死の結果を発生させる危険性を有するものとはいえず、そもそもこの時点で甲に殺意までは認められない。

また、8時過ぎの時点でBに救命措置を執らなかった行為も、この時点では、Bは寝入ったような状態であり、また甲も、Bが直ちに死亡するとの認識はなかった。よって、両行為とも殺人罪の実行行為性は認められない。

2．これに対し、9時半の時点で、Bが危篤状態に陥っているにもかかわらずこれを放置して立ち去った行為は、不作為の殺人罪の実行行為

に当たるか。

(1) 不作為犯が成立するためには，作為義務違反があり，その義務違反が作為と等価値であることが必要である。具体的には，①当該法益に対する危険性が発生していること，②行為者がその危険を阻止すべき立場にあること，③作為可能性があることが認められなければならない。さらに，これらの事情を行為者が認識していることも必要である。

(2) 本問の甲についてこれをみると，まず，①危険性の発生については，Bは，甲らが与えた覚せい剤により昏睡状態に陥っており，死の具体的危険性が発生していた。また，②甲の立場については，自らが覚せい剤を与えたという先行行為を行っていること，9時半の時点で305号室にいたのはBと甲だけだったこと，さらに丙にBは寝たままだと告げて救助させず，Bを自らの支配下に置いたことになるから，甲にはBを保護すべき義務があり，保護責任者の立場にあったといえる。さらに，③9時半の時点での救命可能性は80%であり，ホテルのフロントに依頼する等して救急措置を要請することは極めて容易であり，結果回避可能性はあった。また，危険性があること，保護責任者の立場にあること及び作為が容易であることは甲も認識していた。

(3) さらに，自らの覚せい剤売買の発覚を恐れて，Bが死亡してもやむを得ないと考えて立ち去ったものであり，少なくとも未必の故意は認められる。

(4) 以上から，9時半にBを放置して立ち去った甲の行為は，殺人罪の実行行為に当たる。

3. もっとも，9時半の時点の救命可能性は80%であったことから，仮に甲が救命措置を執ったとしても20%の確率で死亡した可能性は否定できず，因果関係が認められるかが問題となる。

(1) 不作為犯の因果関係は，期待された作為がなされたならば，結果が発生しなかったであろう場合に認められる。しかし，現実に絶対に発生しなかったことまで要求することは実際には不可能であるから，ほぼ確実に発生しなかったであろうこと，すなわち十中八九，結果発生を回

避できたであろう場合には，因果関係を認めるべきである。本問では，9時半の時点で甲が救命措置を執れば，80％の確率で救命可能であったから，因果関係が認められる。

（2）さらに，甲が立ち去った後，Bが死亡するまでの間に，丙が様子を見に行くよう依頼したが，丁が丙からの電話を失念して何もしなかったという介在事情により因果関係が切断されるか。

（3）第三者の行為が介在する場合，当初の行為の危険性の大小，介在事情の異常性，その介在事情の結果に対する寄与度を総合的に衡量し，因果関係の存否を判断すべきである。本問では，甲がBを放置した時点で，Bは瀕死の状態であったことが認められるから，甲の不作為から生じた生命の危険性は極めて大きい。これに対し，丁が電話を放置した行為は，通常考えられないほどの異常なものとはいえず，これらの行為が結果発生に決定的な原因を与えるほど寄与度が大きいともいえない。丙が305号室に電話をかけ，またフロントに対応を委ねただけで，十全の対応を執らなかったことも含め，甲の行為とBの死との因果関係を否定すべき事情は存在しない。

4．なお，8時過ぎの時点での甲の行為は，乙，丙との共同正犯に当たるが，9時半の時点で，Bの危篤状態を認識していたのは甲のみであるから，甲にのみ殺人罪（199条）の適用が認められる。そして，後述のように，殺意のない丙，乙との間では，保護責任者遺棄致死罪の限度で共同正犯（60条，219条）となる。

二　丙の罪責

1．丙が，8時過ぎの時点でBを保護しなかった行為につき検討する。
まず，この時点では，丙も，甲と同様にBに死の具体的危険が発生しているとの認識がなく，殺意が認められないから殺人罪には該当しない。

2．では，保護責任者遺棄致死罪（219条）に当たるか。
（1）まず，①Bは，8時過ぎの時点で覚せい剤の中毒症状を呈してお

り，保護を必要とする218条の「病者」に当たる。②丙は，甲と共にBに覚せい剤を与える先行行為を行い，甲と共に錯乱状態に陥ったBを押さえ付けていることから，丙自らも「保護する責任のある者」に当たる。

③丙がBを放置する行為は，保護を必要とするBを，救助することなく生命・身体の危険を生じさせており，また同じホテル内にいながら放置していることから，場所的離隔を伴わない不保護に当たり，「生存に必要な保護」をしなかったと認められる。

また，9時半の時点で，丙は甲から「Bは目を覚まさない」と聞いてはいるが，自分でBの安全を確認したといった事情がない以上，保護責任者としての立場に変更はない。フロント係丁に様子をみるよう依頼したことも，回避義務を果たしたとはいえず，保護責任者の地位を否定するような事情ではない。

(2) さらに，④丁が失念したことは，異常な介在事情とはいえず，また，0時過ぎの時点での救命可能性は20％しかなかったことから，仮に丁が救命措置を執ったとしてもBが死亡した可能性は高い。よって，丁が失念したことは，丙の不作為と致死との因果関係を否定するような，重大な介在事情とはいえない。

3. もっとも，丙は甲に命じられて行為しており，これ以上危ないことに加担させられるのは困ると思っていることから，正犯意思が欠けるようにもみえる。しかし，暴れるBを押さえ付ける行為を行っていること，起き上がれない状態のBに救急措置を執らないことについて，甲との意思連絡があること，また，丙自らBの様態が心配で乙に相談したり，丁に依頼したりしていることから，Bの遺棄について重要な役割を果たしており，その認識もあるから，単なる幇助的関与にはとどまらないと解すべきである。

以上から，丙には，保護責任者遺棄致死罪の共同正犯（60条，219条）が成立する。

三 乙の罪責

1．乙が，Bに救命措置を執らなかった行為について，保護責任者遺棄致死罪の共同正犯（60条，219条）が成立するか。

乙も，甲，丙と共謀の上，覚せい剤を与える先行行為を行っていることから保護責任者の地位にあり，甲，丙からBの状態を聞き，さらに丙から医者を呼ぶよう進言されているのに，救命措置を執らないよう指示していることが不保護に当たる。

2．ただ，0時過ぎの時点では救命可能性が20％であったことから，仮にこの時点で救命措置を執っても助からなかった可能性が高い。よって致死についての因果関係が欠けるようにもみえる。しかし，乙は，既に7時半の時点でBの様子がおかしいこと，9時半の時点でもBが寝たままの状態であることを認識していた。よって，遅くとも9時半の時点からは保護義務が生じており，その時点で何ら救命措置を執らなかった行為は保護責任者遺棄致死罪の実行行為に当たる。

3．また，9時半の時点での救命可能性は80％程度であり，その時点で乙が救命措置を講じていれば，ほぼ確実に救命できたといえるから，因果関係も認められる。

さらに，乙は教団の主宰者であって，丙の報告に対しても放置するよう指示するなど，Bの不保護の行為に主導的な役割を果たしており，また，自らの覚せい剤犯罪の発覚を恐れていることから，正犯意思も認められる。

以上から，乙には，甲，丙との間で保護責任者遺棄致死罪の共同正犯（60条，219条）が成立する。

四 丁の罪責

1．丁がBの容体を確認しない行為について，保護責任者遺棄致死罪（219条）が成立するか。

丁は，風邪だということしか聞いておらず，Bが生命・身体に重大な危険を生ずるおそれのある保護すべき者に当たるという認識はなかった。

よって，保護責任者遺棄罪の故意が欠ける。

2．また，丙からの依頼を失念した行為は，依頼を受けたホテルの従業員として，宿泊客の安全を図る義務に違反する行為であると考えられる。しかし，仮に丁が0時過ぎに救命措置を講じたとして，その点での救命可能性が20％程度であったことから，丁の義務違反と結果発生との間の因果関係が欠ける。

よって，丁には犯罪は成立しない。

五　結　論

甲には殺人罪（199条）が成立し，乙，丙との間では，保護責任者遺棄致死罪の限度で共同正犯（60条，219条）となる。丙には，保護責任者遺棄致死罪が成立し，甲，乙との共同正犯（60条，219条）となる。乙にも保護責任者遺棄致死罪が成立し，甲，丙との共同正犯（60条，219条）となる。丁には犯罪は成立しない。

以　上

1．不作為の殺人罪の実行行為性——甲の罪責

（1）甲が，Bが危篤状態に陥っていると認識しながら放置した行為は，不作為の殺人罪の構成要件該当性が問題となる。不作為の実行行為性は，主として3つの観点から考察すると分かりやすい。まず，**①当該構成要件の結果発生の危険性が生じていること**（例えば，子供が溺れているとか，仏壇のろうそくが燃え広がりそうになっているなど），次に，**②被告人がその危険をコントロールすべき地位にあること**（子供の親であること，仏壇のろうそくに火を点けた者であることなど），そして第3に，**③当該結果発生を回避する可能性があること**（作為（結果回避）可能性。親自身が泳ぎができること，火勢が消火可能な程度であることなど）である。これらすべてが揃って，当該不作為の作為義務が

認められ，これに反することが作為義務違反となる。そして，この作為義務違反が，**作為と等価値**であると認められる場合に，**不作為犯の実行行為性**が認められる。

このうち②の要件である，親である地位や先行行為者であることを，特に「作為義務」と呼ぶこともある（狭義の作為義務）。しかし，親であるからといって，その者自身が泳げないのに「救命せよ」と命ずることはできず，作為可能性を吟味してはじめて，作為義務の有無が判断できることになるから，①②③の全体を「作為義務」と呼ぶ方が適切である。

さらに，②の狭義の作為義務の有無は，単に親であること，先行行為者であることといった単一の条件で判断されるわけではない。例えば，先行行為の内容（先行行為の結果発生に与えた影響の大小），他の結果防止可能な者の存否，さらには，何人かの人間が関与した場合に，「誰に帰責すべきか」といった判断も，事実上，②の要件の中で検討せざるを得ない。したがって，不作為の実行行為性は，単純な法益侵害性のみでは判断できない。

（2）では，甲に不作為の殺人罪の実行行為が認められるか。

まず，甲は，Bに覚せい剤の混入したカプセルを与えている。本問の薬物の致死量は不明であるが，これ自体が直ちに死の結果を発生させる危険性を有するものであれば，その時点で殺人罪の実行行為性が認められる。しかし，本問の事案を見る限り，それ以前にもBは同様のカプセルを服用していたことから，そのような危険性があったとは認められない。また，甲も，この時点で殺意までは認められない。過失致死罪の余地はあろうが，後に故意による保護責任者遺棄致死罪ないし殺人罪が問題となる以上，別に過失犯を論ずる必要はない。

次に，8時過ぎの時点で，丙と共にBの容体を確認したにもかかわらず放置した行為はどうか。8時過ぎの時点では，Bは，うずくまってはいるものの，寝入ったような状態であり，また甲も，Bが直ちに死亡するとまでの認識はなく，せいぜいが保護責任者遺棄罪の故意に過ぎない。したがって，この時点でも殺人罪の実行行為性が認められることはない。もっとも，8時過ぎにBを放置する行為は，丙と共に行っており，丙の罪責を考える上では，この時点の放置行為も重要である。

では，甲が，その後9時半の時点で，Bが危篤状態に陥っているにもかか

わらずこれを放置した行為はどうか。甲に作為義務違反があり，その義務違反が**作為と等価値**であると評価し得るか，さらに甲がその作為義務違反を認識しているか（故意）が問題となる。

不作為による殺人罪の成立を認めた**最決平17・7・4**（⇨［参考判例］参照，シャクティパット事件）は，被告人は，「①自己の責に帰すべき事由によりＡの生命に具体的な危険を生じさせた上，②Ａが運び込まれたホテルにおいて，被告人を信奉するＡの親族Ｂから，重篤なＡに対する手当を全面的に委ねられた立場にあったと認められる。」（番号は引用者）とした上で，「被告人は，Ａの重篤な状態を認識し，これを自らが救命できるとする根拠はなかったものであるから，直ちにＡの生命を維持するために必要な医療措置を受けさせる義務を負っていた」としている。

本問の場合は，①甲らが与えた覚せい剤により，錯乱状態を経て，Ｂはほとんど反応を示さない昏睡状態に陥っており，このまま放置すれば死亡する危険性があることが明らかであり，甲もそのことを認識していた。また，②甲自らが覚せい剤を与えたという先行行為を行い，しかも，9時半の時点で305号室にいたのはＢと甲だけである，さらに丙にはＢが目を覚ましておらず，変化がないと伝えて，他の者に救急の救助をさせない措置を執っている。したがって，甲にはＢを保護すべき義務があり，保護責任者の立場にあった。さらに，③9時半の時点での救命可能性は80％であったから，救命される可能性は十分にあり[1]，Ｂがフロントに依頼したり，あるいは直接救急措置を要請することは極めて容易であったことから，作為可能であり，結果回避は十分に可能であった。

また，甲には殺意も認められる。すなわち，甲は，Ｂの危篤状況を認識したにもかかわらず，自らが保護責任者であることを認識しつつ救命措置を執らず，さらには丙にも救命措置を執らせることを阻止して立ち去っている。これは自らの覚せい剤売買の発覚を恐れて，Ｂが死亡してもやむを得ないと考えて立ち去ったものであり，少なくとも殺人罪の未必の故意は認められる。

---

[1] 結果回避可能性（本問では救命可能性）は，実行行為性（行為の危険性）と，因果関係（客観的帰責）の両方の判断に当たり問題となる。実行行為性の判断に当たっては，極めて小さな救命可能性でも実行行為性は認められるのに対し，因果関係の存否を判断するに当たっては，十中八九の救命可能性が要求される（札幌地判平15・11・27⇨第9講167頁注2)参照)。

よって，9時半の時点の甲の行為は殺人罪に該当する。

(3) なお，8時過ぎの時点で，甲が丙と共にBを放置した行為は，9時半の時点の殺人罪と別に評価する必要があるか。この時点でも不作為が問題となるが，甲及び丙がBを放置した行為は，①甲らが与えた覚せい剤によりBは錯乱状態に陥っており，Bの生命・身体に対する危険性を発生させたといえる。また，②Bは1人でホテルに宿泊しており，甲，丙は呼ばれて様子を見に行っただけでなく，ホテル従業員丁が医者を呼ぶかと尋ねているにもかかわらず，それを断り，Bを他者の目の届かないホテル客室に1人で放置したことから，Bを保護すべき立場にあるといえ，218条の保護責任者に該当する。さらに，結果回避可能性については，③9時半の時点で80％の救命可能性があったのであるから，8時過ぎの時点ではより高い可能性があったと考えるのが自然であるし，また，適切な救命措置を要請することは極めて容易な状況であった。これらの事情から，甲はBを直ちに医療措置を受けさせるべき義務を負っており，少なくとも保護責任者遺棄罪の客観的構成要件該当性が認められる。なお，Bを305号室に放置して立ち去っているので，「場所的離隔」があるようにもみえるが，この時点では甲が鍵を持っており，同じホテル内に宿泊していたことから，**場所的離隔を伴わずに，その生存に必要な保護をしない場合であり，「不保護」**に当たる。

また，甲は丙に，「覚せい剤の中毒症状が出たのだろう。」と言うなど，Bが覚せい剤中毒であることを認識しており，しかも，「医者に診せた方がよい」とも発言しているから，医療措置が必要であることの認識もあったといえ，自らが保護責任者であり，救命措置をとる義務があることの認識もあったといえる。

もっとも，甲は，その後さらに9時半の時点でBを放置した行為により，殺人罪に該当するので，8時過ぎの行為と9時半の行為を個別に判断するのか，一連のものとして把握するのかを考える必要がある。

その判断に当たっては，これらの行為が**場所的，時間的**に近接して行われているか否かに加え，**一連の意思に基づいたもの**といえるかが問題となる。

甲は，8時過ぎの時点で，丙に対し「また様子を見に来よう。」と発言し，305号室の鍵も持ち出している。その上で，9時半に，1人で305号室に行っている。これらの一連の行為は，甲が，Bの症状について一貫して保護す

べきであることを認識しつつ行動していることを示している。また、この間Bは、305号室から移動しておらず、ベッドでうずくまったままの状態であった。そうだとすれば、8時過ぎの行為と9時半の行為は、場所的に同一で、時間的にも近接しており、**1個の意思に基づいた、一連のもの**と評価することができよう。

 もっとも、そうだとすると、一連の行為ではあるものの、途中までが保護責任者遺棄罪で、途中から殺意が生じた場合とみることが可能である[2]。このように、一連の行為があり、その行為の危険性が次第に高まる例として、例えば、はじめは傷害の故意でナイフで刺したが、次第に出血がひどくなり死亡するであろうと分かった後も、死亡しても構わないと考え、そのまま放置したような場合が考えられるが、これを傷害罪と殺人罪に分けて考えることは妥当ではなく、1個の殺人罪と評価すべきである。本問でも、全体を1個の殺害行為と考えれば足りる。

2. 不作為犯の因果関係

 (1) 甲が9時半にBを放置した時点での救命可能性は80％であったが、因果関係が否定される余地はあるか。

 不作為犯の因果関係は、期待された作為がなされたならば、結果が発生しなかったであろう場合に認められる。しかし、「結果が発生しなかったであろう」とは、100％発生しなかった場合に限るわけではなく、「十中八九救命が可能であった」場合であれば認められる（**最決平1・12・15**⇨［参考判例］参照）。「十中八九」の趣旨は、単純に80％以上の確率で発生しなかったであろうことを要求するものではないと解されるが、少なくとも、ほぼ確実に救命されたであろう場合に限られよう。本問では、80％の確率で救命されたというのであるから、当然に因果関係が認められる。

 また、甲が立ち去った後、Bが死亡するまでの間に、丙が305号室に電話をかけたり、フロントに様子を見に行くよう依頼した行為、あるいは丁が丙

---

[2] 8時過ぎと9時半の時点の相違は、①（危険な事態の発生）に関する、生命に対する危険性の切迫度と、それについての甲の認識の相違である。8時過ぎの時点では保護責任者遺棄罪の実行行為性にとどまっていたものが、9時半の時点では、殺人罪の実行行為性が認められるまでに危険性が大きくなったといえる。

からの電話を失念して何もしなかった行為が介在している。これらは，因果関係の存否に影響を与えるのだろうか。第三者の行為が介在する場合の因果関係は，介在事情が異常であり，その介在事情が結果に対して大きな寄与を果たした場合に，もともとの行為に帰責されない可能性が高くなる（⇨第3講参照）。本問では，丙が305号室に電話をかけたり，フロントに依頼することは，Bの錯乱状態を知る者の行動として自然であるし，本問の丁が電話を放置した行為も，通常考えられないほど異常なものとはいえない。また，これらの行為が，**甲の実行行為を凌駕して結果発生に決定的な原因を与えた**といえるほど，寄与度が大きいともいえない。

しかも，甲がBを放置した時点で，Bは瀕死の状態であったことが認められる。因果関係に関しては，当初の行為の危険性が大きければ大きいほど，その後の介在事情の重要性は相対的に小さくなる。これらの事情から，甲がBを放置して立ち去った行為とBの死との因果関係は否定されない。

(2) なお，8時過ぎの時点での甲の行為は，乙，丙との共同正犯が認められるが，9時半の時点で，Bの危篤状態を認識していたのは甲のみであるから，甲にのみ殺人罪の適用が認められる。そして，後述のように，殺意のない乙や丙との間では，保護責任者遺棄致死罪の限度で共同正犯となる。

3．不作為の遺棄致死罪——丙の罪責

(1) 丙は，8時過ぎの時点で，甲と共に，錯乱状態に陥り動かなくなったBを保護していない。甲について述べたように，この時点では，甲も丙も，Bが死亡するほど危険な状態であるとは認識していなかったと考えられるから，殺人罪の成立を認めることはできない。

この時点で，甲については前述のように不保護による保護責任者遺棄罪に該当する行為が認められるが，丙についても同様に考えてよいだろうか。7時半過ぎに，まず305号室に行ったのは丙であるが，甲は丙にBの身体を押さえるよう指示し，また，甲の判断でBを放置して立ち去っており，一貫して甲が主導的立場に立っている。そこで，丙は，甲の保護責任者遺棄行為を幇助したに過ぎないようにも見える。

しかし，丙も，①少なくともBに身体の危険性が発生していることは理解しており，②Bが覚せい剤を服用したことも認識し，さらに覚せい剤を売

った**先行行為**についての認識もある。また，甲に指示されたとはいえ，Bの身体を押さえ付けるなどの**重要な役割**を担っているから，Bを保護すべき立場にあり，丙もそのことを認識している。これらの事情から，8時過ぎの時点での**保護責任者遺棄行為は，甲との共謀に基づく**ものであると解すべきである。

(2) その後丙は，9時半に305号室に行った甲からの連絡で，Bにはさほどの危険はないと誤信し，そのまま放置している。この時点でも，客観的には，丙は甲との共謀に基づく保護責任者の地位が継続していたはずであるが，**保護すべき危険はないと誤信**したともいえる。そこで，この時点で，「自らが保護すべき立場にはない」と信じたことにより，故意が欠け，丙については保護責任者遺棄罪の実行行為が終了したとみるべきようにも思われる[3]。

しかし，この時点で甲は丙に，「Bはまだ目を覚まさない。」と言ったに過ぎず，丙としては，Bの状態が8時過ぎの時点から変わっていないと考えたと理解するのが自然である。そうだとすれば，丙は，Bがなお保護すべき状態であり，自らも保護責任者であるとの認識を継続して持っていたと解すべきである。

もっとも，この時点で放置する行為は，甲の罪責について述べたように，既に殺人罪の実行行為といえるだけの危険性を持っている。しかし，丙にはそのことの認識がないから，丙は9時半の時点で救命措置を執らなかった行為についても，保護責任者遺棄罪の限度で刑責を負うこととなり，これは，8時過ぎにBを保護しなかった不保護行為と一連のものといえる。

(3) では，丙は致死についての責任も負うか。丙の遺棄行為と致死との因果関係が問題となる。

特に検討すべきなのは，9時半の行為以降に，丙が0時過ぎの時点でフロントにBの様子を見に行くように依頼し，丁がこれを失念したという事情が介在している点である。これを，いわば「第三者の行為の介在」と理解し，

---

[3] **保護義務の錯誤**については，保護義務の基礎となる事実の錯誤と，保護義務の法的理解に関する法律の錯誤があるとする二分説が有力である。例えば，「親ではない」との誤信は事実の錯誤であるが，「親でも救助する義務はない」と誤信すれば法律の錯誤だとするのである。しかし，いずれの場合でも，自らが「保護責任者ではない」と認識したとすれば，実行行為性の認識が欠けることとなるから，事実の錯誤とせざるを得ないであろう。

しかも丁の行為こそが結果発生に重大な影響を及ぼしたと評価できるならば，丙の不保護とBの死との因果関係が否定される余地がある。

しかし，仮に，0時10分頃に丁が救急措置を要請したとしても，救命可能性は20％程度しかなかった以上，死の結果発生が回避された可能性は非常に小さい。よって，丁が失念して何もしなかったという事情は，結果への寄与度は小さく，丙の行為の因果関係に影響を及ぼすような重大な介在事情とはいえず，丙の不保護の行為とBの死との因果関係は肯定され，丙には保護責任者遺棄致死罪が成立する。

なお，0時過ぎの時点で丙がフロントに電話をした行為は，一応，救命のための措置を執ったようにもみえる[4]。しかし，単に電話で「様子を見て欲しい。」と言っただけでは，十分な回避措置を執ったと評価することはできないので，この時点で保護義務を果たした（よって丙については全体として不作為犯は成立しない）とはいえない。9時半の時点で保護責任者遺棄致死罪の実行行為が認められる以上，それ以降の行為は，事後的な事情に過ぎないと解すべきである[5]。

(4) 9時半の時点で，丙は電話を受けただけでBの状態を直接見たわけではないので，この時点でもなお共同正犯といえるのか，それとも幇助に過ぎないのかが問題となり得る。たしかに，フロントに電話をかけるなどの行為からみると，丙には積極的にBの生命・身体に危険を生じさせるという意図はないようにも思われる。しかし，9時過ぎの時点で，甲からの電話を受け，Bの容体について甲が一部に虚偽を述べてはいるものの，目を覚まさな

---

[4] いわば，中止行為のようにもみえるが，保護責任者遺棄罪には未遂処罰はないから，中止未遂は問題とならない。
[5] 9時半以降についても，丙はBの安否を一応は心配しており，その結果，0時過ぎの行為（フロントに救助を依頼）が行われている。したがって，9時半を過ぎても，なお丙の保護責任者の立場は継続しており，遺棄罪の実行行為性が継続しているといえるようにも思われる。しかし，本問でBの死との関係で最も重要な行為は9時半に甲がBを放置した行為であり，これについて丙も関与しているかが検討すべき問題である。9時半以降も丙の保護責任者遺棄行為が継続していると理解してしまうと，次第にBの救命可能性は低くなるから（0時過ぎには20％の救命可能性しかなくなっている），遅くなればなるほど，遺棄行為と死との因果関係が認められにくくなるという不自然な結論に至ることになる。たしかに，遺棄は，場所的離隔を伴うから，被害者の下を離れた時点が「遺棄」であるが，本問のように，不保護について，何度か安否を確認するという行為がなされた場合には，最も重大な「不保護の実行行為」がいつなされたのかを見つけることが重要である。

い状態のBをそのまま放置することについては，丙も了解している。これらの事実からは，甲・丙間にはBを保護しないことにつき互いに了解しあい，意思の連絡があると認められ，この時点で保護責任者遺棄致死罪の共同正犯が成立するといえる。

では，**甲の殺人罪と丙の保護責任者遺棄致死罪との共同正犯**が，認められるのであろうか。

行為共同説からは，殺人罪と保護責任者遺棄致死罪との共同正犯が成立すると理解することになる。また，犯罪共同説であっても，現在は，両罪の重なりあう限度で共同正犯を認めるとする部分的犯罪共同説が有力であり，両罪の重なりあう「保護責任者遺棄致死罪」の限度で共同正犯となると理解することになろう。

もっとも，部分的犯罪共同説によれば，保護責任者遺棄致死罪の共同正犯の他に，甲には，殺人罪の単独犯が認められるとする見解も有力である。この問題について最決平17・7・4（前掲70頁）は，不作為による殺人罪の成立を認めるに当たり「被告人には，不作為による殺人罪が成立し，殺意のない患者の親族との間では保護責任者遺棄致死罪の限度で共同正犯となる」と判示した。「殺意のある甲の罪名」について，殺人罪が成立することを明言し「保護責任者遺棄致死罪の限度で共同正犯となる」としたのである。

この表現をどのように理解するかであるが，部分的犯罪共同説の立場からは，「殺意ある者には殺人罪と保護責任者遺棄致死罪の共同正犯が成立する」と読むことになろう。しかし，本決定は，「殺意ある者にも保護責任者遺棄致死罪の共同正犯が成立する」とはしていないことに留意すべきである。あくまでも，甲については殺人罪が成立するとしているだけで，共同正犯を基礎づける根拠として，「保護責任者遺棄致死罪の限度で」意思の連絡があると表現したともいえるのである。後者のように理解すれば，実質的に行為共同説の考え方を採用したということになる。

4. 乙の罪責

(1) 乙自身は，全く305号室に出向いておらず，Bの状態も実際に目にはしていない。しかし，8時過ぎの段階で既に甲からBの状態について報告を受けており，また，9時半の時点でも丙から甲の電話の内容を聞いている。

したがって，少なくともBの身体に危険な状態が発生していることの認識はあり，8時過ぎの時点で甲，丙と，Bを保護しないことの共謀が認められる。

　不保護の共謀があったとしても，乙自身に保護責任者の地位がなければ保護責任者遺棄罪には当たらない。しかし，乙は，Bに覚せい剤を与える先行行為を，甲及び丙と共謀して行っており，しかも教団の主宰者として，甲，丙らに指示を与える立場にあり，現に，丙からの救命措置の進言に対し，放置するよう指示している。よって，乙も保護責任者に当たり，保護義務に違反して救命措置を行わなかった行為が，不保護に当たる。

　また，丙からの進言を，覚せい剤のことが露見するのを恐れて積極的に排除していることから，自己の犯罪として行ったといえ，正犯性も認められる。よって，甲，丙との間で少なくとも保護責任者遺棄罪の共同正犯が認められる。

　(2) 致死についての因果関係については，丙との共謀が認められる以上，丙と同様に，9時半の時点の不保護の実行行為と，致死との因果関係を検討すべきであり，この時点での救命可能性は約80％であったから，保護責任者遺棄致死罪が成立する。

　なお，0時過ぎの時点で丙からの医療措置に関する進言を退けており，この時点では既に回避可能性がなかったために保護責任者遺棄致死罪は成立しないようにも見える。しかし，乙についても，問題とすべきは9時半の時点の実行行為と致死との関係であり，この時点での甲の殺害行為に，丙と同じく保護責任者遺棄致死罪の限度で，共同正犯として関与したと解すべきである。

5．丁の行為

　(1) 丁は，8時頃に305号室に氷を運んでおり，病人がいることは分かっていた。しかし，友人だという甲に，「風邪だ」とか「大丈夫だ」などと言われており，ホテルの従業員としてはこれ以上保護すべき義務があるとはいえないし，丁自身もそのような認識はなかったといえよう。よって，この時点で保護義務が発生することはない。

　(2) では，0時過ぎの時点で，丙からの依頼を失念した行為はどうか。丁

に考えられる罪責は業務上過失致死罪であるが、そもそも義務違反があるといえるであろうか。

　ホテル従業員である丁は、少なくとも宿泊客の安全を図る業務上の義務があり、電話で客からの通報があれば、医師等に連絡すべき義務があるといえよう。したがって、これを怠った丁には注意義務違反がある。しかし、仮に、丁が0時過ぎの時点で救急措置を要請したとしても、その時点での救命可能性は20％程度しかなかったことから、丁の注意義務違反と死の結果との因果関係は認められない。したがって、業務上過失致死罪は成立しない。

【参考判例】

福岡高判平19・7・6（裁判所HP）　自動車事故で重傷を負わせた被害者を、山中に運んで放置した行為について、危険な場所に運ぶ作為ではなく、危険な場所に放置して立ち去った不作為が、殺人罪の実行行為に当たるとした。〈前田・重要判例No.9〉

最決平1・12・15（刑集43・13・879）　13歳の少女に覚せい剤を注射し、錯乱状態になった少女をホテルの一室に放置して死亡させた行為につき、直ちに救急医療を要請すれば十中八九救命が可能であったとして、保護責任者遺棄致死罪の成立を認めた。〈前田・重要判例No.10、岩間康夫・百選ⅠNo.4〉

最決平17・7・4（刑集59・6・403）　シャクティパットと称する治療を行っていた者が、入院中の患者を退院させた上、全面的に手当を委ねられたにもかかわらず適切な措置を執らずに死亡させた行為について、不作為の殺人罪の成立を認めた。［解説］70頁参照。〈前田・重要判例No.11、鎮目征樹・百選ⅠNo.6〉

被害者の承諾

▶設 問

甲，乙及び丙の罪責について論じなさい（特別法違反の点を除く。）。

1　甲（35歳，男性）と乙（30歳，男性），丙（25歳，男性）とは遊び仲間であったが，それぞれ仕事がうまくいかず，経済的にも困っていた。ある日，顔を合わせた際に，甲が，「自動車事故で怪我をしたと装って保険金を手に入れたいが，手伝わないか。」と言い出した。丙は，以前，保険代理店で働いていたことがあったことから，「保険金目当てでわざと事故を起こす奴も多いから，保険会社も相当警戒している。」と，甲，乙に話した。

　　それでも，なお甲が，「うまくごまかす方法はないか。」と丙に尋ねたので，丙は，「単に歩行者を撥ねるだけでなく，自動車をもう1台用意して，追突事故を装ったらどうか。」と提案した。

　　そこで，追突事故を装い保険金を手に入れようということで相談がまとまり，首尾よく保険金が入手できた場合には，3人で山分けしようということになった。

2　自動車は乙の所有する1台しかなかったので，甲がレンタカーを借りて運転し，そのレンタカーを乙の運転する車に追突させることとし，さらに，より巧妙に本当の事故に見せかけるために，間に1台，第三者の車を挟んで玉突き事故にすれば，さらにうまくごまかせるのではないかということになり，早速，翌日にこの計画を実行することで話がまとまった。

3　翌日午前10時に，甲は自宅近くのレンタカー会社Pに出向き，従業員Qに対し，1日の予定でレンタカーを借りる契約をし，普通乗用車1

台を借りた上，そのレンタカーを運転して乙の自宅に赴いた。乙の自宅で，甲，乙及び丙は，甲が乙車を追尾して走ることと，タイミングを見て乙車との間に第三者の車を挟ませ，その車に追突することを相談した。そして乙は自分の乗用車の助手席に丙を乗せて運転し，甲はレンタカーを運転して，2台の車で出発することとした。

4　ところが，たまたま甲らの共通の友人である丁が，乙の家の前を通りかかり，甲らが集まっているのを見て声をかけてきた。乙が，「これからドライブに行くところだ。」と答えたので，丁は，「それなら自分も連れて行ってくれ。」と言い出した。

　　甲，乙，丙は，予定外の者が入ると面倒だとは思ったが，断ると余計に怪しまれると思ったことから，甲が，乙，丙に対し「いいだろう，予定通りだ。」と告げた上で，乙に対し，「おまえの車に乗せてやれ。」と言った。ただし，丁には，保険金目当てで事故を起こすことは話さなかった。

　　乙は，自分の乗用車の助手席に丙を，後部座席に丁を同乗させて運転し，その後から，甲がレンタカーで追尾することとして出発した。

5　30分ほど，乙の車を甲が追尾する形で運転を続けたが，午前11時頃，交差点にさしかかった際，赤信号で乙の運転する車が停止し，続いて，たまたまそのときに乙車の直後を走っていたAの運転する軽自動車が停まり，さらにその後方から，甲の運転するレンタカーが停車しようとして減速した。甲は，乙，丙と3人で相談したとおりに，間に1台無関係な車が挟まり，計画を実行できる状況となったため，その場でその計画を実行する決意をし，自車を停車させることなく，Aの運転する自動車後部に時速約40キロの速度で追突させ，その勢いで同車を前方に押し出させて，乙の運転する自動車後部に追突させた。

　　この衝突により，レンタカー，A車，乙車は，いずれもバンパーが大きく壊れて車体がへこみ，ガラス窓が壊れ，さらに乙車のドアが壊れて閉まらなくなるなどの損傷を受け，いずれも自力で走行できない状態となった。

6　これにより，Aは入院加療2か月の頸部捻挫の傷害を負った。

　　また，乙は頸部捻挫で1か月間入院し，丁は頸部捻挫で2か月間入院した。丙は，助手席に座っていたが，衝突の衝撃で助手席ドアが壊れて開き，丙はシートベルトをしていなかったため路上に放り出され，後方

から走ってきたBの運転する乗用車に轢かれて死亡した。

7　乙，丁は，事故により入院加療が必要であり，かつ後遺障害を負ったとして，入院治療を受けたこと，及び後遺障害を負った旨の医師の診断書等をR保険会社に提出し，また，丙については事故により死亡したとして死亡診断書等を同保険会社に提出し，乙，丁については交通傷害保険契約に基づく入院期間中の入院保険金及び後遺障害保険金，丙についてはその遺族が死亡保険金を請求した。

　　R保険サービスセンター所長Sは，R保険が乙らに対し入院保険金及び死亡保険金の支払い義務を負っていると誤信し，保険金の支払い手続をとり，R保険の係員を通じて，入院保険金ないし死亡保険金，あるいは後遺障害保険金として，乙の普通預金口座に350万円，同じく丁の普通預金口座に550万円，さらに丙の遺族Cの普通預金口座に1,500万円を振込入金した。

　　これらの金員のうち，乙は，最初の山分けの約束のとおり，甲に150万円を渡した。

　　丁及びCは，保険金を受け取る段階でも事故が偽装であったことを知らなかった。

8　事故から半年ほど経過した頃に，乙は丁に，事故が偽装だったことをしゃべってしまった。丁は動揺し，「ばれたらどうするんだ。俺は知らなかったのに巻き込まれるのは御免だ。警察が調べに来るかもしれない。」などと騒ぎ出した。

　　乙は，丁が警察に通報したりするとたいへんなことになると思い，すぐに甲に相談したところ，甲は，「おまえが余計なことをしゃべるからだ。」と乙を厳しく叱りつけ，「丁が何かする前に，丁に絶対しゃべるなと脅しておけ。言うことを聞かなかったら殺してもやむを得ない。おまえが蒔いた種だから，おまえが始末をつけろ。」と命じた。

9　乙は，甲が元暴力団員だと聞いており，甲の言うとおりにしないと乙自身にも危害が加えられるのではないかと恐ろしくなった。そこで，場合によっては丁を殺害することもやむを得ないと思い，途中で包丁（刃体の長さ20センチメートル）を購入し，これを持って丁の家を訪ねた。乙は丁に対して，「絶対に事故のことを他人にしゃべるな。しゃべったらただではおかないぞ。」と申し向け，「俺はおまえを殺したくはないが，このままでは甲が黙っていない。俺が殺さなくても甲がおまえを殺すと

言っている。」と脅した。

10 丁は，乙の様子が尋常ではなく，また，甲が元暴力団員であることも聞いていたので，このままでは殺されるかもしれないと思い，「絶対にしゃべらない。だから殺さないでくれ。」と訴えた。しかし丁は，「そんなことを言っても信用できない。黙ってるという証として指を詰めてもらおう。今日のところは指で許してやるが，しゃべったら今度こそただではおかないぞ。」と言った。

丁は，甲が乗り出してきたらたいへんなことになると思った。そこで，乙に対し，「分かった。俺は自分ではとても切る勇気がない。おまえがやってくれ。」といって左手をテーブルの上に出した。

そこで，乙は，丁の左手小指の第１関節に持参した包丁を当て，これを切断した。切断した直後，小指の先を手近にあった空き瓶に入れ，瓶をポケットに入れた。また，乙は切断した直後に丁を近所の病院に連れて行き，治療を受けさせたが，丁は加療20日間を要する傷害を負った。

翌日乙は，空き瓶に入れた小指の先を甲に見せ，「しゃべらないという証に指を切った。脅したからしゃべることはないだろう。」と甲に伝え，甲も「分かった。」と返事をした。

論点の整理

甲は傷害の故意を持って２台の自動車に衝突しているから，自動車運転過失致死傷罪ではなく，傷害罪・傷害致死罪の成否が問題となる。怪我を負った乙，丁，A及び死亡した丙のうち，乙，丙については自己が傷害を負うことを了承しているので，被害者の承諾が問題となる。

同意殺人は承諾があっても処罰されるし，自由に対する罪や財産犯については同意があれば成立しないことは明らかである。そこで，被害者の承諾が問題となるのは，事実上，同意傷害に限られる。

本問では，乙，丙については同意があるが，Aはもちろん，丁についても同意がないこと，さらに，丙については死亡しているが，死亡することまで同意しているわけではないことなどについても，検討すべきであろう。

被害者の承諾の論点について，かつては，構成要件該当性の問題なのか違法阻却事由なのか，また他の違法阻却事由とどのような関係にあるのかとい

う体系上の位置づけに関する議論が多かったが，近時は「承諾により具体的にどの範囲まで不可罰とできるのか」，「被害者の承諾といえるには被害者にどのような認識まで必要なのか，そのためには被害者に対しどのような説明がなされていなければならないか（特に医療事故の場合など）」等も重視されるようになってきている。

　従来の判例では，本問の乙の行為と類似した詫料（けじめ金）の支払いの代わりに指を詰める行為（仙台地石巻支判昭62・2・18判夕632・254）や，性転換手術行為（東京高判昭45・11・11高刑集23・4・759）があり，さらに，性感を高めるために首を絞める等の行為を行い死傷させた場合も多かった（最判昭25・11・16裁判集刑36・45，東京地判昭52・6・8判時874・103，大阪地判昭52・12・26判時893・104等）。これらの事案について，判例はすべて傷害罪（傷害致死罪）の成立を認めている。

解答の筋道

1. 甲，乙及び丙の傷害及び保険金詐欺の共謀の有無，成立の時点
   →最初に会って話をした時点で，甲，乙，丙に傷害罪，詐欺罪の共謀あり
   　（乙，丙も教唆や幇助にとどまらない）
2. 甲がレンタカーを借りる行為
   (1) 甲が，従業員Qから，事故を起こすことを秘して借りた行為
   →従業員Qは本当のことを知ったら渡さないという事情→1項詐欺罪
   (2) 共謀の有無
   →甲，乙，丙の共謀あり
3. 丁を車に乗せる行為
   →丁は事故に遭うことを知れば乗車しなかった関係あり
   ⇒丁に対する監禁罪（甲，乙，丙の共同正犯）
4. 偽装事故により，A，乙，丁に傷害を負わせ，丙を死亡させた行為
   (1) 乙，丙の傷害についての承諾（最決昭55・11・13刑集34・6・396参照）
   ・右承諾を得た動機，目的，身体傷害の手段，方法，損傷の部位，程度等諸般の事情を考慮
   ・損傷の部位，程度：1～2か月の傷害，さらに致死まで発生
   　→承諾があっても傷害罪の違法性は阻却されず
   　⇒甲に，乙，丙についての傷害罪（共犯関係は(3)参照）

(2) A，丁について
　・A，丁は傷害の承諾なし→傷害罪（自動車運転過失致傷罪に当たらず）
　・共謀の有無
(3) 丙に対する傷害致死
　・因果関係→後続車の轢過は十分にあり得る
　　甲の衝突行為により丙が車外に投げ出されている
　・共犯関係
　　→丙の傷害致死は，甲・乙及び丙の共謀に基づく
　　→ただし，乙（丙）の傷害：乙（丙）にとっては自傷行為
　　⇒丙に対する傷害致死は，甲，乙の共同正犯
(4) 車を損壊する行為
　・A車，乙車，レンタカーの器物損壊罪
5．保険金を騙取する行為
　・甲，乙，丙は，偽装を認識しつつ，保険金請求し，金員受領→1項詐欺既遂罪
　・丁，Cは，偽装を知らずに請求→詐欺罪不成立
6．甲，乙が丁を脅して指を詰める行為
　・指を詰める行為――承諾があるか
　　→殺すと脅迫されているから，丁には真意に基づく同意・承諾なし
　・共犯関係
　　・殺害を含む，丁に対する脅迫，生命身体への侵害の共謀成立（指詰め含む）
　　⇒乙の丁に対する傷害罪は，甲との共同正犯

[答案作成上の注意]

　被害者の承諾については，これを単独で違法阻却とするのではなく，他の事情（傷害であれば，その承諾を得た動機，目的，身体傷害の手段，方法，損傷の部位，程度等）を勘案して違法阻却の有無が判断される。したがって，「承諾の有無」が違法阻却を決定づけるのではなく，あくまでも**違法阻却が認められるための一要素**に過ぎないことに注意すべきである。

　また，後段の丁に対する指詰めの傷害の共謀であるが，殺害の共謀がある以上，共謀者の1人が「傷害」を行った場合，「殺害の共謀の射程外」とす

ることは妥当ではない。

解答案

一　甲の罪責

1．乙，丙，丁，Aに対する傷害について

(1) 甲が，乙及び丙との共謀に基づき，偽装事故を起こし，A，乙，丁に傷害を負わせ，丙を死亡させた行為について，傷害罪（204条）及び傷害致死罪（205条）の共同正犯（60条）が成立するか。

(2) まず，甲には傷害の故意があるから，自動車運転過失致死傷罪には当たらない。

甲は車を衝突させる暴行により，Aに2か月の頸部捻挫，乙に1か月の頸部捻挫，丁に2か月の頸部捻挫という傷害を負わせ，丙を死亡させているから，甲の行為は，A，乙，丁に対する傷害罪及び，丙に対する傷害致死罪の実行行為に当たる。

(3) ただ，乙，丙には，自ら傷害を負うことの承諾があったから，甲の傷害行為の違法性が阻却されるのではないかが問題となる。

被害者が傷害について承諾した場合，単に承諾があることのみで違法性を阻却すべきではなく，①当該承諾を得た動機，目的，②身体傷害の手段，方法，③損傷の部位，程度等諸般の事情を照らし合わせて違法阻却の可否を判断すべきである。

(4) 本問の乙，丙の承諾についてみると，①保険金騙取という違法目的に利用するために得られたもので，②傷害の手段・方法は，第三者まで巻き込んだ自動車事故を起こすという重大な危険が発生する態様のもので，③乙には1か月の重傷，丙については死亡結果が発生しており，たとえ真摯な承諾を得ていたとしても，傷害罪の違法性を阻却すべき事情はない。

よって，甲の行為は，承諾のないA，丁のみならず，乙，丙に対しても傷害に当たり，A，丁，乙に対する傷害罪が成立する。

(5) ただし，丙に対する傷害致死罪については，丙の死亡の原因は後続車による轢死であることから，因果関係が問題となる。

因果関係を認めるために必要な，実行行為の危険性が結果に実現したといえるかは，（ア）実行行為が結果を発生させる危険性の大小，（イ）介在事情と実行行為との関連性，異常性の有無，（ウ）実行行為と介在事情それぞれの結果への寄与度の大小を総合的に判断して決すべきである。

　甲が自動車を衝突させる行為は，（ア）丙の死亡のみならず，乙らが1～2か月の傷害を負う程度の重大な危険性のあるもので，（イ）車の衝突により助手席の者が車外に投げ出されることは当然想定されるものであり，丙が後続車に轢過されることも異常なことではなく，甲の衝突行為との強い関連性が認められる。たしかに，（ウ）後続車の轢過は，丙の死亡という結果に寄与した重大な介在事情ではあるが，これは甲車の衝突により丙が車外に投げ出されたことから誘発されたものであって，甲の行った行為の危険性が，丙の死の結果として実現したと評価することが可能である。よって，甲の衝突行為と，丙の死との因果関係は認められる。

　(6) Aに対する傷害罪は，甲，乙，丙の当初の共謀に基づくものであり，丁に対する傷害罪も，甲が丁を乗車させることを認めた時点で，甲・乙・丙間に丁の傷害の共謀が成立したといえるから，共同正犯となる。

　乙の傷害については，乙自身にとっては不可罰の自傷行為であるから，乙自身には共同正犯も成立しないが，甲は，丙と共謀して実行しているから，甲と丙とに傷害罪の共同正犯（60条，204条）が成立する。

　また，丙に対する傷害致死行為についても，甲と乙との共謀が認められるから，両者の共同正犯（60条，205条）となる。

2．丁に対する監禁について

　(1) 甲が，乙，丙と共謀して，事情を知らない丁を乗車させた行為が監禁罪（220条）に当たるか。

　丁は，単にドライブをするという虚偽の理由を告げられて乗車している。交通事故に巻き込まれるか否かは，乗車するか否かの判断にとって

重要な事項であり，もし偽装事故を起こすことを知っていたら乗車しなかったであろうと考えられるから，甲らが丁を車に乗せる行為は，監禁罪の共同正犯に当たる。

(2) もっとも，丁の傷害は事故により生じたもので，監禁行為から生じたものではなく，さらに甲らには丁に対する傷害の故意があるから，監禁致傷罪には当たらず，監禁罪と傷害罪（204条）との併合罪（45条前段）となる。

3．レンタカーを借りた行為について

(1) 甲が，従業員Qから自動車を借りる行為は，詐欺罪（246条1項）に当たるか。

まず，レンタカーの借主は，車を安全に運行させることにつき，少なくとも信義則上の義務があり，事故を起こして車を損壊する意図であることを知れば，Qが自動車を貸すことはなかったと考えられる。よって，甲が借主の義務に反し事故を起こすことを秘してレンタカーの借入れを申し込む行為は，欺く行為に当たる。

Qは，その欺く行為により，「財物」たる車を甲に交付し，レンタカーの占有がQから甲に移転しているから，甲にはレンタカーを借りた時点で1項詐欺罪（246条1項）の既遂が成立する。

レンタカーに対する1項詐欺罪も，甲，乙，丙の共謀に基づくものであるから，甲の単独犯ではなく，共同正犯となる（60条，246条1項）。

(2) さらに，甲は，事故を起こしたことにより，A車及びレンタカーを損壊しているが，これは甲の故意行為によるものであるから器物損壊罪（261条）が成立する。ただし，乙車については，乙の承諾があると解されるから，器物損壊罪は成立しない。

器物損壊罪についても，甲の単独犯ではなく，甲，乙，丙の共謀に基づくものであるから，共同正犯が成立する（60条，261条）。

4．丁の指を詰める行為について

乙が丁の指を切った行為につき，甲に傷害罪の共同正犯（60条，204条）が成立するか。

甲は，乙に丁の殺害もやむを得ないと指示しており，本問行為の正犯といえるが，乙の行為を支配しているとまではいえず，また乙も，自分の利益のために丁を黙らせる必要があり，包丁も自身で用意するなど重要な役割を果たしているから乙にも正犯性がある。よって，丁に対する傷害罪は，甲の間接正犯ではなく，甲と乙との共同正犯となる。

もっとも，実際には乙は丁の指を切ったにとどまり，後述のように乙のこの行為は傷害罪に当たる。しかし，殺害の共謀には，身体の侵害である傷害の共謀も含まれていると考えることが可能であるから，乙による傷害行為は，甲との共謀の射程内の行為といえる。

よって，甲は，丁に対する傷害罪について，乙との共同正犯となる（60条，204条）。

5．保険金を騙取する行為について

乙が，保険会社から保険金の交付を受ける行為は，後述のように詐欺罪（246条1項）に該当する。甲は，追突事故を起こして保険金を騙取することを乙，丙と共謀しているから，甲には，保険金に対する1項詐欺罪の共同正犯（60条，246条1項）が成立する。

以上から，甲には，自動車の衝突について，①A，丁に対する傷害罪（204条，乙，丙との共同正犯），②乙に対する傷害罪（204条，丙との共同正犯），③丙に対する傷害致死罪（205条，乙との共同正犯），④レンタカー，⑤A車に対する器物損壊罪（261条，④⑤につき乙，丙との共同正犯），⑥丁に対する監禁罪（220条，乙，丙との共同正犯）が成立する。また，⑦レンタカー騙取について1項詐欺罪（246条1項），⑧保険金騙取について1項詐欺罪（246条1項，⑦⑧につき乙，丙との共同正犯），さらに⑨丁の指詰めについて傷害罪が成立する（乙との共同正犯）。①～⑤は観念的競合（54条1項前段），これと⑥，⑦，⑧，⑨とは併合罪（45条前段）となる。

二　乙の罪責

1．丙に対する傷害致死罪，A，丁に対する傷害罪について

甲について述べたように，偽装事故により，丙を死亡させた行為につ

いて傷害致死罪（205条），A，丁に傷害を負わせた行為について傷害罪（204条）が成立し，前者につき甲との共同正犯，後者につき甲及び丙との共同正犯となる。

乙自身が負傷した行為は，自傷行為として処罰されない。

2．保険金に対する詐欺罪について

乙が保険金を請求し，受領した行為は，自動車事故で受傷したように装って保険金を請求する欺く行為により，保険会社員Sが保険金支払い義務があるとの錯誤に陥り，乙らの預金口座に金員を振り込む交付行為に基づいて，乙らの口座に金員が移転しているので，乙には1項詐欺罪が成立し，甲，丙との共同正犯（60条，246条1項）となる。

3．丁に対する傷害罪について

(1) 乙が丁を脅してしゃべらないようにするために，丁の指を詰める行為について，傷害罪（204条）が成立するか。

乙は，指を詰める前に，しゃべれば殺すと脅したり，包丁を胸元に突きつけたりしているが，これらの行為は，別途，暴行・脅迫罪を構成するものではなく，指詰め行為と併せて1個の傷害行為として評価すれば足りる。

(2) なお，丁が指詰めに同意しているが，了解しなければ殺害されると思ったから了解したに過ぎず，真意に基づく同意があるとはいえない。よって，違法性は阻却されない。

また，乙が丁に治療を受けさせた行為は，傷害罪の成否に影響しない。

4．乙については，このほか，レンタカー，A車に対する器物損壊罪（261条），丁に対する監禁罪（220条），レンタカーに対する1項詐欺罪（246条1項）が成立し，いずれも甲，丙との共同正犯（60条）となる。

以上から，乙には，①A，丁に対する傷害罪（204条，甲，丙との共同正犯），②丙に対する傷害致死罪（甲との共同正犯），③レンタカー，④A車に対する器物損壊罪（261条，甲，丙との共同正犯）が成立する。また，⑤丁に対する監禁罪も成立する（220条，甲，丙との共同正犯）。さらに，⑥レンタカー騙取について1項詐欺罪，⑦保険金騙取について1項詐欺

罪（246条1項，いずれも甲，丙との共同正犯），⑧丁の指詰めについて傷害罪が成立する（204条，⑧は甲との共同正犯）。①〜④は観念的競合（54条1項前段），これと⑤，⑥，⑦，⑧は併合罪（45条前段）となる。

三　丙の罪責
　1．丙は死亡しているが，A，乙，丁に対する傷害罪の共同正犯（60条，204条）及び丁に対する監禁罪の共同正犯（60条，220条）が成立するほか，レンタカーに対する1項詐欺罪（246条1項），レンタカー及びA車に対する器物損壊罪（261条），さらに乙による保険金の詐欺罪（246条1項）のいずれも共同正犯（60条）が成立する。
　2．丙は保険金詐欺の実行着手時である保険金請求の時点で既に死亡しているが，丙も加わった共謀に基づく偽装事故により，保険金の請求が可能となったのであるから，保険金に関する詐欺罪についても，共犯からの離脱は認められない。
　3．以上から，丙には，①A，丁に対する傷害罪（204条，甲，乙との共同正犯），②乙に対する傷害罪（甲との共同正犯），さらに③レンタカー，④A車に対する器物損壊罪（261条），⑤丁に対する監禁罪（220条）も成立する（いずれも甲，乙との共同正犯）。さらに，⑥レンタカー騙取について1項詐欺罪，⑦保険金騙取について1項詐欺罪が成立し（246条1項，いずれも甲・乙との共同正犯），①〜④は観念的競合（54条1項前段），これと⑤，⑥とが併合罪（45条前段）となる。

　　　　　　　　　　　　　　　　　　　　　　　　　　以　上

● 解　説

1．甲の乙，丙，丁，Aに対する傷害罪——同意傷害

　(1)　甲，乙及び丙は，保険金騙取の目的で交通事故を装って，乙，丙及び第三者を傷害することを共謀している。具体的な共謀の内容は，①甲が追突

する役割，乙・丙が被害者の役割を分担すること，②レンタカーを利用すること，できれば第三者の車を挟む二重追突事故に見せかけること，③保険金を3人で山分けすることであり，①②が傷害罪の共謀，③が詐欺罪の共謀に当たる。

また，丁に対する傷害の共謀は，丁を車に乗せる直前になされているから，時期が異なることは意識して検討すべきである。

これらの共謀では，甲がまず保険金詐欺の話を持ち出しているから主犯格であるが，丙は具体的な偽装方法を提案し，また，乙も金目当てで共謀に加わっているから，乙や丙も幇助や教唆にとどまるものではなく，乙，丙，丁及び第三者に傷害を加えること，さらに保険金を騙取することについて，乙，丙にも正犯性が認められる。

(2) 甲は，赤信号で停車した際に，A車に故意に衝突し，さらにこれを乙の運転する車に衝突させるという傷害行為により，乙，丁，Aに傷害を負わせ，丙を死亡させている。傷害の故意を持った暴行による傷害結果が発生しており，対Aとの関係でも，自動車運転過失致傷罪には当たらないことに注意すべきである[1]。

もっとも，乙，丙については，自ら傷害を負うことの承諾があった。そこで，この承諾により甲の傷害行為の違法性が阻却されるのではないかが問題となる。本問と同様に，交通事故を装って保険金を騙取する意図で，仲間の車に衝突させて傷害を負わせた事案について，**最決昭55・11・13（刑集34・6・396）**は，承諾がある場合の傷害罪の成否について，「**単に承諾が存在するという事実だけでなく，右承諾を得た動機，目的，身体傷害の手段，方法，損傷の部位，程度等諸般の事情を照らし合せて決すべき**」であるとした。そして，この事案のような場合には，「右承諾は，保険金を騙取するという違法

---

[1] 医療事件についても，通常の医療事故は業務上過失致死傷罪が問題となるが，医師免許も持たない者が，十分な設備の整わない状況で手術をし，患者を死亡させるような行為は，故意犯としての傷害致死が問題となる。東京高判平9・8・4（高刑集50・2・130）は，患者の同意が問題となった事案であったが，①被害者は，被告人が医師免許を有しているものと誤信して手術の承諾をしたものであったこと，②本件の豊胸手術自体が不適切な手術であったこと，③手術の内容は，身体に対する重大な損傷，さらには生命に対する危険を招来しかねない危険な行為であったことを指摘して，傷害致死罪の成立を認めている。その実質は，十分な説明に基づく同意が欠けていたという点にあると解される。

な目的に利用するために得られた違法なものであって，これによって当該傷害行為の違法性を阻却するものではない」とした。

　本問の乙，丙の承諾についてみると，①動機・目的が，保険金を騙取するという違法目的に利用するために得られていること，②身体傷害の手段・方法は，第三者まで巻き込んだ偽装の自動車事故を起こすという重大な危険が発生する態様であること，③損傷の部位，程度についても，乙が1か月の重傷，丙については死亡という重大な結果が発生しており，到底傷害罪の違法性を阻却すべき事情があるとはいえない。

　よって甲の行為は，承諾のないA，丁のみならず，乙，丙に対する関係でも傷害に当たり，A，丁，乙に対する傷害罪が成立する。

　(3) 丙に対しては，傷害致死罪が成立すると考えられるが，後続車に轢かれて死亡していることから，因果関係について検討する必要がある。

　因果関係を認めるためには，当初の**行為の危険性が結果に実現**したといえることが必要である（⇨第3講参照）。後続車の轢過という介在事情とあいまって**結果が発生**した場合に，行為の危険性が結果に実現したといえるか否かは，①当該実行行為が結果を発生させる危険性の大小，②介在事情が実行行為との関係で異常か，それとも関連性があるのか，③実行行為及び介在事情の結果への寄与度の大小を総合的に判断して決すべきである。

　本問では，甲が自動車を衝突させる行為は，①丙の死のみならず，乙，丁やAが1～2か月の傷害を負う程度の重大なものであったこと，②丙が車外に投げ出された原因はAの追突にあるから関連性は大きく，しかも，一般道路上であって，他の車の通行があることが通常である。たしかに，③後続車の轢過により死亡しており，介在事情の寄与度が小さいとはいえないものの，もともとの甲の傷害行為が，丙が車外に投げ出されるほどの危険性の大きなものであることを総合的に判断すれば，甲の傷害行為と丙の死の因果関係は否定されることはない。

　(4) 丙に対する傷害致死罪は，甲の単独犯か。丁及び第三者に対する傷害は，甲，乙，丙3名の共謀に基づき甲が実行していることから，甲，乙，丙の共同正犯となる。これと同様に，乙及び丙の傷害や死亡についても，共謀に基づく共同正犯に当たるといえそうである。

　しかし，乙の傷害については，乙はいわば「自傷行為」の共謀をしたこと

になり，自己に対する傷害罪の正犯にはなり得ないから，乙自身の傷害について，乙に犯罪は成立しない。しかし，丙に対する傷害に関しては，（乙自身の自傷行為とは異なり）乙は甲と同様に，傷害罪の共同正犯が成立すると解すべきである。したがって，丙の傷害致死罪については，甲の単独犯ではなく，乙との共同正犯が成立する。

同様に，乙の傷害についても，甲と丙に傷害罪の共同正犯が成立する。

(5) 丁に対する傷害罪については，丁が事故に巻き込まれることを知らずに自動車に乗っていることから，単なる傷害罪として処理してよいのか，それとも監禁により傷害を負ったと解すべきなのかが問題となる。

まず，丁が自動車に乗り込んだ事情を検討すると，丁は，単にドライブに行くと思っており，いわば強姦目的であることを隠して同乗させる場合と同様に，甲らの丁に対する監禁罪（220条）が成立すると解すべきである。

しかし，監禁致傷罪（221条）は，**監禁行為そのものないし監禁手段から生じた傷害に限られ**，丁の傷害は，甲の故意による自動車の衝突により生じているから，これに当たらない。よって，丁に対しては，監禁罪と傷害罪が成立し，両罪は併合罪となる。そして，これは甲，乙，丙の共謀に基づいて実行されたものであるから，3名の共同正犯となる。

2．甲のレンタカーに対する行為

(1) 甲は，従業員Qから，事故を起こす計画であることを秘して，自動車を借りている。レンタカーを借りる者は，これを安全に運行させる義務があり，敢えて事故を起こし，車を損壊する意図を持って使用することはこの義務に反すると解すべきである。甲は，借主の義務に反することを秘して，レンタカー契約を申し出ており，挙動による欺く行為が認められる。

Qは，この欺く行為により，自動車が安全に運行されるとの錯誤に陥り，その錯誤に基づいて自動車を甲に渡しているから，交付行為も認められる。したがって，甲がレンタカーを借りた時点で，そのレンタカーに対する1項詐欺罪が成立する。

そして，レンタカーに対する1項詐欺罪も，甲，乙，丙の計画に基づくものであるから，甲の単独犯ではなく，乙，丙との共同正犯となる。

(2) さらに，甲は，レンタカーを衝突させることにより，A車及びレン

タカーを損壊しているが，これは甲の故意行為によるものであるから器物損壊罪が成立する。ただし，乙車については乙の承諾があると解されるから，損壊罪は成立しない。傷害罪と異なり，財産犯については，承諾の動機・目的等を問わず，被害者が承諾すれば法益侵害性は認められないからである。

器物損壊罪についても，甲の単独犯ではなく，甲，乙，丙の共謀に基づくものであり，共同正犯が成立する。

3. 乙が保険金を騙取する行為

(1) 乙は，事故が偽装であることを隠して，R保険会社に保険金を請求し，350万円の保険金の交付を受けている。偽装の事故であることを秘して保険金を請求する行為は欺く行為に当たり，これによりR保険の所長Sを保険金支払い義務があるものと誤信させ，保険金を交付させているから，350万円について詐欺罪（246条1項）が成立する。

また，保険金の請求も，事故前の当初の甲・丙との共謀に基づくものであるから，甲にも保険金についての詐欺罪が成立する。

なお，保険金目的での傷害罪と，保険金請求の詐欺罪との罪数関係は，**牽連犯ではなく併合罪となる**（放火と詐欺の罪数につき，大判昭5・12・12刑集9・893）。

(2) これに対し，丙は，保険金を請求する段階では既に死亡している。保険金の騙取について，実行の着手は，事故を起こす行為ではなく保険金請求行為に認められるから，丙はこの詐欺罪の実行行為には関与していないようにもみえる。しかし，保険金の騙取の共謀は事故前の共謀の内容に含まれているから，丙にも保険金請求に関する共同正犯が成立する。

丁及び丙の遺族Cは，偽装を知らずに保険金請求を行っているから，保険金についての詐欺罪は成立しない。

4. 乙が丁を脅してしゃべらないようにするために，丁の指を詰める行為

(1) 甲は，乙から丁が警察に通報するおそれがあると伝えられたのに対し，「丁を殺してもやむを得ないから，絶対しゃべるなと脅せ。」と指示している。甲が乙を道具として使った間接正犯が成立するのであろうか。

乙は，甲が元暴力団員であるため，乙自身の身にも危害が及ぶかもしれな

いと考えており，間接正犯とする余地もないわけではない。しかし，丁を黙らせることによって，乙も保険金詐欺を暴露されないという大きな利益を得ることになる。また，乙は自分の判断で包丁を準備する等している。このような事情からみれば，甲のみならず乙も自己の犯罪として丁を脅し，また丁の指を詰めていると考えられるから，乙も共同正犯に当たる。

(2) もっとも，甲は乙に対し，「丁を脅せ，殺してもやむを得ない」と指示しているだけで，指を詰めろとまでは言っていない。そこで，指詰めについては乙の単独犯であるとすべきだろうか。

しかし，甲，乙間には，場合によっては丁を殺害することもやむを得ないという共謀が認められ，その共謀の射程の中に，丁に対する身体の侵害（指を詰めること含む）も含まれる。乙はこの共謀に基づいて丁の指を切ったと解されるから，乙の丁に対する傷害罪は，甲との共同正犯となる。

(3) さらに，乙が，指を切る前に，丁に対し，しゃべれば殺すと脅す行為は脅迫罪に当たるのだろうか。

しかし，その後，乙はしゃべらせないための脅迫行為として丁の指を切断しているのであるから，指を切断する前と後とで，乙の行為を分けて理解すべきではなく，**脅迫も含めて，1個の傷害行為**として捉えれば足りる（⇨第1講［解説］4.参照）。

(4) 乙の行為が傷害行為に当たるとして，その上で問題となるのが，丁が指詰めに同意している事実をどのように評価すべきかである。

しばしば，指詰めは社会的に相当ではないから，そのような行為に同意したとしてもその同意は無効であるとする説明が見られる。しかし，本問の場合には，そもそも**同意そのものがあったといえるかを吟味**する必要がある[2]。

たしかに，丁は，「殺さないでくれ」と懇願して，指を詰めることを了解

---

2) 指詰めに関する仙台地石巻支判昭62・2・18（判タ632・254）は，小指を包丁で切った行為につき，被害者の「承諾があったとしても，被告人の行為は，公序・良俗に反するとしかいいようのない指つめにかかわるものであり，その方法も医学的な知識に裏付けされた消毒等適切な措置を講じたうえで行われたものではなく，全く野蛮で無残な方法であり，このような態様の行為が社会的に相当な行為として違法性が失なわれると解することはできない」として傷害罪の成立を認めた上で，「被告人が強いて指をつめるよう命じて──すなわち瑕疵のある承諾のもとに──判示所為に及んだのではないかという疑いも濃厚である」と認定しており，真摯な同意の存在自体に疑問が残る事案であった。

しているだけでなく，丁の側から乙に対し，指を切ってくれと依頼している。しかし，このような発言は，乙が包丁まで持ち出したことや，甲が背後にいることで恐ろしくなったことが原因である。

　そう考えれば，丁は，殺されるかもしれないとの恐怖の下で，指を切られることに同意しているに過ぎず，このような同意は，およそ真意に基づくものとはいえない。したがって，そもそも有効な同意があるとは認められないから，同意の動機や目的等を勘案するまでもなく，違法阻却の余地はない。

【参考判例】

最決昭 55・11・13（刑集 34・6・396）　［解説］91 頁参照。〈前田・重要判例 No. 47，松宮孝明・百選Ⅰ No. 22〉

第6講 挑発行為と正当防衛

▶設問

甲の罪責について論じなさい（特別法違反の点を除く。）。

1　甲（男性，40歳，身長160センチメートル）は，平成27年10月17日，午後7時30分頃，勤務を終えて最寄りの駅まで歩いている途中，前方の歩道に設置されたゴミ集積所付近で，自転車にまたがったままでゴミ集積ボックスをのぞき込んでいるAを見かけた。甲は，Aがなかなかその場を立ち去らないので，ゴミ集積ボックスに，爆発物のような何か危険な物でも入れたのではないかと不審に思い，Aの近くに寄って，「何をしているんだ。」と声をかけた。

2　A（男性，50歳，身長170センチメートル）は，付近に居住しており，たまたまそのとき自宅から持って来たゴミを捨てようとしているところだったが，このゴミ集積所には，ゴミの種類ごとに，可燃物，不燃物，瓶用，缶用に区別された回収ボックスが置かれており，Aは持って来たゴミをどのボックスに捨てるべきか迷っていたところだった。

　　見知らぬ甲から，いきなり詰問口調で声をかけられたAは，酒に酔っていたこともあり憤慨し，「このゴミ集積所は，近所の住民しかゴミを捨てられないんだ。おまえはどこに住んでいる。ここの住民でないなら，さっさとあっちに行け。」と語気荒く申し向けた。

3　これに対し甲は，瓶用のプラスチック製回収ボックス（高さ約50センチメートル）の上に乗って，Aの持っているゴミ袋や，Aの前にある可燃物の回収ボックスの中をのぞき込むようにしたところ，Aがさらに，「さっさとあっちに行け。馬鹿野郎。」と怒鳴った。怒鳴られた甲は，自分が不審者を問いただすという正しいことをしているのに，馬鹿野郎

どと言われたことから憤慨し、自転車に乗ったままのＡの左頰を、手拳で１回殴打した。

殴打の直後、甲は、Ａが酒臭く酔っている様子で、また、かなり怒っているようだったので、殴り返してくるのではないかと思い、駅の方に向かって全速力で逃走した。

4　Ａは、甲が殴ったままその直後に逃走したことから、やられたらやり返すのが当然だと思い、「この野郎、待て。」などと怒鳴りながら、自転車で追いかけた。甲は、ゴミ集積所から約30メートル離れた交差点まで行くと、左折して駅の方に向かったが、Ａもその後を自転車で追いかけ、交差点から約60メートルの歩道上で甲に追いついた。

5　追いついたＡは、自転車に乗ったまま、水平に伸ばした右腕で、走っている甲の後頭部から首にかけて強打した。この暴行により甲は前方に倒れ込んでしまい、殴ったＡも、そのはずみで自転車ごと倒れた。

6　甲とＡは一旦倒れたものの、すぐに立ち上がり、「何だこの野郎。」などと怒鳴りあい、歩道上でそれぞれ相手の胸倉を摑んでもみ合っていたが、身長や体格でややＡが勝っていたことから、甲はこのままではＡにやられてしまうと思い、普段から持ち歩いていた特殊警棒をポケットから出し、これでＡに殴りかかった。

Ａは、いきなり甲が特殊警棒を出してきたので慌てて甲から離れたが、甲は、Ａの顔面や防御しようとした左手を数回殴打し、Ａの顔面からは血が流れ、Ａはうずくまってしまった。

7　そこに、通行人Ｂ（男性、45歳、身長170センチメートル）がたまたま通りかかり、甲がＡを特殊警棒で殴っているのを見て、「何をしている。やめろ。」と言いながら止めに入り、甲の背後に回って羽交い締めにした。これに対し、甲は、Ａを指さしながら、「こいつが殴りかかってきたから、殴り返しているだけだ。」と叫び、何とかＢを振りほどこうとした。

甲が暴れたために、Ｂはさらに強く甲を羽交い締めにしたが、甲は、それに激しく抵抗し、背後のＢに向かって持っていた特殊警棒を振り回したところ、勢い余って、警棒が飛び、たまたま近くで様子を見ていた通行人Ｃの顔面に当たった。

8　Ａは、甲の特殊警棒による殴打により、加療３週間を要する顔面挫創、左手小指の骨折の傷害を負った。また、Ｃは、警棒が顔面に当たったこ

とから，頰に加療1週間を要する打撲傷を負った。甲は，Aから後頭部を殴打されたことにより加療1週間を要する打撲傷を負った。

論点の整理

本講では，自招侵害に対する正当防衛を取り上げた。従来の正当防衛論では，積極加害意図がある場合の議論が中心であったが，本問の事案は，それを超えて客観的に挑発行為があった場合である。主観的な「加害意図」が存在した場合とは，区別する必要がある。論点として古くから議論されているものであるが，本問は最決平20・5・20（後掲107頁）を参考とした。挑発行為があった場合については，この他，駅の雑踏での喧嘩に関する東京高判平8・2・7（判時1568・145）がある。

挑発行為があるような，一種の喧嘩闘争の場面では，暴行ないし傷害の構成要件該当性を問題とすべき「実行行為」をいかに特定するかが重要な作業となる（⇨第1講参照）。本問でも，まず，甲のどの行為が傷害罪の実行行為に当たるかを確定する必要がある。

本問の最大のポイントは，最終的にAを殴打して傷害を負わせた甲の行為が正当防衛に当たるかである。甲の行為に先立ってAによる甲の後頭部への殴打があるが，それ以前に，甲がAの顔面を殴打する行為があり，さらに遡れば，Aが甲に「馬鹿野郎」と怒鳴った行為がある。これらをどのように評価するかは微妙な側面もあるが，後述のように，一連の行為として捉えることが可能であるし，妥当でもある。そして，甲がAの顔面を殴打する行為を，挑発行為であると評価することができれば，いわゆる挑発行為と正当防衛の問題，あるいは喧嘩と正当防衛の問題となる。防衛者自らが，相手の侵害行為を招いていることから，このような事例は自招防衛とも呼ばれる。

解答の筋道

1．傷害罪の構成要件該当性──実行行為性
   (1) Aに対する傷害罪の構成要件該当性

- Aの左頬への殴打（第1暴行），特殊警棒による暴行（第2暴行）
  → 第2暴行につき，傷害罪の構成要件該当性あり
- 第1暴行と第2暴行は時間的・場所的に接着，相手も同一人
  → 一連の傷害行為⇒1個の傷害罪の構成要件該当性あり
- 途中のAによる反撃の評価→この評価により，傷害罪の違法阻却に影響
 (2) Cに対する傷害罪の構成要件該当性
- 特殊警棒が飛んだことにより，1週間の傷害
  ⇒法定的符合説により，Cに対する傷害罪の構成要件該当性あり
2．正当防衛の成否
 (1) 挑発行為の有無
- 甲の第2暴行←直前のAによる後頭部への殴打←甲の第1暴行
  → 甲は自招防衛として違法阻却不可か
 (2) 挑発行為と正当防衛の判断
- 具体的に，どのような挑発に対し，どのような反撃があったのか
- 正当防衛を否定する場合に，具体的に，正当防衛のどの要件が欠けるのか
3．具体的検討
 (1) 挑発行為とAの反撃
  ①甲→A　「何をしているんだ」
  ②A→甲　「さっさとあっちに行け，馬鹿野郎」
  ③甲→A　左頬の殴打
  ④A→甲　後頭部の強打
  ⑤甲→A　特殊警棒による殴打
  → どこまで遡るのか？
  → ①②は口喧嘩→刑法上問題にする必要なし
    ③暴行罪に該当（第1暴行），④傷害罪に該当，⑤傷害罪に該当（第2暴行）
  ⇒③以降が評価の対象
 (2) ③＋⑤の一連の傷害行為は正当防衛か
- ④（Aによる後頭部の殴打）は急迫不正の侵害か
  → その前に③があるので，単純にAによる「急迫不正の侵害」といえず
 (3) 一連の単なる侵害行為か，それとも防衛行為かに関する判例
  ＊東京高判平8・2・7（後掲110頁）
  ＊最決平20・5・20（後掲107頁）（本問と類似の事案）
   ⇒（ア）Aの攻撃は，被告人の暴行に触発された一連，一体の事態
    （イ）Aの攻撃が被告人の第1暴行の程度を大きく超えるものではない
   ⇒被告人が反撃することが「正当とされる状況」とはいえない

(4) 本問の甲について
　(ア) Aの攻撃は，甲の行為に触発された一連，一体の事態
　(イ) Aの攻撃は，甲の第1暴行の程度を大きく超えず（素手 対 素手）
　⇒正当防衛状況における行為といえず
4．Cに対する傷害
　(1) 法定的符合説
　　・警棒を振り回している以上，他の者に当たることの未必的な認識あり
　(2) 防衛結果が第三者に生じた場合
　　・Bに対し正当防衛成立の場合→Cに対しても違法阻却余地あり
　　・甲のAに対する正当防衛不成立→Bに対する行為は？
　　　→Bは，Aを防衛するために甲を羽交い締め（第三者防衛）
　　　⇒甲のBに対する行為は正当防衛に当たらず
　(3) 緊急避難の余地
　　・Bの行為は正当→それに対する緊急避難は可能か
　　　→「羽交い締め」の危難に対し，「特殊警棒で殴る」ことは補充性なし
　　　⇒過剰避難にも当たらず
　(4) 誤想防衛，誤想避難の成否
　　・正当防衛状況でないことは，甲も認識⇒誤想防衛に当たらず
　　・補充性がないことは，甲も認識⇒誤想避難にも当たらず

● 解答例

[答案作成上の注意]

　一連の暴行，反撃が問題となる事案では，まず，①どのような結果が発生しているか，②その結果についての罪責を判断するのに，どの行為まで遡って判断すべきかを検討しなければならない。時系列に沿って最初から考えてしまうと，甲が「何をしている。」と声をかける行為や，Aが「あっちに行け。」「馬鹿野郎。」と言う行為についても刑法犯に当たるか否かを迷うかもしれないが，最後に生じた結果から遡って考えることが重要である。

　自招防衛の処理については複数の考え方があり得るが，具体的事案に照らした判断が求められる（⇨［解説］2.(2) 参照）。

解答案

一　Aに対する傷害罪（204条）について

1．(1) 甲が特殊警棒によりAを殴打して加療3週間を要する打撲傷を負わせた行為は，人の生理機能に障害を与えており，「傷害」に該当する。

(2) ただ，特殊警棒による殴打（第2暴行とする）に先立ち，甲のAの左頬への殴打（第1暴行とする）があり，これらが一連の傷害行為と解し得るかが問題となる。一連の実行行為か否かは，時間的・場所的近接性，行為の連続性・必然性といった客観的事情のみならず，主観的な故意の内容や計画性も考慮して判断すべきである。

(3) 本問の甲の第1行為と第2行為とは，約90メートルしか離れていない場所で，この距離を走って移動する程度の，時間的にも接着した中でなされ，いずれもAとの言い争いを契機とする喧嘩状態の中で行われている。また主観的にも，いずれもAに対する喧嘩の一環としてなされ，第1暴行，第2暴行のいずれかに積極加害意図があるというような，主観的に大きく変化したといった事情も認められない。よって，甲の第1，第2の暴行は，連続した1個の傷害行為として，傷害罪（204条）の構成要件該当性が認められる。

2．ただ，甲の特殊警棒による第2暴行は，その直前のAによる甲の後頭部への殴打に対し行われているため，正当防衛（36条1項）が成立するかが問題となる。正当防衛は，急迫不正の侵害に対し，防衛のため，やむを得ない行為について認められる。

(1) ここで，Aの殴打は，その前に行われた甲によるAへの第1暴行がきっかけとなっている。このように，甲自らがAの殴打を招いた場合には，自招防衛としておよそ正当防衛が認められないようにもみえる。また，甲による殴打という挑発行為があるから，もはやAの反撃に急迫性は欠けるとする考え方もあり得る。

しかし，本問の甲は，この機会を利用してAに暴行を加えるといった積極的な加害意思を有しているとはいえない。また，いかに挑発行為

があっても，自転車で追跡された上，後頭部を殴打される行為が急迫でないとすることも困難である。よって，Aの行為が「急迫不正の侵害」であることは否定できない。

(2) しかし，甲の攻撃は，Aの暴行に触発された，その直後における約90メートルしか離れていない場所での一連，一体の事態ということができ，甲は不正の行為により自ら侵害を招いたものといえる。そして，Aの攻撃は凶器を用いたものではなく，甲の第1暴行の程度を大きく超えるものでないから，Aの行為は，甲において何らかの反撃行為に出ることが正当とされる状況における行為とはいえない。よって，甲の第2暴行は正当防衛にも過剰防衛にも当たらない。

二　Cに対する傷害について

1. 甲は，特殊警棒を振り回してCに当てることにより，Cに加療1週間を要する打撲傷を負わせているが，これは生理機能に障害を与えるものであり，「傷害」(204条) に当たる。

特殊警棒が飛んでCに当たったという事情は，甲の意図したところと異なるが，警棒を振り回してこれが飛ぶことは異常な事情とはいえず，甲のBに対する暴行とCの傷害との間の因果関係が否定されることはない。

2. もっとも，甲は，Bに対する暴行の意図しかなく，Cに対する暴行の故意は認められない。しかし，Bという人を狙った暴行により，そばにいたCという人に傷害結果が生じている以上，Cに対する暴行の故意は否定されない。

また，甲のAに対する第2暴行が正当防衛に当たらない以上，Bに対する暴行も，防衛行為の一環としてなされたものとは認められないから，Cに対する傷害行為も正当防衛に当たる余地はない。

3. さらに，Bが甲を羽交い締めにする行為を現在の危難とする余地もあるが，それに対してCに暴行を加えることは，危難を避けるためのやむを得ない行為には当たらないので，緊急避難，過剰避難にも当た

らない。

三　結　論

　以上から，甲の行為はAに対する傷害罪（204条）とCに対する傷害罪（204条）に該当し，いずれも正当防衛，過剰防衛，緊急避難，過剰避難に当たらない。2つの傷害罪は併合罪（45条前段）となる。

　　　　　　　　　　　　　　　　　　　　　　　　　　　　以　上

● 解　説

1．傷害罪の構成要件該当性――実行行為性

(1) 甲によるAに対する暴行

　正当防衛が論点であっても，まず，どの行為が何罪の構成要件に当たるかを判断することが先決である。

　甲のAに対する暴行は，Aの左頬への殴打（第1暴行）と，追いつかれた後の特殊警棒による暴行（第2暴行）である。このうち，特殊警棒の暴行により，Aは3週間の傷害を負った。このような場合，「第1暴行が暴行罪」さらに「第2暴行が傷害罪」と分けて考えるべきであろうか。複数の行為を，個々別々に捉えるのか，それとも一連の実行行為と捉えるのかについては，**客観的な時間的・場所的近接性，行為の連続性・必然性のみならず，主観的な故意の内容や計画も問題となる**（⇨第1講参照）。

　本問の甲の第1行為と第2行為とは，客観的に見ると，時間的に接着し，約90メートルしか離れていない場所で行われており，いずれもAとの言い争いを契機とする喧嘩状態の中で行われているという特色がある。さらに主観的には，第1暴行が暴行の故意，第2暴行は傷害の故意まで認められるものの，全く別の意図でなされたものではなく，いずれもAに対する喧嘩の一環としてなされ，さらに，第1暴行，第2暴行のいずれかに積極加害意思があったといった事情も認められない。これらの点から，甲の第1，第2の

暴行は，基本的には一連の行為と考えるべきであり，1個の傷害行為として，傷害罪の構成要件該当性が認められる。

もっとも，第1暴行と第2暴行との間には，Aによる甲に対する後頭部の殴打が介在している。これにより，甲の行為を分断して解すべきか否かについては，さらに2.（正当防衛の成否）で検討する。

(2) 甲によるCに対する傷害罪

Cの傷害については，Bに対してなされた特殊警棒による暴行が，Cに及んだものである。したがって，甲はCに対する暴行の故意はない。しかし，Bに対する暴行の故意で，Cに対する傷害結果が生じているから，典型的な方法の錯誤であり，法定的符合説によればCに対する傷害罪の構成要件該当性が認められる。さらに，他に通行人のいる歩道上で特殊警棒を振り回せば，他の者に危害を加えるおそれがあることは認識できるから，通行人に対する暴行の未必の故意を認めてもよいであろう。

もっとも，甲の特殊警棒による暴行が，単なる暴行行為なのか，それとも防衛行為としてなされたのかにより，Cに対する刑責にも影響が及ぶ。この点については，4.で検討する。

2. 正当防衛の成否——喧嘩両成敗と自招防衛

(1) 喧嘩両成敗

本問では，当初は，甲・A間でゴミ捨てに関して言い争っているうちに，Aに馬鹿野郎と言われたのに対し，甲が憤慨して左頬を1回殴打している。甲の殴打行為は，それまでの喧嘩の延長と評価することもできるが，口論の最中に殴る行為は，単なる口喧嘩から，刑法上の暴行に該当する行為に発展しており，客観的にみて，いわゆる挑発行為に当たるといわざるを得ない。

挑発行為がある場合の典型が喧嘩闘争であり，本問の事案も喧嘩の一種と見ることが可能である[1]。かつては，喧嘩闘争については「喧嘩両成敗」（どちらも正当防衛とならない）とされてきた。たしかに，喧嘩の場面では，双方

---

1) 本問が参考とした平成20年5月20日決定の第1審は，「本件は一連の喧嘩闘争というべきである。したがって，原則的に正当防衛の観念を入れる余地はない。」としている（東京地八王子支判平18・7・19刑集62・6・1794）。

に挑発行為が認められることが多いであろうから，結論として「喧嘩両成敗」となる場合も多いであろう。しかし現在では，たとえ喧嘩でも正当防衛を認める余地はあると考えられている。喧嘩の状況を，より具体的に考える必要があるのである（後述 3.(1) 参照）。

(2) 自招防衛の処理について

挑発行為がある場合のように，自ら侵害行為を招いた**自招防衛**についても，かつては一律に正当防衛を否定する考え方が有力であった。すなわち，**(a) 正当防衛権の濫用**とする見解，**(b) 原因において違法な行為**の理論を採用する見解，**(c) 急迫性**が欠けるとする見解である。

(a) 正当防衛権の濫用説は，形式的に正当防衛であっても，実質的には権利に名を藉りた，違法な侵害行為であると解する。ただ，どのような挑発行為があれば「濫用」に当たるのかは不明確である。また，「濫用」というような一般的・抽象的な概念を具体的な問題処理の判断基準として直接的に用いることは妥当でないし，実際にも困難である。

他方，(b) 原因において違法な行為の理論は，挑発者の防衛に名を藉りた行為は，それ自体では違法とはいえないが，もともとの原因となった挑発行為が違法であるため，その違法性ゆえに最終的な防衛行為も違法となると説明する（山口 121 頁）。この見解は，自己の正当防衛行為を，いわば「道具」のように利用して相手を攻撃していると解し，原因において自由な行為の法理を類推することができるとする。

しかし，防衛行為は責任無能力の状態でなされているわけではなく，これを道具として利用したと評価できるかは疑問である。さらに，原因において自由な行為を類推するとすると，原因行為である挑発行為を実行行為とせざるを得ない点も問題である。例えば，防衛行為を利用して相手を殺害しようとし，挑発行為をした場合，相手が挑発に乗らなかったとしても実行の着手が認められ，殺人未遂が成立することになりかねない。本問の具体的事案に即してみた場合も，甲が特殊警棒で殴打する行為を，原因において自由な行為における「道具」と同様に解することは困難であろう。

それに対し，(c)「急迫性」が欠けるとする見解は，挑発行為がある以上，もはや相手の反撃は「急迫」とはいえないとする。たしかに，挑発行為により相手が反撃してくることが確実であり，その機会を利用して積極的に加害

する意図がある場合には，急迫性が欠けるとする考え方もないわけではない。**最決昭 52・7・21**（刑集 31・4・747）は，対立するグループが襲撃するのを予期して，迎撃して積極的に加害する意図で応戦した事案につき，急迫性が欠けるとした[2]。

さらに，本問が参考にした**最決平 20・5・20**（刑集 62・6・1786，以下「平成 20 年決定」とする）の原判決（東京高判平 18・11・29 刑集 62・6・1802）も，被害者による暴行は「不正な侵害であるにしても，これが被告人にとって急迫性のある侵害とは認めることはできない。」として，急迫性の欠如を理由に正当防衛を否定した。しかし，いかに挑発によって相手が反撃してくることが分かっていたとしても，なお相手の侵害行為が間近に迫れば，「急迫」といわざるを得ないはずである（木村 78 頁）。

これに対し平成 20 年決定で最高裁は，「被告人は，A から攻撃されるに先立ち，A に対して暴行を加えているのであって，A の攻撃は，被告人の暴行に触発された，その直後における近接した場所での**一連，一体の事態**ということができ，被告人は不正の行為により自ら侵害を招いたものといえるから，A の攻撃が被告人の前記暴行の程度を**大きく超えるもの**でないなどの本件の事実関係の下においては，被告人の本件傷害行為は，被告人において何らかの**反撃行為に出ることが正当とされる状況における行為**とはいえないというべきである。」とし，「急迫性」には直接言及せず，「反撃行為に出ることが正当とされる状況にない」とした。

3. 防衛するための行為

(1) 最決平 20・5・20（刑集 62・6・1786）の意義

平成 20 年決定が，正当防衛のどの要件を否定したと解するかについては，様々な解釈がある[3]。しかし，重要なのは，同決定が，上記の (a) (b) (c)

---

[2] 急迫性は，「当然又はほとんど確実に侵害が予期」されただけで失われるものではないが，「その機会を利用し積極的に相手に対して加害行為をする意思で侵害に臨んだときは」失われるとした。

[3] 前田雅英・研修 743 号 11 頁は，客観的に「防衛するため」の行為ではないとし，林幹人・刑事法ジャーナル 19 号 50 頁は，決定の見解は不明としつつ，本来「急迫性」が欠けるとすべきであったとし，高山佳奈子・研修 740 号 7 頁は「緊急避難」として解決すべきだとする。

の各説のように，抽象的・一般的に結論を導いているわけではないという点である。「自招防衛」あるいは「挑発行為のある場合」といっても，当該事案の具体的な事情によって，正当防衛となる場合も，そうでない場合もあり得るからである。同決定が，具体的な判断に当たって，いかなる事情を重視しているかが重要である。

　決定が「正当防衛に当たらない」理由として重視している事情は，①暴行という違法な**挑発行為**があること，②挑発行為，その後の被害者の反撃行為，行為者の再反撃が，すべて挑発行為に触発された**一連，一体の事態**において生じていること，③被害者の反撃が，**挑発行為の程度を大きく超えていない**ことである。

　①，②の事情から，挑発行為の時点で，その後の一連の侵害行為（本問であれば傷害行為）が開始されているといえる。また，③反撃行為が過剰でない以上，その反撃だけを取り上げて「不正な侵害」とすることはできず，これに対する挑発者の「正当防衛」はあり得ないこととなる。

　そもそも，挑発行為がある場合には，その挑発行為に対する反撃として，相手にとって正当防衛が可能であることに注意を要する。しかも，正当防衛である以上，厳格な法益の権衡が要求されるわけではない。そこで，被害者の反撃が挑発行為を大きく超えない限り，反撃行為は正当防衛となり，挑発行為者がそれに対して正当防衛を行うことはできないことになる。

　平成20年決定の考え方によれば，仮に，挑発に対し過剰防衛となるほどの反撃が加えられれば，いかに挑発行為があったとしても，挑発・反撃・再反撃は一連，一体のものとはいえなくなり，正当防衛ないし過剰防衛の余地がある。例えば，最判昭32・1・22（刑集11・1・31）は，喧嘩闘争であっても，被告人が，包丁を持ち出した被害者からその包丁を奪い取り，襲いかかってきた被害者の胸を刺した事案につき，正当防衛に当たり得るとした（破棄差戻）。喧嘩といえども，一時中断した，あるいは一方の攻撃が質的に重大になった（素手同士の争いだったものが，一方が刃物を持ち出した）ような場合には，正当防衛となり得る[4]。しかし20年決定で重要なのは，顔面の殴打に対し，

---

[4] ただし，挑発者は反撃を予期しているわけであるから，そのような手段を用いなくとも回避できたはずだと評価されやすく，過剰防衛になる可能性が高いであろう。

後部から転倒するほどの衝撃を与えるというかなり「強力」な反撃であっても，「大きく超えた程度」ではないとしたことにある。凶器を用いていないことが，判断の重要な要素の1つであるといえよう。

　本問の場合，A の後頭部への殴打行為は，甲の顔面への手拳の殴打への反撃としてなされているが，判例の基準からいえば，「大きく超えた程度」とはいえないであろう。そうであれば，A の殴打行為があったとしても，甲の A の顔面への殴打行為と，特殊警棒による行為は，途切れることなく一連の行為としてなされており，A の殴打行為は，この連続性を切るほどの強度ないし性質を持つものとはいえない。よって，当初甲が A の顔面を殴打した時点で，一連の甲の傷害行為が始まったと評価すべきであり，甲の特殊警棒による行為のみを独立に取り出して評価することは妥当でない。

(2)「防衛するため」の要件

　前述のように，平成 20 年決定は，「反撃行為に出ることが正当とされる状況にない」とするにとどまり，具体的に正当防衛のどの要件が欠けるとしたのかは明らかにしていない。同決定が，被害者による反撃行為の大小を問題としていることから，原因において違法な行為や，形式的な権利濫用論を採用していないことは明らかである。また，原判決が急迫性を否定した点についての言及はないことから，原判決をそのまま肯定しているわけではないと理解され，急迫性を否定したともいいにくい。

　そこで着目すべきなのが，「防衛するための行為」の要件である。同決定が，挑発行為・反撃行為・それに対する攻撃行為が，すべて一連，一体のものとしてなされているとした点は重要である。頬を殴打した時点で，一連の侵害行為としての暴行行為が開始されたと考えれば，特殊警棒での殴打は，その一連の行為の一部であって，**客観的にみて単なる連続した侵害行為の一部であり，「防衛するため」の行為とはいえない**と理解するのが最も分かりやすい。

　一般に，「防衛するため」という要件は，防衛の意思を意味すると解されることが多い。しかし，客観的に防衛するための行為でない，つまり単なる加害行為とみなされるような場合は，正当防衛とならないことは当然である。そこで，侵害行為に先立って，あるいは同時に「反撃」行為がなされた場合には，積極的な攻撃行為といえ，正当防衛の余地はない。これと同様に，形

式的には防衛行為よりも先に攻撃行為がある場合であっても，それよりさらに以前に防衛者による挑発行為があり，しかも挑発行為と防衛行為との連続性が強い場合には，やはり積極的な攻撃行為と評価できる。実質的にみて，侵害行為よりも先に「防衛」行為がなされたと考えられるからである（前田・総論259頁。積極加害型自招侵害とする）。

　また，**東京高判平8・2・7**（判時1568・145）では，①Aが駅階段を逆行し，甲に突き当たり，②甲がAの上腕部を摑み，駅長室へ連行しようとして，これを放そうとせず，③Aが甲の頬を平手で叩いて反撃し，さらに④甲がAのポロシャツを摑んで引っ張ったという事案について，④の暴行が正当防衛といえるかが問題となった。東京高裁は，「被告人がAに新たな暴行を加える行為は，防衛のためやむを得ずにした行為とは認められないばかりでなく，Aによる反撃は，自ら違法に招いているもので，その程度も通常予想される範囲内にとどまるから，急迫性にも欠ける」とした。

　この判決では，「急迫性」に言及しているものの，「防衛のためやむを得ずにした行為」ではないとしており，平成20年決定と同様に，客観的な防衛状況が欠けると判断したものと理解できる。

(3) 本問の甲の行為

　平成20年決定が挙げた，①暴行という違法な挑発行為があること，②挑発行為，その後の被害者の反撃行為，行為者の再反撃が，すべて挑発に触発された一連，一体の事態で生じていること，③被害者の反撃が，挑発行為の程度を大きく超えていないことという基準を前提とすると，甲の行為はどのように評価できるだろうか。

　まず，単なる口喧嘩だったところ，甲がAの頬を叩いていることから，①は認められる。また，被害者の反撃（後頭部の殴打）は，甲の頬を叩く行為と比較し，軽微とはいえないものの，素手での反撃にとどまっており，③も認められよう。

　これに対し，②の一連，一体性については，甲が逃走したところをAが追撃していること，場所が90メートル離れていることから，認められないようにもみえる。しかし，甲は第1暴行の直後に逃走しており，喧嘩の際に一方が逃げるのを他方が追いかけて反撃する行為は一連の喧嘩闘争とみることができよう。自転車での追撃といっても，現にAは自転車にまたがった

状態だったのだから,「同一の機会でない」とするのは妥当ではなく,一連,一体性は失われない。平成20年決定でも,ほぼ同じ事案について,「その直後における近接した場所」での行為であるとしている。

以上から,甲のAに対する一連の行為は,傷害罪に該当し,正当防衛も過剰防衛も認められない。「解答案」では「正当化される状況における行為」ではないとしたが,このような状況における行為は「防衛のための行為」に当たらないとすることも十分に可能である。

(4) 誤想防衛の成否

客観的には正当防衛にも過剰防衛にも当たらないとしても,甲が,「自分はAに後頭部を殴られたのだから,それに対する防衛行為を行っている」と認識しつつ,特殊警棒で殴りかかったとしたら,誤想防衛となる可能性はあるのだろうか。たしかに,甲は,通行人Bに対し,「こいつが殴りかかってきたから,殴り返しているだけだ。」と叫んでおり,自己の行為が防衛行為であると誤認していたとする余地も全くないわけではない。

しかし,甲は,自らがまずAに暴行を加え,それに対してAが殴り返してきたことを理解した上で,Aに対し特殊警棒での攻撃を加えている。したがって,甲には,上記(3)で検討した一連,一体性のある行為を行っていることの認識があるといわざるを得ない。そうだとすれば,客観的に正当防衛状況にないことを,甲自身も認識していることになり,誤想防衛にも当たらないこととなる。

4. Cに対する傷害罪の成否

(1) 防衛行為・避難行為に当たるか

客観的に甲の投げつけた特殊警棒がCに当たったという因果関係が認められることを前提に,主観的にもCに対する暴行の故意が認められる。Bに対する暴行の故意で,Cに傷害結果を負わせているが,法定的符合説からはもちろんのこと,歩道上での喧嘩であり,付近に人がいることを甲も認識していると考えられるから,Cに対する暴行の未必の故意が認められ,傷害罪の構成要件該当性が認められる。

もっとも,甲は,Bに羽交い締めにされたことに反撃して警棒を振り回していることから,防衛行為あるいは緊急避難行為に当たらないかを検討する

必要がある。

その前提として，Bの行為の評価が問題となる。甲を羽交い締めにする行為は，客観的には暴行に当たる。しかし，甲から特殊警棒により暴行を加えられているAを助けるための行為であるから，客観的に第三者防衛に当たり，主観的にも第三者防衛の故意でなされている。よって，Bの行為は，暴行罪の構成要件に該当するものの，正当防衛として違法性が阻却される。

そうすると，正当なBの行為に対し，甲は防衛行為を行うことはできないことになる。

また，Bの行為が正当だとしても，甲はそれに対する緊急避難が可能なようにもみえるが，これも否定されるべきである。なぜなら，甲がBに対して特殊警棒を振り回す行為が，避難のためのやむを得ない行為とはいえないからである。すなわち，Bは「何をしている。止めろ。」と言いながら甲を止めようとしているのであって，甲が特殊警棒で殴りかかる行為を止めればBも甲を放すであろうと考えられ，特殊警棒を振り回す行為に補充性があるとは認められないからである。

(2) 誤想防衛・誤想避難といえるか

このように，客観的には正当防衛，緊急避難に当たらないとしても，甲が，防衛行為，避難行為であると誤信しつつ特殊警棒を振り回しているとすれば，誤想防衛，誤想避難となる余地はないか。

まず，誤想防衛については，上記3.(4)で検討したように，一連，一体の攻撃を行っていることは甲自身も認識していることから，Aに対する行為が正当防衛であるとの認識はない。したがって，Bが自分を止めようとして羽交い締めにする行為は，甲の侵害行為からAを防衛するための正当な行為であることを，甲自身も認識しているはずであり，Bに対する行為が誤想防衛となる余地はない。

また，誤想避難についても，自分が特殊警棒で殴る行為を止めれば，Bも甲を放すであろうことは甲自身も認識していたと解されるから，補充性が欠けることの認識はあり，誤想避難にも当たらない。

【参考判例】

東京高判平 8・2・7（判時 1568・145）［解説］110 頁参照。

最決平 21・2・24（刑集 63・2・1）　拘置所内で，A が X に向けて折りたたみ机を押し倒したのに対し，X が A に机を押し返し A が倒れた（第 1 暴行，A は 3 週間の傷害）が，X は倒れた A に対し，顔面を手拳で殴打（第 2 暴行）した事案につき，両暴行は急迫不正の侵害に対する一連，一体のものであり，同一の防衛の意思に基づく 1 個の行為であるとして，全体として 1 個の過剰防衛に当たるとした。

最決平 20・6・25（刑集 62・6・1859）　A に灰皿を投げつけられた X が，A の顔面を殴打（第 1 暴行）し，A が転倒して頭部を打ち付けて動かなくなった後も，さらに「おれを甘くみているな」などと言って，A の腹部等を足げにする等の暴行（第 2 暴行）を加えたところ，A が頭蓋骨骨折により死亡した事案につき，第 1 暴行と第 2 暴行とは時間的場所的に連続しているものの，A による侵害の継続性，X の防衛の意思の有無という点で明らかに性質が異なるとして，防衛行為としての連続性を否定し，第 1 暴行は正当防衛だが，第 2 暴行は過剰防衛にも当たらないとした。〈前田・重要判例 No. 55〉

最決平 20・5・20（刑集 62・6・1786）　甲の A 顔面への殴打に対し，A が自転車で追いかけて甲の後頭部を強打して反撃し，さらに甲が特殊警棒で攻撃した事案。［解説］107 頁参照。〈前田・重要判例 No. 50，髙山佳奈子・百選Ⅰ No. 26〉

東京高判平 21・10・8（判タ 1388・370）　実母との面会を強要すれば，実母の再婚相手（A）から断られることを予想しつつ，実母宅に出かけ，予想されたように A から暴行を受けたのに対し，持参したナイフで A を突き刺した殺人未遂の事案につき，急迫不正の侵害はなく，また反撃行為に出ることが正当とされる状況にあったとはいえないとした。〈前田・重要判例 No. 51〉

誤想過剰防衛

▶設 問

次の事例に基づき，甲及び乙の罪責について，具体的事実を挙げて論じなさい（特別法違反の点を除く。）。

1 甲（30歳，女性）は，アパートでA（男性，25歳）と同棲しており，甲と他の男性との間に生まれたB女（5歳）も同居していた。Aは些細なことで怒り，しばしば甲やBを殴ったり蹴ったりし，甲は骨にヒビが入るほどの怪我を負ったこともあった。

2 ある日曜日の午後4時頃，Bが飲み物をこぼして床を汚したため，これを見たAがBの頭をたたいて叱ったところ，Bが泣き出した。Aは甲に対し，「Bを黙らせろ。おまえのしつけがなっていないからだ。」と怒鳴り，いきなり持っていた木製の孫の手で甲の頭部を殴りつけ，甲は頭部に裂傷を負った。

3 甲は，このままでは，また自分もBも殴られると思い，午後4時半頃，「買い物に行ってくる。」と嘘を言って，Bを連れて外に出て，いつも何かと面倒を見てくれている，アパートの階下に住む乙（45歳，女性）のところに行き，1時間ほど話を聞いてもらってから，自宅に戻った。

乙は，自室の真上がAらの居室であったことから，これまでもAが甲やBに暴力を振るって騒ぐのを知っていたし，甲からもAの様子を聞いていたため，甲やBを可哀そうに思い，Aに対し強い敵意をいだいていた。Aも乙が甲をかばっているのを知っていて，すれ違いざまに，乙に対し「余計なことをするな。」と怒鳴ったり，殴りかかろうとすることもあった。

4 甲が午後5時半頃に自宅に戻ったところ，Aはソファで横になって

ビールを飲みながらテレビを見ていたが、甲を見て、「どこをほっつき歩いているんだ。早く夕食を作れ。」と怒鳴り、持っていた雑誌を甲に投げつけた。甲は、黙って台所に行き料理を始めた。Ｂは、Ａが怖いのでいつも甲のそばを離れず、甲が台所に行くと、Ｂも甲に付いていった。

5　5分ほどして、Ａが冷蔵庫から新しい缶ビールを出そうとして台所に入ってきて、甲の後ろを通りかかったが、Ａの持っていた空のビール缶がたまたまＢの頭に軽く当たったところ、衝撃はほとんどなかったものの、Ｂは驚いて「痛い」と叫んで甲にしがみついた。甲は、ＡがまたＢを殴ったのだと思い、食事が遅れて怒ったＡが、自分やＢを殴るために台所に入ってきたものと勘違いし、とっさに、Ｂをかばうためにに Ａを突き放そうとし、調理で使っていたナイフ（刃渡り15センチメートル）を持ったまま腕をＡの方に突き出したため、Ａの脇腹を切りつけ、Ａはうめき声を上げてその場にしゃがみ込んでしまった。

　　甲は、ナイフで刺すつもりがなかったのに、切りつけてしまったため、たいへんなことになったと思い、思わずナイフを放り出した。

6　Ａがよろめきながら立ち上がり、そばにあったナイフを掴んだので、甲は今度は自分やＢがナイフで刺されるのではないかとの恐怖に駆られ、Ｂを連れて玄関から逃げ出した。これに対しＡは、ナイフを手に持ったまま、すごい形相で甲を追いかけてきた。

7　甲は、Ｂを抱えて裸足で玄関の外に出たが、Ａの居室はアパートの2階で、ドアを開けるとすぐ前に階下に通じる階段があり、甲は階段を駆け下りた。追ってきたＡは、脇腹痛みのため階段の上のところで身体のバランスを崩して1階と2階の途中の踊り場まで転げ落ち、頭を強打して「ぎゃあ。」と大声を上げて、その場に倒れ込んでしまった。甲は、階下まで駆け下りていたが、Ａの大声を聞いて踊り場の方を見上げた。

8　乙は、外の声や物音に驚いて自室の外に出てみたところ、階段の下でＢを連れた甲が震えていて、「Ａに殴られたので、ナイフで刺してしまった。Ａがナイフを持って追いかけてくる。」と乙に告げたので、乙が慌てて階段を見上げると、Ａが階段の踊り場で倒れているのが見えた。乙が急いで踊り場まで上がってみたところ、Ａは階段から落ちた衝撃で立ち上がれない様子で、倒れたまま出血した脇腹を押さえており、近くにナイフが落ちていた。

9　乙は、「Ａが倒れている。」と言いながら甲の方を振り返った。甲の

場所からはAの様子はよく分からなかったが，甲はAがまだナイフを持っていて，乙や自分を襲うかもしれないと思い，乙に向かって，「乙さん，ナイフがあるかもしれないから気をつけて。Aがこれ以上追って来られないように，ナイフを取り上げて，もし危なかったらそれを使って。」と叫んだ。

10　甲に「ナイフを使って。」と声をかけられたため，乙は慌てて落ちていたナイフを拾い上げた。Aはうめきながら，なお倒れたままであったが，乙は，甲やBを苦しめるAに対して改めて憎しみがこみ上げ，殺すつもりはなかったものの，Aがこれ以上追って来られないように，Aの背中に向かってナイフを突き出したところ，ナイフがAの背中に刺さり，Aはその場で動かなくなってしまった。

甲は，乙がAに向かってナイフを振りかざしているのが見えたが，なおもAが起き上がって追ってくるのではないかとの恐怖に駆られていた。乙はナイフをその場に残したまま階段を下りて，動揺している甲と，そばで泣いているBを連れて，急いでその場を離れた。

11　乙は，甲を落ち着かせるために，甲とBを連れて近くの公園に行って甲をなだめた上で，約1時間後の午後7時頃，甲とBを連れて近隣の交番に出頭し，自分と甲がAにナイフで怪我を負わせたことを警察官に伝えた。警察官が現場に急行し，救急車を要請したため，Aは近隣の病院に運ばれ救急措置が執られたが，約2時間後に病院で死亡した。解剖の結果，死因はナイフによる怪我からの出血が原因となった出血性ショック死であったが，腹部と背部のいずれの傷が致命傷となったかは明らかとならなかった。

論点の整理

本問の中心論点は誤想過剰防衛の成否である。誤想過剰防衛の典型例は，急迫不正の侵害がないのにあると誤信し，その誤想に対して過剰な防衛を行う場合であるが（125頁表の②③），急迫不正の侵害があるものの，過剰性を誤信したという類型もある（表の①）。本問は，③の類型の誤想過剰防衛が問題となる。

もっとも②や③の類型でも，急迫不正の侵害が全くない場合は考えにくい。

本問が参考とした**東京地判平 20・10・27**（⇨ [参考判例] 参照）も，同棲相手の男性が上体を起こして自分の方に振り向いたのに対し，暴力を振るわれると誤想して包丁で刺した行為について，殺人未遂罪が成立し，誤想過剰防衛に当たるとした。些細な行為を「急迫不正の侵害」と誤想するには，それなりの理由が必要で，平成 20 年の事案でも，以前から暴力を振るわれていた女性にとっては，相手が急に上体を起こすだけでも，暴力を振るわれると考えるのは不自然ではないとしている。本問でも，甲が不正の侵害があると誤想するに至った事情を丁寧に検討することが必要である。

乙の犯罪の成否については，甲との共謀内容が重要である。傷害の現場共謀が認められることを，甲・乙の具体的発言から示す必要がある。また，傷害致死罪まで認められるかにつき，承継的共同正犯の成否，207 条の適用の可否も問題となる。さらに，乙についても正当防衛ないし誤想過剰防衛の成否が問題となり得る。その判断に当たっては，共同正犯のうちの 1 人による防衛行為が，他の共犯者にいかに影響するかについての検討を要する。

解答の筋道

1. 甲の罪責について
    (1) 台所で，A を包丁で刺す行為（第 1 行為）
        ① 傷害致死罪の成否：傷害罪の故意あり
        ② 致死との因果関係
            → 甲は第 1，第 2 のいずれにも関与→傷害致死罪
        ③ 正当防衛の成否
            ・「急迫不正の侵害」なし
        ④ 誤想過剰防衛の成否
    (2) 乙が踊り場で A を刺した行為（第 2 行為）
        ① 甲と乙の共謀の有無
            ・A を包丁で刺すことについて，甲・乙の現場共謀→傷害罪の共同正犯
        ② 防衛行為の継続性
            ・正当防衛の成否は，各行為者ごとに検討
            【参考】最決平 4・6・5（刑集 46・4・245）
            ・1 個の防衛行為か否か←防衛行為が客観的に時間的・場所的に一体か

　　　　　　　　同一の防衛意思に基づいているか
　　【参考】最決平21・2・24（刑集63・2・1）
　　③過剰性の有無
　　　・甲が誤想した侵害（Aによる暴行）に対し，ナイフで刺す行為の相当性
２．乙の罪責について
　　：踊り場で刺す行為について傷害致死罪の成否
　(1) 甲との現場共謀の有無
　(2) 傷害致死罪の成否
　　①承継的共犯の成否→第1行為の積極的利用なし
　　【参考】最決平24・11・6（刑集66・11・1281）
　　②同時傷害の特例（207条）の成否
　　　・第2行為は甲・乙の共同正犯→その場合も，207条適用あり
　(3) 正当防衛の成否
　　・急迫不正の侵害の有無

● **解答例**

[答案作成上の注意]

　第2行為については共同実行を認めることになるが，正当防衛の成否については各行為者ごとに検討する必要がある（最決平4・6・5刑集46・4・245参照）。甲が日常的に暴行を加えられており，しかも当日も殴られているのに対し，乙はそのような事情がないから，それらの事実を拾いつつ，個別に検討しなければならない。

　中心となる論点は誤想過剰防衛であるが，一般的にはおよそ何もないところで「誤想」することは考えにくいので，何らかの「急迫不正の侵害」に当たりそうなことがあることが多い（本問ではBが「痛い」と言ったこと，Aが甲を追ってきたこと）。何がきっかけでどのような誤想をしたのかを明確にすべきである。

　また，過剰性については，行為者本人の誤想内容と比較した相当性判断となるので，行為者本人が，どのような侵害であると誤想したか（身体に対する侵害なのか，生命に対する侵害なのか）についても，事実を挙げて論ずること

が求められる。

> **解答案**

一 甲の罪責
 1．甲が台所でAを切りつけた行為（以下，第1行為とする）は，傷害致死罪（205条）に該当するか。
 (1) ナイフをAに向かって突き出し，Aの脇腹に怪我を負わせる行為は，人の生理機能の障害を生じさせているから「傷害」に当たる。また，甲は，Aをナイフで切ることまで意図していたとはいえないが，Aを突き放そうとしているから，少なくとも暴行の故意はある。よって，甲がナイフでAに怪我を負わせた行為は，傷害罪の実行行為に当たる。
 (2) Aの死は，甲と乙のいずれの行為から生じたかが不明であるが，後述のように，乙が踊り場でAを刺す行為は，甲との共謀に基づくものである。したがって，いずれの行為についても甲は実行行為を行っているから，いずれの行為から致死の結果が生じたとしても甲には傷害致死罪が成立する。
 (3) もっとも，甲は，AがBや自分を殴りに来たのではないかと思い，ナイフで切りつけていることから，正当防衛（36条1項）に当たらないかが問題となる。
 ただ，甲が，Aから4時頃に殴られた点は，甲がナイフで切りつけた行為の約1時間半前のもので，急迫不正の侵害とはいえない。また，帰宅後の雑誌を投げつけられた暴行も，その後，甲は台所に行って料理を作り始めており，現に法益侵害が存在しているとはいい難く，急迫不正の侵害とはいえない。
 また，Aが，誤ってBの頭にビールの空き缶を軽く当てた過失行為も，衝撃はほとんどなかったもので，Bの身体に対する危険を生じさせるものとはいえないから，やはり急迫不正の侵害には当たらない。よって，甲の第1行為は，正当防衛に当たらない。
 (4) もっとも，甲が，Bへの急迫不正の侵害と誤信しており，誤想防衛が成立しないか。

甲は，これまでの日常的なAの自分やBへの暴行や，同日のAの暴行，直前のAの苛立ちから，Bが暴行を加えられたと誤想をしたものであって，Bに対する現実の急迫不正の侵害があり，さらに自分に対する侵害も間近に迫っているとの甲の誤信には，相当の理由があるといえる。

(5) しかし，誤想した内容と比較して，「防衛の程度」を超え，その点を認識していれば，誤想防衛として傷害致死罪が成立する。

本問の甲の誤想の内容は，BがAに殴られたことと，Aが自分やBを殴ろうとしているというものであるが，これまでのAの暴行から考えても，甲はAが，素手あるいはせいぜい孫の手程度のものを用いたものと誤想したと考えるのが合理的である。このような誤想に対し，ナイフで防衛した行為は，「防衛の程度を超えた行為」(36条2項) に当たる。また，甲は，ナイフを持っていることや，ナイフを持っている手をAの方に突き出すことの認識はあるから，過剰性の認識もある。

よって，甲の第1行為は，傷害致死罪の構成要件に該当し，誤想過剰防衛に当たる。

2. 甲は，乙が踊り場で刺した行為につき共同正犯となるか。

(1) 甲は，乙にナイフを使うように伝え，乙はその通りにAに切りつけている (以下，第2行為とする)。そこで，乙の行為が甲との共謀に基づくものかが問題となる。

まず，乙がAの背中をナイフで刺して怪我を負わせる行為は，「傷害」に当たる。また，乙にはAを殺すつもりがなかったが，傷害罪の故意は認められる。

(2) 共同正犯には，共謀が存在し，共謀に基づく共同実行と，共同実行の意思が必要である。まず，甲は乙に，「危なかったらナイフを使って」と言っており，その時点で甲と乙との間に傷害罪の共謀が成立する。Aが乙や自分たちを襲わないように，ナイフを取り上げ，危なかったらそれを使えという趣旨であって，殺害まで乙に指示したものとはいえない。また，上記の通り乙も傷害の故意にとどまる。

よって，乙による刺突行為は，甲と乙との傷害罪の共同実行といえる。

また，甲はAが自分や乙を襲撃するのではないかと恐れており，乙だけでなく自分やBの身を守るためにも，Aに対し傷害を加えることが必要だと考えているから，自己の犯罪としての正犯意思もある。

以上から，甲の第2行為は，乙との間での傷害致死罪の共同正犯に当たる。

(3) ただ，第1暴行は誤想過剰防衛に当たり，第2行為の時点でも，甲はAから侵害を受けるのではないかと誤想して，乙にナイフを使うように告げており，第2行為も第1行為と連続性を有する誤想防衛行為といえるかが問題となる。防衛行為といえるかは，防衛の意思，積極加害の意思などが共犯者ごとに異なるから，共犯者ごとに独立して判断すべきである。

(4) 防衛行為が1個といえるためには，防衛行為が客観的に時間的・場所的に一体としてなされているだけでなく，同一の防衛意思に基づいて行われていることが必要である。本問では，第1行為と第2行為は，いずれも誤想に基づくものではあるが，時間的には極めて短時間に行われており，場所も，Aの室内とごく近くの階段の踊り場であり近接しているから，客観的に一連の防衛行為ということができる。

また，甲は，第1行為ではAがBを殴ったとの誤想，第2行為では倒れたAが更に乙や甲に侵害を加えるのではないかとの誤想に対応して，防衛のための行為を行っており，誤想の内容は異なっているものの，Aの一連の侵害に対する同一の防衛意思による防衛行為といえる。

(5) また，甲が乙に対し，「ナイフを使って」と言ったのは，あくまでも誤想した侵害に対する防衛のためにナイフを使うように言っているに過ぎず，この機会を利用してAに対する憤激から攻撃するといった，積極加害意思に基づくものではない。よって，甲の第2行為は，第1行為から継続した，一連の誤想防衛行為であるといえる。

(6) もっとも，甲の誤想内容は，Aが乙を襲ったり，さらに甲を追ってきて，暴行を加えるといった侵害であるが，乙にナイフを取り上げ

られ，丸腰になったAをナイフで刺す行為は相当性を欠き，また甲には過剰であることの認識もある。

(7) よって，甲の第1暴行と第2暴行は，傷害致死罪（205条）に当たるが，一連の誤想防衛であり，過剰性の認識のある誤想過剰防衛に当たる。

3．以上から，甲には，傷害致死罪が成立し，乙との共同正犯となる（60条，205条）が，誤想過剰防衛として刑を減軽または免除することができる（36条2項）。

二　乙の罪責

1．乙の刺突行為（第2行為）は，Aの背中にナイフを刺して怪我を負わせる行為で，人の生理機能の障害であり，「傷害」に当たる。また，乙には殺意がないから，傷害罪（204条）の実行行為が認められる。

さらに，乙は，甲から「危なかったらナイフを使って」と言われて，その通りにしていることから，甲乙間に，傷害罪についての現場共謀が成立したと認められる。よって，乙には少なくとも傷害罪の共同正犯が成立する。

2．乙は第2行為のみに関与しており，第2行為が死因であるとの証明がないが，傷害致死罪（205条）は成立しないか。

(1) もし，乙が，先行行為者である甲の傷害行為を積極的に利用したといった事情があれば，承継的共犯として甲との共同正犯となり，傷害致死罪が成立する。たしかに，乙がAを刺すことができたのは，甲の切りつけ行為によりAが腹に怪我をし，それが原因となった転落によってAが立ち上がれない状態だったからともいえる。しかし，乙は，Aが自分や甲を追うのを阻止するために刺したのであり，この機会を利用してAに積極的に加害するという意図までは認められない。よって，乙に傷害致死罪の承継的共同正犯は成立しない。

(2) では，同時傷害の特例（207条）を適用して，乙に傷害致死罪の成立を認めることはできないか。本問の甲の刺突行為と，甲・乙の共謀

による切りつけ行為とは，時間的場所的に近接しており，同時に「二人以上で暴行を加えて人を傷害した場合」に当たる。また，死の結果はいずれの行為から生じたかが不明であるから，「それぞれの暴行による傷害の軽重を知ることができ」ない場合に当たる。さらに，207条は傷害によって死の結果が発生した場合についても，排除されるものではない。よって，乙には傷害致死罪の共同正犯が成立する。

(3) 次に，乙につき正当防衛が成立する余地はないか。まず，急迫不正の侵害については，Aは立ち上がれない状態で，乙に対して侵害行為を行っていないこと，また，甲と異なり現にAに追われている状況にはなかったことから，急迫不正の侵害が客観的にも存在せず，主観的にも存在すると誤信するような事情は認められない。したがって，正当防衛はもちろん，誤想防衛や誤想過剰防衛の余地もない。

(4) よって，乙には傷害致死罪の共同正犯が成立し，正当防衛，過剰防衛には当たらない。

3. 以上から，乙には傷害致死罪が成立し，甲との共同正犯となる（207条，60条，205条）。

以　上

● 解　説

1. 甲が台所でAをナイフで刺す行為（第1行為）の罪責

(1) 構成要件該当性

まず，甲が台所でAを刺した行為が，傷害致死罪か殺人罪かが問題となる。ナイフをAに向かって突き出しているから，殺人行為に当たるようにもみえる。しかし，甲は，Aを刺すつもりはなく，Bをかばおうとしてとっさにナイフを持ったまま腕を突き出したに過ぎず，せいぜいが傷害（あるいは暴行）の故意にとどまるといえよう。

(2) 致死との因果関係

Aの死因は、ナイフで切られたことによる出血性ショック死であるが、原因は甲が刺した行為か、乙が刺した行為かが不明である。このような場合、因果関係の証明がなく、傷害罪にとどまるかが問題となる。

ただし、乙が踊り場でAを刺す行為も、甲が乙に、「ナイフを取り上げて」、「それを使って」と言ったことがきっかけとなっており、後述のように、乙の単独犯ではなく、甲と乙との傷害罪の共謀に基づいて実行されたものである。そうだとすれば、甲は、乙による刺突行為についても共同実行したといえるから、いずれの刺突行為が原因であるかにかかわらず、両行為に関与した甲には、傷害致死罪（205条）の構成要件該当性が認められる。

(3) 正当防衛の成否

甲が台所でAを刺した行為は、Bが「痛い」と叫んだことに対してなされている。そこで、この行為が正当防衛に当たらないかが問題となる。

まず、甲自身が、Aから4時頃に殴られ頭部に傷害を負い、さらに帰宅後も雑誌を投げつける暴行を加えられている。しかし、Aの4時の暴行は、甲の刺突行為の2時間程度前のもので、甲は一旦自宅を離れている。したがって、4時の暴行は急迫不正の侵害とはいえない。また、雑誌を投げる暴行から甲が切りつける行為までは5分程度しか経過していないが、その間に甲は台所に行って料理を作り始めており、雑誌による暴行が継続している状態にはない。

では、Bが「痛い」と叫んで甲にしがみついた行為との関係はどのように解すべきか。甲は、これをAがBを殴った急迫不正の侵害であると思って、自己及びBを防衛するための防衛行為として刺突行為に出ているが、そもそも客観的に急迫不正の侵害といえるだろうか。

急迫不正の侵害とは、故意行為・過失行為を問わないが、法益に対する実害又はその危険を生じさせる行為でなければならない。Aは意図的でなくBの頭部に空き缶を当ててしまったに過ぎないから、過失行為と評価できるが、空き缶が軽く当たった程度であるから、Bの身体を侵害するおそれのある行為とはいえない。したがって、急迫不正の侵害は客観的には存在せず、正当防衛の成立余地はない。

(4) 誤想過剰防衛の成否

では，甲が，AがBに暴行を加えたと誤信している点はどのように評価すればよいか。誤想防衛あるいは誤想過剰防衛の成否が問題となる。

誤想防衛とは，客観的には急迫不正の侵害がないのにあると誤信して，防衛行為を行う場合をいう。また，**誤想過剰防衛**とは，客観的には急迫不正の侵害がないのにあると誤信して防衛行為を行ったが，それが行為者の誤想した侵害に対する防衛行為として相当性の程度を超えた場合をいう。

本問の甲は，Bが「痛い」と言ったのを聞いただけでAが殴っているのを見たわけではない。しかし，日常的にAから自分もBも殴られており，その数時間前や直前にもAから暴行を加えられた事実を前提とすると，Bが殴られたと誤信したことも不合理とまではいえない（東京地判平20・10・27⇨後掲［参考判例］参照）。したがって，Bに対する現実の急迫不正の侵害があり，さらに自分に対する侵害も間近に迫っているとの誤信に基づき防衛行為を行ったといえる。

では，過剰性についてはどうか。誤想過剰防衛のうち，防衛行為が過剰であることの認識がない場合（表の②）[1]は，**主観的に正当防衛と同じ認識で行為しており，故意非難することはできず，法的には誤想防衛と同様に評価される**ことになる。これに対し，防衛行為が過剰であることを認識している場合（表の③）は，**過剰性がある違法行為を行っていることの認識がある**から，故意非難が可能で，過剰防衛と同様に評価されることになる。

また，過剰性の判断は，客観的な（軽微なあるいは存在しない）侵害と比較

	急迫不正の侵害		相当性	
	客観面	主観面	客観面	主観面
正　当　防　衛	存　在	存　在	相　当	相　当
誤想過剰防衛①	存　在	存　在	不相当	相　当
過　剰　防　衛	存　在	存　在	不相当	不相当
誤　想　防　衛	不存在	存　在	相　当	相　当
誤想過剰防衛②	不存在	存　在	不相当	相　当
誤想過剰防衛③	不存在	存　在	不相当	不相当

---

[1] 客観的に急迫不正の侵害がある表①は，広い意味で誤想過剰防衛の一種と考えられるが，この場合も故意非難はできない（木村143頁）。

するのではなく，**甲の誤想した内容と比較して相当な防衛行為といえるか**が問われる。本問の甲の誤想の内容は，AがBを現に殴ったことと，Aが自分やBを殴ろうとしているというものである。このような誤想に対し，ナイフで反撃した行為の相当性が問題となる。誤想した侵害の内容が，素手，あるいはせいぜいが孫の手を用いた程度の身体の侵害であるのに対し，ナイフで刺す行為は，生命の侵害も引き起こしかねない凶器を用いた反撃行為であり，誤想内容と比較しても，相当性が欠け，過剰である。そして，甲も，ナイフを手にしていることの認識がないとはいえないから，過剰性についての認識もある。そうだとすれば，表の③の誤想過剰防衛に当たる。

よって，甲が台所でAを刺す行為は，傷害致死罪の構成要件に該当するが，誤想過剰防衛に当たる。

2. 乙が踊り場で刺した行為（第2行為）

(1) 共謀の有無

甲は，踊り場に上がった乙に対し，ナイフを取り上げて，場合によってはそれを使うように伝えており，乙がその通りにナイフでAを刺している。乙がAを刺す行為は殺人罪なのか傷害罪なのか，また甲は乙に教唆をしたのか，それとも乙との共同正犯になるのかが問題となる。

まず，乙の行為は，Aの背中にナイフを刺す行為であるが，問題文に「殺すつもりはなかったものの」とあるので，乙に殺意はなく，乙の行為は傷害罪ないし傷害致死罪の構成要件に該当する。

次に，共同正犯の成否であるが，共同正犯には，共謀の存在，共謀に基づく共同実行と，自己の犯罪として実行するという正犯意思が必要となる。

まず，「共謀」であるが，甲は乙に，「危なかったらナイフを使って」と言っているが，その意図は，乙の身体に危険が迫ったり，Aが自分たちを追ってくるようなことがあれば，ナイフを使えという趣旨であると考えられるから，殺害まで乙に指示したものとはいえない。また，乙は，これを聞いて実際にナイフを手に取り，これを使っているから，甲が乙に声をかけた時点で，甲と乙との間に傷害罪の共謀が成立したといえる。乙は，この共謀に基づいて傷害行為を実行しているから，共同実行が認められる。

また，甲は，Aが自分やB，さらに乙に対し，なお危害を加えるのではな

いかと恐れており，乙だけでなく自分やBの身を守るためにも，Aに対し反撃することが必要だと考えているから，自己の犯罪として関与しており，正犯意思も認められる。

したがって，甲には乙との間に傷害罪の共同正犯が成立し，単なる教唆にとどまるものとはいえない。

なお，最初から「正当防衛の共謀があるか否か」を検討するのではなく，まず，何罪の共同正犯に当たるのかを検討した上で，正当防衛の成否を判断すべきである[2]。

その際，共犯者間で正当防衛の成否を統一的に解すべきか否かが問題となるが，共犯者ごとに防衛の意思の有無，積極加害意思の有無などが異なることから，防衛行為に当たるか否かは，共犯者ごとに独立して検討すべきである（**最決平4・6・5刑集46・4・245**[3] 参照）。本問でも，傷害行為が甲と乙との共同実行だとしても，正当防衛の成否は，甲，乙のそれぞれにつき検討すべきである。

(2)（誤想）防衛行為の連続性

では，甲にとって，第2行為（踊り場での乙の刺突）が正当防衛に当たるか。甲にとっては，乙と共謀してAに切りつけた行為は，室内で切りつけた第1行為の後，ナイフを持ったAに追われた直後のものであり，防衛行為として連続性があるのではないかが問題となる。

第2行為の時点では，Aは既に立ち上がれない状況であったが，甲は，Aの状態が確認できなかったため，乙や自分がAから更に暴行を受けるのではないかと恐れており，急迫不正の侵害が継続しているとの誤想があるのではないか。そうだとすれば，第1暴行が誤想過剰防衛に当たり，第2暴行もそれと連続性を有する（誤想）防衛行為といえるのではないかが問題となる。

---

[2] **最判平6・12・6**（刑集48・8・509）は，暴行の共謀に基づいて行った防衛行為について，各人の正当防衛の成否を検討する際に，一部の者の行った量的過剰につき，それは他の者との「防衛を限度とした共謀」の射程を超えるものとした。防衛の限度の共謀であるとしても，そもそも暴行の共謀がないとされるわけではないことに注意すべきである。

[3] 同決定は，「共同正犯者の一人について過剰防衛が成立したとしても，その結果当然に他の共同正犯者についても過剰防衛が成立することになるものではない。」として，積極加害意思のない共同正犯者に過剰防衛が成立しても，積極加害意思のある者については急迫性を欠き，過剰防衛は認められないとした。

もっとも，第1行為は，AのBへの殴打（という誤想），第2行為は，Aの乙への暴行や自分への追跡（という誤想）に対応していると考えれば，それぞれについて個別に防衛行為を検討すればよいようにもみえる。しかし，甲の第2行為時の誤想が合理的なものといえるかは，第1行為時の誤想との関係如何による。両行為を分断するか否かにより，第2行為がそもそも（誤想）防衛といえなくなったり，過剰性を有することになるからである。そこで，（誤想したものとしての）防衛状況が継続しているか否か（防衛行為が1個であるか否か）の検討が必要となる。

　防衛行為が1個といえるか否かに関しては，いくつかの重要判例が出されている。**最決平20・6・25**（刑集62・6・1859）は，急迫不正の侵害を行った者が，Xの第1暴行（顔面を殴打する行為）により転倒して動かなくなったにもかかわらず，さらにXが憤激のあまり，肋骨骨折などを生じさせる暴行（第2暴行）を加えた事案について，第1暴行は正当防衛であるのに対し，第2暴行は単なる傷害行為であるとした。

　これに対し，**最決平21・2・24**（刑集63・2・1⇨第6講［参考判例］参照）は，拘置所内で侵害者に対し机を押しつける防衛行為（第1暴行）を加えた後，相手が抵抗困難となっているにもかかわらず，顔面を手拳で殴打する暴行（第2暴行）を加えた事案について，両暴行は急迫不正の侵害に対する一連，一体のものであり，同一の防衛の意思に基づく1個の行為であるとした。さらに，**最決平9・6・16**（刑集51・5・435⇨第6講［参考判例］参照）も，鉄パイプでの攻撃に対し鉄パイプで反撃し，相手が態勢を崩したところを4メートルの高さから突き落とした行為について，態勢を立て直して再度襲撃する可能性があり，侵害者の急迫不正の侵害は継続しているとして防衛行為の連続性を認め，過剰防衛の成立を認めた。

　これらの判例によれば，1個の防衛行為といえるためには，**防衛行為が客観的に時間的・場所的に一体としてなされているだけでなく，同一の防衛意思に基づいて行われていることが必要である**ことが分かる。実行行為が1個といえるか否かの判断において，客観的な連続性・密接性に加え，故意が一貫していることを必要とするのと同様である（⇨第1講参照）。

　本問では，急迫不正の侵害が継続し，それに対し甲が同一の防衛意思に基づいた一連の防衛行為を行ったといえるだろうか。まず，第1行為と，第2

行為は時間的には極めて短時間のうちに行われており，場所も，Ａの室内とごく近くの階段の踊り場であって非常に近い。客観的には，一連の暴行行為ということが可能である。

では，同一の防衛意思に基づいているといえるか。急迫不正の侵害が継続していることが必要であるが，第１行為については急迫不正の侵害は客観的には存在せず，甲が誤想したものであった。また，第２行為についても，Ａは倒れて動けず，ナイフも持っておらず，甲に対しても乙に対しても何ら攻撃をしていないから，ここでもＡによる客観的な急迫不正の侵害は認められない。

しかし，第１行為，第２行為が時間的・場所的に極めて近く，しかも，第１行為から第２行為に至る間，甲は実際にナイフを持ったＡに追いかけられているという事情がある。したがって，甲の主観面としては，ＡがＢを殴打しただけでなく，踊り場で倒れた以降も，甲を追跡して更に危害を加えるのではないかと誤信するのも不合理とはいえない。よって，甲には，急迫不正の侵害が継続しているとの誤想があったといえる。

また，同一の防衛意思に基づいた行為といえるかについては，特に第２行為が積極加害意思に基づくといった事情がないかが問題となる。途中から積極加害意思が生じた場合には，それ以降について防衛行為とはいえないからである（前掲・最決平20・6・25参照）。甲は乙に対し，「ナイフを使って」と言っているが，これはあくまでも誤想した侵害に対する防衛のために使うよう言っているに過ぎず，Ａに対する憤激から，この機会を利用してＡを攻撃するといった積極加害意思に基づくものではない。よって，甲にとっては，一連の誤想防衛行為が継続していると考えられる。

もっとも，第１行為，第２行為を独立に考えても，ともに誤想過剰防衛になるのだから，わざわざ一連とする必要があるのかが問題となる。しかし，もし一連の防衛行為でないとすると，既に立ち上がれなくなったＡをナイフで刺す行為は，Ａを現認している乙のみならず，甲にとっても急迫不正の侵害が（客観的にはもちろん）誤想内容としても認められないことになるから，第２行為は誤想過剰防衛にも当たらないことになる。

では，防衛行為の相当性はどうか。客観的には，第１暴行時にも第２暴行時にも，何らＡによる侵害はない。しかし前述のように，過剰性は甲が誤

想した内容との比較で検討すべきであり，甲の誤想内容は，ナイフを乙に取り上げられた後も，Aが乙を襲ったり，さらに甲を追ってきて，暴行を加えるといったものであった。そのような（誤想による）急迫不正の侵害に対し，ナイフで切りつける行為が相当性を欠くことの認識は甲も有していたといえる（ただし，およそ防衛行為といえないと認識していたとまではいえない）。

よって，甲の第1暴行と第2暴行は，傷害致死罪に当たるが，一連の誤想防衛であり，過剰性の認識があるから誤想過剰防衛に当たる。このうち第2暴行については，乙との傷害致死罪の共同正犯となる。

3．乙の罪責

(1) 甲との共謀の有無

乙が踊り場でAを切りつける行為につき，傷害致死罪の成否を検討する。

まず，乙がナイフでAを刺す行為は傷害罪に当たるか。ナイフで背中を刺す行為は，人の死の危険性を生じさせるおそれがあるが，乙には殺意がないから，傷害罪の実行行為にとどまる。

また，乙は，甲から「危なかったらナイフを使って」と言われて，その通りにナイフを取り上げてこれを使っているから，甲と乙との間に，傷害についての現場共謀が成立したと認められる。よって，乙には少なくとも傷害罪の限度で共同正犯が認められる。

(2) 傷害致死罪の成否

乙は，第2行為にのみ関与しているから，第2行為が死因であることの証明がない限り，致死の結果については刑責を負わないことになるのだろうか。

ただ，もし乙が，先行行為者である甲の傷害行為を利用した承継的共犯に当たるとすれば，乙にも傷害致死罪が成立する。**承継的共犯**とは，先行者が犯罪の実行に着手した後，犯罪行為が終了していない段階で，**後行者が先行者による犯罪の実行を知りつつ，それを積極的に利用して先行者の犯罪に加功した場合**，先行者の行為についても後行者が責任を負うとする考え方をいう。そこで，本問の乙は，甲の第1の傷害行為を積極的に利用しているといえるのかが問題となる[4]。

たしかに，乙がAを刺すことができたのは，Aがほとんど身動きしない状態だったためともいえる。しかも，Aがそのような状態にあったことは，

甲がAを切りつけた先行行為によるものであり，乙もそのことを認識して，甲との共謀に基づいてAを刺したという事情がある。

しかし，承継的共犯が成立するためには，先行行為の存在を認識しているだけでは足りず，これを積極的に利用する必要がある。承継的共犯に関する最新判例である**最決平24・11・6**（刑集66・11・1281）は，Yらが被害者に暴行を加えて傷害を負わせた後に，共謀加担したXにつき，**Yらが既に生じさせていた傷害結果について因果関係を有することはない**から，共謀加担後の傷害についてのみ共同正犯の責任を負うとした。原判決は，被害者がYらの暴行を受けて負傷し，逃亡や抵抗が困難になっている状態を，Xが利用して更に暴行に及んだとして承継的共同正犯を認め，共謀加担前の傷害結果も含めてXに傷害罪の共同正犯が成立するとしたが，最高裁はこの結論を否定した（ただし，Xの暴行が傷害を相当程度重篤化させたとして量刑は不当とはいえないとして，上告は棄却した）。

本問でも，たしかに乙は，Aが動けない状況があったから刺すことができたという関係にはあるかもしれないが，これを積極的な利用と評価するのは困難であろう。強盗罪において，先行行為者により被害者が反抗抑圧状態になっている場合に，後行行為者が先行行為者と共謀して財物を奪えば，それはまさに「反抗抑圧状態の積極的利用」といえるが，傷害罪に関してはこのような関係を認めることは，通常は困難だからである。

(3) 同時傷害の特例の成否

承継的共同正犯を認めることができないとしても，**同時傷害の特例**（207条）を適用して，乙に傷害致死罪の成立を認めることはできないだろうか。同時傷害の特例とは，2人以上の者が，同一人に対し，時間的・場所的に近接した場所で，暴行ないし傷害の故意で暴行を加えた場合で，重い傷害を負わせた者が判明しない場合に，当該傷害罪の共同正犯を認めるものである。

本問の甲の刺突行為と，甲・乙の共謀による刺突行為とは，時間的・場所

---

4) 後行行為者の関与の態様には，共同正犯，幇助の両方があり得るが，いずれの場合にも，後行行為者は，途中から先行行為者との「共犯関係」があることが前提となる。単に後から先行行為者の行為を利用しただけの者（先行行為者がいなくなった後に，先行行為者が脅した被害者が反抗抑圧状態にあるのを利用して財物を奪ったような場合）は，承継的共犯には当たらない。

的に近接しており、207条にいう同時になされたものと評価することができる。また、死の結果はいずれの行為から生じたかが不明であるから、重い傷害を負わせた者が不明であるという要件も充たす。

ただし、第2行為は共同正犯として行っているので、207条の「共同して実行した者でなくても」に当たらないのではないかが問題となる。しかし、共謀成立前の単独犯としての甲の行為（第1行為）と、共謀成立後の甲・乙の共同実行行為（第2行為）とを比較すると、第1行為と第2行為との間には、「共犯関係」はないから、「共同して実行した者ではない」という要件も充たす[5]。

また、207条は傷害によって死の結果が発生した場合についても、排除されるものではない。

(4) 正当防衛の成否

このように乙には傷害致死罪の共同正犯が成立するが、正当防衛が成立する余地はないか。

まず、急迫不正の侵害については、Aは立ち上がれない状態で、乙に対して侵害行為を行っていないこと、また、甲と異なり、乙は日常的に暴行を加えられていたわけではなく、現にナイフを持って追われる状況にもなかった。したがって、急迫不正の侵害が客観的にも存在せず、主観的にも存在すると誤信するような事情も認められない。もっとも、甲から「Aに追われている」と聞いているため、甲を防衛するという第三者防衛の状況にあるといえるかが問題となるが、少なくとも踊り場のAの状況からは、第三者防衛が認められる状況にはない。

また、急迫不正の侵害が客観的に認められないだけでなく、主観的にもそのような侵害があるとの認識も認められないから、誤想防衛や誤想過剰防衛の余地もない。

よって、乙には傷害致死罪の共同正犯が成立し、正当防衛、過剰防衛には当たらない。

---

[5] 第1暴行をXが単独で行い、第2暴行を、Xを含む3名で行った場合について、207条の適用を認めたものとして、大阪地判平9・8・20（判タ995・286）がある。逆に、第1暴行をXを含む共同正犯として行い、第2暴行をXを除く者らで行った場合について207条の適用を認めたものとして、名古屋高判平14・8・29（判時1831・158）がある（⇨第11講［参考判例］参照）。

【参考判例】

最判昭 24・4・5（刑集 3・4・421） 棒様のもので打ちかかられたのに対し，斧を斧とは気づかず，棒様のものと思い込んで反撃した行為につき，斧と気づかなかったとしても，斧だけの重量のあるものとの認識はあるとして，過剰防衛に当たるとした。

大阪地判平 23・7・22（判タ 1359・251） X は実弟 A と喧嘩となり，A が X の顔面を手拳で殴打し，歯を破損させたのに対し，必死で反撃し A の背後から腕を首に回して絞め付け窒息死させた行為につき，首を絞めているとの認識があったといえないとして，過剰防衛ではなく誤想防衛に当たるとして無罪とした。〈前田・重要判例 No.63〉

最決昭 62・3・26（刑集 41・2・182） 空手三段の X が，酩酊した A 女をなだめていた B 男を，A 女に暴行を加えているものと誤信し，自己及び A 女の身体を防衛するため，B 男の顔面付近に回し蹴りを加えて B 男を路上に転倒させ死亡させた事案につき，誤信した急迫不正の侵害に対する防衛手段として相当性を逸脱し，誤想過剰防衛に当たるとして刑の減軽を認めた。〈前田・重要判例 No.64，酒井安行・百選 I No.29〉

東京地判平 20・10・27（判タ 1229・313） X 女が，同棲相手の A が布団から起き上がったのを，A が暴力を振るおうとしていると誤信し，ナイフで刺して重傷を負わせた行為につき，正当防衛状況にはなかったが，以前から暴力を振るわれていた X が急迫不正の侵害があると誤信したとしても不自然ではないとし，殺人未遂罪が成立するが，誤想過剰防衛に当たるとした。

原因において自由な行為

▶設 問

甲，乙及び丙の刑事責任について，具体的事実を示しつつ論じなさい（特別法違反の点を除く。）。

1　甲（男性，70歳，身長165センチメートル）は，住宅街の一軒家に，妻A（68歳，身長155センチメートル），長男B（35歳）とともに3人で住んでいた。甲は，日頃より酒癖が悪く，酔ってはAやBに暴行を加えることを繰り返していた。Bは，家計が苦しいにもかかわらず，甲が毎日酒を飲むことを苦々しく思っていた。

2　甲は刀剣類を集めるのが趣味で，いつも居間の床の間に気に入った刀を飾っていた。Aは，甲が乱暴な性格なので，刀を持っていると危ないとは思ったが，趣味のことに口を出すと，甲が怒り出して殴るので，やむを得ず黙っていた。ただ，甲は酒を飲んでAに殴りかかることがあっても，刀を持ち出して騒ぐことはなかった。

3　ある日，午後1時頃から甲が1人で，自宅の居間で日本酒を飲み始め，午後2時頃，酒がなくなったので，Aに酒を出すよう言ったところ，Aが「今日はそのぐらいでやめておいて。」と答えたので，酔いが回り始めていた甲は激怒し，「俺の金で酒を飲むのは勝手だ。」と怒鳴り，なおも，Aが「これ以上飲むのはやめて。」と言ったため，手拳で，Aの頭部や顔面を殴打した。

4　甲は，Aに対し，なおも殴りかかろうとしたため，Aはやむを得ず一升瓶を甲に渡した。甲は，これを飲み始めたが，Aが「いい加減に飲むのをやめて。」などという度に，Aに腹を立て，手拳や，そばにあった孫の手で，Aの顔面や背部に暴行を加え，Aは顔面が腫れ上がる

ほどになった。

5 　午後4時頃，一升瓶がほぼ空になったが，甲はさらに飲み足りないと言って，Aに「酒を買ってこい。」と命じた。Aは，また殴られるかと思ったが，本当に経済的に苦しいことを分からせようと思い，「そんなお金はない。」と言って，通帳を取り出し，通帳を甲に突きつけた。甲は，金のことばかり言うAに一層憎しみをいだき，立ち上がって殴りかかろうとしたが，足元がおぼつかない状態で，テーブルの足につまずいて，ひっくり返ってしまった。

6 　甲は自分で倒れたことで更に激昂し，居間の床の間に飾ってあった日本刀（刃渡り65センチメートル）を摑み，鞘から抜き，Aに向かって「殺してやる。」と言いながら斬りつけようとした。しかし，甲は酔いのために足元がふらつき，刀を突き出した勢いでその場につまずいて倒れてしまった。Aは刀で斬られそうになり，驚いて叫び声を上げたが，甲が倒れた隙に，とっさに廊下に逃げ，居間との間の襖を閉めた。

7 　Bは，2階の自室にいたが，階下で母親の叫び声が聞こえたため，慌てて階段を降りたところ，廊下で母親が襖を必死で押さえていた。Bは，「父さんが暴れているのか。」と聞いたところ，Aが頷いたので，「僕が替わる。」と言って，襖が開かないように，押さえつけた。

8 　甲は，立ち上がって襖を開けようとしたところ，襖が動かないのでおかしいと思ったが，これまでのAへの怒りが収まらず，襖の向こう側に誰かがいるかどうかに頓着せず，夢中で襖に向かって刀を突き刺した。刀は，襖を押さえていたBの腕に刺さり，Bは腕を押さえてその場にうずくまった。

9 　Aは，「何をするの。」と大声を上げて，慌ててBを介抱しようとしたが，そのとき甲が襖を開け，Aの他にBがいるのを見たが，興奮状態でそれがBだと気付かないまま，さらに刀を振り回した。Bは，腕を押さえながら，「馬鹿野郎。いい加減にしろ。」と怒鳴りながら，刀を取り上げようとして甲に向かっていった。甲は，Bから馬鹿野郎と怒鳴られ，更に興奮状態となり，無我夢中でそれがBだと気付かないまま刀で斬りつけたため，刀がBの肩や腹に当たり，Bはその場に倒れて意識を失った。

10 　Aは，このままでは自分も殺されると思い，裸足で家の外に逃げ出した。甲は追いかけては来なかったものの，Aは，とにかく誰かに助

けを求めなければ自分もBも殺されると思い，約500メートルほど離れた交番まで走って行こうとした。

　Aが家から150メートル離れたところまで走ったところ，心臓に疾患のあったAは，急に走ったことで心臓に負担がかかり，その場に倒れ込んで意識を失ってしまった。たまたま通りかかった通行人Cが救急車を呼んだため，Aは病院に運ばれたが，午後5時頃，搬送先の病院で心臓疾患に基づく発作により死亡した。Aの心臓病については，A自身も甲も知らなかった。

11　甲は，Bが血を流して倒れているにもかかわらず，人が倒れていることに気付かずに，そのまま居間に戻って寝込んでしまった。Bは，午後6時頃，出血多量のためにその場で死亡したが，斬りつけられた直後に救急措置が執られていれば，ほぼ確実に救命可能であった。

12　鑑定の結果，甲は，Aを殴り始めた午後2時頃の時点では，完全な責任能力があったと認められるが，その後の記憶は途切れ途切れで，刀を持ち出した午後4時頃の時点では，病的酩酊のために心神喪失の状態にあったものとされた。

論点の整理

　本問は，いわゆる原因において自由な行為に関するものである。この論点については，東京高判平6・7・12（判時1518・148。覚せい剤所持に関し，所持の開始時点では責任能力があったが，所持品検査を受けた時点では心神耗弱になっていた事案），長崎地判平4・1・14（判時1415・142。自宅で飲酒しながら妻に暴行を加え続け，致命傷を負わせた時点では心神耗弱状態になっていた事案）などがあり，いずれも完全な責任能力を認めた。特に，行為の途中から責任能力がなくなる事例については，実際の判例も多く重要な論点であり，本問もその一例である。

　当初意図していたA以外のBにも死亡結果が発生した点は，客体の錯誤に当たる。Bに対しては，Aに対するのとは別個の行為がなされているから，Aに対する行為とは別に，原因において自由な行為の理論の適用が可能か否かを論ずることになる。なお，襖の陰にいた者を過って死亡させた行為に

つき，重過失致死罪の成立を認めた判例として，神戸地判平11・2・1（判時1671・161）があり，本問はこれも参考とした。

また，Aについては，心臓病による死亡との因果関係，Bについてはそのまま放置したことによる死との因果関係が問題となる。

解答の筋道

1. Aに対する殺人罪の成否
   (1) 当初の暴行→刀を持ち出すまでの行為の評価
       ・2時間余りの間，同様の態様でAに暴行→一連の傷害行為
       ・午後4時頃に刀を持ち出して，Aに向かって突き出した行為
         →殺人の客観的実行行為性あり
         →刀を持ち出すまでと，刀を持ち出す行為とは，別個に評価
       ・殺意の有無
         →責任無能力の場合にも，故意はあるか
   (2) 因果関係
       ・甲が刀を突きつけた行為と，Aの心臓発作による死との因果関係
         →実行行為から誘発された行為であり，因果関係否定されず
   (3) 責任能力の有無
       ・一連の傷害行為→責任能力時からの連続した行為→全体につき責任能力あり
       ・殺人行為→それ以前の行為とは別の評価→責任無能力か
       ・原因において自由な行為の適用の可否
         →原因行為（飲酒行為）と結果行為（殺人行為）との関連性
         →それまでの暴行と全く無関係に刀を突きつけたとまではいえず
2. Bに対する殺人罪の成否
   (1) Bに対する刀の刺突
       ・襖の向こうからの刺突と，直接腹部に刺した行為
         →一連の殺人の実行行為
       ・殺意の有無
         →Bでなくとも，人に対する殺意あり→この時点から殺人罪の故意あり
   (2) 因果関係
       ・甲が，気絶したBを放置した行為→不作為の殺人罪に当たるか
       ・不作為の殺人罪
         （ア）作為義務者　（イ）危険の発生　（ウ）作為可能性

→作為義務違反はあるが、その認識なし→実行行為の認識なし
(3) 責任能力の有無
・Bに対しては、刀による刺突のみ→その時点での責任能力のみが問題か
→それまでの暴行と全く無関係な殺害行為といえず

●解答例

[答案作成上の注意]

　本問は、「限定責任能力と原因において自由な行為」を扱ってはいるが、重要なのは、A、Bそれぞれに対する実行行為をどのように捉えるかである。1個の実行行為といえるか否かのほか、故意が認められるかについても論ずる必要がある。原因において自由な行為については、抽象的に、間接正犯類似説からはこの結論、同時存在の原則を緩和する見解からはこの結論といった論じ方は避けるべきである。記述の順序は、まず、①殴る行為と刀による行為とが1個の実行行為といえるか、いえないとすると、次に②刀による行為について限定責任能力として刑の減軽をすべきかについて論ずることになる。原因において自由な行為に関する学説の比較等は詳しく述べる必要はない。具体的にどのような事情があれば、結果行為について責任非難が可能であるかを論ずることが最も重要である。そして、③Bに対する傷害行為については、Bが同居の家族であること、ただし甲がそのことを認識していないことをどのように評価するかが重要である。

▶解答案

　1．甲が、Aに刀を突きつけ、結果的にAを死亡させた行為は、殺人罪（199条）に当たるか。
　(1) 甲が刃渡り65センチメートルの刀で斬りつける行為は、人の死の結果を発生させる具体的危険性を持った行為であるから、Aに対する殺人罪の客観的実行行為に当たる。この行為は責任無能力の状態でなされているものの、甲は、Aに向かって刀で斬りつける認識があるから、

殺人罪の故意に欠けることはない。

(2) もっとも，Aが死亡したのは，走って逃げたことにより心臓発作が起こったためであるから，甲の殺害行為とAの死との因果関係が問題となる。因果関係を認めるためには，甲の行為の危険性がAの死の結果に実現したといえなければならない。その判断に当たっては，①実行行為自体に死の結果を発生させるような具体的危険性があるか，②介在事情が実行行為に誘発されたものか，それとも異常なものか，③行為時に存在した事情・介在事情がそれぞれ結果に対してどのような寄与をしているかを，総合的に衡量して判断すべきである。

(3) ①本問における実行行為は，人に対して刀で斬ろうとする行為であり，十分に死の結果発生の具体的危険性がある。また，②実行行為と死の結果との間に，心臓病のAが走って逃げたという行為が介在しているが，刀を突きつけられ，しかもBまで斬りつけられた状況で，Aが裸足で戸外に逃げ出し，500メートル離れた交番に走って通報しようと思ったことは極めて自然であり，甲の行為に誘発されたものといえる。そして，③走ったことが心臓発作を生ずる直接の原因であったものの，行為者の行為が結果に対する唯一の原因である必要はなく，他の原因とあいまって結果を引き起こしたものであっても因果関係は認められる。よって，甲がAを刀で突こうとする行為とAの死の結果との因果関係は認められる。

以上から，甲にはAに対する殺人罪（199条）の構成要件該当性が認められる。

(4) しかし，刀で斬りつけようとした時点で，甲は責任無能力の状態にあったから，39条1項により無罪とすべきように思われるが，甲は飲酒によりしばしば家人に暴行を加えていたから，原因において自由な行為として完全な責任能力を認められないかを検討する。

ア　原因において自由な行為とは，責任能力のない（あるいは低減した）時点でなされた行為について，無能力ないし限定責任能力状態を有責に惹起したことを根拠に，完全な責任非難を可能とする理論である。

継続して暴行を加え，行為の開始時には責任能力が認められる場合，途中から責任無能力ないし限定責任能力状態に陥ったからといって，責任能力を欠くとするのは不合理だからである。

　イ　ただし，行為全体について責任非難を向けるためには，行為が全体として連続した一連のものといえなければならない。責任能力時に開始された一連の行為により当該結果を発生させたといえれば，たとえ最終的には責任無能力状態に陥っていたとしても，完全な責任非難が可能となる。

　ウ　本問の甲の行為についてみると，手拳や孫の手による暴行と，刀を突きつける行為とは，時間的・場所的に近接しており，同じAに対する行為としてなされてはいる。

　しかし，少なくとも，刀を持ち出すまでの甲の暴行は，Aが甲の飲酒をとがめたことに対する怒りから生じたもので，Aに酒を要求するなどしていることから，Aに対する殺害の意図があったと認めることはできない。したがって，甲の刀を持ち出すまでの行為は，せいぜいAに対する傷害の危険性を持った行為であり，また，傷害の故意しか認められない。それに対し，刀を突きつける行為は，客観的にも主観的にも殺人罪の実行行為性を有するもので，質的に大きな差がある。したがって，一連の1個の実行行為とはいえない。よって，殺人罪について完全な責任能力を認めることはできない。

　(5)　もっとも，甲は日頃より飲酒してAやBに暴行を加えていたことから，飲酒行為とAに対する一連の暴行行為との関連性は大きい。たしかに，手拳や孫の手での暴行と，刀による暴行とは質的に大きく異なり，連続した1個の行為とはいえなくとも，刀で斬りつける行為も暴行の一態様であるから，「暴行」の限度で飲酒行為と関連性の大きな行為であるといえる。そこで，刀による行為も含めて，一連の暴行により死の結果を発生させた傷害致死罪の限度では，飲酒行為と刀を突きつける結果行為との連続性を肯定できる。主観的にも，甲には飲酒時に，家人に暴行を加えることの認識があったといえ，少なくとも暴行の故意が

認められる。

（6）以上から，甲が刀をAに突きつけた行為は一連の傷害行為の一部に当たり，その行為から致死結果が生じているから傷害致死罪（205条）に該当し，39条1項の適用は認められない。殺意を持って刀で斬りつけて死亡させた殺人罪については，責任能力を欠くため犯罪は成立しない（39条1項）。

2．Bに対する傷害致死罪（205条）の成否
（1）甲が，刀でBを刺して死亡させた行為は，殺人罪（199条）に当たるか。
甲が襖に刀を突き刺した行為は，怒りにまかせて，襖の向こう側に誰かいるかどうかを考えずに突き刺したもので，重大な過失が認められ，少なくとも重過失致傷罪（211条後段）に該当する。
（2）ただ，襖を開けた後に，Bに対し，Bと気付かずに刀を振り回して斬りつける行為は，客観的に殺人の危険性のある行為であり，人に対して刀を振り回している認識もあるから，殺人罪（199条）の実行行為性があるようにみえる。
（3）しかし，甲はAに対しては，飲酒しつつ連続して暴行を加えていたのに対し，Bに対してはそのような暴行を継続しておらず，刀で斬りつける行為は，責任能力のある時点からの一連の殺害行為の一部とはいえず，殺人罪に関し完全な責任能力を認めることはできない。
しかし，Bは無関係の第三者ではなく，飲酒した甲に，しばしば暴行を加えられていた同居の家族である。よって，甲が飲酒の上で，家族への暴行を繰り返していた事実から，甲の飲酒とBに対する暴行とは関連性が大きいといえる。また，飲酒開始時に認められる甲の主観面としても，在宅していたBを含む家族に暴行を加える可能性を認識しつつ飲酒していたと考えられる。そこで，責任能力時のAに対する暴行は，A，Bを含む同居の家族に対する暴行を開始したと解することが可能で，Aに対するのと同様に，Bに対しても傷害致死罪（205条）の限度で完

全な責任能力を認めることはできる。そして、襖越しに刺した重過失致傷罪は、同一の客体に対する1個の行為とも評価し得るもので、傷害致死罪により評価される。

(4) 甲は、Bが出血しているにもかかわらず、何ら救命措置をとることなく放置し、死亡させている。この行為は、不作為の殺人罪（199条）に当たらないか。

たしかに、Bの生命についての重大な危険が発生しており、斬りつけた直後に救命措置をとれば、ほぼ確実に救命されたのであるから因果関係も認められる。しかも、甲は、斬りつけた先行行為を行っただけでなく、父親でもあるから、Bを救命すべき作為義務がある。よって、不作為の殺人罪の客観的構成要件該当性は認められる。

しかし、甲は、斬りつけた相手が誰かを認識せず、倒れていることも認識せずに居間に戻って寝込んでしまっている。そうだとすれば、死の危険発生の認識や救命可能性についての認識があったと認めることはできず、殺人罪の実行行為の認識が欠け、殺人罪の故意を認めることはできない。したがって、放置し、死亡させた行為について、別に不作為の殺人罪が成立することはない。

3．罪　数

以上から、甲にはAに対する傷害致死罪（205条）と、Bに対する傷害致死罪（205条）が成立し、これらは併合罪（45条前段）となる。両罪ともに、刑の減軽は認められない。

以　上

● 解　説

1．問題の所在

甲のAを殴る行為は暴行罪、Aに刀を突きつける行為は殺人罪、そして

Bを刀で刺した行為は殺人罪の実行行為性が認められる。ただし，刀による行為は，それぞれ責任無能力状態でなされているから，39条1項の適用を認めるべきかが争いとなる。

甲のこれらの行為は，午後1時から午後4時頃までの間に連続して行われている。まず検討すべきなのは，これらの行為が，一連の1個の行為といえるのか，それとも，暴行罪と殺人罪の2つの別個の行為と捉えるのかである。1個の行為といえれば，1個の実行行為の一部について責任能力を欠いたとしても，刑事責任を認めることが可能だからである。これに対し，それぞれ独立した行為だとすれば，責任能力のある時点の行為についてしか完全な責任能力を問うことができないこととなる。

本問では，時間的に連続した行為であるものの，刀を取り出すまでの暴行と，刀を用いた暴行とは，明らかに質的に異なるものである。このような場合について，原因において自由な行為の理論を用いて完全な責任能力が認められるかが問題となる。

2. 原因において自由な行為

(1) 同時存在の原則

一般に，実行行為と責任能力とは同時に存在することが必要である（同時存在の原則）。ただし，例えば，ナイフで数十回も斬りつけるような場合，最初は完全な責任能力があったが，次第に激昂し，行為の途中から責任能力が低減することも考え得る。このように，同一客体に対する，同種の侵害行為が連続して行われるような場合には，全体として1個の傷害ないし殺人行為といえ，その実行行為の一部につき責任能力を欠いていたとしても，行為全体について完全な責任能力を問うことが可能である。

しかし，本問の甲のように，最初は手拳での殴打だったところ，途中から刀を持ち出したような場合は，行為態様が大きく変化しており，全体を1個の実行行為とはいいにくい。複数の実行行為がある場合，それが1個か複数かは，(1) 第1行為の危険性，(2) 行為の密接性，すなわち①時間的・場所的に近接しているか，②第1行為が第2行為の実行にとって不可欠か，③第1行為後の計画遂行に当たり障害となる事情がないか，さらに (3) 故意が連続しているかにより判断される（⇒**実行行為の連続性**・第1講参照）。本問で

は、①時間的・場所的には近接している。しかし、②最初の手拳で殴る行為が、その後の刀を振り回す行為にとって不可欠とはいえない。また、(3) 当初の故意はせいぜいが傷害であるが、刀を持ち出した時点では殺意が認められる。よって、全体を1個の殺人行為とすることは困難である。

(2) 故意の有無との関係

原因において自由な行為について検討する前に、そもそもAに刀を突きつける行為や、Bに刀で斬りつける行為について、故意が認められるかを検討する必要がある。一般的には、人に対し刀で斬りつけていることを行為者が認識している限り、殺人罪の故意が否定されることはない。しかし、責任能力が欠ける者について故意が認められるかは、必ずしも判断が容易ではない。

ただ、薬物の影響の下で、被害者を「人の外形を有し、人の振る舞いをするケモノ」と認識して殺害する行為は、心神喪失として責任能力を欠いていたとしても、殺人罪の構成要件該当性の認識はあるとされる（東京高判平20・3・10 判タ1269・324）[1]。本問では、AについてはA自身の発言に激怒して刀を突きつけているから、当然Aであることの認識はある。また、Bについても、Bとは認識していないものの、人から怒鳴られたことについて興奮して攻撃しているから、少なくとも人に対して刀を振り回していることの認識はある。したがって、A、B両名に対する殺意を認めることができる。

(3) 原因において自由な行為

原因において自由な行為とは、「**自らを責任無能力（ないしは限定責任能力）状態に陥れて犯罪結果を生ぜしめた場合に、原因行為を根拠に可罰性を認める理論**」である。一般的には、実行行為と責任能力は同時に存在しなければならないが、酒を飲めば暴力を振るうと認識しつつ、酩酊して、予想された通りに暴行を加えたような場合につき、刑を減免することは妥当ではないとし、完全な責任能力を認めようとする。

原因において自由な行為として、完全な責任能力を認める見解は、**(a) 間接正犯類似説**と **(b) 結果行為に実行行為性を認める見解**とがある。(a)説は「道具理論」とも呼ばれるが、原因において自由な行為は、責任無能力

---

1) 責任能力と故意につき最決平20・6・18（刑集62・6・1812）、林美月子・研修756・3参照。

状態の自分を道具として利用して犯罪を実行したものであると評価する見解である（佐久間・総論272頁参照）。利用する行為（原因行為）に実行行為性を認める点に特色があり、実行行為時に責任能力があるから、同時存在の原則は充たされ、完全な責任を問い得るとする。

ただ、①着手時期が早すぎるという批判がある。例えば、人を殺そうとして酒を飲み、飲み過ぎて眠ってしまったとしても、飲酒行為に実行行為性を認める（a）説からは、殺人未遂となってしまい不合理だとするのである。さらに、②限定責任能力の場合には、完全に無能力ではないので、「道具」とまではいえず、したがって、限定責任能力の場合に適用が認められないのではないかという疑問もある。限定責任能力の場合には減軽を認め、責任無能力の場合には減軽を認めないとすると、むしろ軽く処罰されるはずの無能力の方が重く処罰され不当ではないかとする批判である。

そこで、（a）説は、特に①の批判を考慮して、適用範囲を限定し、原因行為自体に、構成要件の定型性がある場合に限って原因において自由な行為を認めることとなり、理論の適用は過失や不作為の場合に限られ、事実上の適用否定説に近くなる（佐久間・総論275頁参照）。

(4) 原因行為・結果行為と実行行為性

これに対し、（b）実行の着手を原因行為に求めず、結果行為に求める見解には、2つの考え方がある。

第1は、（ア）「同時存在の原則」自体を緩和する見解である。責任能力のない時点に実行の着手を認め、責任能力は具体的犯行時にはなくても、**無能力状態を有責に惹起したことを根拠に責任非難が可能**であると考える。これと類似の見解として、意思決定の時点で責任能力があれば、実行行為を含む「行為全体」に対して責任を問い得るとする見解もある（大谷・総論326頁、斎藤・総論222頁）。

第2の見解は、（ア）説を、同時存在の原則を軽視するものとして批判し、（イ）**原因行為と結果行為の結びつきが強い場合**には、実行の着手以前の原因行為を含めた全体を「実行行為」として捉えるとするものである。ここでいう「実行行為」は責任能力時になされており、同時存在の原則は維持されると主張する（山口・総論258頁以下、なお林・総論329頁参照）。

しかし、（ア）と（イ）は実質的判断において大きく異なるものではない。

（ア）説のように「無能力状態を有責に惹起した」といえる場合とは、つまり（イ）説でいう「原因行為と結果行為との結びつきが強い場合」だと考えられるからである。結局、責任能力のある時点での行為が、犯罪の実行や、結果の発生を支配しているといえるかが重要である。これこそが、責任能力、すなわち非難可能性の本質そのものだからである。責任能力の存在する時点での行為によって結果を発生させたといえれば、非難は可能である。

3. 責任能力判断と実行行為

ただし、同時存在の原則を維持するとしても、実行行為の開始から終了（つまり結果発生）までの間、すべての時点で行為者に責任能力が存在していなければならないとすることは困難である。例えば、**長崎地判平4・1・14（判時1415・142）**は、昼間から夜中にかけて、自宅で飲酒しながら、妻に暴行を加え続け、妻を死亡させたが、致命傷を負わせた時点では心神耗弱状態であった事案につき、傷害致死罪の成立を認め、39条2項の適用はしなかった。

このように、同時存在の原則が徹底できないものだとすれば、この原則を緩和するという（ア）説に合理性があると解すべきであろう。（イ）説のように実行の着手としての実行行為と、責任能力判断の基礎としての実行行為を区別することは、概念の混乱につながるからである。

ただし、（ア）説であまりにも「意思決定」のみを重視すると、前述のような批判があてはまる。そこで、**客観的にみて、責任能力の存在する時点の行為により、当該結果を発生させたといえることが必要である**。つまり、責任能力時には、必ずしも未遂に当たるだけの危険性が発生していなくとも（その意味で、実行の着手がなくとも）、そのような危険を発生させる高度の蓋然性があればよいということになる。そうだとすれば、責任能力時に、結果発生の支配可能性があればよいということになる（木村151頁）。

4. 原因行為と結果行為との関連性

(1) 連続型・非連続型

具体的には、原因行為と結果行為との関連性の大小が重要となる。関連性の判断については、①**非連続型（中断型）**と②**連続型**という区別が有力である（前田・総論311頁）。

①非連続型は，原因行為から結果行為が発生する可能性が客観的に小さい場合をいう。例えば名古屋高判昭 31・4・19（高刑集 9・5・411）は，覚せい剤を使用すると，幻覚などを生じ，あるいは所持の短刀で他人に暴行などの危害を加えることがあるかもしれないことを予想しながら，覚せい剤を注射し，家族を殺害した事案であるが，殺人罪の成立までは認めていない（傷害致死罪成立）。

また，大阪地判昭 51・3・4（判時 822・109）は，飲酒すると他人に暴力を振るうことが多い被告人が，酒を飲んでタクシーに乗車し，心神喪失状態で運転手を包丁で脅して，金を奪おうとしたという事案に対し，暴力行為等処罰に関する法律上の暴行・脅迫罪には当たるとしたが，強盗（未遂）罪の成立は否定した。これらの事例では，原因行為（覚せい剤注射や飲酒）と結果行為（殺人，強盗）との間が連続したものとはいえないからである。

それに対し，②連続型は関連性が大きい場合をいう。例えば，殴り込みにいく前に，飲めば自分が凶暴になることを知りつつ，勢いづけのために酒を飲む行為などは，飲酒行為から殴り込みの際の暴行等が発生する蓋然性が高く，たとえ，実際に殴り込んだ時点で無能力であっても，責任を問い得ると考えられる。前述の大阪地判昭和 51 年の判決の事案でも，暴行・脅迫の限度では完全な責任能力が認められている。強盗については連続していないが，暴行・脅迫の限度では，関連性が大きいといえる事案だったからである。

(2) Ａに対する傷害行為

本問の甲は，飲酒しつつ，同一客体に対し手拳による暴行，刀による暴行を行っており，両行為の連続性があるといえるかが問題となる（実行行為の連続性）。手拳での暴行と，殺人未遂の実行行為性のある刀で斬りつける行為は，質的に大きく変化したといえるから，飲酒行為と刀による刺殺行為とは連続した 1 個の行為とはいえない。そこで，「飲酒行為と刀での殺人の実行行為」の関連性が大きいとすることはできない。

しかし，甲は日頃より飲酒して家人に暴行を加えていたことから，「飲酒行為と暴行行為」とは関連性が大きいといえる。そして，刀で斬りつける行為も暴行の一態様であるから，暴行による傷害致死罪の限度では，原因行為と結果行為との連続性を肯定することができる。主観的にも，甲には，原因行為である飲酒時に，家人に暴行を加えることの認識があったといえる。し

たがって，甲が刀によりAに斬りつけ，死亡させた行為は傷害致死罪に該当し，39条1項の適用は認めるべきではない。

ちなみに，東京地判平9・7・15（判時1641・156）は，包丁を手に取った時点では責任能力はあったが，その後傷害を加えた時点ではてんかんの発作中だったという事案につき，てんかん発作中の行為でも，その直前の被告人の意思に従った一連の行為である以上，完全な責任能力があるとしている。本問でも，傷害致死罪の限度では，一連の行為であると評価することができる。

なお，原因行為と結果行為の関連性につき，客観的に結果行為に至る可能性が大きいことに加えて，主観的に次の2つの意味での認識を要求する「二重の故意の理論」がある。①結果についての故意（例えば，必ず暴行すると被告人自身が認識していること），及び②自分が，酒を飲めば無能力ないし限定責任能力状態に陥ることの認識が必要だとする（山口・総論260頁）。たしかに，飲酒時に暴行することの故意がなければ，責任能力を欠く結果行為について，責任非難をすることはできない。しかし，②自己が責任無能力状態に陥ることの認識は，いわば因果の経過の認識であり，どのような状態で暴行を加えるかについてまでの認識は必要とすべきではない（前田・総論313頁）。

また，本問は責任無能力の事案としたが，仮に，限定責任能力が問題となっていたとしても，2.(4)の(b)の(ア)説，(イ)説は，結果と密接に結びついた原因行為時に，責任能力があれば足りると考えるため，心神喪失の場合と心神耗弱の場合を区別する理由はない。両者ともに，原因行為に完全な責任が認められる以上，刑の減軽を認めないこととなる。

本問の甲については，甲の酒を飲む行為と，その後の暴行行為との連続性が高く，上記のように傷害致死罪の限度で連続型と評価することができるので，完全な責任能力を認めることができる。

(3) 因果関係

Aは，走って逃げたために心臓発作で死亡しているが，致死結果についてまで因果関係が認められるかが問題となる。本問のAには心臓疾患があり，しかも走ったことにより発作が起こった。このような場合は，①行為時に特殊事情（併存事情）がある場合か，それとも②行為後に介在事情がある場合か，迷うところである。ただ，現に①②の事情があるのだから，両方の事情を考慮して判断すべきである。

因果関係については，（ア）実行行為の持つ結果発生の危険性の大小，（イ）併存事情・介在事情の実行行為との関連での異常性の大小，（ウ）併存事情・介在事情の結果への寄与度の衡量により，総合的に判断する（⇨第3講参照）。

　まず，（ア）行為の危険性であるが，甲の暴行は，Aの顔面が腫れるほどの暴行であった上に，A自身に刀を突きつけ，さらにBに向かって刀を振り回すという非常に強度のものであり，死の結果発生の危険性が大きな暴行といえる。

　次に，（イ）Aが走って逃げたという介在事情は異常か。刀を突きつけられたり，Bが現に斬りつけられたりすれば，その場にいる者として，戸外に逃走することは自然な行動である。しかも，自分の息子Bが殺されようとしている以上，交番に助けを求めて走ることも，十分に合理性がある。たとえ甲が追跡したといった事情がなくとも，甲の暴行・脅迫がAの逃走を誘発したといえる。暴行から逃れるために被害者が高速道路に進入した場合（最決平15・7・16⇨第3講［参考判例］参照）や，暴行の被害者が暗闇の中を走って逃げ，誤って橋の欄干を飛び越えて転落した場合（東京高判平16・12・1判時1920・154⇨第3講48頁）のように，行為者の暴行が被害者の行為を誘発したとみられる場合には，介在事情に異常性は認められない。

　また，走ったことにより生じた心臓発作が死因であるから，（ウ）介在事情（走って逃げたこと）の結果への寄与度は小さいとはいえない。しかし，甲による暴行から逃れるためにAの逃走が誘発された場合であり，因果関係が切れることはない。路上に停車した乗用車のトランクに人を監禁し，追突されたことによりその者が死亡した場合に，いかに追突行為が直接の死因であるとしても，路上停車が追突を誘発している以上，因果関係は認められる（最決平18・3・27⇨第3講［参考判例］参照）。追突した者は自動車運転致死罪に当たることになろうが，複数の行為に因果関係が認められることも十分にあり得る。「傷害致死罪における致死の原因たる暴行は，必ずしもそれが死亡の唯一の原因又は直接の原因であることを要するものではない」のである（仙台地判平20・6・3⇨第3講［参考判例］参照）。

5. Bに対する侵害行為と責任能力

(1) Bに対する行為の連続性

　次に，Bに対する罪責であるが，甲は，襖の向こう側に誰かがいるかどうかに頓着せずに夢中で刀を突き刺している。合理的に考えれば，誰かが襖を押さえているであろうと気づくはずであり，その場の状況からは，隣の部屋に逃げたAが押さえていると考えるのが合理的であろうから，Aに対する殺意があるとし，Aだと思ってBを刺したという客体の錯誤として殺人罪の客観的・主観的構成要件該当性があるように思われる。

　しかし，甲は襖が動かないことでおかしいと思ったに過ぎず，襖に向かって刀を突き刺す行為に，Aを刺すという意図があるとすることは難しい。重大な過失があるとはいえようが，殺害行為に当たるとはいえない（神戸地判平11・2・1判時1671・161参照）。

　これに対し，「馬鹿野郎。」と言われたことに興奮して，Bと気づかずに刀を振り回して，Bに刀で斬りつけた行為はどうか。現に人に向かって刀を振り回しており，甲も人に向かって振り回していることの認識はあるから，この行為については，Bに対する殺人罪の実行行為性が認められる。しかし，Bに対する殺害行為の時点で，甲は責任無能力であったから，Aに対する行為と同様，完全な責任能力を認めることができるかが問題となる。

　ただし，甲は，Aに対しては2時頃から4時頃まで，連続して暴行を加えていたのに対し，Bに対してはそのような連続した暴行を加えていない。そこで，Bに対する行為を，Aに対する行為の延長線上にあるものとして，同様に評価してよいかが問題となる。

　例えば，甲が，飲酒の上，家の外まで出かけて行って，路上で通行人に暴行を加えるといった事案であれば，それらの者に対する暴行についてまで原因において自由な行為を適用することは難しい。なぜなら，甲が日頃飲酒して暴行を加えていたのは家族であって，飲酒行為と家の中にいる者に対する暴行との間には，客観的にも主観的にも関連性・連続性が認められるのに対し，第三者にはそのような関係が認められないからである。

　たしかに，Bに対しては4時の段階で初めて暴行を加えているものの，甲は飲酒してBにもしばしば暴行を加えていた。したがって，Bに対する暴

行も，客観的に飲酒行為と関連性が大きいといえる。また主観的にも，飲酒開始時の甲は，飲めばまた家族に暴行を加えるかもしれないことは認識していたといえる。Aに対する一連の暴行は，単に「Aに限定して加えられた暴行」ではなく，家族などの身近にいる者への暴行と評価することができるので，その一連の暴行の延長線上に，Bに対する暴行があると評価することが可能である。甲はBが誰かは気付いていなかったが，家の中にいる者に対する暴行という限度では，関連性が大きいといえる。

よって，Bに対しても傷害致死罪の限度で完全な責任能力を認めることができ，39条1項の適用は認めるべきではない。なお，襖越しにBを刺した行為は，Bを斬りつけた行為と一連のものとして，205条一罪で評価すれば足りる。

(2) 因果関係

Bは斬りつけられてから約2時間放置され，その結果出血多量で死亡していることから，甲に，不作為の殺人罪が成立しないかが問題となる。

たしかに，傷害を加えた行為者が，その場に留まり，瀕死の状態の被害者をそのまま放置すれば，単なる傷害致死ではなく殺人罪の実行行為性が認められる場合がある。本問でも，甲は，斬りつけるという先行行為を行った者という以前に，父親であるので，救助すべき作為義務がある。また，すぐに救急措置を講じていれば救命される可能性が高かったのだから，因果関係も認められ，客観的には不作為の殺人罪の実行行為が認められる。

しかし，本問の甲は，Bに斬りつけた後，そのまま居間に戻って寝込んでしまっている。甲は被害者がBであることの認識がなく，また，責任能力を喪失している状態で寝込んでいることから，Bが危険な状態で放置されていることの認識もない。よって作為義務の認識を欠くから，殺人罪の実行行為の認識がなく，故意が欠ける。

また，保護責任者として保護責任者遺棄致死罪が成立するかも問題となるが，既に傷害致死罪が成立している以上，保護責任者遺棄致死罪を検討する必要はない。

【参考判例】

長崎地判平 4・1・14（判時 1415・142） ［解説］136 頁参照。〈前田・重要判例 No. 67，小池信太郎・百選Ⅰ No. 36〉

名古屋高判昭 31・4・19（高刑集 9・5・411） ［解説］147 頁参照。

大阪地判昭 51・3・4（判時 822・109） ［解説］147 頁参照。〈前田・重要判例 No. 66，長井圓・百選Ⅰ No. 38〉

最決昭 43・2・27（刑集 22・2・67） 飲酒後，他人の自動車を自己のものと誤り，心神耗弱状態で酒酔い運転し，途中で乗車させた者を畏怖させて金品を喝取した事案につき，酒酔い運転の行為時に心神耗弱であっても，飲酒時に酒酔い運転の意思があるから，39 条 2 項の適用はないとした。〈前田・重要判例 No. 68〉

不作為と共犯

▶ 設 問

　甲，乙，丙及び丁の罪責について，具体的事実を挙げて論じなさい（特別法違反の点を除く。）。

1　甲（男性，45歳）は，妻A（45歳），実母乙（68歳），長男丙（20歳）と共に住んでいたが，Aと乙との不仲に長年悩んでいた。丙も，Aと乙とが仲が悪い上に，甲が仲裁もせずに責任を放棄した態度をとっていたことから，中学生の頃から家族と会話をすることもほとんどなくなり，母親であるAも含めて，家族全員に対し恨みをいだいていた。

2　ある日の午後11時30分頃，自宅2階で甲と酒を飲んでいたAは，甲に対し，「乙を早く家から追い出して。」と言い出し，酒の勢いもあり，「何とか言いなさい。」と甲に詰めより，甲に暴力を振るいかねない勢いだった。そこで甲は，そのような場合にかねてそうしていたように，Aの飲んでいた酒のコップに睡眠導入剤2錠を溶かして飲ませた。Aはしばらく文句を言いながら酒を飲んでいたが，そのうちにテレビを見ながら寝てしまったようだったので，自分も2階の寝室に戻って寝た。

3　Aは，1時間ほど経過した深夜12時45分頃に目が覚めて，2階の階段脇にあるトイレに向かおうとした。しかし，泥酔していたことに加えて睡眠導入剤の効き目も加わって，階段のそばで足元がふらついてしまい，とっさに階段の手すりを摑もうとしたものの，摑み損なって，13段ある階段の一番下まで転落してしまった。Aは頭部を強打し，そのまま意識を失った。

4　乙は，1階の自室で就寝中だったが，階段の方で大きな音がしたことから見に行ったところ，階段の下で，Aが，階段の最下段に頭を乗せ

た仰向けの状態で倒れていた。乙は，Aの肩を揺すってみたが，息はしているものの目を覚まさなかった。乙は，倒れているAの姿を見ているうちに，日頃，Aから受けてきた仕打ちを改めて思い出して恨みが募り，Aを絶対に許せないと思い，とっさにAが死んでも構わないと決意して，Aの頭髪を掴んで，木製の階段の踏板の角にAの頭部を多数回打ち付けたところ，Aの頭部に裂傷が生じ，そこから多量に出血した。

5　甲は，就寝中，ゴンゴンという音を聞いて目を覚まし，慌てて起き上がって階段の上まで行ったところ，階段下で乙がAの髪を掴んで階段に打ち付けているのが見えた。甲は慌てて，「母さん，何やっているんだ。」と怒鳴り，階段を降りて乙のところに行き，乙をAから引き離した。しかし，乙は，「Aなんか死ねばいいんだ。」と叫びながらなおもAに掴みかかろうとしたので，甲は「やめるんだ。」と怒鳴り，必死に乙を押さえつけて落ち着かせようとし，2～3分後には，乙も抵抗せずにおとなしくなった。

6　乙が落ち着いたので，甲が足元を見ると，大量の血が流れており，Aは頭部を階段の一番下の段に乗せ，首を折り曲げるようにした苦しそうな体勢で倒れていたが，まだ息はしているようだった。甲は，すぐにでも救急車を呼ばなければたいへんだと思い，「救急車だ。」と言いながら，電話のところに行きかけた。これを見た乙は，自分の犯行が発覚するのが怖かったが，それに加えて，もしAが息を吹き返したら，自分に対しどのような仕返しをするか分からないと思った。そこで，Aを確実に死亡させなければならないと思い，甲が救急車を呼ぶのをやめさせようとし，「もうこれ以上Aを殴ったりしないから，救急車を呼ばないで。」と，繰り返し甲に哀願した。

7　甲は，Aが意識もなく，大量の出血をしていることから，このまま放置したら助からないかもしれないとは思ったものの，乙から繰り返し哀願され，また自分としても，乙の犯行が発覚しては困ると思った。さらに，Aは酒と睡眠導入剤のせいで意識が戻らないだけで，朝になったら意識を取り戻すかもしれないとも考えた。

　その上で，乙に，「Aはこのまま寝かせて様子を見ることにしよう。」と言い，乙に手伝わせて，Aを引きずって1階の和室に運び，布団に寝かせた。その上で，「母さんは自分の部屋に戻って。」と言ったところ，

乙は素直にうなずいて自室に戻った。その後，甲は，階段や階段下の床の血を拭き取った。また，この騒ぎで丙が起きてしまったかもしれないと思い，2階の丙の寝室を覗いたが，真っ暗なままだったので丙は気づいていないだろうと思い，午前1時30分頃，自分も寝室に戻って就寝した。

8 丙は，実際には，甲と乙とが怒鳴り合っている声で目を覚まし，乙が甲に「救急車を呼ばないで。」と頼んでいる声も聞こえたことから，自室から出て階段の上から覗いたところ，Aが血を流して倒れており，そばに甲と乙がいるのが見えたため，乙がAに暴行を加えて大怪我をさせたことや，甲が乙をなだめていることが分かった。しかし，乙とAの不仲や，甲の無責任な態度に嫌気がさしていた丙は，Aの怪我がどうなっても構わないし，甲や乙にも関わり合いたくないと思い，そのまま自室に戻った。そして，その後，甲らが救急車を呼んだ様子がないことや，甲が丙の部屋を覗いたことにも気付いていたが，そのまま寝てしまった。

9 甲は，翌朝7時に目を覚まし，Aの様子を見に行ったところ，Aは既に死亡していた。甲は，Aの死体を放置することはできないと思い，警察にAが死亡したと通報し，事件が発覚した。

　解剖の結果，Aは午前3時頃に出血多量で死亡したことが判明したが，もし，甲が，Aが倒れているのを発見した時点ですぐに救急車を要請していれば，ほぼ確実に救命できたであろうことが判明した。

10 その後，乙は本件事件について起訴され，実刑判決が下された。しかし，甲は，乙が刑務所に入ることは忍びないと思い，友人の丁に「何か，刑務所に行かなくてもすむ方法はないか。」と相談した。

　丁は，「病気だと偽って検察庁に申請すれば，収監されなくて済むかもしれない。友達にBという医者がいるから，乙が重病だという診断書を書くよう頼んでみる。」と言ったので，甲は喜んで，「是非頼んでくれ。」と言い，Bへの謝礼として50万円，丁の手数料として10万円を丁に渡した。

11 丁は，早速Bに連絡し，「母親が収監されそうになって困っている友人がいる。謝礼をはずむから，言う通りに診断書を書いてくれないか。」と言ったところ，Bから，「とんでもない話だ。悪いことは言わないから，そんな頼みは断れ。」と強くたしなめられてしまった。そこで丁は，

医者に偽の診断書を書いてもらうよう頼むことは難しいと考え，自分は医師ではないが，診断書を自分で作ってしまえばよいと思った。

　そして，Bが自分の頼みを聞いてくれなかったことを恨み，Bの名前を使って診断書を書こうと思い，乙が癌で衰弱しており，刑の執行に耐えられないとする内容の，医師B名義の診断書1通を作成し，「B」の印を押した。丁は，これを甲に渡し，「Bが作ってくれた。これを弁護士を通じて検察官に頼んでもらうとよい。」と伝え，60万円はそのまま自分の手元に置いた。

12　甲は，B自身が，頼んだ通りに診断書を書いてくれたものと思い，乙の弁護を担当していた弁護士Cにこれを渡し，「実は，母親は以前から癌だと言われていたのです。いよいよ実刑となり刑務所に行かなければならないけれど，病気のことを考えるととても心配です。診断書を用意しましたので，何とか収監されないようにお願いできませんか。」と頼んだ。

　Cは，これまでも乙の顔色が悪く，痩せているので，体調が悪いのではないかと思っていたこともあり，甲の依頼を本当のことと信じた。そして，甲から渡された診断書を，乙の裁判を扱ったD地方検察庁の担当検事Eに提出した。

　しかし，その後，D地方検察庁で改めて乙を診断した結果，癌などの病気は認められないことが判明し，乙はそのまま収監された。

論点の整理

　本問は，不作為と共犯及び，行為共同説・犯罪共同説が問題となる事案である。具体的に何を共謀すれば共同正犯といえるのか，あるいは，具体的にどのような内容を唆せば教唆に当たるのかを，事実を踏まえて検討することが重要である。

　行為共同，犯罪共同に関する有名な判例として，①警察官の襲撃に関する**最決昭54・4・13**（⇨[参考判例] 参照）と，②シャクティパット事件に関する**最決平17・7・4**（⇨第4講 [参考判例] 参照）がある。①は殺人罪と傷害罪の故意を持った者との間での共同正犯の成否，②は殺人罪と遺棄致死罪の故意を持った者との間での共同正犯の成否が問題となっている。それぞれの具体

な事案を見れば分かるが，最も重要な争点は共謀の具体的な内容であり，それが「殺人」の共謀といえるか否かである。共犯者のうちに傷害罪の故意しか認定できない者があれば，殺人についての共謀があったとはいえない。しかし，「犯罪の共謀」は認められるのであって，それぞれの故意にそった犯罪が成立し，しかも共同正犯に当たることになる。①事件であれば，「痛い目に遭わせる」という共謀があり，②では「死の危険のある病者に治療措置を受けさせずに放置する」という共謀が認められ，それぞれの内心（犯罪事実の認識）が異なるに過ぎない。

本問でも，甲・乙にはそもそも共謀があるのか，あるとすればどのような内容の共謀で，それぞれの内心はどのようなものであったかが問われる。甲と丁についても同様である。丙については，不作為の幇助の成否が問題となる。

解答の筋道

1．乙の罪責
   (1) 殺人の実行行為性
      ・意識を失っている者の頭部を，多数回，階段の角に打ち付ける（客観面）
      ・殺意の有無（主観面）
   (2) 共謀の有無
      ・「重傷者を，救急措置を執ることなく放置すること」の共謀
   (3) 因果関係
      ・乙の殺害行為の危険性が，Aの死という結果に実現したか
2．甲の罪責
   (1) 共謀の有無と内容
   (2) 殺人の実行行為性の有無
      ・乙（殺人罪）との共謀→甲に殺人罪の共同実行があるか
   (3) 遺棄罪の実行行為性
      ・保護責任者遺棄罪（218条）の実行行為性
      ・致死との因果関係
      ・乙との間で，Aを放置することの共謀→甲に殺意なし
3．丙の罪責
      ・Aが重傷を負っていることを認識しつつ，通報等しない行為

- 不保護罪の成否
- 甲ないし乙の幇助犯の成否
4．私文書作成罪の成否
  (1) 甲の罪責
  - 甲, 丁→「虚偽診断書等作成罪（160条）の教唆」の共謀
  - 実行従属の有無
  - 丁が私文書偽造罪を実行
    →甲：Bに対する虚偽診断書等作成罪の教唆→丁に対する私文書偽造罪の教唆
    【参考】最判昭23・10・23（刑集2・11・1386）
  (2) 丁の罪責
  - 159条の実行行為性あり
  - Bに渡すべき全員の着服行為→不法原因給付と横領

● 解答例

[答案作成上の注意]

　共謀一般にいえることだが，特に共犯者間の故意が異なる場合は，共謀の内容を正確に書くことが重要である。両者の故意の重なる限度で共同正犯が成立することになるが，単に犯罪共同・行為共同という形式的な説明では不十分であり，具体的事実を挙げて何を共謀したのかを明示する必要がある。行為共同・犯罪共同という文言を用いる必要はない。

　不作為の幇助については，一方で共同正犯との限界，他方で無罪との限界が問題となり得る。物理的・心理的な因果性の有無の他，幇助の故意が認められるかが重要である。

▶ 解答案

一　乙の罪責
　1．乙がAの頭部を打ち付けて死亡させた行為が殺人罪（199条）に当たるか。

乙の行為は，意識を失っているAの頭部を，多数回，階段踏板の角に打ち付け，頭部に裂傷を生じさせ，多量に出血させるものであり，人の死の結果を発生させる具体的危険性のある行為であるから，殺人罪の実行行為に当たり，乙はAが死んでも構わないと決意して暴行を加えているから，少なくとも未必的な殺意が認められる。

　2．また，乙は暴行後に，甲と共謀の上，救急措置を執らずにAを放置しているが，これはAを確実に殺害するためになされた不作為であって，因果関係が問題となる介在事情ではなく，乙の一連の殺害行為として評価すべきである。

　ただし，後述のように甲には殺意が認められないから，乙には殺人罪（199条）が成立し，保護責任者遺棄致死罪の限度で甲との共同正犯となる（60条，199条，219条）。

二　甲の罪責

　1．甲が瀕死のAを放置して死亡させた行為が，殺人罪の共同正犯（60条，199条）に当たるか。

　(1) Aを放置する行為は，前述のように乙の殺害行為の一部に当たる。そこで，乙の殺害行為に途中から関与した甲も，殺人罪の共同正犯に当たるのか，共謀の内容が問題となる。

　(2) 甲は，乙から哀願されて救急措置の要請を断念し，乙に手伝わせてAを和室に運んでいることから，救命措置を執らないことの共謀があったと解される。救命措置を執らないことは，乙にとっては殺人行為の一部であるが，甲は乙の殴打行為を止めており，乙の先行行為を積極的に利用する意図は認められない。

　よって，殺害行為についての共謀があるとはいえず，甲には殺人罪の承継的共同正犯は成立しない。

　2．では，甲がAを放置して死亡させた行為は，保護責任者遺棄致死罪（219条）に当たるか。

　(1) 保護責任者遺棄致死罪が成立するためには，218条にいう①「保

護する責任のある者」が，②保護を必要とする者を，③「遺棄」または「必要な保護をしない」こと，さらに④それにより被害者が死亡したことが必要である。

(2) 甲は，①Aの夫としての地位があり，また，Aが階段から転落するきっかけとなった睡眠導入剤を飲ませたという先行行為も行っているから，Aを「保護する責任のある者」に当たる。

また，②甲が発見した時点では，Aは大量の血を流しており，意識もない状態だったから，Aは保護を必要とする病者に当たる。

さらに，③甲は救命措置を執ることなく，Aを自宅内で寝かせたままにしており，この行為は，場所的離隔を伴うことなく，生存に「必要な保護をしない」行為であり，不保護に当たる。

よって，甲が放置する行為は，不保護罪の実行行為に当たる。

(3) また，④甲が発見した時点で救急車を要請すればほぼ確実に救命できたとされているので，甲の不保護行為とAの死との因果関係も認められる。

ただし，主観的には，Aに生命の危険性が生ずることの認識はあるものの，朝になったら意識を取り戻すかもしれないなどとも考えており，死の結果の認識・認容までは認められない。

(4) よって，甲の行為は保護責任者遺棄致死罪（219条）に当たり，乙との間で共同正犯（60条）となる。

3．甲が，丁と共謀し，虚偽診断書の作成を依頼しようとした行為は，虚偽診断書作成罪（160条）の教唆犯（61条）に当たるか。

(1) 教唆犯についても共謀はあり得るが，Bによる虚偽診断書作成は実行されていないから，教唆犯は成立しないのではないか。

(2) しかし，Bに代わって丁が甲に無断で診断書を偽造しており，丁の行為は後述のように私文書偽造罪（159条）に当たる。よって，甲は，虚偽診断書作成罪を教唆する意図であったところ，結果的に私文書偽造罪を教唆したことになる。

虚偽診断書作成罪は，私文書偽造罪のうち，特に特定の文書について

無形偽造を処罰するものであり，私文書偽造罪との構成要件の重なり合いが認められる。また，当初の共謀内容である虚偽の診断書を作成するという目的は達成されているから，丁による私文書偽造罪の実行も，甲と丁との虚偽診断書作成罪の共謀の射程に含まれると解すべきである。

(3) 教唆を共謀した丁が，自らより重い私文書偽造罪を実行していることから，甲にも私文書偽造罪の共同正犯が成立するようにもみえるが，甲の故意はあくまでも虚偽診断書作成罪の教唆の故意であって，私文書偽造罪の故意も，共同実行の認識も欠け，同罪の共同正犯は成立しない。

よって，甲には虚偽診断書作成罪の教唆犯（61条，160条）が成立し，これは丁との共同正犯（60条）となる。

(4) 以上から，甲には保護責任者遺棄致死罪の共同正犯（60条，219条），虚偽診断書作成罪の教唆犯の共同正犯（60条，160条，61条）が成立し，両罪は併合罪（45条前段）となる。

三 丙の罪責

1. 丙が，Aが重傷を負っていることを認識しつつ放置した行為は，保護責任者遺棄致死罪（219条）に当たるか。

(1) Aは丙の母親であり，同居もしているから，Aのそばに父である甲がいたとしても，丙にはAを救助すべき法的義務がある。

(2) しかし，丙はAの生死に無関心であり，Aの生命・身体に危険を生じさせることの認識・認容はない。よって，丙が救命措置を執らない不作為は，故意が欠けるため不保護罪は成立しない。

2. では，保護責任者遺棄致死罪の幇助犯（62条）は成立しないか。

(1) 丙には，乙が殺害行為を行っていることの認識までは認められないから，殺人罪の幇助には当たらないが，甲及び乙が重傷のAを放置しようとしていることの認識はあるから，救急通報をしないことで甲と乙の犯行を促進あるいは容易にしていないかが問題となる。

(2) 丙の救急通報をしないという不作為が幇助に当たるためには，積極的に幇助したと同視し得るだけの作為義務違反が必要である。

本問では，甲及び乙が重傷の母親を放置しようとしており，母親に生命・身体の危険が生ずることが確実で明白な場合であり，かつ，たとえ甲及び乙がそばにいたとしても，丙にとってAは母親であり，その生命・身体を守るべき一定の義務がある。よって，丙には救急措置を執るべき義務がある。

(3) もっとも，甲及び乙には，丙が消防等に通報しなかったことの認識がないから，心理的に促進・容易化しているとはいえない。しかし，丙が通報しなかったことにより，甲及び乙の犯罪は物理的に促進され，結果発生が容易になったといえる。よって，丙が救急通報すべき義務に違反して放置する行為は，甲及び乙の犯行を促進し容易にしたといえる。

(4) 丙は，甲や乙に関わり合いたくないという理由で通報しなかっただけで，甲や乙を幇助する意図はなかったようにもみえるが，丙は，「Aの怪我がどうなっても構わない」と考えており，自分が通報しないことにより，結果発生が促進され得ることの認識はあったから，幇助の故意は認められる。

(5) よって，丙には，甲及び乙の行った保護責任者遺棄致死罪の幇助犯（62条，219条）が成立する。

四　丁の罪責

1. 丁が，自らB名義の診断書を作成した行為が私文書偽造罪（159条）に当たるか。

(1) 医師の診断書は，「事実証明に関する文書」に当たる。

また，丁は，医師Bの名義を冒用して，当該文書を作成しているから，名義人と作成者が一致しない「偽造」文書を作成したといえる。

(2) 丁の私文書偽造行為は，もともとは甲との虚偽診断書作成罪の教唆の共謀に基づくものであったが，私文書偽造罪については甲との共謀はない。よって，丁には有印私文書偽造罪（159条1項）が成立し，甲とは，虚偽診断書作成罪の教唆犯（61条，160条）の限度で共同正犯となる。

2. 丁が，甲から預かった金員のうちの50万円をBに渡さずに着服

した行為が横領罪（252条）に当たるか。

(1) 丁は，虚偽診断書等作成罪という犯罪を行う報酬をBに渡す意図で，甲から50万円を委託されており，甲は不法原因給付物として50万円の返還を丁に請求できない。しかし，この金員は，本来Bに渡すべきものとして委託されたものであって，丁自身に属する物ではないから，丁にとって「他人の物」に当たる。

(2) また，Bに渡さずに手元に置いておく行為は，委託の趣旨からいって許されない，ほしいままの処分であり，「横領」行為に当たる。

(3) よって，丁には横領罪（252条）が成立する。

3．以上から，丁には，私文書偽造罪（159条）が成立し，虚偽診断書作成罪の教唆の限度で甲と共同正犯（60条，160条，61条）となる。また，横領罪（252条）が成立し，偽造罪と併合罪（45条前段）となる。

以 上

●解 説

1．乙の罪責

(1) 殺人の実行行為性

まず，乙の行った行為の構成要件該当性が問題となる。乙の行った行為を客観的に評価すると，意識を失っているAの頭部を，多数回，階段踏板の角に打ち付けるというもので，それにより頭部に裂傷が生じ，多量の出血があったことを考えると，十分に殺人の具体的危険性のある行為であるといえる。また，主観的にも，Aが死んでも構わないと決意して暴行を加えているから，少なくとも未必的な殺意は認められる。したがって，殺人罪の実行行為に当たる。

問題は，乙の行為後に，甲・乙が共同してAを放置する行為が介在していることをどのように評価すべきかである。殺害行為を行った行為者が，瀕死の被害者を放置して立ち去るような行為は，別に遺棄致死罪が成立するこ

とはない。殺人罪で評価すれば足りるからである。そこで，通常であれば，乙が暴行後に放置する行為は，殺人の実行行為が終了した後の単なる因果の流れの一部であって，因果関係の存否を問題とする必要はないはずである。そうだとすれば，Aの死因が乙の暴行による出血多量であることが判明している以上，仮に甲とともに放置する行為が介在していたとしても，因果関係が否定される事情は認められず，殺人既遂罪として説明すれば足りるようにみえる。

しかし，本問では，このような説明では不十分で，乙は，甲に止められた後も，Aが死ななかった場合のことを恐れているため，放置することにより，より確実にAを殺害しようという意思が継続していたと考えるべきである。よって，乙にとって，暴行を加える行為と，敢えて救急措置を執らない行為とは，一連の殺害行為に当たることになる。

(2) 共謀の有無

Aに暴行を加える行為は乙が単独で行っているが，その後，Aを放置する行為は，甲と共に行っている。そこで，乙甲間の共謀の有無が問題となる。共謀の有無の判断に当たっては，何罪の共謀を行ったかを考える前に，まず，**具体的にどのような事実について共謀があるのか**を検討する必要がある。どのような共謀の内容かが確定しなければ，何罪の共謀かも決められないからである。

本問では，①乙が甲に警察や救急車を呼ばないように哀願し，甲もこれを了承していること，②甲と乙とは，一緒にAを和室に運んで，そこに放置したことが認められる。したがって，救急要請をせずにAを放置することにつき，両者の意思が合致しており，その時点で，「重傷者を，救急措置を執ることなく放置する」ことの共謀があったと認められる。

この放置行為は，前述のように乙の殺人の実行行為の一部であるから，甲は殺人の実行行為の途中から関与しているようにみえる。しかし，後述2.で検討するように，甲には殺意が認められない。したがって，共同して放置行為を行っていたとしても，それは乙にとっては殺人の実行行為であるが，甲にとっては殺人の実行行為に当たらないことになる。

では，共同正犯は成立しないのか。甲と乙のように，異なる構成要件に該当する場合に共同正犯が成立するかは，犯罪共同説・行為共同説により結論

が異なると説明されることが多い。しかし，そもそも「重傷者を放置する行為」を共同している以上，「共同して実行」していることは否定できず，共同正犯の成立が否定される理由はない。共同正犯とすることの実質的な意味は，たとえ直接の行為を行わないとしても，当該行為からの結果について共同実行した全員が責任を負うことにある。その上で，各自の主観が異なっているとすれば，それぞれ別の構成要件該当行為を行っていることとなり，成立する罪名が異なるに過ぎない。

本問でも，乙は殺人罪に該当するが，その一部を甲と共に実行しているから単独犯ではあり得ない。乙には殺人罪が成立し，ただし甲との間では保護責任者遺棄致死罪の限度で共同正犯が成立することとなる[1]。

2．甲の罪責

(1) 共謀の有無

乙の罪責について述べたように，甲は，乙から哀願されて救急要請をしないことを了承し，さらに乙に手伝わせてAを和室に放置する行為を行っている。したがって，救急要請をしないことを合意した時点で，「重傷者を救急措置を執ることなく放置すること」についての共謀が成立したといえる。

(2) 甲の行為の分析

では，甲にも殺人罪が成立するのか。甲は，①乙が，「死ねばいい」と言いながら，Aの頭部を階段に打ち付けたのを認識し，②乙の暴行をやめさせようとして，乙を取り押さえている。①で乙が殺意を持ってAに暴行を加えていることは認識しているが，②で甲は乙を取り押さえているから，殺人の実行行為を共同した事実は認められない。

---

1) シャクティパット事件決定（最決平17・7・4刑集59・6・403）は，殺意のあるXと遺棄の故意しかないAとの共同正犯につき，「Xには……殺人罪が成立し，殺意のないA……との間では保護責任者遺棄致死罪の限度で共同正犯となる」としている（⇨第4講［参考判例］参照）。殺人罪の共同正犯が成立し，科刑のみ219条とはしないし，逆に219条の共同正犯が成立し，殺意のある者のみ別に199条が成立するともしていない。単純な行為共同説や犯罪共同説ではないことになる。これに対し，65条が問題となる身分犯の共同正犯については，例えば両者に253条の共同正犯が成立し，身分のない者には252条の刑を科すとする（最判昭32・11・19刑集11・12・3073）。通常の共同正犯の場合と，65条が適用される場合とは，全く別の処理がされると理解した方が分かりやすい（⇨第20講参照）。

次に，甲は③乙に哀願されて，救急車を要請することを断念し，④乙と共にAを和室に運んで放置している。上述のように，この行為は乙にとっては殺人罪の一部を構成する。しかも，これらの行為は乙と共に行っていることから，甲も殺人罪の一部を共同実行したことになるのだろうか。たしかに，瀕死の重傷者を，殺人の実行行為者と共に放置する行為は，客観的には殺人罪の共同実行に当たり得る。

しかし，主観的には，甲に殺意があるとはいえない。なぜなら，Aの状態を見て，生命の危険があるとは思ったが，放っておいても大丈夫かもしれないと認識していること，さらに，乙の暴行を止めていることからも，少なくともAを殺害する意図があったとは認められないからである。

(3) 不保護罪の実行行為性

ただし，甲が，生命の危険があると認識しつつ，重傷の妻であるAに対し，救急措置を執ることなく放置して死亡させた行為が，保護責任者遺棄致死罪（219条）に該当しないかが問題となる。本問では，移置や置き去りのように場所的離隔を伴う行為を行っていないから，不保護が問題となる。

保護責任者による**不保護罪**が成立するためには，①被害者が要扶助者であること，②行為者が保護責任者であること，③不保護に当たる不作為があること，④主観的に不保護の認識があること，が必要である。まず，①Aは意識がなく，頭部から多量の出血をしている重傷者であるから，要扶助者に当たる。次に，②甲は，Aの夫であって法的にAを保護すべき義務がある。さらに，Aは酒と睡眠導入剤の影響で足元がふらつき，階段の上から転落したが，甲はAに酒と睡眠導入剤を飲ませるという先行行為を行っている。したがって，甲は保護責任者に当たる。また，③意識のない重傷のAを，なんら救急措置を執らずに放置する行為は，不保護に当たる。そして主観的には，④Aが覚醒する可能性もあるとは思っているものの，頭部を殴打されて多量の出血があることや，意識がないことの認識はあり，死亡する危険性が生じていることの認識はあったといえる。したがって，保護責任者遺棄罪の実行行為に当たる。

また，甲がAを発見した時点で救急措置を執っていれば，Aが救命される可能性が高かったのであるから，甲の行為と死との間の因果関係も否定されない。よって，甲には保護責任者遺棄致死罪が成立する[2]。

(4) 共同正犯の成否

 甲は，Aの放置行為を乙と共同して実行しているが，殺意はないから保護責任者遺棄致死罪の共同正犯が成立する。殺人罪の共同正犯が成立し，刑についてのみ保護責任者遺棄致死罪の限度で科されるとは考えない。甲には殺意がないから，殺人罪（の共同正犯）が成立する余地はないからである。また，保護責任者遺棄致死罪の単独犯ともならないことに注意を要する。遺棄行為は単独で行っているわけではないからである（注1）参照)。**犯罪共同説や行為共同説の形式的な説明から結論は導けず**，どのような行為を共同し，それぞれどのような認識を有していたかを具体的に検討する必要がある。

3．丙の罪責

 Aが重傷を負っていることを認識しつつ，そのまま放置し，消防等にも通報しなかった丙の行為について，保護責任者遺棄致死罪（219条）が成立するか。

 まず，Aは丙の母親であり，同居もしていることから，たとえ父親である甲がAのそばにいたとしても，丙には重傷のAを保護すべき法的義務がある。しかし，丙は関わり合いたくないという意識しかなく，Aの生命・身体に危険を生じさせることの認識・認容はない。よって，不保護罪の故意を欠く。

 もっとも，犯罪の発生を認識しつつ，消防等に通報しないことは，実行犯である甲や乙の行為を助け，**物理的ないし心理的に犯行を促進，容易にする行為**には当たる。よって，殺人罪ないし保護責任者遺棄致死罪の幇助犯が成立する余地がある。不作為の幇助犯が成立するためには，作為義務が必要であるから，丙に消防等に通報すべき作為義務があるかが問題となる。

 消防への通報ではないが，警察に犯罪を通報すべき作為義務に関する裁判

---

2) 札幌地判平15・11・27（判タ1159・292）は，母親が妻を殺害している現場に居合わせた夫が，救急措置を執ることなく妻を放置した行為について，夫が直ちに救命措置を執れば救命された可能性が相当程度あったとして保護責任者遺棄罪の実行行為性を認めつつ，たとえ救命措置を執ったとしても死亡した可能性を否定できないとして，致死との因果関係を否定した。実行行為性としての救命可能性は非常に小さなものでも認められるが，因果関係としての救命可能性は，「十中八九」認められなければならない（最決平1・12・15⇨第4講［参考判例］参照）。

例として，**東京高判平 11・1・29**（判時 1683・153）がある。パチンコ店の売上金集金人に傷害を与えて現金を強取した事案について，パチンコ店と同じ経営者が経営する，同じビル内のゲームセンターの従業員で，強盗の共犯者から強盗の計画を明かされながら警察に通報するなどしなかった X について，職務上，犯行を「阻止する義務」がないことを認定した上で，一般の従業員として雇用会社の財産について「保護すべき義務」が認められるのは，「犯罪が行われようとしていることが確実で明白な場合に限られる」として，保護義務もないとした。

本問のような家族関係は雇用関係とは異なるが，丙は，A がまさに重傷を負っている現場を目撃しており，それが乙の暴行によることも察知しており，しかも甲も手当をしている様子がないことが分かっている以上，「犯罪が行われようとしていることが確実で明白な場合」に当たるといえ，被害者を保護すべき作為義務が発生する場合に当たるといえよう。そして，甲・乙は丙に目撃されていることに気づいていないから，甲・乙の犯罪遂行に心理的に影響を及ぼすことはないものの，少なくとも物理的には，乙の殺人罪及び甲の保護責任者遺棄致死罪の結果発生を容易にし，促進していることになる。

ただし，幇助の成立には**幇助の故意**が必要であるから，丙に幇助の故意が認められるかが問題となる。丙が通報しなかった理由は，甲や乙に関わり合いたくないという思いがあったからで，自分が通報しないことにより，甲や乙を助けようとする積極的な意図はなかったといえよう。しかし，A の怪我がどうなっても構わないと思っていることから，自分が通報しないことにより，結果的に A の生命身体に具体的な危険性が発生することは認識している。よって，自分が通報しないことにより結果発生が促進されることの認識はあり，幇助の故意も認められる。甲・乙は丙の行為に気づいていないから，いわゆる片面的幇助に当たることになる。

では，丙には何罪の幇助の故意があるのか。丙が目撃したのは，甲が乙をなだめているところからであるから，乙が殺人行為を行っていることまでの認識があると認めることは難しい。他方，甲・乙が救急車を呼ぶなどすることなく，そのまま A を放置していることは認識している。そうだとすれば，少なくとも保護責任者遺棄致死罪の範囲で甲・乙を幇助する故意が認められ

4. 私文書作成罪の成否

(1) 甲の罪責

医師が虚偽の診断書を作成する行為は、虚偽診断書等作成罪（160条）に当たる。甲と丁とが、医師に虚偽の診断書を書くよう依頼することを相談した行為が、虚偽診断書等作成罪の教唆を共謀したといえるかが問題となる。

そもそも、**教唆についての共謀**があり得るかが問題となるが、予備を共謀すれば、予備罪の共同正犯となるのと同様に、教唆犯を共謀することはあり得、その場合には教唆犯の共同正犯となる（条解刑法218頁参照）。もっとも、実際には、丁の依頼に対し医師のBは断っているから実行行為が行われておらず、教唆犯は成立しないようにみえる。

しかし、Bに代わって丁自身が虚偽の診断書を作成しており、この行為は私文書偽造罪（159条）に該当する。そこで、甲にとっては、Bに対する虚偽診断書等作成罪の教唆の意図で行った行為が、結果的に丁に対する私文書偽造罪の教唆となったことになる。このような場合、(ア)第三者に教唆する共謀と、共謀者自身に対する教唆との関係、及び(イ)虚偽診断書等作成罪と私文書偽造罪の関係の、2つの側面が問題となる。

類似の事案に関する**最判昭23・10・23**（刑集2・11・1386）では、XとYとが、公務員たる医師に対し、虚偽の診断書を書くよう教唆する内容の、虚偽公文書作成罪の教唆（156条の教唆）を共謀し、Yが教唆を行ったところ、これに失敗してしまったため、結局、Yが医師でない第三者に教唆して、当該公務員作成名義の虚偽の診断書を作成させた（155条の教唆）行為が問題となった。判決は、結論としてXの行為は公文書偽造罪の教唆に当たるとした。すなわち、155条と156条とは構成要件は異なるが、罪質が同じで法定刑も同じであること、また、156条から155条へと手段は替わったが、当初目指した目的を達成していることから、155条の教唆は、当初の156条の教唆の共謀に基づいて行われたものであって、155条の教唆に直接関わっていないXにも、155条の教唆が成立するとしたのである。

これを前提に本問の甲についてみると、甲にとっては、160条教唆の共謀が、159条の教唆となっており、(ア)教唆の共謀のところ、頼まれた医師

Bは偽造行為を実行していないから，教唆犯は成立せず，教唆犯の共同正犯は成立しない。

　もっとも，教唆を共謀したところ，共謀した丁自らが実行行為を行っていることから，丁の行った私文書偽造罪についての共同正犯が成立するようにもみえる。しかし，甲には，教唆犯の故意しかなく，自ら偽造罪を行うという共同実行の意思を認めることはできない。

　では，（イ）甲の意図が160条であったところ，159条が実行されたことはどのように評価すべきか。両罪の関係が問題となる。最判昭23・10・23の事案と異なり，159条と160条とは法定刑が異なり，159条の方が重い。ただし，160条は，私文書偽造のうち，特に特定の文書についての無形偽造を処罰するものであり，両罪は，構成要件の重なり合いが認められないほど罪質が異なるとはいえない。また，160条から159条へと手段は替わっているが，当初目指した，虚偽の診断書を作成するという目的は達成されているから，丁による159条の実行も，甲と丁との160条の教唆の共謀と因果性を持つ結果といえる。したがって，甲には，丁の犯罪行為に対する教唆犯の成立が認められる。ただし，甲には，法定刑の重い159条の故意はないから，虚偽診断書等作成罪（160条）の限度で教唆犯が成立すると解すべきである。

(2) 丁の罪責

　丁は，Bへの依頼が失敗したため，自らB名義の診断書を作成しており，これが私文書偽造罪（159条）に当たるかが問題となる。

　医師の診断書は，事実証明に関する文書であるから，私文書偽造罪の客体に当たる。

　また，丁は，医師Bの名義を冒用して，当該文書を作成しているから，名義人と作成者が一致しない偽造文書を作成したといえる。よって，丁には有印私文書偽造罪（159条1項）が成立する。

　さらに，甲から預かった金員のうち，50万円はBに交付すべきところ，そのまま自己の手元に置いてしまった。甲は，Bが依頼に応じてくれたものと誤信しているので，丁からBに50万円が渡されたものと思っているところ，その誤信を利用して着服したことになる。この行為は横領罪（252条）に当たるか。

　甲はBに対して，虚偽診断書等作成罪という犯罪を行う報酬を渡す意図で，

丁に50万円を委託している。そのため，不法原因給付として，甲は丁に50万円の返還を請求できないことから，横領罪は成立しないのではないかが問題となる。しかし，この金員は，本来Bに渡すべきものとして委託されたものであって，いかに甲自身が返還を請求できないものであっても，丁に属する物ではないから，丁にとって「他人の物」に当たる。また，Bに渡さずに手元に置いておく行為は，委託の趣旨からいって許されない，ほしいままの処分であり，横領行為に他ならない[3]。よって，丁には横領罪が成立する。

【参考判例】

最決昭54・4・13（刑集33・3・179）　暴力団組長Yら7名が警察官に暴行・傷害を加える共謀をし，派出所前で挑発的な罵声・怒声を浴びせていたところ，7名のうちのXが未必の殺意を持って小刀で警察官の腹部を刺し，失血死させた事案について，「殺意のなかったYら6名については，殺人罪の共同正犯と傷害致死罪の共同正犯の構成要件が重なり合う限度で軽い傷害致死罪の共同正犯が成立する」とした。〈前田・重要判例No.72，豊田兼彦・百選ⅠNo.90〉

最決平17・7・4（刑集59・6・403）（シャクティパット事件）　第4講　参考判例参照。

札幌地判平15・11・27（判タ1159・292）　［解説］167頁注2)参照。〈前田・重要判例No.121〉

---

3) 盗品の売買をあっせんした者が，その売却代金を着服する行為が横領罪になるためには，その金員が「犯人の占有する他人の物であることを以って足る」から，給付者が「民法上犯人に対しその返還を請求し得べきものであることを要件としない」（最判昭36・10・10刑集15・9・1580）。

第10講 過剰防衛と共同正犯

▶設 問

　甲及び乙の罪責について，具体的事実を挙げて論じなさい（特別法違反の点を除く。）。

1　甲（男性，27歳）は，M国出身で，平成16年12月に，旅券を所持せずに船で我が国に不法に上陸し，そのまま不法に滞在していた。
　　甲は，同じくM国出身のB女と同棲しているが，B女は，数年間，同じくM国出身のA（男性，30歳）と同棲していたことがあり，その後B女が甲と同棲し始めたことから，Aは甲に恨みを持ち，甲の自宅があるLアパート（木造2階建）の2階にある甲の居室の玄関ドアに「覚えていろ。」といった落書きをしたり，玄関ドアをこじ開けようとしてドアの一部を壊したりしたことがあり，甲もAの仕業に違いないと考えていた。
2　平成25年5月30日の午後10時頃，甲が自宅アパートから出かけようとして，外階段を使って1階に降りたところ，その階段の下付近で，Aが待ち伏せをしていて，甲に棒のようなもので殴りかかってきた。甲は，走ってその場から逃れたが，Aに追いつかれそうになったところで，たまたま自転車で警察官が通りかかったことから，Aは慌てて走り去ってしまった。甲は，またいつAに襲われるか分からないと思い，また，甲が棒のようなもので襲いかかってきたことから，反撃するためには武器が必要だと思い，その後，常にナイフ（刃体の長さ15センチメートル）を持ち歩くようになった。
3　乙（男性，28歳）は，甲と同じM国出身で，同じ飲食店でアルバイトをしている同僚であり，平成15年にM国の旅券を所持して航空機で

日本に入国したが，在留期間の更新をしないまま日本に滞在し続け，不法に残留していた。甲と乙とは親友で，乙の方が年長であることから，甲は何かにつけて乙を頼りにし，甲とB女との関係や，Aから嫌がらせを受けていることも，乙には常々話をしていた。甲は乙に，5月30日の夜に襲われたことも話し，「もし一緒にいるときにAから襲われることがあれば，加勢してください。」と乙に頼んだところ，乙も「分かった。」と返事をした。

4　平成25年6月6日夜，甲，乙及びB女は一緒に外食した後，乙の運転する軽自動車に甲とB女が同乗し，翌7日午前1時頃に，Lアパート前まで帰ってきた。乙は，甲とB女が車から降りた後，アパート前の路上に車を駐め，車内でたばこを吸っていた。

甲は，出かける時に照明を消したはずなのに，2階の甲の自宅の照明が点いているのを見て，以前，Aがアパートのドアをこじ開けようとしたことがあったことから，再びAが来たに違いないと考えた。

甲は，何度もAに嫌がらせを受けたり襲われたりしたことや，これからもB女と暮らすためにはAが邪魔になると考え，もしAに襲われたら，殺害してしまおうと考えた。そこで，甲は，持っていたナイフをバッグから出し，手に持って2階の自宅に向かった。

5　甲が自宅のドアノブに手をかけたところ，鍵が開いており，ドアを開けて玄関内に入ったところ，急にAが飛び出してきて，甲に対して催涙スプレーを噴射してきた。甲は，まだ玄関の外にいたB女に対し，「Aだ，早く逃げろ。乙さんを呼んでくれ。」と怒鳴った。

B女は，すぐにアパートの外階段に向かったが，乙の車がアパートから約10メートルほど離れた路上に駐車してあるのが見えたので，乙の車に向かって，「乙さん，Aがいた。助けて，助けて。」と大声で叫んだ。

6　Aは甲に対し，催涙スプレーをかけると同時に，甲の頭部や腹部を，所持していた特殊警棒（金属製，長さ60センチメートル）で殴りつけた。これに対し，甲もナイフをかざして反撃したが，Aはそれでも特殊警棒を振り回して甲に向かってきたので，甲はその威力に押されて後ずさりした。甲は，乙に加勢してもらおうと考え，Aに向かって「外に出ろ。」と怒鳴った。

甲は外階段を駆け降り，アパートの外に出たところ，車を駐めていた乙が見えたので，「乙さん，早く助けてください。」と怒鳴った。そのと

き，追ってきたAが再び特殊警棒で殴りかかってきたので，甲は，ナイフを腰に構え，向かってくるAの脇腹をナイフで刺した。
7　一方乙は，B女が叫んでいるのを聞き，車の窓からLアパートの階段付近を見ると，甲が自分の方に向かって，「早く助けてください。」と怒鳴っており，それとほぼ同時に，甲がAに棒のようなもので殴りかかられているのが見えた。

乙は，車をAにぶつけて，甲を助けようと考えたが，車を駐めていた場所の後方にアパートの入口が位置しており，またアパート前の道路が狭く車の向きを変える余裕がなかったので，やむなく車をバックで発進させ，Aに衝突させて甲を助けようとした。乙は，バックミラーを見ながら車を時速約10キロメートルで，約10メートル後退させたが，車がAに衝突したのは，甲がAにナイフを刺した直後だったことから，車はAに衝突すると同時に，甲の腕の部分にも当たった。

車に衝突したAはその場に転倒し，うめき声を上げてうずくまってしまった。甲も転んだが，すぐに立ち上がり，B女と共に乙の運転する車に同乗して，現場から逃走した。
8　同日午前1時20分頃，Lアパートの住人から警察に「アパートで喧嘩があり，誰かが刺されたようだ。」との110番通報があり，警察官が駆けつけたところ，Lアパート前の路上にAが倒れていた。Aは，警察官が手配した救急車により病院に搬送されたが，午前2時30分に死亡が確認され，Aの死は，腹部のナイフによる創傷からの出血と，車の衝突により倒れた際に路面で頭部を強打したことの両方が原因となって生じたことが判明した。また，甲は腕に加療2週間を要する傷害を負った。

論点の整理

本講は，侵害を予想し，積極的に加害する意思を持って攻撃を加えた場合の正当防衛の成否，及び第三者防衛において，防衛すべき第三者に侵害結果が生じた場合の処理を問うものである。

正当防衛において，単に侵害を予期していたに過ぎない場合には防衛行為として認められるが，それを超えて十分に準備をし，積極的に加害する意思

を持って反撃した場合につき，判例では，もはや急迫性が欠けるとしたり，あるいは防衛の意思が欠けるとすることが多い。しかし，積極的な加害意思があったとしても，実際に想定していた以上の侵害行為がなされた場合にまで，「急迫でない」とすることは妥当でない場合もあろう。本講でも，催涙スプレーと特殊警棒という，重大な侵害行為がなされた場合について，急迫性を否定すべきかが最大の争点である。

第2の論点は，乙の防衛行為の結果が甲に生じた点である。これは，防衛結果が第三者に生じた場合の応用ともいえるが，甲・乙間に共謀があること，甲が違法行為を行っているとすればそもそも「防衛」すべき対象ではないことなどの問題があることに注意すべきである。

解答の筋道

1. 甲が，アパート階段付近でAを刺した行為
   (1) 殺人罪の構成要件該当性
   (2) 正当防衛の成否
      ①急迫不正の侵害の有無
         ・単なる予期では急迫性は失われず→具体的な確信あり
           →積極加害意思あり
         ⇒a) 積極加害意思→急迫性なし→防衛状況でない
           b) 積極加害意思があっても，具体的な予見なし→急迫性は欠けず
           →b) の場合②へ
      ②防衛のための行為といえるか
      【参考】東京地判平10・10・27（判タ1019・297）
2. 乙がAに車を衝突させた行為
   (1) 傷害致死罪の構成要件該当性
   (2) 甲との共謀の有無
      ①甲から乙に対し加勢を依頼し，乙も承諾した時点
      ②甲が「助けてください。」と怒鳴った時点
   (3) 甲のための第三者防衛（甲と共謀）の成否
      ・甲は正当防衛といえず→乙の行為の評価は？
         ①正当（過剰）防衛，②誤想（過剰）防衛の成否
   (4) 相当性の有無

3. 乙が甲に傷害を負わせた行為
   (1) 傷害罪の構成要件該当性
   (2) 緊急避難・誤想防衛
      ①正当防衛，②緊急避難，③誤想防衛の成否
   【参考】大阪高判平 14・9・4（判タ 1114・293）

[答案作成上の注意]

　本問でも，まず，共謀の内容，時期を具体的に検討すべきである。単に，「加勢すること」について合意していたとしても，それだけではAに対する具体的な暴行・傷害の「共謀」とまではいえないことに注意が必要である。
　次に，共同正犯と正当防衛の成否については，防衛状況が各人によって異なる以上，正当防衛の成否が各人ごとになされることを，具体的に説明する必要がある。単に，違法は連帯に，責任は個別にといった抽象的な説明では足りない。
　さらに，第三者に防衛結果が生じた場合についても，一般論として正当防衛・緊急避難の成立は難しいことは理解できていたとしても，具体的な事案に応じて説明できるようにしておくことが重要である。

▶ 解答案

一　甲の罪責
　1．甲がAをナイフで刺し，死亡させた行為は殺人罪（199条）に当たるか。
　(1) 甲が刃体の長さ15センチメートルのナイフを腰に構え，Aの身体の枢要部である脇腹を刺す行為は，人の死の結果発生の具体的危険性のある行為であり，殺人罪の実行行為に当たる。また，Aの死因は，甲の刺突による出血と，乙の衝突行為による頭部の強打の両方が原因となっているから，甲の行為とAの死との因果関係も認められる。

(2) さらに，甲は，部屋に向かう時点で，Aに襲われた場合には殺害してしまおうと考えているから，ナイフで刺した時点でも殺意があったといえる。よって，甲がAをナイフで刺す行為は，殺人罪の構成要件に該当する。

2．もっとも，甲は，Aの催涙スプレー，特殊警棒での攻撃に対し，ナイフで反撃しているから，正当防衛（36条1項）が成立しないか。

(1) 36条の「急迫」性は，単に侵害を予期していただけでは否定されないが，その機会を利用し，積極的に加害する意思がある場合には認められない。

(2) 甲は，消したはずの自宅の照明が点いていたこと等から，自宅内にいるAからの侵害を具体的に予期していたが，それにとどまらず，B女との関係でAが邪魔になるのでAを殺害しようと考えており，Aに襲われた機会を利用してAを積極的に殺害しようとする意思が認められる。また，単に意図していただけではなく，ナイフを手に持って自室に向かっており，客観的な積極加害行為も認められる。よって，Aからの侵害は「急迫」性が欠け，甲には正当防衛は認められない。

3．では，甲の刺殺行為は，乙との共同正犯となるか。

(1) まず，数日前に甲は乙に対して加勢を依頼し，乙も承諾しているが，この時点では，反撃の時間・場所・行為態様のいずれについても，具体的な共謀がなされたわけではなく，事前に暴行罪ないし傷害罪の共謀があったとは認められない。

(2) これに対し，本問の当日，B女が乙に向かって「助けて。」と叫び，さらに甲が「助けてください。」と怒鳴った時点では，乙も事態を認識し，甲を救助しようとしているから，この時点で，Aに対して反撃することの共謀があったといえる。

ただし，甲には殺意があったが，乙には，後述のように暴行ないし傷害の故意しか認められない。

4．よって，甲には殺人罪（199条）が成立し，傷害致死罪の限度で乙との共同正犯（60条，205条）となる。

二　乙の罪責
　1．乙が，Aに車を衝突させた行為は傷害致死罪（205条）に当たるか。
　(1) 車を人に衝突させる行為は，殺人罪の実行行為性が認められるようにもみえるが，時速10キロメートルの低速度であること，Aに衝突させる認識はあったが，Aの死の認識・認容までは認められないため，殺人罪の構成要件に該当しない。
　(2) 乙は，車をAに衝突させる意思で，実際にAに車を衝突させ，Aの頭部を路面に強打させており，これが原因の1つとなってAは死亡しているから，乙の行為は，Aの生理機能に障害を生じさせ，その結果死亡させたものとして，傷害致死罪（205条）の構成要件に該当する。
　また，乙は，甲に「助けて。」と言われてAに車を衝突させているから，乙がAに車を衝突させる行為は甲との暴行ないし傷害の共謀に基づく行為であり，甲との共同正犯（60条）に当たる。
　(3) もっとも，乙は，甲を助けるためにAに車を衝突させており，第三者防衛としての正当防衛に当たらないか。甲・乙が共に侵害行為を受けた場合に，甲にとっては積極加害意思があるために防衛行為といえなくとも，共犯者である乙に積極加害意思がなければ，乙については防衛行為に当たる場合があり得る。
　(4) しかし，乙は，第三者である甲のための第三者防衛として行っており，しかもその甲は，単なる殺害行為を行っているに過ぎない。したがって，そのような甲を防衛すべき，客観的状況は認められない。
　(5) ただ，乙には甲が積極加害意思を持って殺害行為に及んでいることの認識はなく，主観的には防衛行為あるいは過剰防衛行為を行っていると誤信している。よって，誤想防衛ないし誤想過剰防衛に当たると解すべきである。
　(6) では，「やむを得ずにした行為」として相当性は認められるか。Aの侵害行為は1人による催涙スプレーと特殊警棒での攻撃であるの

に対し，乙は甲との共謀に基づき，2人で殺傷能力のあるナイフでの攻撃と車の衝突行為を行っており，人数や武器において明らかに過度な反撃に出ている。よって，乙がAに車を衝突させる行為は，客観的に相当性を欠き，乙にはそのことの認識もあるから，誤想過剰防衛（36条2項）に当たる。

2．乙が甲に車を衝突させ傷害を負わせた行為は，傷害罪（204条）に当たるか。

(1) 乙は，甲の腕に車を衝突させ2週間の傷害を負わせており，これは人の生理機能に障害を与えるもので，傷害罪の客観的構成要件に該当する。

(2) また，乙は，甲ではなくAに車を衝突させる意図ではあったが，Aと甲とがほぼ同じ場所にいることは認識しているから，Aと共に甲にも衝突することの未必的な認識があったと考えられる。よって，甲に対する傷害罪の故意もあり，同罪の構成要件該当性が認められる。

3．では，誤想防衛に当たるか。

(1) 乙の行為は，客観的には正当防衛にも緊急避難にも当たらないが，乙は，少なくとも主観的には，甲を助けるための正当防衛（第三者防衛）であると認識して車を衝突させている。正当防衛の認識で実行したとすれば，その結果が第三者に生じた場合でも，責任故意が欠けることになる。

(2) しかし，乙が車でAに衝突する行為は，前述のように誤想過剰防衛であり，乙には過剰性の認識もある。よって甲に対する傷害罪の関係でも，乙には過剰防衛を行っているとの認識があったことになる。よって，乙には自己の行為が正当化されるとの認識が欠け，誤想防衛として故意が阻却されることはない。もっとも，過剰ではあるものの防衛行為であると認識して行っているから，誤想過剰防衛に当たることとなる。

4．よって，乙には，甲との間でAに対する傷害致死罪の共同正犯（60条，205条）が成立するが，誤想過剰防衛として刑が減免される余地がある（36条2項）。また，甲に対する傷害罪（204条）が成立するが，

これについても誤想過剰防衛（36条2項）として刑が減免される余地があり，傷害致死罪と傷害罪とは，1個の行為によりなされているから観念的競合となる（54条1項前段）。

以 上

1. 甲が，アパート階段付近でAを刺した行為

(1) 殺人罪の構成要件該当性

まず，甲がAをナイフで刺す行為の構成要件該当性が問題となる。甲は，ナイフを腰に構えて，向かってくるAの脇腹を刺していることから，客観的には殺人罪の実行行為性があるといえる。また，主観的には，部屋にAがいると気づいて以降は，Aに襲われた場合には殺害してしまおうと考えており，ナイフを刺した時点でも殺意があったものと認められる。よって，甲がナイフで刺す行為は，殺人罪の構成要件に該当する。

(2) 正当防衛の成否

ⅰ）急迫不正の侵害の有無

甲は単にAの侵害を予期していたにとどまらず，その機会を利用して，Aを積極的に殺害しようとする意思が認められる。このように，**積極加害意思**が認められる場合には，急迫性ないし防衛の意思が欠けるとするのが判例の立場である。とりわけ，**事前に侵害を予想し，十分な準備を整えて積極的に加害する意思を伴う場合には，急迫性を欠くとする**[1]。

ただし，本問が参考とした**東京地判平10・10・27**（判タ1019・297）は，対立関係にあった被害者Aが，被告人Xの留守宅に隠れていて，帰宅したXに

---

[1] 過激派同士の襲撃事件で，十分な準備をした上で応戦した事案につき，「単に予期された侵害を避けなかったというにとどまらず，その機会を利用し積極的に相手に対して加害行為をする意思で侵害に臨んだときは，もはや侵害の急迫性の要件を充たさないものと解する」とした（**最決昭52・7・21刑集31・4・747**）。

襲いかかった事案であったが，判決は，近い将来Aに攻撃される可能性を予期していたとしても，自宅に侵入された上で攻撃を受けるとの「**具体的な攻撃についての予期**」まではなかったとして，急迫性は失われないとした。

本問でも，「具体的な攻撃についての予期」が認められるか否かを判断する必要があるが，その判断に当たっては，以下のような事情が重要である。すなわち，①以前からAに自宅玄関ドアに落書きをされたり，ドアを壊されたりしたことがあった，②数日前に自宅付近で襲撃された，③帰宅時に，消したはずの照明が点いていたといった事情から，甲は，具体的にAがいるとの確信を持っている（「Aが来たに違いないと考えた。」との文言がある）。

さらに，本問では，単なる具体的な予期を超えて，積極加害意思まで認めることができよう。甲は，①この機会にAを殺害しようと決意し，②ナイフを手に持って自宅に入った，といった事情があるからである。

では，具体的にAが潜んでいて攻撃してくることを確信し，さらにAに対して積極的に加害する意思があるとすれば，もはや急迫性が認められる余地はないということになるだろうか。しかし，いかに攻撃を確信し，積極加害意思があったとしても，実際に催涙スプレーと特殊警棒による攻撃まで予見していたわけではない。以前にも襲われているが，その際には「棒のようなもの」で襲われたに過ぎないからである。このような場合にも，単に積極加害意思があることを理由に急迫性を欠くとすることは妥当でない[2]。

もっとも，甲には積極加害「意思」を超え，ナイフを構えて自室に向かうという積極加害「行為」が認められるから，急迫不正の侵害が欠けるとする余地はある。

ii) 防衛のための行為といえるか

急迫不正の侵害が認められたとしても，反撃が，防衛のためのやむを得ない行為でなければならない。本問では，甲は，①催涙スプレーと特殊警棒の侵害に対し，乙と共に攻撃するために「外に出ろ。」と怒鳴り，かつ，②乙に加勢を頼みつつ，自らナイフでAの脇腹を刺している。

---

[2] 近時の判例は，積極加害意思が認められても，すべて急迫性を欠くとするわけではない。例えば，挑発行為があったとしても急迫性を認め，防衛行為が認められるとするものとして，**大阪高判平 12・6・22（判タ 1067・276）**があり，また，**最決平 20・5・20（刑集 62・6・1786）**は，「正当とされる状況にない」として防衛行為に当たらないとした。前田・総論 261 頁参照。

この行為は，たしかに A の侵害に対応しているようにもみえるが，乙と共に確実に A を殺害しようと考えて外に誘い出し，ナイフで刺したものであり，もはや防衛のための行為とはいえない（あるいは防衛の意思が欠けると解することも可能である）。したがって，急迫性を認めたとしても，甲には正当防衛はもちろん，過剰防衛も成立しないと解すべきである。

iii）共犯関係

甲の刺殺行為は，単独犯か乙との共同正犯か。まず，①以前に甲が棒のようなもので襲われた後に，乙に対して加勢を依頼し，乙も承諾しているという事情があるが，この時点で，A に対する（少なくとも）暴行の共謀が認められるようにもみえる。しかし，この時点では，反撃の時間・場所・行為態様のいずれについても，具体的な共謀は認められず，事前に暴行罪の共謀があったとは認められない[3]。

これに対し，②B 女が乙に向かって「助けて。」と叫び，さらに甲が「助けてください。」と怒鳴った時点では，乙も事態を認識し，甲を救助しようとしている。そこで，この時点で，A に対する侵害について，甲・乙の共謀があったと理解すべきであろう[4]。ただし，甲には殺意があったために殺人罪が成立するが，乙については暴行（傷害）の故意にとどまるため（後述），傷害致死罪の共同正犯となる。

2. 乙が A に車を衝突させた行為

(1) 傷害致死罪の構成要件該当性

乙は，車を衝突させる意思はあるものの，バックで 10 メートルと短距離を走らせたに過ぎず，時速 10 キロとかなりの低速度であった。そのため，客観的にも殺人罪の実行行為性は認められず，主観的にも殺意があるとはいえない。そこで，傷害罪（ないし傷害致死罪）の構成要件該当性が認められることになる。

---

[3] 仮にこれが認められるとすると，乙がいない場所で，甲が A を刺殺した場合にも，乙に少なくとも傷害致死罪の共同正犯が成立することとなり，不当である。

[4] 本問が参考とした東京地判平 10・10・27（判タ 1019・297）は，甲，乙が共にナイフで反撃した事案であったが，「遅くとも，被告人乙が右突き刺し行為に出る時点までには，被告人両名の間に被害者に対する傷害の黙示の共謀が成立していた」としている。

また，これは甲との共謀に基づく行為である。たしかに，甲・乙間で「車をAに衝突させる」という具体的な意思の連絡はない。しかし，甲は，①5月30日にAに襲われた後に，乙に対し，Aに襲われたら助けてくれるよう頼んでおり，乙もこれを了承していること，②実際に6月6日にAに襲われた際に，B女を通じ，あるいは甲自身でも，乙に対し「助けて。」と頼んでいることから，**遅くとも甲が乙に「早く助けてください。」と怒鳴った時点**までには，Aに対する暴行ないし傷害の限度で，甲・乙間に共謀があったと認めることができる。

(2) 甲のための第三者防衛（甲と共謀）の成否

では，乙がAに車を衝突させる行為は，**第三者防衛**としての正当防衛に当たるか。たしかに，客観的には甲はAから侵害を受けている。しかし，甲自身のAに対する行為は，前述1.(2)のように，防衛のための行為といえず，正当防衛も過剰防衛も成立しない。甲の殺害行為について正当防衛が認められない以上，それと共謀関係にある乙についても，防衛行為には当たらないようにみえる。

ただし，甲にとっては防衛行為ではなくとも，共犯者である乙にとっては，防衛行為となる場合はあり得る。甲に積極加害意思があるとして急迫性を否定する見解に立てば，そのような主観的事情を有しない乙については，防衛状況を認めることが可能となろう。例えば，**最決平4・6・5**（刑集46・4・245⇨［参考判例］参照）は，殺人の共同正犯者の一方が，急迫不正の侵害に対し過剰に防衛した事案につき，その者に過剰防衛を認め，積極加害意思があった他の者については急迫性が欠け，過剰防衛を認めることはできないとした。共犯者間でも，一方に正当防衛が成立し，他方には成立しないということはあり得る。

また，共犯者のうち，現に攻撃を受けている者については防衛行為といえるが，攻撃を受けていない者は防衛状況にあるとはいえず，正当防衛の余地はないという場合もあり得る[5]。

本問の事案についても，甲に積極加害意思がある（したがって急迫性を欠く，

---

5) 平成4年決定の事案でも，過剰防衛となった者は攻撃を受けていたが，急迫性を欠くとして防衛行為が認められなかった者は，そもそも攻撃を受けていなかったという相違があった。

あるいは防衛の意思がない）として正当防衛を否定した場合には，乙については，甲とは別に防衛行為を認める余地がある。

しかし，本問の乙の行為はあくまでも甲を助けるという「第三者防衛」である点に注意を要する。甲について正当防衛や過剰防衛が成立しない以上，単なる殺害行為を行っている甲を，第三者防衛として防衛すべき客観的事情を認めることはできない。そこで，乙の行為も，客観的には防衛行為とすることはできない。

もっとも，乙は，甲の積極加害意思の存在や，甲が，乙と共に確実にAを殺害するために敢えて助けを求めて外に出てきたといった事情は認識していない。そうだとすれば，乙の行為は客観的には防衛行為といえないが，乙は，主観的には防衛行為（ないしは過剰防衛行為）を行っていると誤信していることになる。

(3) 相当性の有無

では，乙の行為は誤想防衛なのか，誤想過剰防衛なのか。Aの侵害行為は，1人による催涙スプレーと特殊警棒での攻撃であるのに対し，乙の防衛行為は，甲との共謀に基づく，2人による，ナイフでの攻撃（甲）と車の衝突（乙）である。しかも，車の衝突は，単にAに対して威嚇，威圧することを目的としたものではなく（後掲・大阪高判平14・9・4参照），衝突させる意図を持ってなされている。

したがって，乙の車をAに衝突させる行為は，客観的にも過剰であり，乙はそのような過剰な状況を認識しつつ行為しているので，誤想過剰防衛に当たることになる。

3. 乙が甲に傷害を負わせた行為

(1) 傷害罪の構成要件該当性

次に，乙の車が甲にも衝突し，甲に傷害結果が生じた点はどのように評価すべきか。乙は，Aに対する傷害の故意がある以上，甲に対しても傷害の故意があったといえる（法定的符合説）。もっとも，敢えて法定的符合説を持ち出すまでもなく，Aが甲に殴りかかっているのを認識しつつ車を衝突させているのであるから，Aとほぼ同じ場所にいた甲についても，少なくとも傷害の未必的故意があると認められる。

よって，乙の甲に対する行為も，傷害罪の構成要件該当性が認められる。

(2) 緊急避難・誤想防衛
　しかし，乙は，甲に対する防衛行為であると認識して行為している。本来防衛すべき対象である甲に対して，傷害罪の成立を認めるべきであろうか。
　類似の事案が問題となった裁判例として，大阪高判平14・9・4（判タ1114・293）がある。Aら7人の相手に囲まれ，自分の乗った車にも暴行を加えられたXが，Xの兄がAに木刀で殴られようとしているのを見て，乗っていた車を後退させ，Aらを威圧して追い払おうとしたところ（暴行の故意），車がAの手と兄に衝突し，兄を死亡させたという事案であった。
　判決は，Aに対する正当防衛を認めた上で，兄について，客観的には正当防衛にも緊急避難にも当たらないものの[6]，Xは主観的には正当防衛であると認識して行為している以上，誤想防衛の一種であり故意非難は向けられないとし，兄に対する傷害致死罪の成立を認めた原判決を破棄した。
　では，本問でも，乙と共謀関係にある甲に対しては故意犯の成立は認められないのであろうか。
　大阪高裁の判決で述べられたのと同様，本問の乙にも，正当防衛，緊急避難は認められない。まず，甲との関係で，車を衝突させることが「防衛行為」であるとはいえないから正当防衛にも過剰防衛にも当たらない。また，甲に対する危難を避けるために，Aに車を衝突させ，さらに甲も巻き添えにする以外に方法がないとはいえないから，補充性を欠き，緊急避難にも過剰避難にも当たらない。
　では，誤想防衛に当たるとすべきか。大阪高裁の事案と本問とでは，（誤想）防衛行為の相当性について重要な相違があることに注意すべきである。大阪高裁の事案では，7名の相手に対しXとXの兄の2名で防衛し，兄が素手であるのに対し相手は木刀を持っており，Xが車を走らせたのも（衝突させる意図はなく）威圧しようとしたに過ぎなかった。それに対し，本問では，A1名に対し甲・乙2名で防衛し，Aの催涙スプレーと特殊警棒での攻撃に

6）兄に衝突させることが客観的な防衛行為とはいえない以上，兄との関係で正当防衛が成立する余地はないし，また，兄に衝突させることが緊急避難の補充性を充たすこともないからであるとする。

対し，ナイフと車で防衛しており，また，乙はAに車を衝突させる意図もあった。これらの事情から，大阪高裁の事案では防衛行為の相当性があり，誤想防衛が成立するのに対し，本問では，Aに対する行為としても相当性を欠き，(誤想)過剰防衛が成立するにとどまる。乙に(Aに対する)正当防衛の認識がない以上，甲に対する行為についても誤想防衛として故意(責任故意)の阻却は認められず，傷害罪が成立し，誤想過剰防衛として刑の減免の余地があるに過ぎない。

なお，大阪高裁判決では，被告人は侵害相手を威圧する意図であった以上，その相手に対する暴行の故意はあるが，法定的符合説における「およそ人を狙って，人に結果を発生させた」という場合の「人」とは，自分以外の人を指すのであり，共謀関係にある「兄」は，ここでいう「人」には含まれないとして，法定的符合説により兄に対する故意を認めることもできないとした。これを本問にあてはめれば，そもそも乙にとって共犯者の甲は「人」ではないから，傷害罪の構成要件該当性がないということになるのであろうか。

しかし，いかに共謀関係にある者といえども自傷行為と同じであると解するのは，余りにも不自然である。「味方(兄)の人間に当てるつもりはなかった」と説明するとすれば，それは事実上，具体的符合説を認めることになろう。正当防衛が成立する場合に，(共犯者も含めた)第三者に防衛結果が生じた場合には誤想防衛が成立するのであり，故意(責任故意)が欠けるとする結論が導けるのであるから，敢えて(構成要件の問題として)「人に該当しない」とする必要はない。

【参考判例】

最決平4・6・5(刑集46・4・245)　殺人の共同正犯者X・Yのうち，Aの急迫不正の侵害に対し過剰に防衛したYにつき過剰防衛を認め，その場におらず，積極加害意思のあったXには，急迫性がない以上過剰防衛を認めることはできないとした。「AのYに対する暴行は，積極的な加害の意思がなかったYにとっては，急迫不正の侵害であるとしても，Xにとっては急迫性を欠くもので」あるから，Xに過剰防衛は認められないとした。過剰防衛の成否は，共同正犯者の

各人ごとに判断すべきだとした。〈前田・重要判例 No. 78, 松原芳博・百選 I No. 88〉

東京地判平 10・10・27（判タ 1019・297）［解説］180 頁参照。

最判平 6・12・6（刑集 48・8・509）　X，Y ら 4 名が正当防衛を共同して行ったところ，Y が防衛行為終了後に追撃して傷害を負わせた事案につき，追撃した Y は過剰防衛となるが，追撃についての新たな共謀があったとは認められないから，追撃に付いて行っただけの X は正当防衛にとどまるとした。〈前田・重要判例 No. 79, 十河太朗・百選 I No. 96〉

大阪高判平 14・9・4（判タ 1114・293）　［解説］185 頁参照。〈前田・重要判例 No. 62, 鈴木左斗志・百選 I No. 28〉

第11講 | 共同正犯と幇助

▶設 問

次の事例に基づき，甲，乙及び丙の刑事責任について，具体的事実を示しつつ論じなさい（特別法違反の点を除く。）。

1 甲（28歳，男性）と乙（28歳，男性）は，遊び友達であったが，消費者金融に多額の借金があり，2人とも金に困っていた。4月25日に甲と乙が会った際，乙が，「友人A（28歳）の母親B（62歳）が金持ちで，Bは1人で住んでいるから，その家に入って現金やカードなどを取ろう。」と甲に持ちかけた。甲もその話に乗ることにしたが，Bが留守の時を狙おうということになり，乙が，Bが留守になる日をAから聞き出すことになった。

乙が早速Aに探りを入れたところ，AはBと一緒に5月3日から5日に旅行に出かけることが分かった。そこで乙は甲に電話をかけ，「5月3日から5日はAもBも旅行に行って留守になる。Bの家には行ったことがあるので様子は分かっている。」と伝え，侵入する時に使うかもしれないので，甲がバール（鉄製，長さ50センチメートル，重量800グラム）を持って行くことにした。

2 ただ，Bの家は郊外で，行くには車が必要だったが甲も乙も車を持っていなかった。そこで，甲と乙とで相談し，甲が普段から弟分のように使っていた丙（20歳，男性）に車を運転させることとし，5月3日の夜11時に丙の運転する車でB宅に向かうこととしたが，丙には目的は告げないことを申し合わせた。

甲は，乙と相談した直後に丙に電話し，「5月3日の夜，乙と一緒に乙の友人宅に行くことになった。車が必要だから，午後10時半に俺の

家に迎えに来い。」と連絡し，丙もその通りにする旨答えた。

甲は，時間通り迎えに来た丙の車に乗り，5月3日の午後11時に乙の家に乙を迎えに行き，乙が道案内しながら，丙が運転する車でB宅に向かった。甲はバールをバッグに入れて持っていたが，バールのことは丙には言わなかった。甲は，Bの家から約20メートルほど離れたところで車を停めさせ，丙に対し，「あそこが乙の友達のAの家だが，俺と乙はこれからAに会いに行く。すぐに戻ってくるからそこで待っていてくれ。」と言って，B宅に向かった。

3　甲らは塀を乗り越えてB宅の庭に入り，甲が，裏口の戸をバールでこじ開け，2人で中に入った。

丙は，示された家の明かりが点いておらず，しかも2人が塀を乗り越えたのが見えたことから，何らかの理由で甲と乙とが不法に侵入したのではないかと疑ったが，甲には逆らえないし，余計なことは知る必要はないと思い，そのまま車の中で待機することとした。ただ，甲には世話になっているので，周囲の様子を見張り，何かあったら甲に連絡してやろうと思った。

4　丙が車内で待っていたところ，たまたま自転車に乗った警察官が通りかかり，路上駐車していた丙に声をかけた。丙は，免許証を見せ，「友人を待っている。」と答えた。警察官はそのまま立ち去ったが，20メートルほど離れたところで，無線でどこかに連絡している様子だった。丙は，もし甲らが何かまずいことをやっているのだとすると，警察官が付近にいることを知らせた方がよいのではないかと思い，甲に電話をかけ，「今，警官から職務質問されて，免許証も見られた。大丈夫だろうか。」と伝えた。

そのとき甲と乙は，居間に入って大型金庫を見つけ，バールでこじ開けようとしていたところだった。電話を聞いた甲は，「今，大事な話をしているところだ。余計な電話をかけてくるな。」と言ってすぐに電話を切った。

丙は，甲がかなり焦っている様子だったので，甲と乙が中で何か犯罪がらみのことをしているかもしれないと思い，自分が警察官に目を付けられたような気がして怖くなり，車を発進させて走り去った。

5　甲から，外に警察官がいるらしいという話を聞いた乙は，「ちょっとまずいんじゃないか。」と甲に言ったが，甲は，「うるさい。もう金庫は

見つけたんだからあとは開けるだけだ。」と言って，こじ開ける作業を続けた。

　これに対し乙は，「やばいことは御免だ。俺は先に帰らせてもらう。」と言って，部屋を出て行こうとした。これを見た甲は激怒し，「今，出て行ったら，余計怪しまれるじゃないか。おまえなんか連れてくるんじゃなかった。とにかく，今は外に出るな。」と言いながら，乙がその場を離れないように脅すつもりで，持っていたバールで乙の肩の辺りを殴打したところ，乙は床に倒れたが，倒れる際に金庫の角に頭部を打ちつけて意識を失ってしまった。

6　その後，甲はさらにバールで金庫をこじ開けようとしていたが，うまくいかず，仕方ないので金庫をバールで叩いて壊そうとし，大きな音を立ててしまった。当時，B宅には留守番として，普段は別居しているAの弟のC（25歳）が泊まり込んでおり，物音に気づいたCが起きてきて，金庫のそばにいる甲を見つけた。Cは，甲に向かって，「誰だ。何をしている。」と怒鳴った。甲は，急に人が出てきたため一瞬ひるんだが，すぐにCにバールを突きつけ，「命が惜しければ金庫を開けろ。」と脅した。

　Cは恐ろしくなって金庫の鍵を開けたが，甲はCに，「中のものを出せ。」と命じた。Cが中から，現金50万円とB名義のM銀行の通帳とキャッシュカードを出したところ，甲はこれらをひったくってポケットに入れ，さらにバールを突きつけながら「カードの暗証番号を言え。」と言ったため，Cは母親から聞いていた暗証番号を甲に伝えた。さらに甲は，「絶対に通報するんじゃないぞ。」と言いながら，Cに怪我をさせ，逃げる時間を稼ごうとして，Cの頭部をバールで殴りつけたため，Cはその場に倒れ，気絶してしまった。

7　甲は，倒れた乙とCをそのまま放置して裏口から逃走したが，丙の車が見当たらず，やむを得ず，通りかかったタクシーを拾って自宅に帰った。

　乙は，バールで殴られたことと，金庫に頭部を強打したことにより，肩と頭部に加療1か月を要する傷害を負った。Cは，バールで頭部を殴られたことにより，頭部に加療1か月を要する傷害を負った。

8　甲は自宅に戻ったが，丙が逃げたことに憤慨し，5月4日の午前2時頃に丙を呼び出し，丙に対し「なぜ俺を置いて逃げた。」と怒鳴りつけ

た。さらに，甲は，怒られて怯えている丙に対し，「俺を裏切ったんだから，俺のために少し働いてもらおうか。」と言いながら，B宅から持ち出したM銀行のキャッシュカードを渡し，「Aは，俺たちが金に困っていると話したら，自分が普段から使っている母親Bのカードを使ってもよいと言って，貸してくれたんだ。」と虚偽の事実を申し向け，「暗証番号も教えてくれた。これを持ってコンビニに行って，ATMで出せるだけの金を出してこい。おまえにも分け前はやる。」と言い，キャッシュカードを丙に渡し，暗証番号も伝えた。

9　丙は，Aが銀行のカードを簡単に甲に渡すだろうかと疑問に思ったが，甲を置いて先に逃げたことで負い目もあり，断るのは難しいと思った。また，Aが乙の友達だという話は本当らしいし，その母親のカードで，暗証番号も分かっているのだから，少なくとも盗んできたものではなく，何らかの事情で乙か甲が使うことを許されて，Aから渡されたのであろうと思い，「分かりました。」と答えた。

　丙は，すぐに近くのコンビニに行き，預かったカードを使ってATM機で残高照会をしたところ260万円の残高があったが，1日に払い戻すことのできる限度額が50万円であったことから，その場で50万円を引き出した。

　丙は，甲宅に戻り，「50万円しか引き出せなかった。」と説明し，現金50万円とカードを甲に渡したところ，甲は，現金10万円を丙に渡した。

論点の整理

　共犯の有罪判決の約98％が共同正犯であるから，教唆・幇助は少ない。特に教唆の有罪判決が出されるのは，犯人隠避などの限られた犯罪であることは，常に意識する必要がある。幇助は教唆と比較すればやや多いが，幇助的な関与の多くは共同正犯とされる傾向にあることにも注意を要する。

　本問では，丙の，運転行為や甲への連絡行為が幇助なのか共同正犯なのかが問題となる。さらに，丙がカードで現金を引き出す行為についても，甲との共犯関係が問われる。

　他方，乙については，離脱が問題となる。離脱については第13講で扱う

が，共犯関係からの離脱は容易には認められない。しかし，事前の共謀の時点で想定していた犯罪行為以外の事態が発生した場合，それをすべての関与者に帰責することが妥当でない場合もあり得る。そのような事案については，「共謀の射程」で考えると分かりやすい。もともとの共謀の及ぶ範囲を検討し，その射程範囲を超えた行為については，現場共謀のある関与者のみに帰責すれば足りると考える。本問でも，甲・乙の共謀の射程が，甲の強盗行為にまで及ぶかが問題となる。

解答の筋道

1. 甲の罪責
   (1) B宅での行為
     ・乙との共犯関係→住居侵入と窃盗未遂の限度で乙と共同正犯
     ・丙との共犯関係→丙の片面的幇助（住居侵入の限度）
   (2) 丙を使ってカードで現金を引き出させる行為
     ①間接正犯，共同正犯，教唆犯のいずれか
     ②「Aが貸してくれた」と虚偽の事実を申し向けた行為の評価
2. 乙の罪責
   ・強盗着手前に殴られて気絶→離脱か
     →物理的・心理的因果性の有無で判断
       （ア）心理的因果性：甲が「おまえなんか連れてくるんじゃなかった」と発言
       （イ）物理的因果性：B宅に金があることを教え，道案内したのは乙
3. 丙の罪責
   ①外で見張る行為
     ・住居侵入の片面的幇助（窃盗までは半信半疑→幇助の故意なし）
   ②銀行キャッシュカードで現金を引き出す行為
     ・クレジットカードと異なり，「他人の利用＝窃盗」とはならず

解答例

[答案作成上の注意]

　冒頭でも述べたように，有罪となる共犯の98％が共同正犯であり，特に教唆は現実には非常に例外的であることを念頭に置く必要がある。そこで，検討の順序としては，まず共同正犯（間接正犯が問題となる場合は，まず間接正犯）の成否を検討し，それが否定された場合に初めて，幇助ないし教唆に当たるかを考えることになる。

解答案

一　甲の罪責

　1．(1) 甲が乙と共に，塀を乗り越えて庭に立ち入る行為は，「正当な理由」なく「住居」の囲繞地である庭に，住居権者であるB宅の住人の意思に反し，平穏を害する態様で「侵入」したものであり，庭に入った時点で，住居侵入罪（130条前段）の既遂となる。

　(2) 金庫をこじ開ける行為は，留守番であるCが占有する金庫内の「財物」の占有を，甲・乙らの占有に移転させる具体的な危険を発生させる行為であるから，「窃取」に当たる。ただし，財物を取得していないから，窃盗未遂罪（243条，235条）にとどまる。住居侵入罪と窃盗未遂罪は，後述のように乙との共同正犯となる。

　2．(1) 甲が乙を殴打し，乙の意識を失わせた行為は，乙の生理的機能を障害する行為であり，「傷害」に当たる。

　(2) ただ，窃盗に着手した甲が，警官に発見されるのを恐れて乙を殴打しており，事後強盗致傷罪（240条）に当たらないかが問題となる。

　(3) 事後強盗罪の成立には，盗品の取り返しを防ぐ目的，あるいは逮捕を免れもしくは罪跡を隠滅する目的が必要である。甲は，乙が逃走して警官に発見されることを恐れてはいるものの，殴打の時点で具体的に逮捕を免れたり，罪責を隠滅する目的を持っていたとは認められない。よって，事後強盗致傷罪には当たらず，傷害罪（204条）が成立する。

3．さらに，甲がCを脅し，金庫を開けさせて財物を奪う行為は，強盗罪（236条）に当たるか。

(1) 強盗罪は反抗を抑圧する程度の暴行・脅迫を手段とすることが必要である。甲がCに凶器となり得るバールを突きつけ，さらに「命が惜しければ金庫を開けろ。」と脅す行為は，甲と体力的には大きな差があるとは考えにくい25歳の男性であるCに対するものであることを考慮しても，強盗罪の手段である反抗を抑圧する程度の脅迫に当たる。

(2) この脅迫により，甲は，Cが占有する金庫内の現金やカードを奪っているから，強盗罪（236条1項）に当たる。

(3) さらに，甲は，Cをバールを突きつけながら脅して，Cから暗証番号を聞き出しているが，この行為が2項強盗罪（236条2項）に当たるかが問題となる。

(4) バールを突きつけて脅す行為は，反抗抑圧程度の脅迫に当たる。
さらに，甲は，既に窃取したカードを持っており，当該カードの暗証番号を聞き出し，カードとその暗証番号を併せ持つことによって，迅速かつ確実に預貯金の払い戻しを受けることができる地位を得たといえる。このような地位はそれ自体財産上の利益とみることができるから，暗証番号を聞き出す行為は，利益強盗罪（236条2項）に当たる。

(5) カードの強取と暗証番号の聞き出しは，ほぼ同時に，同じ場所で行われているから，包括して236条一罪に当たる。

4．甲がCを殴打して意識を失わせた行為は，客観的には，硬い鉄製のバールで頭部という急所を狙ったものであるから，死亡する危険性が全くないとはいえない。ただし，甲は，Cに怪我を負わせて逃走する時間を稼ぎ，通報されるのを防ぐ意図でCを殴っていることから，殺意を認めることは困難であり，傷害の故意にとどまる。

さらに，この傷害行為は，逃走する目的で，強盗の被害者に対し，強盗の現場でなされたものであり，強盗の機会になされた暴行による傷害といえるから，強盗致傷罪（240条前段）が成立する。

5．その後，甲が丙を呼び出して，強取したキャッシュカードにより

現金を引き出させた行為は，窃盗罪（235条）に当たるか。

(1) 強取したキャッシュカードを利用して，ATMから不正に現金を引き出す行為は，カードに対する強盗罪とは別に，銀行が占有する現金に対する窃盗罪に当たる。

(2) しかし，丙は，疑いを持ってはいるものの，甲の説明によりカードの利用がカード所持人であるAから許可されていると誤認しているから，窃盗罪の故意に欠け，丙には窃盗罪は成立しない。

(3) では，甲は丙を利用した間接正犯に該当するか。甲は，丙に対して暴行・脅迫を加えるなどして，丙の行為を支配しているわけではない。しかし，もともと弟分である丙に対し，さらにその弱みにつけ込んで意のままに従わせて，ATMからの金員引き出しを行わせていることから，単なる教唆犯にとどまらず，甲には窃盗罪（235条）の間接正犯が成立する。

6. 以上から，甲には，①住居侵入罪及び②窃盗未遂罪について乙との共同正犯が成立し（60条，130条前段，235条，243条），③乙に対する傷害罪（204条），④Cに対する強盗致傷罪（240条前段），さらに⑤銀行に対する窃盗罪（235条）が成立するが，②は④に吸収して評価すれば足り，①と④とは牽連犯（54条1項後段）となり，これと③及び⑤とが併合罪（45条前段）となる。

二 乙の罪責

1. 乙は，甲と，①Bの留守の間にB宅に侵入して金を奪うこと，②侵入のための道具としてバールを持参することを共謀しているから，住居侵入罪と窃盗未遂罪については共同正犯が成立する。

2. (1) その後甲がCに対して行った強盗や強盗致傷行為についてまで，乙との共同正犯が認められるか。

たしかに，B宅に金があることを知らせたのは乙であり，甲がバールを持参することは乙も了承していたから，甲の強盗と甲・乙の侵入窃盗の共謀との間には，少なくとも物理的には因果性が認められる。また，

乙は甲に殴打されて意識を失っていることから，積極的に離脱の意思表示をしているわけではない。

(2) しかし，甲・乙ともに，B宅には人がいないと考えていたこと，また，甲がバールを持参することは乙も認識・了承しているものの，事前の相談ではバールはあくまでも侵入用の道具として使用するという了解であったことから，甲，乙間には，強盗についてまでの事前の共謀があったとはいえず，共謀の射程が強盗にまで及ぶとはいえない。

また，現場でも，乙は警察官に見つかるくらいなら，その場を立ち去るべきだと主張していることから，強盗の現場共謀も認めることができない。

(3) よって，Cに対する強盗致傷罪は，甲が新たに犯意を生じて行ったものであり，甲の単独犯と解すべきである。

3．以上から，乙には住居侵入罪と窃盗未遂罪について甲との共同正犯が成立し（60条，130条前段，235条，243条），両罪は牽連犯（54条1項後段）となる。

三　丙の罪責

1．丙が，外で見張り，さらに甲に警察官の様子を連絡した行為は，住居侵入罪（130条前段）及び窃盗罪（235条）の幇助（62条）に当たるか。

(1) 幇助犯が成立するためには，正犯の実行を促進ないし容易化する行為と，幇助の故意が必要である。甲及び乙は，住居侵入や窃盗について丙には告げていないものの，丙は，甲が住居内で不法な行為を行う可能性を認識しつつ，これらに邪魔が入らないように見張りをしたり，実際に甲に警察官の存在を連絡したりしている。これは甲らの住居侵入罪と窃盗未遂罪を促進し容易化する行為に当たる。

(2) ただし，丙は，甲らが不法に侵入するところは現認しているものの，住居内で何をするかまでは分かっていないから，窃盗を幇助する故意はない。よって住居侵入罪の限度で幇助犯（62条，130条前段）が成立する。

> (3) また，甲・乙を乗せてB宅まで運転した行為について，丙は甲らの犯罪行為を全く認識していないから，幇助の故意は認められず，犯罪は成立しない。
>
> 　2．次に，銀行のキャッシュカードで現金を引き出す行為は，窃盗罪（235条）に当たるか。
> 　甲の罪責について論じたように，丙の主観としては，他人のカードではあるがカード名義人の息子であるAが使用を許可していると誤信している。よって，窃盗の故意が欠け，犯罪は成立しない。
> 　3．以上から，丙には住居侵入罪の幇助（62条，130条前段）が成立する。
>
> 　　　　　　　　　　　　　　　　　　　　　　　　　　　以　上

● 解　説

1．甲の罪責について

(1) Cに対する行為

ⅰ) 居直り強盗

　甲のB宅での行為をまとめると，①塀を乗り越えて庭に入る行為，②金庫をこじ開けようとする行為，③乙を殴打して傷害を負わせる行為，④Cを脅して金庫を開けさせ，現金やカードを出させてポケットに入れ，さらに暗証番号を聞き出す行為，⑤Cを殴打して傷害を負わせる行為となる。

　①は住居侵入罪（乙との共同正犯），②は窃盗未遂罪（乙との共同正犯）に当たり，①と②とは牽連犯となる。また，③は鉄製のバールで殴ってはいるが，肩の辺りを狙ったものであること，乙が外に行かないようにするために殴っていることから，傷害の故意にとどまる（傷害罪）。

　②について，強取した現金・カードはBの所有物であるから，Bに対する窃盗のようにみえる。しかし，窃取とは，「**財物の占有者の意思に反して，その占有を侵害し，自己又は第三者の占有に移すこと**」であるから，行為時

に誰が占有していたかが重要である。本問では，B宅の内部にある物については留守番のCが占有していると評価され，Cの占有を侵害したと評価すべきである。もちろん，誰もいない留守の状態であれば，その物の所有者の占有が及ぶから，Bの占有を侵害したことになる。

次に，④Cを脅して財物を奪う行為が恐喝か強盗かは，**反抗を抑圧する程度の暴行・脅迫**に当たるか否かにより判断される。Cは25歳の男性であり，一般的にいえば甲と比べて大きな体力の差はないといえようが，甲は鉄製のバールを突きつけていること，「命が惜しければ金庫を開けろ。」と脅していることから，若い男性に対する行為としても，反抗を抑圧する程度の暴行・脅迫に当たると認められ，強盗罪（236条1項）の実行行為に該当する。なお，強盗罪の暴行・脅迫の対象は，財物の占有者だけでなく，強取の障害となる者であれば足りる（留守番の10歳の子供でもよい）。

ⅱ）利益強盗罪

また，甲はCから暗証番号も聞き出しているが，暗証番号は財物ではないので，この行為が利益強盗（236条2項）に当たるかも問題となる。窃取したカードの暗証番号を，被害者に暴行・脅迫を加えて聞き出す行為について，2項強盗罪が成立するとした裁判例がある（東京高判平21・11・16判タ1337・280）。原審が，暗証番号を聞き出しても，被害者から行為者に利益が移転するわけではないから，財産上不法の利益を得たとはいえないとして強要罪にとどまるとしたのに対し，高裁は，既にカードを窃取した行為者が暗証番号を聞き出せば，迅速かつ確実に預貯金の払い戻しを受けることが可能となるから，「**キャッシュカードとその暗証番号を併せ持つことは，それ自体財産上の利益**とみるのが相当」であるとしている。

仮に原審のように，財産上の利益を「移転する利益」に限定してしまうと，例えば無賃乗車における「運行のサービス」のように，「移転しない利益」が排除されることになり，妥当でない。さらに，行為者がカードを入手していることも重要であり，単なる「番号」ではなく，カードと併せ持てば「事実上当該預貯金を支配している」（高裁判決）状態となるからこそ，利益に当たるといえるのである。

本問でも，甲が既にキャッシュカードを強取していることが重要であり，これに加えて暗証番号を聞き出す行為は2項強盗に当たる。なお，カードに

ついて既に1項強盗が成立しているから、カードについての1項強盗と暗証番号についての2項強盗とは別罪となるものではなく、併せて強盗罪一罪（236条）が成立する。

iii) 強盗致傷罪の成否

⑤Cに対して鉄製のバールで頭部を殴打する行為は、死亡する危険性が全くないとはいえない。しかし、甲は逃げる時間を稼ごうとしたもので、殺意まで認めることは難しい。もっとも、本問の文言だけの情報では、殺意を認めるとする結論もあり得よう。

問題は、この傷害が強盗致傷罪（240条前段）に当たるかである。甲は、通報を防ぐためにCを殴打しており、強盗の手段から生じたものではない。もちろん、強盗の手段だけではなく、**強盗の機会**になされた傷害であれば、強盗致傷に当たる。この「機会」の中には、逃走するため、あるいは逮捕を免れるために傷害を負わせる場合も含む[1]。事実上、窃盗犯人であれば事後強盗罪に当たり、傷害を負わせれば強盗致傷罪に当たるような場合に、強盗犯人であるからといって240条の適用がないとすることは不当であろう。したがって、事後強盗罪と同様の類型であれば、一般に「強盗の機会」に含めることに合理性がある。甲は、犯行の発覚を防ぐために傷害を加えており、強盗の機会に含むとすべきである。

(2) 乙との共犯関係と、乙に対する行為

i) 共謀の射程

冒頭で指摘したように、**共謀の射程**がどこまで及ぶかは、共犯者各人の刑事責任を論ずるに当たって最も重要な基礎となる事実である。本問の甲と乙とは、①Bの留守の間にB宅に侵入して金を奪うこと、②侵入のための道具としてバールを持参することを共謀しているから、住居侵入罪と窃盗罪については共同正犯が成立する。問題は、強盗罪や強盗致傷罪についてまで、乙との共同正犯が認められるかである。

---

[1] 例えば、タクシー強盗が、逃走しようとして運転手と格闘した際に、その頭部をけん銃で殴打して傷害を負わせた行為は強盗致傷罪に当たる（最決昭34・5・22刑集13・5・801）。なお、準強制わいせつ行為終了後、逃走するために暴行を加え、傷害を負わせた行為についても、強制わいせつ致傷罪が成立する（最決平20・1・22刑集62・1・1）。同じく強制わいせつ致傷罪について同様の結論を認めたものとして、東京高判平12・2・21（判時1740・107）がある。

たしかに，甲がバールを持参することは，乙も認識・了承しているから，強盗についても共謀があるようにもみえる。しかし，事前の相談では，バールはあくまでも侵入用の道具として使用するということであった。しかも，乙は警察官に見つかるくらいなら，その場を立ち去るべきだと主張しており，人に対して危害を加えてまで財物を奪うつもりがなかったものと考えられる。これらの事情から，当初の共謀時にも，少なくとも乙については強取の意図まではなかったものと評価でき，甲・乙間には，強盗までの共謀があったとは認められないと解される。よって，甲の上記の各犯罪行為は，住居侵入罪と窃盗未遂罪の限度で，乙との共同正犯が認められる。

ⅱ）共犯者に対する犯罪

なお，甲が乙を殴打したのは，甲が強盗に着手する前であるから，この行為が強盗の機会の傷害に当たらないことは当然である。もっとも，240条の「人」の解釈については，一般に犯人以外の者をいうとされ，強盗の被害者に限らない（例えば，逮捕を免れるために警察官を死傷させる場合や，被害者に対し発砲した流れ弾が，第三者に当たった場合も含む）。ただし，甲は（乙も）窃盗に着手しており，乙に対する行為が事後強盗罪に当たらないかを検討する必要がある。いわば窃盗の共犯者間の「仲間割れ」であるが，甲という窃盗犯人が，逮捕を免れ，罪跡を隠滅する目的で乙を殴っていると考えれば，事後強盗罪に該当することになろう。しかし，乙が甲を逮捕しようとしているわけではないし，乙が警官に通報しようとしているのを阻止しているという事情もないから，罪跡を隠滅する目的があるともいえない。よって，事後強盗罪には当たらない。

(3) 丙を使ってカードで現金を引き出させる行為

この行為について，甲が，間接正犯，共同正犯，教唆犯のいずれに当たるかを検討するに当たっては，その前提として，そもそも丙の行為をどのように評価すべきかを見ておく必要がある。

ⅰ）キャッシュカードの特色

丙は，キャッシュカードを，当該口座の名義人に無断で使用して，ATMから現金を引き出しているから，この行為は客観的には窃盗罪に当たる。しかし，丙は，やや疑問を感じつつも，カード所持人がカードの利用を許容していると誤認しているため，窃盗罪の故意の有無が問題となる。

他人のカードを利用している以上，窃盗罪の故意もあるようにみえる。しかし，**クレジットカードのように，利用する度に署名を求めるなど本人確認を厳格に行うものとは異なり**，キャッシュカードについては，**カード所持人が暗証番号を入力することにより引き出すことが可能なシステム**となっており，その限りで占有者（銀行）の意思に反する窃取とはいえない。そこで，盗んだカードを，それを認識しつつ利用するような場合は別として，カードの口座名義人が許容していると認識している以上，いかに他人のカードを使って現金を引き出しても，窃盗罪の故意があるとはいえない。クレジットカードのように，たとえカードの名義人が許容していたとしても，原則として詐欺罪が成立するのとは異なる（後述 3.参照）。

ⅱ）間接正犯と教唆犯

丙に故意が欠けるため，丙の行為は窃盗罪に当たらないが，その場合の甲の行為はどのように評価されるべきか。一般論としても，そもそも教唆に該当する事案は極めて少ないが，本問でも，丙に窃盗の故意がない以上，甲が丙に犯意を生じさせたとはいえず，教唆犯とすることはできない。同様に，甲・丙間には窃盗の共謀がないから，共同正犯も成立しない。

では，間接正犯に当たるか。甲は，暴行・脅迫を加える等，丙の意思を抑圧する行為は行っていない。しかし，自己の行為が犯罪に当たらないと考えている丙を使って，ATM から現金を引き出させる行為は，まさに**事情を知らない者を道具のように使った間接正犯**そのものである。また，計画はすべて甲が立て，引き出した現金も，すべて甲が受け取り，その中の一部を丙に渡しているに過ぎないから，甲に正犯性も認められる。

よって，甲は窃盗罪（235条）の間接正犯に当たる。

2．乙の罪責について

ⅰ）共犯からの離脱の有無

乙は，①塀を乗り越えて庭に入る行為についての住居侵入罪，②金庫をこじ開けようとする行為についての窃盗未遂罪につき，甲との共同正犯が認められる。

問題は，③**強盗致傷**について，**共犯からの離脱**が認められるかである（「共犯関係の解消」ともいう。後述・第13講238頁）。乙は，強盗着手前に殴ら

れて気絶しているものの,「やばいことは御免だ。先に帰る。」とのみ発言し,その場を去ろうとしているから,甲の了承を得たわけでもないし,積極的に共犯関係を解消しようとしてもいない。よって,乙には離脱が認められず,その後に甲が行った強盗致傷罪についてまで責任を負うようにもみえる。

しかし,共犯者の了承の有無や,解消のための積極的な行為がないからといって,自分が気絶した後の行為についてまで罪責を負うとするのは妥当でない。もともとの住居侵入及び窃盗の共謀の因果性が失われた後の行為についてまで,乙の関与があるとすることは妥当でないからである。

ii) 共犯の因果性

因果性は,**心理的因果性**と**物理的因果性**の有無により判断される。乙が甲に対して逃走しようと持ちかけた際に,甲が「おまえなんか連れてくるんじゃなかった。」と発言し,殴打してまで乙の逃走を妨げていることから,共謀と甲の強盗との心理的因果性はないといえそうである。他方,物理的因果性については,乙がB宅に金があることを甲に教え,道案内も乙が行っていることから,強盗との因果性も切れないようにもみえる。

たしかに,B宅を教え,案内する行為は,窃盗未遂までは因果性を持ち得るし,当然,窃盗行為は共謀の射程内といえる。しかし,強盗についてまで事前の共謀が認められないこと,しかも,Cが現れたのは乙が気絶した後であることを考えれば,強盗については,甲が新たな犯意で単独で実行したというべきであろう。

新たな犯意に基づく行為か否かに関して参考になるのが,傷害の共謀の射程が問題となった**名古屋高判平14・8・29**(判時1831・158)である。暴行の共謀により暴行を加えた者の1人であるXが,仲間割れから共犯者のYに殴られ失神した場合について,共犯関係はXに対する暴行とその結果失神したXの放置というY自身の行動によって一方的に解消され,その後の第2の暴行はXの意思・関与を排除してYらのみによってなされたものと解するとしている(後述・第13講238頁参照)。

よって,乙については,住居侵入と窃盗未遂について,甲との共同正犯が成立する。

3. 丙の罪責について

ⅰ) 窃盗罪の故意

丙については，①外で見張っていた行為，②銀行のキャッシュカードで現金を引き出す行為が問題となる。②については，甲の罪責について論じたように，丙は，主観的に，他人のカードではあるが，カード名義人の息子であるAが使用を許可していると誤信しているから，窃盗の故意が欠け，犯罪は成立しない。銀行キャッシュカードとクレジットカードとの違いについて参考になるのが，最決平16・2・9（刑集58・2・89）の第1審判決（京都地判平13・9・21刑集58・2・93）である。本件では，名義人でない者が，クレジットカードだけでなく銀行のキャッシュカードも使用しており，銀行ATMから現金を引き出した行為が窃盗罪で立件された。しかし，第1審判決は，クレジットカードの利用に関する詐欺罪の成立は認めたが，キャッシュカードの利用についての窃盗罪は成立しないとした。キャッシュカードは，クレジットカードのように利用の度に個別に審査するシステムではないので，カード所持人に対する払戻しが認められるとしたのである。

ⅱ) 見張りと共犯

①の見張り行為についてはどうか。甲・乙は，住居侵入や窃盗について丙には告げていないから，共同正犯が成立する余地はない。では，幇助犯には当たるか。

幇助犯が成立するためには，幇助の故意と，他人の犯罪を促進しあるいは容易にすることが必要である。丙は，甲・乙が明かりの点いていない家に，塀を乗り越えて入るのを目撃した上で，甲のために見張りをする意図があるから，幇助の故意はある。また，甲のために見張りをし，現に警察官が来たことを甲に知らせているから，甲の犯罪を促進しあるいは容易にしているといえる。よって，少なくとも住居侵入罪については**片面的幇助**が成立するといえよう。

ただし，塀を乗り越えたのを見ただけで，中で窃盗をすることまでの認識があったとはいえないから，窃盗罪についての**幇助の故意**は欠け，窃盗罪の幇助犯には当たらない。

なお，甲・乙を乗せて，B宅まで運転する行為については，甲らの犯罪行

為を全く認識していないから，幇助の故意は認められず，犯罪は成立しない。また，途中で怖くなって逃走したことは，既に幇助行為を終えた後の事情であるから，中止や離脱といった問題は生じない。

【参考判例】

東京高判平 11・1・29（判時 1683・153） 同一ビル内の他店舗の店長が，パチンコ店の売上げについての強盗計画を聞いてはいたものの，半信半疑だった事案について，警察ないし経営者に通報する義務はないとして，原審の認めた強盗の幇助犯を否定した。

札幌高判平 12・3・16（判時 1711・170） 実母が，内縁の夫が 3 歳の子を暴行により死亡させた際に制止しなかった行為につき，親権者であることと，作為による回避可能性があったことを認め，傷害致死罪の幇助犯とした（原審の作為可能性を否定した判断を破棄した）。

大阪高判平 13・6・21（判タ 1085・292） 母親が 1 歳 2 か月の幼女をこたつの天板にたたきつけて殺害した際，これを制止しなかった父親につき，殺人罪の共謀共同正犯の成立を認めた。

名古屋高判平 14・8・29（判時 1831・158） ［解説］202 頁参照。ただし，傷害が第 1，第 2 のいずれから生じたものかが不明であるとして，207 条の適用を認め，X もすべての傷害について刑責を負うとした。〈前田・重要判例 No. 88〉

第12講 | 間接正犯と教唆犯

▶設 問

以下の事例に基づき，甲及び乙の刑事責任について，具体的事実を示しつつ論じなさい（特別法違反の点については除く。）。

1　甲女は，長男A（12歳，中学1年生）と2人暮らしであったが，生活費に窮し，以前勤めていたスナックの経営者乙女から金員を窃取しようと企てた。ある日曜日の午後2時頃，自宅にいたAに対し，「うちにはお金がないから，お母さんの勤めていたスナックに行って，お金を盗んできて頂戴。今の時間は誰もいないし，この鍵を使って裏口から入れるから。」と伝え，以前勤めていたときに作っておいた合鍵を，Aに渡そうとした。

2　これを聞いたAは，盗みは悪いことだし，自分がそのようなことはしたくないと思い，「そんなことはやりたくない。」と言ったが，甲が，「明日食べるものも困っているのに，私の言うことが聞けないの。」と強い調子で叱りつけ，「あんたは，私と一緒に何度かスナックに行っているから，場所は分かっているでしょ。カウンターのところにレジがあるから，そこからお金を取ってくればいいのよ。取ってくるまでは家に入れないから。」と申し向けて，Aに合鍵を持たせて無理遣り家から追い出した。

3　Aは，家から追い出されて途方にくれたが，甲は怒ると非常に怖く，これまでも家から追い出されて夜中になるまで家に入れてくれなかったり，Aを叩いたりすることがあったので，盗んでくるまでは甲が家に入れてくれないだろうと考え，やむを得ず，歩いて15分ほどのところにあるスナックに向かった。

4　スナックはビルの1階にあり、Aが合鍵を使って裏口から入ろうとしたところ、既に鍵が開いていたため、そのまま裏口のドアを開けて店内に入った。レジのところに行き、レジをこじ開けようとしたところ、店内のトイレから乙が出てきて、「あら、Aちゃんじゃないの。どうしたの。」と驚いた様子で話しかけてきた。

　　Aは、誰もいないと思っていたところに、以前、母に連れて来られて顔見知りだった乙がいたために、非常に慌て、とっさに、傍のカウンターに置いてあった果物ナイフ（刃渡り10センチメートル）を手に持ち、「金を出せ。出さないと殺してやる。」と叫んだ。

5　乙は、はじめはAがふざけているのかと思ったが、Aが真っ青な顔色で、手も震えていたので、体格のよいAが本当にナイフを振り回したらたいへんなことになると思って怖くなり、「分かった。お金を出すからナイフを置いて頂戴。」と言った。そして、レジを開けて、3万円を出してAに渡しながら、「こんなことをしたら、お母さんが悲しがるでしょう。」と言ったが、Aは、それには何も答えずに、3万円を乙からひったくり、ナイフを摑んだまま裏口から逃走した。

6　家に帰ったAは、甲に3万円とナイフを渡し、「乙さんに顔を見られた。こんなことをしたらお母さんが悲しがると言われた。」と伝えた。これを聞いた甲は、乙に事件が発覚してしまったことで焦るとともに、Aにかわいそうなことをさせてしまったという思いから、スナックに出向いて、乙に3万円と果物ナイフを返して謝り、甲が命じたのであってAが悪いのではないことを伝えようとした。

7　Aを自宅に残して、甲は3万円と果物ナイフをバッグにいれ、これを持ってスナックに向かい、表のドアから入ったところ、店内では、乙と、以前甲と一緒に勤めていたことのあるB女とが話をしているところだった。甲を見た乙は、「あら、甲じゃないの。」と言い、Bに向かって、「さっき甲の息子のAがやってきて、ナイフを振り回してお金を取っていったのよ。甲もしょっちゅう無断欠勤してだらしなかったけれど、その息子だからあんなことをするのよね。」と、甲を侮蔑するような調子で話した。

8　甲は、自分だけでなくAの悪口まで言った乙が許せず、思わず、「Aは悪くない。私が無理遣りやらせたんだ。」と言いながら、乙に向かって殴りかかった。これを見たBは、甲の動きを止めようとして、とっ

さに傍にあったガラス製の灰皿を持って，甲に向かって投げつけた。
9　灰皿は，甲には当たらなかったが，灰皿を投げられた甲はさらに激昂し，持ってきたナイフをバッグから取り出し，乙に向かって突き刺そうとした。ところが，甲は慌てていたためテーブルに身体をぶつけ，狙いが逸れて，乙の隣にいたBの大腿部にナイフを刺してしまった。また，その反動で甲はその場に倒れ込み，床に頭部を強打してうずくまったまま動かなくなってしまった。
10　乙は，甲がナイフまで持ち出し，自分と仲のよいBに怪我を負わせたのを見て，勝手に店に来なくなり散々迷惑をかけた上に，店でこのような騒ぎまで起こした甲に対する憎しみが募り，床に落ちた果物ナイフを取り上げ，「あんたは本当に許せない。」と言いながら，うずくまった甲の背中に切りつけた。
　　Bは，甲に刺されたことにより加療2週間を要する傷害を負い，甲は，乙にナイフで切られたことにより，加療3週間を要する傷害を負った。

論点の整理

　刑事未成年を利用して犯罪を実行する行為は，典型的な間接正犯であるとされてきた（最決昭58・9・21刑集37・7・1070，大阪高判平7・11・9判時1569・145等。後述213-214頁参照）。
　窃盗罪の間接正犯を認める理由として，伝統的には極端従属性説の見解から，責任能力を欠く者に対する教唆犯は成立しないので，間接正犯に当たると説明されることも多かった。しかし，現実の判例は，そのような形式的な判断ではなく，利用者が被利用者の行為をどれだけ支配していたかを基準とする。本問は，親子関係という一定の支配関係はあるものの，被利用者がある程度自己の判断で犯罪を遂行した場合につき，間接正犯，共同正犯，教唆犯のいずれとすべきかを問う問題である。
　Aの罪責は問われていないものの，実行犯であるAの行為についての構成要件該当性を検討しなければ甲の罪責の判断ができないため，Aについても論ずる必要がある。
　また，後段は正当防衛の成否が問題となる。侵害行為・防衛行為がいくつ

か錯綜しているが、問題とすべき行為（具体的には甲がBを刺す行為、乙が甲を刺す行為）から遡りつつ検討する必要がある（第6講101頁参照）。乙は、甲がうずくまっているにもかかわらず反撃行為に出ていることから、急迫不正の侵害の存否が問われる。

解答の筋道

1. 甲は間接正犯、共同正犯、教唆のいずれか
    ・Aはやむを得ず出かけた→甲はAの意思を抑圧
2. Aの強盗罪の成否
    (1) 建造物侵入罪
    (2) 3万円について→236条1項の強盗罪
    (3) Aの強盗に関する甲の罪責
        ・窃盗の間接正犯だったところ、強盗の結果発生
    (4) ナイフについて
        ・その場でとっさに強盗の手段として使用→不法領得の意思の有無
3. 甲がナイフで刺した
    ・甲の刺突行為←Bの暴行←甲の殴打
        →どこまで遡るか
    ・甲の殴打とBの暴行は一連、一体の事態
        →それに対する正当防衛の可否
4. 乙が甲を切りつけた行為
    ・量的過剰（B、乙の一連、一体の防衛行為）か、単なる侵害行為か

[答案作成上の注意]

　本問では、第1に甲が間接正犯か共同正犯か、強盗罪についてまで刑事責任が及ぶかが論点となる。被利用者の意思の抑圧の有無が重要であるから、甲がどのような言葉でAに指示したか、甲とAとのそれまでの関係がどのようなものだったか、Aに正犯意思があるといえるのかを、具体的事実を

挙げながら説明することが必要である。

第2の論点は，甲と乙，それぞれの正当防衛の成否である。甲については，甲の行為が一連の侵害行為であることが重要で，乙については，甲の侵害が終了していることを具体的に説明することが必要である。甲に対し，乙とBとが共同して防衛していることにも留意すべきである。

解答案

一　甲の罪責
　1　Aの罪責について
　甲の罪責を論ずるにあたり，まず，甲に命じられたAの行為について検討する。
　(1) Aは鍵を持っていたとはいえ，裏口から無断で店内に入っており，このような立入りは店の管理権者である経営者乙の意思に反し，しかも無断で裏口から入る行為は，同店舗の平穏も害する「侵入」に当たる。したがって，Aが店に入る行為は建造物侵入罪（130条前段）に当たる。
　(2) Aがレジをこじ開けようとした行為は，レジ内の金員の占有侵害の具体的危険性を生じさせる行為であり，窃盗罪の実行の着手が認められる（235条，243条）。
　(3) その後，乙に発見され，さらに居直って金員を要求し，3万円を奪う行為は，強盗罪（236条1項）に当たるか。
　刃渡り10センチメートルのナイフで脅す行為は，一般に被害者の反抗を抑圧する行為であるから，強盗の実行行為に当たる。ただし，乙は，怖いとは思ったものの，Aがふざけていると思ったり，「お母さんが悲しむ」といった発言をしていることから，反抗を抑圧されたとまではいえず，畏怖の程度にとどまるといえる。
　しかし，反抗抑圧程度の暴行・脅迫がなされれば，たとえ被害者が畏怖したに過ぎないとしても，暴行・脅迫と財物強取結果との因果関係が切れることはないから，3万円についての強盗既遂罪（236条1項）が成立する。なお，レジ内の金員に対する窃盗未遂は，3万円についての強盗既遂罪に吸収して評価すれば足りる。

(4) また，強盗手段として用いるために，店のナイフを取り上げているが，ナイフに対する窃盗罪（235条）ないし強盗罪（236条1項）は成立するか。

不法領得の意思の有無が問題となるが，ナイフの脅迫目的での利用は，典型的とはいえないものの，ナイフの用法の1つではあるので，権利者を排除し，その物の本来的・経済的用法に従って利用処分する意思が認められる。

(5) さらに，ナイフは強盗手段として用いるために奪ってはいるが，ナイフ自体は暴行脅迫により奪ったわけではないので，ナイフを奪う行為は，強盗罪ではなく窃盗罪に当たる。ただし，その前の，レジ内の金員に対する窃盗未遂と同様，3万円の現金に対する強盗罪に吸収して評価すれば足りる。

(6) よって，Aには建造物侵入罪（130条前段）と強盗罪（236条1項）が成立し，両罪は牽連犯（54条1項後段）となる。

2．窃盗罪の成否について

(1) Aに命じ，これらの犯罪を実行させた甲には，Aに成立する各罪についての間接正犯が成立するか。

Aは刑事未成年（41条）で責任能力を欠くが，間接正犯の成否は，被利用者の責任能力の有無のみではなく，利用者が被利用者の意思を抑圧し，その行為を支配して犯罪を実行させたと評価できるか否かにより判断される。

(2) Aは，普段から甲を恐れていること，窃盗についても，甲の指示に従わないと厳しく叱られることを恐れて店に向かっていること，機械的に金員を取ることのみを指示されていることを考慮すると，甲はAの行為を支配し犯罪を実行させたといえる。

(3) しかし甲は，敢えて人のいない時間帯を狙ってAに窃盗を命じ，武器や覆面などの，強盗に発展する可能性のある道具を用意していないことから，Aに強盗罪を実行させる意図は認められず，強盗罪の間接正犯の故意が欠ける。

ただ、Aは、甲から命じられた通りに乙の店に行き、その店で窃取行為を行おうとしたところ、たまたま乙に見つかって強盗行為を行うことになったのであるから、甲の指示は、客観的に窃盗罪の間接正犯としての実行行為性も含んでおり、Aの財物奪取とは因果性を有する。

よって、窃盗罪と強盗罪の構成要件の重なる窃盗罪の限度で、甲に間接正犯が成立する（235条）。

3. 傷害罪の成否について

甲がBを刺した行為は傷害罪（204条）に当たるか。

(1) 甲は乙を刺す意図であったところBを刺してしまったが、方法の錯誤に過ぎず、Bに対する傷害の故意も認められる。よって、加療2週間の「傷害」を負わせた行為は傷害罪（204条）の構成要件に該当する。

(2) もっとも、この行為は、Bが灰皿を投げた行為に対してなされたものであるから、正当防衛（36条1項）に当たるか。Bが灰皿を投げたのは、甲が乙に殴りかかったことに対応しているので、甲の挑発行為があるようにみえる。しかし、甲が乙に殴りかかったのは、乙が甲を侮辱したためであるから、これらの一連の行為が単なる喧嘩闘争なのか、正当防衛の余地があるのかが問題となる。

(3) 甲が乙侮辱に対し暴行を加えることは、およそ防衛の程度を超えた行為であり、正当防衛の余地はない。

(4) さらに、甲がBを刺した行為は、Bに灰皿を投げられたことに対する防衛行為に当たるようにみえる。しかし、Bの攻撃に先立ち、甲がBと共にいた乙に対し暴行を加えており、Bの攻撃は甲の暴行に触発され、時間的・場所的に近接した一連、一体の事態といえる。さらに、Bが灰皿を投げる行為は、甲の乙への殴打行為の程度を大きく超えるものではない。

(5) よって、甲は不正の行為により自ら侵害を招いたものであり、正当防衛が認められる状況にあるとはいえない。

(6) したがって、甲の傷害行為について正当防衛は認められない。

以上から，甲には，建造物侵入罪（130条前段），3万円についての窃盗罪（235条）の間接正犯，乙に対する暴行罪（208条），Bに対する傷害罪（204条）が成立し，窃盗罪，暴行罪，傷害罪は併合罪（45条前段）となり，これと住居侵入罪とは牽連犯（54条1項後段）となる。

二　乙の罪責
　(1) 乙が甲をナイフで刺した行為は，人の身体を侵害する行為で，甲に対する傷害の故意もあるから，傷害罪（204条）の構成要件に該当する。
　(2) 甲がBをナイフで刺した行為に対して行われたものであるから，正当防衛（36条1項）に当たらないか。
　急迫不正の侵害とは，現に侵害がなされているか，間近に押し迫っていることをいう。甲はナイフまで持ち出して攻撃しているが，既にうずくまって動かなくなっているから，急迫不正の侵害は終了しているといえる。
　(3) もっとも，急迫不正の侵害が終了した後であっても，反撃としてやや行き過ぎといえる場合には，量的過剰として過剰防衛が認められる場合がある。しかし，乙は，甲に対する恨みが募り，動かなくなっている甲に「あんたは本当に許せない。」と言いながら切りつけているから，もはや防衛のための行為ではなく，甲に対して専ら攻撃の意思を持って行為しているといわざるをえない。よって，正当防衛及び過剰防衛には当たらない。
　(4) 以上から，乙には傷害罪（204条）が成立する。

以　上

1. 甲とAとの共犯関係

(1) 行為支配の有無

　伝統的な見解によれば，責任能力を欠く者を利用する行為は，要素従属性に関していかなる見解を採るかにより結論が異なると解されてきた。従来の通説・判例であるとされてきた極端従属性説によれば，被利用者に責任が欠けるため教唆犯の成立が認められず，利用者は間接正犯として処罰されることになる。これに対し，制限従属性説によれば，正犯に構成要件該当性・違法性が認められれば，利用者に教唆犯の成立を認めることが可能となる。

　しかし，利用者が間接正犯なのか教唆犯なのかは，被利用者の犯罪の完成如何によるとする形式的な議論は，現在では支持を失っている。なぜなら，同様に責任無能力であるといっても，3歳の子どもに窃盗を命じた場合，これを教唆犯とすることが妥当でないのは明らかであり，他方13歳の子に窃盗を命ずる行為が，常に間接正犯となるとするのも合理的ではないからである。むしろ，**利用者が被利用者の意思を抑圧し，その行為を支配して犯罪を実行させた**と評価できる場合には間接正犯となり，そうではない場合には教唆犯となると解すべきである。

　さらに，現実の判例では，他人を「唆して」犯罪を実行させた場合，背後者に全く利益がない場合はほとんど考えられず，その結果，事実上共同正犯が成立する場合が多いことにも留意すべきである。

(2) 判例の判断基準

　判例も，被利用者の意思が抑圧された状態でなされたか否かを重視して間接正犯の成立を認めている。**最決昭58・9・21**（刑集37・7・1070）は，12歳の養女を連れて四国を巡礼していた被告人が，嫌がる養女にタバコの火を押しつける等して盗みを命じ，計13回，合計80万円を窃取させた事案につき，たとえ養女が是非善悪の判断能力を有する者であったとしても，意思を抑圧されている12歳の少女を利用した行為は，間接正犯に当たるとした。

　本決定は，形式的に，極端従属性説を根拠に間接正犯の結論を導いているわけではなく，12歳の養女に対し，虐待を加え，意思を抑圧した上で，そ

の子を利用して窃盗を行わせていることを重視している。同様に、**大阪高判平 7・11・9**（判時 1569・145）も、X が平素より公園で一緒に遊んでいた 10 歳の少年 A に対し、付近で起きた交通事故の被害者が落としたカバンを取るように命じた行為につき、（ア）A が刑事未成年であったこと、（イ）X を日頃から怖いと思っていたこと、（ウ）目の前で拾えと命じられたため、機械的に行動しただけであったことを理由に、「たとえ少年がある程度是非善悪の判断能力を有していたとしても、……意思を抑圧されているわずか 10 歳の少年を利用して自己の犯罪行為を行った」行為は、間接正犯に当たるとした。

2. 間接正犯と共謀共同正犯

(1) 最高裁平成 13・10・25 決定

これに対し、行為支配の程度が強いとはいえない場合には、たとえ未成年を利用した場合でも共同正犯となる。これを認めたのが、**最決平 13・10・25**（刑集 55・6・519）である。スナックに勤めていた母親 Y が、12 歳（中学 1 年）の長男 X に覆面、エアーガンを渡し、スナックの女性経営者 A から金品を奪うよう命じたもので、X は、Y から指示された強盗手段の他、自分の判断で、スナックのシャッターを下ろしたり、A に対し「トイレに入れ」と申し向けるなどして、現金 40 万円余りとショルダーバッグ 1 個を強取し、それらをすべて Y に渡したという事案であった。

最高裁は、まず、（ア）「X には是非弁別の能力があり、Y の指示命令は X の**意思を抑圧するに足る程度のものではなく**、X は**自らの意思により本件強盗の実行を決意**した上、**臨機応変に対処**して本件強盗を完遂したことなどが明らかである」として、間接正犯の成立を否定した。その上で、（イ）「Y は、生活費欲しさから本件強盗を計画し、X に対し犯行方法を教示するとともに犯行道具を与えるなどして本件強盗の実行を指示命令した上、X が奪ってきた**金品をすべて自ら領得した**」として教唆犯ではなく共謀共同正犯が成立するとした。

（ア）で示されたように、本決定も、被利用者の意思抑圧の有無を重視している。しかし、たとえ被利用者が未成年であり、かつ親子という一定の支配関係があると認められる場合であっても、「道具」とならない場合がある

ことを実際に認めた判例は少ない。本件が、行為支配が認められやすい窃盗罪ではなく、現場での犯罪遂行において実行行為者の独自の判断が要求される強盗罪の事案であったことも、事実上の影響を与えているといえよう。

さらに、本決定が「間接正犯ではないから教唆犯となる」としていない点にも注意を要する。(イ)で示されたように、犯行道具を与えたことと、金品を甲が領得したことが重視され、客観的に見て結果発生に対する支配が大きく、しかも主観的にも自らの犯罪としての正犯意思が認められることから、間接正犯でも教唆犯でもなく、共謀共同正犯に当たるとされた。被利用者が成人の場合であれば、共同正犯となるのが当然のようにみえるが、本決定は未成年を利用した共同正犯が成立し得ることを示した。

(2) 本問の甲とAの関係について

本問の甲とAも、平成13年決定の母親Yと長男Xとの関係に似ているようにみえるが、いくつかの点で異なる事情がある。まず、①Yは、覆面、エアーガンを渡し、被害者Aを脅すよう具体的に強盗の実行を指示しているのに対し、本問の甲は、店の鍵を渡してはいるが、単に「店の金を盗んできて」と言って窃盗を指示しているに過ぎず、そもそも共謀の内容が強盗ではない。また、②本問のAは嫌がっているにもかかわらず、甲に無理遣り家を追い出されているが、13年決定のXにはそのような事情はみられない。

これらを比較すると、①強盗は犯行現場で相当程度主体的に動く必要があり、実行した者に道具性が認められにくいが、窃盗は特に障害がなければ指示されたままに奪うだけでよいため、道具性が認められやすいこと、また、②本問のAが甲に支配され、家から追い出されてやむを得ず犯行現場に出かけていることから、A自らが主体的に犯行を行っているとはいえないことが認められる。

たしかに、甲がAの意思を抑圧した状況にあるといえるかは疑問の余地もあるが、Aとしては甲に頼って生活する以外になく、しかも、逆らうと家から追い出されたり、暴行を加えられたりしているから、一定の支配関係は否定できない。したがって、甲とAの間に、建造物侵入罪と窃盗罪の「共謀」が成立したと認めることは困難で、甲は、Aを道具として利用してこれらの罪を実行しようとした、間接正犯に当たると解すべきである。

3. Aの強盗罪の成否と甲の罪責

(1) 強盗罪の成否

　本問の甲の罪責を検討するに当たり，まず，Aの行為がいかなる構成要件に該当するかを判断する必要がある。

　Aは無断で店に入っているが，この行為は，店主であり，店の管理権者である乙の意思に反するだけでなく，店の平穏を害する行為でもあるから，建造物侵入罪（130条前段）に該当する。

　次に，レジをこじ開けようとする行為は，レジの中の金員が窃取される具体的危険性が認められるから，窃盗罪（235条）の実行の着手に当たる。

　そして，乙に発見され，乙をナイフで脅しながら「金を出せ。」と脅す行為は，乙の反抗を抑圧する程度の脅迫に当たり，いわゆる居直り強盗の実行行為に当たる。もっとも，乙は，最初はAがふざけていると思っており，金をAに渡す際にも，「こんなことをしたら，お母さんが悲しむ」といった発言をしているから，反抗を完全に抑圧されたとはいえず，畏怖の程度にとどまるといえる。しかし，**被害者が畏怖したに過ぎない場合であっても，それにより財物・利益が移転した場合には，強盗罪の因果関係は否定されない**。よって，Aが乙から3万円を奪う行為は強盗罪（236条1項）に当たる。

　レジをこじ開けようとした窃盗未遂は，強盗罪に吸収され，建造物侵入罪と強盗罪とは牽連犯の関係に立つ。

(2) ナイフについて

　脅迫に利用したナイフについては，別に窃盗罪ないし強盗罪が成立するか。その場でとっさに強盗の手段として利用したに過ぎないから，不法領得の意思が欠けるようにもみえる。しかし，たとえ脅迫行為として一時的に用いる意図であっても不法領得の意思は欠けない。不法領得の意思は，権利者を排除し，他人の物を自己の所有物と同様にその経済的・本来的用法に従ってこれを利用・処分する意思をいうが，永続的にその物の経済的利益を保持する意思である必要はないからである[1]。

　もっとも，ナイフを強盗の手段として用いているが，ナイフ自体は暴行・脅迫により奪ったものではない。よって，ナイフについては窃盗罪が成立するが，この窃盗罪は3万円の強盗罪に吸収される。

(3) 間接正犯の成否

では，これらのAの犯罪行為について，甲はいかなる罪責を負うか。

前述2.(2)で検討したように，①そもそも共謀の内容が強盗ではないこと，また②甲のAに対する一定の行為支配があることを前提に，間接正犯が認められると解すべきである。

具体的には，甲は，Aに合鍵を渡し，店に誰もいない時間帯を狙って乙の店に入るように指示し，現にAは（合鍵は使わなかったものの）無断で店に入っているから，甲には建造物侵入罪の間接正犯が成立する。また，甲は，Aに窃盗を実行するよう命じ，現にAはレジをこじ開けようとして窃盗に着手しているから，甲は窃盗未遂罪の間接正犯に当たる。

ただ，甲には強盗の故意がないから，Aの強盗行為についての間接正犯は認められない。しかし，Aは甲の指示に基づいて3万円を強取したのであり，新たに犯意を生じて強盗を実行したと評価するのは妥当でない。そうだとすれば，3万円についても強盗罪と窃盗罪の構成要件の重なる窃盗罪の限度で，甲の間接正犯が成立すると解すべきである（レジ内の金員についての窃盗未遂罪の間接正犯，及びナイフの窃盗罪の間接正犯は，窃盗既遂罪の間接正犯に吸収して評価すれば足りる）。

4. 甲のBに対する傷害罪の成否

i) 傷害罪の成否

甲がBをナイフで刺した行為は「傷害」に当たる。また，乙を狙ったところ，狙いが逸れてBを刺しているが，人を刺す意図で人に傷害を負わせているから，傷害の故意も欠けない。よって，甲の行為は，傷害罪（204条）の構成要件に該当する。ただし，この行為は，Bから灰皿を投げられたのに対してなされているから，甲に正当防衛が成立するかが問題となる。

ii) 挑発行為と正当防衛

第6講でも指摘したが，いくつかの攻撃・防衛行為が存在する場合には，

---

1) 東京高判昭44・5・2（判タ236・217）は，侵入窃盗の犯人が金品物色中に隣家の者等に見つかり，追っ手を脅して逃げようとして，その場にあった包丁を持ち出した場合につき，たとえ追っ手を脅迫した後に捨てる意図であっても不法領得の意思は認められるとした。

まず、**どの行為まで遡るべきか**を検討する必要がある。甲の傷害行為に先立つ行為は、時系列的には、①乙が甲に対し侮辱的な発言をし、②これに憤慨した甲が乙に殴りかかり、③それに対してBが、乙を防衛するための第三者防衛として甲に灰皿を投げている。このうち、①は侮辱罪に当たる可能性もある行為であって、それに対し言葉で言い返すことは許されるであろうが、②のように暴行で反撃することは、およそ防衛の程度を超えており、正当防衛を論ずる余地もない。よって、②以降について、正当防衛の成否を検討することになる。

さらに、**正当防衛の成否が問われるのはあくまでも甲の傷害行為**であり、この行為とそれ以前の③②行為との関連性が問題となる。本問では、甲の、乙に対し殴りかかる行為と、乙に対しナイフで刺そうとする行為が、いずれも乙に対して憤慨してなされた一連の行為といえるかが重要である。たしかに、この間に、Bの③の行為が介在しているが、このBの行為は、**甲の暴行に触発された一連、一体の事態**で発生しており、Bの攻撃が甲の②の殴りかかる行為の程度を大きく超えるものでない場合には、甲は不正の行為により自ら侵害を招いたといえるから、甲がナイフにより反撃することが正当とされる状況にないと考えるべきである（最決平20・5・20刑集62・6・1786、第6講107頁参照）。

なお、Bが甲に灰皿を投げる行為は、暴行罪の構成要件に該当するが、甲の不正な侵害（殴りかかる暴行）に対し、乙を守る第三者防衛として行われている。よって、乙の行為を検討する際に、併せて検討することとなる。

5. 乙の罪責について

i) 防衛行為と共同正犯

乙が甲を切りつけた行為は、甲の上記の一連の暴行行為に対する防衛行為として行われたといえるかが問題となる。乙とBとが共同して防衛しているので、乙及びBの一連、一体の防衛行為として検討することとなる。

まず、Bが甲に灰皿を投げる行為は、暴行罪の構成要件に該当する。しかし、Bの行為は、甲の不正な侵害（殴りかかるという暴行）に対し、乙を守るための第三者防衛として行われている。よって、急迫不正の侵害に対する防衛のための行為といえる。また、甲の素手の攻撃に対し、灰皿を投

げているが，凶器を用いたわけではないので，防衛行為の相当性も認められる。

ⅱ）侵害の継続性

乙は，甲に加療3週間を要する怪我を負わせているから，傷害罪（204条）の構成要件に該当するが，正当防衛に当たるか。

まず，急迫不正の侵害の有無であるが，甲は，殴打に加えてナイフでの攻撃も加えたものの，Bを刺した後，その場に倒れ込み，床に頭部を強打してうずくまり，動かなくなった状態であった。しかも，乙は，床に落ちたナイフを取り上げているから，甲がナイフを用いる可能性もなくなっている。よって，甲による急迫不正の侵害は終了したとみるべきであろう。

もっとも，仮に急迫不正の侵害が終了した場合でも，防衛行為が連続しており，防衛の意思も継続していると認められる場合であれば，量的過剰として過剰防衛に当たる場合がある。

しかし，乙は，「あんたは本当に許せない。」と言いながら甲を刺しており，防衛の意思を認めることは困難である。防衛の意思とは，不正な侵害に対応する意思で足り，攻撃の意思が併存していても否定されないが，専ら攻撃する意図であれば防衛の意思は欠ける。本問の乙は，もともと甲に迷惑をかけられたと思っており，さらに甲が子供に強盗をさせたり，Bに怪我を負わせたりしたことで，甲に対する怒りの感情から，専ら攻撃の意思で刺したと評価することができる。そうであれば，防衛の意思を認めることは困難である（最決平20・6・25，第6講［参考判例］参照）。

さらに，防衛行為の相当性についても，たしかに，Bが2週間の傷害であったのに対し，甲は3週間の傷害を負っていることから，相当性に欠けないようにもみえる。しかし，凶器を持たずにうずくまっている甲に対し，乙とBの2名でナイフを用いて刺す行為は，行為の相当性に欠け，防衛行為の相当性も認められない。もっとも，防衛の意思が欠けるとするのであれば，防衛行為の相当性を論ずるまでもなく，正当防衛・過剰防衛は成立しないことになる。

【参考判例】

最決昭 58・9・21（刑集 37・7・1070）　［解説］213 頁参照。〈前田・重要判例 No. 70, 松生光正・百選 I No. 74〉

最決平 13・10・25（刑集 55・6・519）　［解説］214 頁以下参照。〈前田・重要判例 No. 69〉

第13講 | 共犯と離脱・錯誤

▶設 問

　甲，乙及び丙の罪責について，具体的事実を挙げて論じなさい（特別法違反の点を除く。）。

1　甲（男性，25歳，身長160センチメートル）は，Xスーパーのアルバイト店員として働いていたが，勤務時間に遅刻することが多く，店長のA（男性，40歳，身長175センチメートル）からしばしば叱責されていた。Aは，甲だけでなく他のアルバイト店員にも厳しく接していたことから，従業員や他のアルバイト店員もAにはよい感情を持っていなかった。
2　平成27年7月25日，遅刻した甲は，Aから，「おまえは勤務態度が悪いから，時給を減らしてやる。嫌なら今月限りで辞めてもらってもいいんだ。」と言われた。甲は，時給を減らされては生活できなくなると切羽詰まった気持ちになり，何とかAが店長を辞めざるを得ないような状況にならないかと思った。
　そこで，Aを窮地に陥れ，しかも金が手に入る方法として，店の金庫から現金を奪うことを思いつき，そのような事件が発生すれば，Aが責任を取って店を辞めざるを得なくなるのではないかと考えた。
3　ただし，金庫の鍵は常にAが管理していて，しかもAは，毎日のように閉店後も深夜まで残って，金庫のある事務室で仕事をしているため，甲は自分1人で金を奪うのは難しいと考え，7月27日に，日頃からAに対する不満を言い合っていた同僚のアルバイト店員乙（男性，28歳，身長170センチメートル）に，この計画を打ち明けたところ，乙は二つ返事で計画に賛成した。そこで，甲と乙は，Aが不在になる日を調べることとし，そのタイミングを狙って，金庫から金を奪う計画を立てた。

4　甲，乙は，Aの勤務スケジュールを，ベテランの従業員で人事管理をしている丙（女性，35歳）から聞き出すこととし，7月29日に，乙が丙に対し，「店長はいつも夜遅くまで忙しそうですね。早く帰ることはないんでしょうか。」と話を向けたところ，丙は，「月末は忙しいけれど，8月1日は本社で会議があるから，午後から店にはいないと思うわ。」と答えた。

5　しかし，丙は，店長を嫌っているはずの乙がそのようなことを聞くのを不審に思い，「なんでそんなことを聞くの。」と乙に尋ねた。乙は，丙もAを嫌っていたことを知っていた上，丙に不審に思われてAに余計な告げ口をされると困ると思い，いっそのこと丙にも事情を打ち明けて仲間に引き入れようと考えた。

　そこで，丙に対し，「実は，何とか店長を辞めさせられないかと考えて，Aのいない隙に，金庫に入っている重要書類を持ち出して隠してしまい，Aが責任を問われるようなことになればよいと思って，甲と計画を立てているんです。」と告げた。

6　丙は驚いたものの，Aが責任を取って店長を辞めざるを得なくなるような事態になれば自分にとっても都合がよいと思い，Aが店を離れる時には，金庫の鍵を事務室のキャビネットにしまうこと，及びそのキャビネットに付いているダイヤル式の鍵の番号を乙に教えた。

　その上で，丙は乙に，「もしやるなら，8月1日の閉店後がいいと思う。誰かが事務室に近づくといけないから，私が事務室の外を見張っている。」と申し出た。

7　乙は，丙が意外にも非常に協力的だったので安心し，「店が閉まるのが夜8時だから，10時に事務室に忍び込むつもりだ。」と伝え，丙に見張り役を頼み，夜10時に店舗裏の非常口で待ち合わせることとした。

　乙は，丙と話した直後に，甲に対し，丙には，ややごまかして，金ではなく重要書類を盗み出すと伝えたが，予定通り金を取ろうと告げ，また，丙に見張りに立ってもらうことになったことも伝えた。甲はこれを了解し，甲も，乙，丙と共に，8月1日の夜10時に店舗裏の非常口で待ち合わせることを約束した。

8　8月1日，甲，乙及び丙は，午後8時に勤務を終え，一旦それぞれの自宅に帰った。乙は，丙に見張りを頼んだものの，万一，Aが事務室に入ってくるようなことがあれば，Aをナイフで脅してでも金を奪っ

てやろうと決意し，自宅にあったナイフ（刃体の長さ約16センチメートル）を持って行くことにした。

　甲，乙は，同日午後10時少し前に店舗裏の非常口で落ち合ったが，乙は，甲が気が弱いところがあるのを知っていたので，ナイフを持っていることは甲に告げなかった。

9　丙は，乙に対して見張りを約束したものの，夜9時過ぎに子どもが急に発熱し，医者に連れて行かなければならなくなった。そこで，午後10時に乙の携帯電話に電話をかけ，「子どもが熱を出したので，行けなくなった。Aは確かに会議に出かけたから，事務室には誰もいないはずよ。」とだけ告げ，乙の返事を待たずに電話を切った。

　乙は困ったが，Aが不在となるチャンスは滅多にないから今日決行するしかないと思い，甲にそのように告げたところ，甲も「仕方ないな。俺たちだけでやろう。」と答えた。

　乙は，勤務の必要から，非常口の合鍵を持っていたので，それを使って鍵を開け，2人でスーパーの建物内に入り，事務室に向かった。

10　事務室のドアには鍵がかけられておらず，午後10時5分頃に，甲，乙は事務室内に入り，甲が，丙に教えてもらった番号を使ってキャビネットの鍵を開け，金庫の鍵を取り出した。甲が，その鍵を金庫の鍵穴に差し込んで，金庫の扉を開けようとしたところ，急に事務室のドアが開き，Aが入ってきた。Aは，忘れ物を取りに来たところだった。

　Aは，普段から好ましく思っていなかったアルバイト店員の甲と乙が金庫を開けようとしているのを見て激昂し，「そんなところで何をしている。ここはおまえたちの来るところではない。」と怒鳴り，護身用に常に事務室に置いておいた野球のバットを摑み，慌てて逃げ出そうとした甲の背後から，その頭部をめがけてバットを振り下ろしたため，甲はその場に倒れて気絶してしまった。

11　甲が殴られて倒れたのを見た乙は，Aに顔を見られてしまい，このままでは捕まってしまうと思い，Aが死亡してもやむを得ないと思いつつ，持参したナイフを取り出してAの腹部をめがけて突き刺したので，Aは「うっ。」と言ってその場に倒れ込んでしまった。

　乙は，倒れたままの甲が気になったが，Aを刺して動転し，甲をその場に残したまま建物の外に逃走した。

12　約30分後の午後10時40分頃に意識の戻った甲は，そばでAが大量

の血を流して倒れているのを見つけ，かすかに息をしているものの瀕死の状態であるのが分かった。甲は，乙とＡとが殴り合う等の喧嘩になり，Ａが大怪我を負ったに違いないと思ったが，自分たちの犯行が発覚するのが怖くなり，Ａがそのまま死んでくれればよいと思ってその場を立ち去った。

13　Ａは，翌朝７時に出勤してきた従業員Ｂに発見されたが，既に死亡していた。解剖の結果，死亡推定時刻は，午前２時頃とされ，その２時間ほど前までに病院で治療を受ければ救命された確率が高かったであろうとされた。

　　　また，甲は，Ａに殴られたことにより，加療２週間を要する頭部打撲の傷害を負った。

論点の整理

　本問は，いわゆる共犯と錯誤及び共犯と離脱（共犯関係の解消）が主たる論点である。共犯と錯誤といっても，さまざまな類型があり，本問では，共犯者間で共謀の内容が異なっている場合，及び共犯者の１人が共謀の内容を超えた行為を行った場合が問題となる。事前共謀の段階では，甲と乙は窃盗罪の共謀があるが，丙は器物損壊の故意しかないので，窃盗の共同正犯といえるかを検討することとなる。事前共謀の判断に当たっては，単に「窃盗罪と器物損壊罪の構成要件が重なるか」という抽象論ではなく，甲，乙，丙がそれぞれどのような意図で共謀しているかを具体的に検討する必要がある。また，本問では，乙が現場でＡを刺しているが，この点について甲乙間に現場共謀が認められるかも，具体的に判断することが必要である。

　さらに，丙については，共犯からの離脱が認められるかが問題となる。離脱が認められるためには，離脱した者が及ぼしていた物理的因果性，心理的因果性が切れ，他の者が別個の犯意に基づき犯罪を継続したといえる状態が必要であるが，実際には，離脱が認められることはほとんどない。いわゆる着手前の離脱については，他の共犯者たちの了承が得られれば離脱が認められるという考え方もあるが，実際の判例では，侵入して強盗を実行する共謀をした者が，共犯者が被害者の家に侵入した後に（強盗の着手前に），共犯者

の了解を得てその場を離れても，なお心理的因果性は切れないとしている（最決平21・6・30刑集63・5・475）。例外的に因果性を否定したものとして，気絶した者について離脱を認めたものがあるが（名古屋高判平14・8・29判時1831・158），207条を根拠に，結局，すべての傷害結果を気絶した者にも負わせるとしている。これらの判例における因果性の判断基準は，問題を解く際に，常に念頭に置く必要がある。

解答の筋道

1．乙の罪責
   (1) 建造物侵入罪
      ・鍵の所持と侵入
      ・甲，丙との共同正犯の成否
   (2) 甲との窃盗罪の共謀
      ・不法領得の意思の有無
      ・共謀の成立時期
   (3) 丙との共謀
      ・器物損壊罪と窃盗罪の共謀が成立するか
   (4) 乙がAをナイフで刺した行為
      ・事後強盗殺人罪→共同正犯の成立範囲
   (5) 乙の正当防衛の成否
      ・Aの殴打→防衛のための行為か
      ・それに対して乙は防衛が可能か
   (6) 甲を置き去りにした行為
      ・保護責任者に当たるか
2．甲の罪責
   (1) 乙，丙との建造物侵入罪の共同正犯
   (2) 乙との窃盗罪の共謀→窃盗未遂罪の共同正犯
   (3) 乙がナイフで刺した行為
      ・事前共謀は窃盗
      ・強盗の現場共謀が認められるか
   (4) Aをその場に放置して逃走した行為
      ・不作為の殺人罪，保護責任者遺棄致死罪の成否

3．丙の罪責
  (1) 甲・乙との建造物侵入罪の共同正犯
  (2) 窃盗罪の共謀の有無
    ・共同正犯か幇助か
    ・丙は器物損壊罪（ないし偽計業務妨害罪）の意図のみ→共同正犯の成否
  (3) 一方的な，現場に行かないとの通知
    ・物理的・心理的因果性の存否

 解答例

[答案作成上の注意点]

　まず，誰の罪責から書くかが問題となるが，一般的には甲・乙・丙の順で書くのが自然である。しかし，本問のように，最も重大な結果を発生させたのが乙である場合には，乙から書く方が書きやすい。

　また，各自の犯罪の検討の前に，事前共謀がどのようなもので，その射程がどこまで及ぶか，また，現場共謀があるのか否かを確定することが重要である。例えば，乙に「建造物侵入罪が成立する」というだけでは足りず，「建造物侵入罪の共同正犯が成立する」ことが分かるように記載する必要がある。逆に単独犯であれば，単に乙に「事後強盗殺人罪が成立する」というだけでは足りず，乙に「事後強盗殺人罪の単独犯が成立する」ことを示す必要がある。

　いうまでもないが，共謀の判断に当たっては，客観的にどのような発言・相談等があったかのみならず，各自の意図がどのようなものであったかも重要である。また，丙に器物損壊罪の限度で共謀を認めるとする場合，形式的・抽象的に「窃盗罪と器物損壊罪の構成要件が重なるか」とか，「犯罪共同説では共同正犯とならないが，行為共同説では共同正犯が認められる」といった記述は，論理的でないばかりでなく，事実に即した論述といえない。具体的に，どのような行為を共同して実行しようとしたのかにつき，事案を踏まえた判断が求められる。

解答案

一 乙の罪責

1. 建造物侵入罪（130条前段）について

乙が，甲・丙との共謀に基づいて，合鍵を用いてスーパーの建物内に入る行為は，いかに自ら所持する合鍵を用いていても，窃盗目的での侵入であり，スーパーの建物の管理権者である店長Aの意思に反する立入りであり，当該建物の平穏をも害する「侵入」に当たる。

したがって，スーパーの建物に入った時点で建造物侵入罪が成立し，甲・丙との共同正犯となる（60条，130条前段）。

2. 強盗殺人罪（240条）について

(1) 甲・乙は金庫の金を奪うには至っていないものの，既に甲が金庫の扉を開けようとしており，金庫の中の金員について，占有が侵害される具体的危険性が生じているから，甲・乙は，共謀に基づく窃盗罪の実行に着手したといえる。よって，乙は事後強盗罪（238条）にいう「窃盗」に当たる。

また，刃渡り16センチメートルのナイフで，身体の枢要部である腹部を刺す行為は，相手の反抗を抑圧するに足りる「暴行」といえる。

さらに，乙がAを刺したのは，Aに逮捕されるのを防ぎ，逃走するためであるから，「逮捕を免れ」る目的もある。

そして，Aが死亡しても構わないと思って刺しているから，殺意もある。

(2) また，意識が戻った甲が，未だ救命可能性のあったAを放置する行為が介在するが，乙の行為が腹部をナイフで刺すという死の結果を生じさせる重大な危険性のある行為であるから，乙の殺害行為とAの死との間の因果関係も否定されない。

(3) 以上から，乙の行為は事後強盗による強盗殺人罪（240条後段）の構成要件に該当する。

3. 正当防衛の成否

(1) もっとも，乙は，甲がAからバットで殴られた後にAを刺して

いるから，甲を防衛するための第三者防衛として，正当防衛（36条1項）に当たらないか。

（2）Aが甲をバットで殴った行為は，甲らから財産を防衛するための行為のようにもみえるが，Aは，甲・乙を見て激昂し，殺傷力のある凶器であるバットで殴っており，この行為は専ら攻撃の意思によるものといえ，防衛の意思が欠ける。よって，Aの甲に対する行為は正当防衛行為には当たらず「不正な侵害」に当たる。

しかし，それに対する乙の刺突行為は逮捕を免れるためであって，防衛の意思を持って行われた行為とはいえない。

よって，乙には，Aに対する強盗殺人罪（240条後段）が成立する。

（3）また，乙は，気絶した甲を置き去りにしているが，たとえ共犯者という仲間であっても，乙は，甲を気絶させた先行行為を行った者ではなく，救護義務が発生する立場にはないから，乙に甲を保護すべき義務はなく，保護責任者遺棄罪は成立しない。

4．以上から，乙には，建造物侵入罪が成立し甲・丙との共同正犯となり（60条，130条前段），事後強盗による強盗殺人罪が成立し，窃盗未遂罪の限度で甲との共同正犯（60条，240条後段，235条，243条）となり，これらは牽連犯（54条1項後段）となる。

二　甲の罪責

1．甲の乙，丙との共謀の内容

（1）乙と甲とは，店の金庫から金を奪うことを共謀している。嫌がらせをする意図があるものの，同時に金を手に入れる意図もあるので，不法領得の意思にも欠けるところはない。Aの勤務状況や鍵等の情報を手に入れた上，甲と相談して8月1日の決行を決めた段階で，乙・甲両名の間に窃盗罪（235条）の共謀が成立したといえる。

また，甲・乙・丙の間には，金庫から物を奪う目的で事務所に侵入することを相談しているから，建造物侵入罪（130条前段）の共謀も認められる。

(2) そこで，甲には，乙とともにスーパーの建物内に入ったところで，建造物侵入罪が成立し，乙・丙との共同正犯となる (60条，130条前段)。

(3) さらに，その後，甲が金庫の扉を開けようとする行為は，窃盗未遂罪に当たり，乙との共同正犯となる (60条，235条，243条)。

(4) それに対し，乙がナイフで刺す行為は，事前の窃盗罪の共謀の射程を超えた行為であるから，共同正犯の罪責を負わない。

もっとも，ナイフで刺す行為について現場共謀が認められれば，乙にも事後強盗罪の共同正犯が成立することとなるが，乙がナイフで刺したのは甲が気絶した後であるから，現場共謀も認められない。

2．保護責任者遺棄致死罪について

(1) 甲が，瀕死の状態であるAをその場に放置し，死亡させた行為は，保護責任者遺棄致死罪 (219条) に当たるか。

(2) 保護責任者遺棄罪とは，保護を要する者を遺棄する行為をいい，放置する場合のように不作為でも実行し得る。甲が瀕死のAを発見した時点でAは生存しており，また，大量の血を流して倒れて動かず，かすかに息をしている瀕死の状態だったのであるから，Aは保護を要する「病者」に当たる。

(3) では，甲には保護責任者としての作為義務が認められるか。作為義務を認めるためには，①結果発生の危険性が生じていること，②結果回避のための作為可能性があること，③法的立場や先行行為など，保護すべき地位にあることが必要である。

①甲が気付いた時点で，Aは瀕死の状態であったから，生命・身体に対する結果発生の危険性が生じていた。

また，②解剖結果によれば，Aは午前0時頃までは救命される可能性が高かったのであるから，甲が発見した10時半頃の時点では，十分に救命可能性があり，また，救急車を要請するなどの回避措置も容易であったから，結果回避のための作為可能性も認められる。

さらに，③ナイフで刺したのは事後強盗犯人の乙であるが，甲は事後強盗の前提となる窃盗行為を乙と共同実行しているから，ナイフでの刺

突行為は，甲・乙の共謀と無関係に発生したわけではない。また，深夜の事務室で，甲以外にAを救助する者はいなかった。よって甲はAを保護すべき地位にあったといえる。

(4) Aが未だ生存していること，共犯者の乙が傷害を負わせたこと，事務室に他に救助できる者がいないことは，甲も十分に認識しており，保護責任者遺棄の故意も認められる。

(5) よって，甲には，保護責任者遺棄致死罪（219条）が成立する。

なお，乙もAを放置して逃走しているが，この行為は事後強盗殺人罪の不可罰的事後行為に当たる。したがって，甲の保護責任者遺棄致死罪は単独犯である。

3．以上から，甲には①建造物侵入罪が成立し，乙・丙との共同正犯となり（60条，130条前段），②窃盗未遂罪が成立し，乙との共同正犯（60条，235条，243条）となり，さらに③保護責任者遺棄致死罪（219条）が成立する。①と②とは牽連犯（54条1項後段）で，これと③とは併合罪（45条前段）となる。

三　丙の罪責

1．器物損壊罪について

甲，乙と金庫から金を奪うことを共謀した丙は，乙に，Aの不在の情報や鍵のありかなどの情報を与えているものの，Aを失脚させることを意図しており，物の本来的用法に従い利用処分する意思が欠け，不法領得の意思が認められないので，甲・乙と丙の間に窃盗罪の共謀は認められない。ただし，丙は損壊の意図ではなく隠匿の意図であるから，財物を持ち出すことの共謀はあり，器物損壊罪の限度で共謀が認められる。

しかも，金庫の中の物を奪取するに至っていないから，丙には未遂規定のない器物損壊罪の共同正犯が成立する余地はない。

2．建造物侵入罪について

(1) 甲らによるスーパーへの建造物侵入罪は，丙との共謀に基づくも

のであり，丙にも建造物侵入罪の共同正犯が成立するか。丙は，一方的に現場に行かないと伝えており，建造物侵入罪について共犯関係の解消が認められないかが問題となる。

(2) 丙は，甲らの建造物侵入罪着手前に現場に行かないと伝え，乙はこれを了承していないものの，乙と甲は，丙が来ないことが分かった後も，改めて自分たちだけで決行する決意をしているから，丙との共謀に基づく心理的因果性は切れている。

(3) しかし，そもそもＡの不在の日程や鍵の在処等の重要な情報を伝えたのは丙であるから，甲・乙らの侵入行為は，丙との共謀に基づくものであり，物理的因果性は切れないと解すべきである。よって，共犯関係の解消は認められない。

3．以上から，丙には建造物侵入罪の共同正犯（60条，130条前段）が成立する。

以　上

1．事前の共謀の内容

(1) 甲と乙との共謀

甲と乙との事前共謀の内容は，Ａに対する嫌がらせで店の金庫から金を奪うことである。嫌がらせの意図であるため，不法領得の意思が欠けるようにもみえるが，甲，乙ともに，Ａに対する恨みが動機となっているものの，金が手に入るのであれば一石二鳥だと考えている。よって，専ら嫌がらせの意図とはいえず，不法領得の意思が欠けることはない。

共謀の成立時期につき，甲が乙に計画を打ち明けた7月27日の段階では，具体的な実行の日時までは決めていない。ただし，Ａの不在を狙って金を奪うことは相談しており，この程度の合意があれば，窃盗罪の共謀を認めてよい場合もあろう。しかし，本問では，Ａが常に金庫のそばにいて，金庫

から金を奪うことが非常に困難な状況であったから，いかに窃盗の相談をしても実行に移せる可能性は小さく，未だ共謀があったとまではいえない。乙が丙からAが不在となる日時を聞き出し，8月1日に実行することを決めた7月29日の段階で，初めて甲・乙間に窃盗の共謀が成立したと解すべきである。

(2) 甲・乙と丙との共謀

丙は，乙に対し，Aが不在となる日時，金庫の鍵の在処，さらに鍵がしまってあるキャビネットの鍵の番号を教え，また，見張り役を買って出ている。これらの丙の関与が共同正犯に当たるか幇助に当たるかが問題となる。

まず，客観面として，Aの勤務日程や鍵の在処は，金庫内の物を持ち出すのに不可欠であるから，丙は窃盗の犯罪実行にとって重要な役割を果たしている。また，主観的にも，見張り役を買って出るなど積極的に関与し，Aが辞めることは丙にとっても都合がよいと考えており，主体的に関与する意図であったといえるから，正犯性が認められる。よって，単なる幇助的関与ではなく，共同正犯に当たるといえる。

もっとも，乙は丙に，「Aを失脚させるために，書類を持ち出して隠す」計画であるという，部分的に虚偽の内容を告げ，甲・乙が金目当てであることを隠している。そこで，丙は，「書類を隠す」という器物損壊（隠匿）の意図で関与しているに過ぎず，窃盗罪の意図はない。形式的にみると，窃盗罪と器物損壊罪とは構成要件が重ならないので，甲・乙と丙の間には共謀が成立しないようにもみえる。

しかし，丙は財物を「壊す」意図ではなく「隠す」意図であったことが重要である。よって，「金庫から物を持ち出す」という限度では3名の意図は共通しており，行為態様・日時も同一内容の認識がある。したがって，**「Aの管理する金庫から財物を持ち出す」という限度での共謀**が認められ，甲・乙は窃盗罪の，丙は器物損壊罪の共謀があったといえる。ただし，後述4.のように，器物損壊罪に未遂はないから，丙には共同正犯は成立しないことになる。

2. 乙の罪責について

(1) 建造物侵入罪の成立

乙・甲は，従業員で，しかも勤務の必要上所持していた合鍵を使ってスーパーの建物内に入り，さらに事務室に入っている。自分の鍵で入っているので侵入罪に当たらないようにみえるが，窃盗目的で建物内に入る行為は，正当な理由のある立入りとはいえない。よって，事務室に入るより前の，スーパーの建物内に入った時点で建造物侵入罪（130条前段）に当たる。

侵入行為は，窃盗の共犯関係にある甲とはもちろん，書類を持ち出す意図で関与した丙との間でも事前に共謀した内容であり，乙・甲・丙の間で，建造物侵入罪の共同正犯が成立する。

(2) 事後強盗殺人罪の成否

Aを刺し，その場に放置して死亡させた行為は，事後強盗殺人罪に当たるか。

まず，乙は金庫の金を奪うには至っていないものの，既に金庫を鍵で開けようとしている。この時点で，金庫内部の金員が窃取される具体的危険が発生しているから，窃盗罪の着手が認められ，乙は事後強盗罪（238条）の「窃盗」に当たる。また，乙は，Aに顔を見られ，逮捕を免れるためにAを刺しているから，事後強盗罪の逮捕を免れる目的が認められる。

そして，Aの身体の枢要部である腹部を刺す行為は，相手の反抗を抑圧するに足る暴行といえるから，事後強盗罪の実行行為性が認められる。さらに，Aが死亡してもやむを得ないと思っているから，殺意もある。

ただ，乙が刺して逃走した後，Aが死亡する間に，意識の戻った甲がAを放置する行為が介在するので，因果関係の存否が問題となり得る。しかし，乙が刺す行為が死の危険を発生させる高度の危険性を持った行為であること，窃盗を共謀した仲間である甲が，犯行の発覚を恐れて被害者を放置することは異常とはいえないから，死の結果は乙が刺した行為の危険性が現実化したものといえ，事後強盗罪による強盗殺人既遂罪（240条後段）の構成要件に該当する。

(3) 正当防衛の成否

もっとも，乙は，甲がAからバットで殴られた後にAを刺しているから，

甲の身体を守るための第三者防衛として，正当防衛が成立しないかが問題となる。また，そもそも，Aは，甲らが金庫を開けようとしているのに対し甲を殴っているから，Aの行為が正当防衛に当たらないのかも問題となる。

Aが甲を殴る行為は，窃盗犯人から財産を守るために行った行為ではある。しかし，相手が2人とはいえ，素手の相手に対しバットという凶器を用いて気絶するほど殴っているから相当性を欠く。また，Aは，普段から好ましく思っていなかった甲・乙に対する怒りからバットで殴っており，主として攻撃の意思で殴っていると考えられ，防衛のための行為とすることは難しい。

そこで，Aの行為は不正の侵害に当たり，バットでの侵害に対し，ナイフで応戦する乙の行為は，防衛行為に当たるようにもみえる。しかし，乙がナイフで刺したのは，逮捕を免れるためであって，防衛の意思による行為とはいえないから，正当防衛には当たらない。

なお，建造物侵入罪と強盗殺人罪の罪数関係は，牽連犯に当たる。当初から強盗を意図していたわけではないから，侵入と強盗とが手段と結果の関係にあるとはいえないようにもみえるが，事後強盗罪は「窃盗」が前提となっており，侵入罪と窃盗罪とは牽連犯の関係にあるから，事後強盗罪も牽連犯の関係にあると考えるべきである。一般的にも，建造物侵入罪と強盗罪とは牽連犯の関係にあると理解されている（条解刑法389頁参照）。

(4) 甲を置き去りにした行為について

乙は，仲間の甲が気絶しているにもかかわらず，これを放置して逃走している。この行為は犯罪に当たるか。考えられる構成要件としては，保護責任者遺棄罪（218条）がある。保護責任者遺棄とは，保護を必要とする者に対し，遺棄し，または生存に必要な保護をしないことをいう。甲は，気絶しており，生命の危険はなくとも，少なくとも身体に対する危険が発生しており，保護を必要とする者に当たる。

乙が保護責任者といえるかが問題となるが，単に共犯関係にある仲間であるというだけで保護義務があるとまではいえない。甲が失神する原因を作ったのは乙ではないから，乙は先行行為を行ったわけではないし，また，轢き逃げの運転者のように，被害者に対し救護義務が発生する状況にはない。したがって，甲に対する保護責任者遺棄罪は成立しない。

3. 甲の罪責について

(1) 乙との共犯関係

まず，建造物侵入罪について，乙との共同正犯が成立する。

次に，甲が金庫を開けようとした行為は，乙との窃盗罪の共謀に基づくもので，窃盗未遂罪の共同正犯が成立する。その後，乙がナイフで刺す行為は，事前の共謀内容には含まれておらず，現場での共謀が認められない限り，甲は強盗の罪責を負わない。

現場共謀の有無は，以下のような事情から成立を否定すべきである。すなわち，①甲は，乙がナイフを持っていることを全く知らなかった，②甲はAを見て慌てて逃げ出そうとしており，Aに対して危害を加える行為は行っていないし，その意思もなかった，そして，③乙がナイフで刺したのは，甲が気絶した後である。よって，甲はナイフによる事後強盗行為に関与したといえず，乙の単独犯であると解すべきである。

(2) Aに対する殺人罪・保護責任者遺棄致死罪の成否

Aが血を流して倒れているのを発見した甲が，死亡してもやむを得ないと思い，これを放置して逃走した行為は，殺人罪（199条）ないし保護責任者遺棄致死罪（219条）に当たるか。

不作為の殺人罪が成立するためには，**作為の殺人行為と等価値**と認められる不作為でなければならず，①結果発生の具体的な危険性が発生していること，②結果防止のための作為が容易であること，③法令，契約，慣習，さらに条理，特に先行行為等により（狭義の）作為義務があること，及び結果発生の認識が必要である（⇨第4講68-69頁）。

本問では，①Aは瀕死の重傷を負っているから，結果発生の具体的な危険性が生じていた。また，②解剖結果によれば，Aは午前0時頃までは救命される可能性が高かったというのであるから，甲が発見した午後10時半頃の時点では，十分に救命可能性があり，結果回避可能性も認められ，かつ，救急車を要請するなどの結果防止のための作為は容易であった。

ただし，③の作為義務を肯定することは難しい。たしかに，Aが保護を必要とする状態に陥ったのは，共犯者である乙による事後強盗行為としてのナイフでの刺突が原因であり，甲は窃盗を共同実行している以上，先行行為

の少なくとも一部を行っているともいえ，また，深夜の事務室で，甲以外にAを救助する者はおらず，危険の引き受けもあるようにもみえる。

しかし，作為義務違反の判断にとって，結果発生に重大な原因を与えたか否かは重要であり，直接の先行行為としての刺突行為が当初の窃盗の共謀の射程外であることを考えれば，甲には作為の殺害行為と等価値の作為義務違反があるとはいえない。ただし，放置することにより，生命・身体に対する危険性を発生させたとして，保護責任者遺棄致死罪（219条）の成立を認めることはできよう。

なお，乙にとってはAを放置する行為は，強盗殺人罪の不可罰的事後行為であり，殺人罪は甲の単独犯となる。

4．丙の罪責について

(1) 窃盗の共謀の有無

丙は，乙から相談を受けた際，Aのスケジュールや鍵の在処，キャビネットの鍵の番号など，窃盗の犯行遂行に当たって不可欠な重要な情報を与えている。また，丙自身もAが失脚すればよいと思っており，主観的にも自己の犯罪として関与する意図がある。したがって，幇助犯ではなく共同正犯に当たる。

ただし，丙はAを困らせるために，重要書類を奪って隠すつもりで犯罪に関与しており，不法領得の意思が欠ける。したがって窃盗罪の共同正犯は成立しない。もっとも，丙は「損壊」ではなく「隠匿」の意図であったから，「財物を持ち出すこと」の共謀はあった。そこで，丙は器物損壊罪（隠匿，261条）の限度で甲・乙との共同正犯に当たるといえるのではないか。

しかし，実際には，金員も書類も金庫から持ち出すには至っていない。窃盗罪の実行の着手は認められるものの，器物損壊罪には未遂罪はないので，器物損壊罪については構成要件該当行為が行われていないこととなる。共同正犯は，共犯者の1人が実行に着手して初めて成立するから，丙が関与した器物損壊罪については犯罪が実行されておらず，窃盗罪はもちろん，器物損壊罪の共同正犯も成立しない。

なお，丙につき，重要書類を隠すことにより，Aの業務を妨害するという，

偽計業務妨害罪（233条）の意図で関与したと評価する余地もある。ただ，このように考えたとしても，業務妨害行為は行われていないから，同様に業務妨害罪の共同正犯は成立しない。

(2) 共犯からの離脱

丙には，前述のように建造物侵入罪（130条前段）の共謀が認められる。しかし，丙は乙に対し，甲・乙が侵入する前に，電話で一方的に，見張りに行けないと伝えて現場に行かなかったため，共犯からの離脱ないし共犯関係の解消が問題となる。この問題について，単に，「着手前の離脱は，他の共犯者が了承するか否かにより判断され，本問では乙の了承がなかったから，共犯からの離脱は認められない」といった記述では，説明として不充分である。共犯からの離脱が認められるか否かは，その者のそれまでの関与と，その後の共犯者の行為との**物理的・心理的因果性が切断されたか否か**で判断されるのであり，具体的事案に即して因果性が切れたといえるかを判断すべきだからである。

本問のような着手前の離脱であっても因果性の有無が重要であり，他の共犯者の了承があるか否かは，因果性の有無を判断する1要素に過ぎない。例えば，強盗の共謀に基づき，他の共犯者らが被害者宅に侵入した後，見張り役の者が侵入した共犯者に，電話で，「危ないから逃げろ，自分は先に帰る」と一方的に伝えて逃走したが，その後，侵入した者らが強盗致傷を実行したという事案につき，**最決平21・6・30**（刑集63・5・475）は，たとえ強盗に着手する前であっても，共犯関係が解消されたとはいえず，逃走した者も強盗致傷罪の共同正犯の罪責を負うとした。

本決定は，離脱（解消）を認めない理由として，「先に帰る」と一方的に伝えただけで，それ以降の犯行を防止する措置を講じていないことを挙げる。他の共犯者の了承がないことも重要であるが，既に被害者宅に侵入している他の共犯者による強盗の実行は，それ以前の共謀と因果性を持つ行為であり，これを阻止しなかった以上，因果性は消滅していないとしたのである。

本問では，電話で一方的に「行かない」と伝え，乙は了承していない。ただし，これを聞いた乙は決行するのは今日しかないと思っているし，話を聞いた甲も「俺たちだけでやろう」と言っていることから，少なくとも心理的

因果性は切れている。しかし，Aの不在の情報を伝え，鍵の在処や，キャビネットの鍵の番号を教えた事実は残っており，それらの情報が得られたからこそ，甲・乙は建造物侵入を決行している。したがって，建造物侵入罪についての物理的因果性は切れたとはいえない。

　近時の判例は，共犯からの「離脱」ではなく，**共犯関係の「解消」**という用語を使うことが多い。共犯からの離脱は，特に着手後の場合，共謀がなかった状態にまで戻すという積極的努力が必要とされるため，その後，現に他の共犯者が実行に及べば，ほとんど離脱が認められる余地はなかったといってよい。それに対し，「解消」という用語は，当初の共謀の因果性が切れたか否かを重視するもので，たとえその後他の共犯者が実行を継続したとしても，以前の共謀とは別に，新たな犯意を生じて行ったと評価できれば，解消が認められる。当初の共謀の射程が及ばないと考えるのである。

　例えば，他の共犯者と共に被害者に暴行を加えたXが，仲間割れにより他の共犯者から暴行を加えられて失神し，その後Xを除いた他の者が，被害者を別の場所に連行して更に暴行を加えたという事案につき，**名古屋高判平14・8・29**（判時1831・158）は，失神により，Xと他の者との共犯関係は，他の者により一方的に解消されているとした。このように，他の共犯者の了承や，離脱する者の積極的な努力の有無にかかわらず，失神などの当初の共謀との因果性が切れる事情があれば，共犯の解消は認められることになる。

【参考判例】

東京地判平7・10・9（判時1598・155）　X・Y・Zで昏酔強盗を共謀した後，X・Yが暴行による強盗を開始し傷害を負わせ，その後，Zも共同して財物を奪取した行為につき，昏酔強盗の共謀の射程は236条の強盗に及ばないとした。〈前田・重要判例No.83〉

最決平21・6・30（刑集63・5・475）　［解説］237頁参照。〈前田・重要判例No.87，橋爪隆・百選ⅠNo.94〉

名古屋高判平 14・8・29（判時 1831・158）［解説］238 頁，第 11 講［参考判例］参照。〈前田・重要判例 No. 88〉

共犯と罪数

▶設 問

次の事例に基づき，甲，乙及び丙の刑事責任を論じなさい（特別法違反の点を除く。）。

1　A県県庁所在地のB駅駅前広場には，平成23年夏頃から，約100名ほどの路上生活者が，段ボールやビニールテントを使って小屋を作り，寝泊まりしていた。A県では，周辺住民や周辺店舗店主らから，広場の通行等に支障が生ずるという苦情が絶えなかったことから，駅前広場を新たに「駅前公園」として整備し，花壇や噴水等を設置する工事を計画し，平成24年5月頃から，その場所に寝泊まりする路上生活者らに対し，広場から退去するよう繰り返し説得を続けていたが，路上生活者らの多くが県の説得に応じず，広場での生活を続けていた。

2　甲は，A県が公園整備工事を行うことを知り，このような工事は，駅前広場に寝泊まりする路上生活者の生活を脅かすものであるとして，平成24年8月頃からこれに反対する運動を開始し，以前から共に様々な社会運動にかかわってきた仲間である乙，丙を誘い，平成24年12月頃から，路上生活者に食事を提供するなどの支援活動を行うようになった。

　　また，A県の建設局道路管理部所属の公園整備工事担当職員が，路上生活者らに対し，退去するよう説得に来た場合などには，甲を中心に，乙，丙らも路上生活者らに代わって県の担当者との交渉にあたり，工事に抗議するなどの活動を続け，路上生活者と共に，駅前広場に寝泊まりすることも多かった。

3　甲，乙，丙は，支援活動のための寄付金集めに苦労していたが，別

の名目で寄付金を集めることを思いつき，甲が路上生活者のリーダー格であるCに対し，そのような事実はないにもかかわらず，「自分たちの仲間が難民支援活動を行っているので，その寄付金集めを手伝ってもらいたい。」と申し向けた。Cは，甲らに恩義を感じていたこともあり，親しい路上生活者10名ほどを誘い，B駅ないし他のターミナル駅の街頭に立って，「難民支援にカンパを」というのぼりを立て，「難民支援にご協力ください。」と連呼しながら，寄付金集めに従事し，毎日集まった金員を甲に渡していた。その結果，約1か月半余りの間に，合計1,234万円の寄付が集まったが，誰がいくら集めたかは不明であった。

4　この金員について，甲は，現金で持っていると危険であると考え，銀行に預金しようと思ったが，甲は，自営業を営んでいて，自己名義で預金すると自己の収入として把握されて課税対象となることを恐れ，他人名義で預金することとした。

　そこで，甲は，乙及び丙と相談の上，Cに対し，謝礼を支払うので，銀行口座を開設してそれを譲って欲しいと持ちかけたところ，Cもこれに応じ，甲から当初の預金として預けるために受け取った現金1万円を持ってD銀行E支店に赴き，同支店の従業員Fに対し，自己名義の預金口座開設申込書を作成し，これを自己の運転免許証とともに提出した。

　D銀行では，口座開設申込書の作成に当たっての確認事項として，通帳等を他人に譲渡しないことという欄があったが，Cはこれにチェックを入れた。Fは，Cが提出した開設申込書と本人確認のための運転免許証を確認した上，Cの氏名の入った預金通帳とキャッシュカードをCに交付し，Cはこれを受け取り，駅前広場に戻って甲に渡した。甲はCに謝礼として2万円を渡した。

　甲は，寄付として集めた1,234万円を，この口座に入金した。

5　A県は，平成25年6月以降3度にわたり，路上生活者らに対し，県が別の場所に用意する仮設の住宅に移るよう口頭で説明するとともに，その旨を記載したチラシを用意して，路上生活者1人1人に手渡すなどして説得を続けたが，路上生活者らが段ボール等の小屋を撤去する様子は見られず，事態は膠着状態となっていた。

　甲，乙，丙は，7月下旬に公園整備工事が始まるとの情報を得て，Cらと協力し，7月15日頃から，段ボール等の小屋の撤去を防ぐため，小屋の周りにベニヤ板や鉄パイプ等でバリケードを作ったが，甲は，乙，

丙やCを含めた仲間に,「絶対に職員を殴るなどの暴行はするな。手出しをすれば,逮捕の口実を与えることになる。」と話していた。

6　7月20日の午前6時過ぎに,A県建設局道路管理部に所属する職員で,公園整備工事の責任者であるIと,その補佐をしているJらが,民間の警備員・作業員を伴って駅前広場に現れた。A県は,通行人等の交通の安全を図るために,警察官にも警備を依頼し,十数名の警察官もその場に配置されていた。Iは,甲らに対し,「これから公園整備工事のための作業を開始するので,その場を退去するように。」と申し向け,路上生活者らにも退去するよう説得を始めようとしたため,甲らは強く反発し,甲,乙,丙は,路上生活者数十名と共にその場に座り込み,「工事を止めろ。」,「帰れ,帰れ。」などとシュプレヒコールを上げ,路上生活者の一部の者は,その場にあった鶏卵や食べ物などをI,Jや作業員らがいる方向に向かって投げつけた。甲,乙,丙は物を投げる行為は行わなかったが,これらの行為を制止することはなく,「最後まで闘うぞ。」,「帰れ,帰れ。」などと叫んでいた。ただし,投げられた鶏卵などが,県職員や作業員,警察官の身体に当たることはなかった。

7　午前7時30分頃,Iは,これ以上作業を遅らせることはできないと判断し,作業員と作業手順を確認する相談を始めたところ,これを近くで聞いていた甲が,「工事を始める気か。」と怒鳴って,Iの胸のあたりを平手で突いたところ,Iはよろめいて路上に腰から倒れてしまった。

8　このとき乙は,甲,Iらのいる場所から30メートルほど離れたところにいたが,甲が怒鳴りながらIともみ合っているように見えたため,あわてて甲のもとに駆け寄った。甲は乙に対し,「Iが工事を強行しようとしている。」と興奮気味に話したため,これを聞いた乙もかっとなり,立ち上がりかけていたIに対し,甲と共に,その肩や胸を突くなどの暴行を加えたため,Iは再び転倒してしまった。

9　丙は,甲・乙らから10メートルほど離れた場所で,甲と乙の様子を見ていたが,甲が興奮してIを突き飛ばすのを見て,「甲は,自分で手を出すなと言っておきながら,職員に暴行を加えるのはおかしい。」と思ったが,甲らを止めに入ることはなくそのまま見ていた。

10　Iが倒れたのを見て,近くで警備を行っていた警察官が駆け寄ってきて,甲,乙及び丙を公務執行妨害罪の容疑で現行犯逮捕した。

11　Iは,直ちに病院で受診し,全治2週間を要する腰部打撲傷であると

診断されたが，証拠上，Ｉの腰部打撲傷は，甲が最初に加えた暴行により生じたものか，乙が加わった後の暴行により生じたものかは，明らかとならなかった。

なお，当日は，Ｊの指揮の下に午前9時頃から，バリケードや段ボール等の小屋の撤去作業が開始された。

論点の整理

本問は，総論・各論の複数の論点を組み合わせたもので，時系列的には，①詐欺罪の成否，②業務妨害罪の成否，③傷害罪の成否を問うものである。それぞれ，更に細かい論点があり，①詐欺罪については，不特定多数の者に対する詐欺罪についての罪数及び詐欺罪の間接正犯が問題となり，最決平22・3・17（刑集64・2・111）が参考となる。

②業務妨害罪については，物を投げる行為が威力に当たるかの判断が重要で，もし暴行に当たるとすれば公務執行妨害罪が成立することに留意しつつ論ずる必要がある。また，③傷害罪については，承継的共犯と207条について論ずる必要がある。

もちろん，全体について甲・乙・丙の共犯関係が重要であるが，特に傷害罪についての丙の関与につき，そばで見ていた具体的な状況を念頭に論ずる必要がある。

解答の筋道

一　甲・乙・丙の共謀に基づく行為
　1．寄付金に関する詐欺罪（間接正犯）
　　①欺く行為の内容
　　　・Ｃらに虚偽の認識なし
　　　・甲・乙・丙の共謀の内容
　　②罪数と欺く行為の内容
　　　・街頭の募金活動→同様の行為を反復継続して実行→全体が1個の欺く行為
　2．Ｃに銀行預金口座を開設させた行為

- C にとって自己の名義→開設申込書の私文書偽造の成否
- 他人への譲渡を秘して口座開設→通帳等の詐欺罪の成否
- 甲・乙・丙の関与
3．県職員らの行為に対する妨害行為
- 威力か暴行か
- 県職員らの公務が業務妨害罪の「業務」か
- 妨害結果の有無
- 共同正犯の成否→現場共謀の有無

二 甲・乙が，Ⅰに暴行を加える行為
1．公務執行妨害罪の成立
- 手段としての「暴行」
- 公務としての要保護性
- 乙の関与→現場共謀の有無
2．それ以前の威力業務妨害罪との関係
- 一連の行為と評価できるか
3．Ⅰの傷害
- 甲は一貫して暴行に関与
- 乙の暴行との因果関係不明→207条の適用の可否

三 丙が，甲・乙による暴行を傍観した行為
- 威力業務妨害罪と公務執行妨害罪との関係
- 共犯からの離脱，共犯関係の解消の有無

解答例

[答案作成上の注意]

　ほぼ全ての行為を甲・乙・丙が共謀して行っているから，このような場合には，答案の冒頭で共謀の内容を書くべきか否かを迷うところであるが，少なくとも，答案構成の段階では，まず「共謀内容」（共謀の射程）を検討すべきである（［解答の筋道］参照）。

　答案としての論述方法は事案によるが，本問で共謀の射程が問題となるのは，丙の公務執行妨害罪と傷害罪の成否についてのみなので，丙の罪責を論ずる中で共謀について論ずれば十分であろう。また，共犯者が多くの行為を

共同して実行している場合でも，原則として各人の罪責は分けて論ずべきである。内心も含めれば，各人に全く差がないことはほとんどないからである。

解答案

一　甲の罪責

1．寄付金の騙取について

(1) 甲が，乙，丙との共謀に基づき，実際には難民支援を行う意思がないのに，これがあるように装って，路上生活者らに寄付金を集めさせた行為が，詐欺罪の共同正犯（60条，246条1項）に該当するか。

甲がCらに街頭で「難民支援にカンパを」というのぼりを立てさせ，「難民支援にご協力ください。」と連呼させる行為は，これを見聞きした通行人を，真実，Cらが難民支援をするとの誤信に陥らせ，寄付金を交付させることに向けられた行為であり，詐欺罪の「欺」く行為に当たる。

もっとも，街頭募金の場合，同様の呼びかけ行為が反復，継続して行われており，通行人の1人1人を区別した呼びかけ行為ではないから，同じ態様の募金行為が行われている期間につき，全体として1個の欺く行為がなされたと評価すべきである。本問では，Cら約10名が，約1か月半の間に行った寄付を募る行為が，1個の「欺」く行為に当たる。

(2) この欺く行為により，通行人らが，難民支援に用いられるとの錯誤に陥り，その錯誤に基づいて寄付金合計1,234万円を「交付」しているから，1項詐欺罪は既遂となる。

もっとも，実際に街頭に立ったCら路上生活者は，これらの金員が，真実，難民支援に使われると誤信していることから，欺く行為の認識がなく，詐欺罪の故意に欠けるため，詐欺罪の罪責を負わない。

(3) これに対し，甲は，乙及び丙と共謀し，事情を知らないCらにこれらの欺く行為を行わせているから，詐欺罪の間接正犯に当たらないか。

甲らは，Cらに虚偽の事実を申し向け，それを信じたCらを道具として利用して寄付金を集めさせ，集めた金員はすべて甲が受領しているから，甲自ら犯罪を実行したのと同様に評価でき，間接正犯に当たる。

よって，甲には1,234万円についての1項詐欺罪が成立し，これは乙，丙との共同正犯となる（60条，246条1項）。

2．C名義の口座を作成させる行為について

(1) Cが，甲から報酬を受け取るため，Fに対し，甲に譲渡することにつき虚偽の事実を申し向ける「欺」く行為により，自己名義の口座を開設し，通帳とキャッシュカードを受け取る行為には1項詐欺罪（246条1項）が成立する。

(2) 甲はCに指示して，この1項詐欺行為を行わせているが，Cは，甲から脅迫等を加えられて自由意思を奪われている状態にはないから，甲は間接正犯には当たらない。また，甲がC名義の口座を入手した理由は，自らの税金対策のためであるから，単にCに対し犯意を生じさせた教唆犯にとどまらず，甲自らの犯罪として実行する意図が認められる。

(3) よって，甲には，Cとの間に，欺く行為により口座開設を申し込み，預金通帳とキャッシュカードを騙取することの共謀が認められる。また，甲はC名義の口座を開設することを乙，丙にも相談しているから，甲には，乙，丙，Cとの間で，1項詐欺罪の共同正犯（60条，246条1項）が成立する。

3．公務執行妨害罪，威力業務妨害罪の成否

(1) 県職員Iらに対し，路上生活者がバケツや旗竿を投げつけ，また甲らも路上生活者と共にその場に座り込む行為は，公務執行妨害罪（95条1項）に当たるか。

まず，甲が数十名の路上生活者と共にその場に座り込む行為は，乙，丙及び路上生活者らとの共謀に基づくものであり，また，路上生活者がバケツ，旗竿をIらの方向に向かって投げつける行為も，甲は止めることをせずに，かえって煽る発言をしているから，いずれも甲と，乙，丙及び路上生活者との共謀に基づく行為である。

(2) ただし，鶏卵や食べ物は，Iらのいる方向に向けて投げられたものではあるが，負傷する危険性は考えにくく，Iらに向けられた有形力

の行使とまではいえず、また座り込む行為も、脅迫とはいえないから、いずれも公務執行妨害罪の暴行・脅迫には当たらない。よって、公務執行妨害罪は成立しない。

(3) では、威力業務妨害罪（234条）に当たるか。

多数でシュプレヒコールを挙げたり、物を投げたり、座り込む行為は、人の意思を制圧するに足りる勢力であり、「威力」に当たる。

また、Ｉら県職員が路上生活者たちに退去するよう説得する行為は、公務員としての職務であるが、説得行為は強制力を行使する権力的公務には当たらない。

また、工事開始に当たり、警備のための警察官も配置されていたが、交通安全のための警備活動を行っていたものであり、強制力による妨害排除を期待できるような態勢が執られていたとはいえない。

よって、本問の整備工事開始に当たって説得する職務や警備する職務は、強制力を行使する権力的公務には当たらず、業務妨害罪の「業務」に該当する。

(4) 甲らの妨害行為により、少なくとも7時30分まで工事を行うことができなくなったから、妨害結果の発生も認められる。

(5) よって、甲には威力業務妨害罪が成立し、これは、乙、丙及び路上生活者らとの共同正犯（60条、234条）となる。

(6) その後、甲が工事を開始しようとしたＩの胸を突く行為は、公務執行妨害罪（95条1項）に当たるか。

胸を突く行為は、人の身体に対する有形力の行使であるから、公務執行妨害罪の手段である「暴行」に当たる。甲は、その後駆けつけた乙との現場共謀に基づき、更にＩの肩や胸を突く暴行を行っているから、甲と乙には公務執行妨害罪の共同正犯が成立する。

(7) もっとも、一連の工事開始のための作業に対する妨害行為であり、時間的・場所的にも接着していることから、甲の暴行より前の威力業務妨害罪とそれ以降の公務執行妨害罪とは包括的に公務執行妨害罪一罪として評価すれば足り、甲と乙とは公務執行妨害罪の共同正犯に該当する。

丙は，公務執行妨害罪には関与していないので，後述のごとく，威力業務妨害罪の限度で共同正犯の罪責を負う。

　4．傷害結果について

　Ｉの傷害は，甲による暴行（第1暴行）と甲・乙の共謀による暴行（第2暴行）のいずれから発生したかが不明であるものの，甲は，いずれの暴行にも関与しているから，傷害罪（204条）の罪責を負う。

　5．以上から，甲には，①寄付金に対する1項詐欺（246条1項），②預金通帳及びカードに対する1項詐欺罪（246条1項）が成立し，以上は乙，丙との共同正犯（60条）となる。また③公務執行妨害罪（95条1項）が成立し，これは乙及び丙との（ただし丙については威力業務妨害罪の限度で）共同正犯となり，更に④傷害罪（204条）が成立し，これは乙との共同正犯となる。③と④とは観念的競合（54条1項前段）となり，これと①及び②とは併合罪（45条前段）となる。

二　乙の罪責

　1．詐欺罪・公務執行妨害罪の成否

　乙には，甲及び丙との共謀に基づく寄付金についての1項詐欺罪の共同正犯（60条，246条1項），口座開設に伴う銀行預金通帳，カードに対する1項詐欺の共同正犯（60条，246条1項），更に甲との共謀に基づく公務執行妨害罪の共同正犯（60条，95条1項）が成立する。

　2．傷害罪の成否

　(1) Ｉの傷害は，乙が加わる前の第1暴行から生じたものか，甲・乙の共謀に基づく第2暴行から生じたものかが不明であることから，乙の暴行とＩの傷害結果との間の因果関係を認めることはできない。また，乙には，関与前の甲の暴行を積極的に利用して暴行を加えたという事情はないから，乙が，関与前の傷害を承継して罪責を負うということも認められない。

　(2) もっとも，第1暴行と第2暴行とは，相互に意思の連絡なしに「二人以上で暴行を加え」たものと理解でき，「それぞれの暴行による傷

害の軽重を知ることができ」ない場合に当たるから，207条の適用があり，乙にも傷害罪の共同正犯（207条，60条，204条）が成立する。

3．以上から，乙には，①寄付金に対する1項詐欺罪（246条1項），②通帳及びカードに対する1項詐欺罪（246条1項）が成立し，以上は甲，丙との共同正犯（60条）となる。また，③公務執行妨害罪（95条1項）が成立し，これは甲及び丙との（ただし丙については威力業務妨害罪の限度で）共同正犯となり，更に④傷害罪（204条）が成立し，これは甲との共同正犯となる。③と④とは観念的競合（54条1項前段）となり，これと①及び②とが併合罪（45条前段）となる。

三　丙の罪責

1．詐欺罪・威力業務妨害罪の成否

丙には，甲及び乙との共謀に基づく寄付金に関する1項詐欺罪の共同正犯（60条，246条1項），口座開設に伴う銀行預金通帳，カードに対する1項詐欺罪の共同正犯（60条，246条1項），更に威力業務妨害罪の共同正犯（60条，234条）が成立する。

2．公務執行妨害罪の共犯の成否

(1) 丙は，甲による暴行開始前は，甲・乙と共謀して威力業務妨害行為を行っており，甲・乙がIに暴行を加えた際も，単にやや離れた場所に立っていただけで，これを止める行動や発言を行っていない。したがって，威力業務妨害行為と一体として行われた，甲・乙による公務執行妨害罪について，積極的に離脱したとは認められない。

(2) しかし，甲・乙のIに対する暴行は，それまでの座り込み行為や，物を投げる行為とは態様が相当程度異なること，また，丙は，甲と乙が殴る行為を見て，暴行を加えることはおかしいと考えていることから，Iに対する暴行は，それまでの威力業務妨害罪の共謀の射程には含まれず，甲と乙とが新たな共謀に基づいて行った行為であり，これに丙は関与していないと解すべきである。よって，丙には公務執行妨害罪及び傷害罪は成立しない。

> 3．以上から，丙には，①寄付金に対する1項詐欺罪（246条1項），②通帳及びカードに対する1項詐欺罪（246条1項），③威力業務妨害罪（234条）が成立し，以上は，甲，乙との共同正犯（60条）となり，①②及び③は併合罪（45条前段）となる。
>
> 以　上

1．寄付金詐欺

　甲・乙・丙の共謀に基づく行為は，(1) 寄付金を騙取する行為，(2) 銀行から通帳とカードを騙取する行為，及び (3) 県職員らの行為を威力により妨害する行為である。このうち，(3) の丙の関与については，特に具体的な検討を要する。

　i ）間接正犯と欺く行為

　寄付金詐欺は一般に1項詐欺罪に当たるとされる。実際にはそのような目的がないのに，何らかの活動や支援を装って寄付を集める行為は，当該目的を装って寄付を募る行為が欺く行為に当たり，寄付金として金員が交付された時点で1項詐欺罪が成立する。ただし，本問では，①実際に寄付金を集めたＣらが，難民支援が虚偽であることの認識を欠いていることと，②これらの行為者が，それぞれいくら集めたかも特定されず，それぞれの被害者も特定されていないから，たとえ被害額が全体として1,234万円に上るとしても，個々の欺く行為により交付された金員が特定できないのではないかが問題となる。

　①詐欺罪の故意を欠く路上生活者たちが，「難民支援にカンパを」というのぼりを立て，「難民支援にご協力ください。」と連呼する欺く行為は，甲・乙・丙が共謀に基づきＣらを道具として利用した間接正犯により実行されている。よって，甲・乙・丙が共謀し，Ｃらにのぼりを立てさせ，難民支援への協力を連呼させた行為が欺く行為となる。**間接正犯の場合，正犯者の**

実行行為という観点から記述することが重要である。

ⅱ）街頭募金と詐欺罪の罪数

次に，②の個々の呼びかけ行為が欺く行為といえるかであるが，本問のような街頭募金の場合は，同様の呼びかけ行為が反復，継続して行われる。各被害者は，それぞれがその呼びかけ（欺く行為）に応じて募金（交付）しているが，Cらが，通行人の1人1人を区別して呼びかけを行っているわけではない。よって，同じ態様の募金活動が行われている間の呼びかけ全体が，1個の欺く行為といえ，多数の者がそれにより錯誤に陥り交付行為を行ったと評価すれば足りる。

事情を知らないアルバイトの者を使って，難病支援活動と偽った街頭募金活動を行わせ，約2,480万円の現金を騙取した事案に関する**最決平22・3・17（刑集64・2・111）**は，「個々の被害者ごとに区別して個別に欺もう行為を行うものではなく，不特定多数の通行人一般に対し，一括して，適宜の日，場所において，連日のように，同一内容の定型的な働きかけを行って寄付を募るという態様のものであり，かつ，X（首謀者—筆者注）の**1個の意思，企図に基づき継続して行われた活動であった**」こと，さらに「募金箱に投入された現金は直ちに他の被害者が投入したものと混和して特定性を失う」ものであるから，**一連の寄付を募る行為は一体のものと評価し，包括一罪**とすべきだとしている。

本問でも，甲らの間接正犯が成立するから，甲らがCらに行わせた行為が1個の意思・企図に基づき継続して行われた，一連の欺く行為に当たるといえる。ただし，仮に街頭に立った者自身が虚偽であることを知っていたとしても，それらの者が共謀に基づき，一体として一連の募金活動を行っていたとすれば，同じく1個の欺く行為と評価することができよう。

2．銀行口座の開設について

甲はCに対し，謝礼を支払うと告げていることから，Cも通帳等を甲に売却することの認識はある。銀行の口座開設に当たっては，近年特に本人確認が厳格に行われるようになっており，しかも他人に口座を売却する行為は犯罪収益移転防止法で処罰の対象となっている[1]。よって，他人名義で口座を開設することはもちろん，他人に売却する意図で口座を開設することも，

銀行が許容することはない。

本問でも，D銀行は口座開設申込書で，通帳等を他人に譲渡しないことを確認事項としており，Cはこれにチェックを入れている。よって，Cが，他人に売却する意図であるのに，これがないように装って口座開設を申し込む行為は，挙動による欺く行為に当たる。銀行従業員Fは，Cが他人に売却することはないとの錯誤に陥り，財物である通帳とカードを交付しているから，Cには1項詐欺罪が成立する。

類似の事案に関する**最決平19・7・17**（刑集61・5・521）は，「銀行支店の行員に対し預金口座の開設等を申し込むこと自体，申し込んだ本人がこれを自分自身で利用する意思であることを表しているというべきであるから，預金通帳及びキャッシュカードを第三者に譲渡する意図であるのにこれを秘して上記申込みを行う行為は，詐欺罪にいう人を欺く行為にほかなら」ないとしている。

なお，他人名義の口座開設の場合と異なり，本問のCは自己名義で口座開設申込書を作成しているから，私文書偽造罪には当たらない。

3. 威力業務妨害罪の成否

(1)「威力」の意義

路上生活者たちがI，Jら工事関係者に対し，鶏卵や食べ物などを投げつけたり，座り込んだりする行為は，工事開始を妨害するもので，公務執行妨害罪ないし業務妨害罪の成否が問題となる。検討すべき内容は，①鶏卵等を投げたり，座り込む行為が威力か暴行か，②Iらの作業が公務か業務か，③Iらの作業に要保護性があるか，④妨害結果は何か，⑤甲らの関与は共同正犯に当たるか，⑥正当化事由の存否（事実上，③と重なる）である。

①**威力とは，人の意思を制圧するような勢力**をいい，暴行・脅迫も含むが，食堂で蛇をまき散らす行為，キャバレー客室に悪臭を充満させる行為，大学の講義中に制止を聞かず大声を出す行為，駅内で多数の者がデモ行進や座り

---

1) 相手方が，他人になりすまして口座を利用することを認識しつつ，その者に預貯金通帳等を譲り渡す行為等は，犯罪収益移転防止法27条2項により，1年以下の懲役若しくは100万円以下の罰金（併科も可）で処罰される。本問の甲のように，譲り受ける行為も，同条1項により同様に処罰される。

込みをする行為など，暴行・脅迫には至らないものも含む。他方，業務妨害罪，公務執行妨害罪の暴行は，208条の狭義の暴行が「人の身体に対する有形力の行使」であるのに対し，「人に対する有形力の行使」である。

本問の鶏卵等を投げる行為は，95条1項の暴行に当たる余地が全くないわけではないが，投げた物が危険性の小さなものであり，Iらの身体に直接当たることがなかったことを考慮すると，Iらに向けられた有形力の行使とまではいえない。さらに，妨害内容は工事を開始させなかったことであり，妨害の実行行為としては，多数の者でその場に座り込み，その場を動かなかったことが重要である。したがって，妨害行為は暴行に至らない威力によってなされたと評価すべきである。よって，本問工事が「公務」であれば，構成要件に該当しない。

(2) 公務と業務の関係

では，②Iらの作業は公務か業務か。**強制力を行使する権力的公務**に当たるかが問題となる。警察官が配置についているとしても，逮捕行為を行うためではなく，交通の警備を目的としていたから，直ちに強制力を行使する権力的公務を行っていたものではない。I，Jや作業員の作業も，甲らに対する退去の説得であり，およそ強制力を行使する権力的公務とはいえないから，業務妨害罪の「業務」に当たる。

新宿の動く歩道整備工事に関する**最決平14・9・30**（⇨［参考判例］参照）の原判決[2]も，職員には実力を行使する意思はなく，かつ，そのための体制を整えていないことを挙げて，強制力を行使する権力的公務に当たらないとしている。本問でも，同様に解することができよう。単純に，警察官が警備に当たっていることのみを挙げて，強制力を行使する権力的公務に当たるとするのは形式的に過ぎよう。

次に，③本問の業務に，**要保護性**が認められるか。公務執行妨害罪の公務は適法なものに限るとされているのに対し，**業務妨害罪の「業務」は，違法なものも含む**とされている（例えば，風営法違反の業務や，道交法違反の業務な

---

[2] 東京高判平10・11・27（高刑集51・3・485）。これに対し，第1審（東京地判平9・3・6判時1599・41）は，撤去作業は行政代執行によるべきもので，強制力を行使する権力的公務に当たり，しかも行政代執行によらなかったという手続上の瑕疵があるので，公務としての要保護性もないとした。

ども保護されることに注意)。そこで，そもそも要保護性を論ずる必要がないようにも思われる。しかし，本問の「業務」は，本来は公的目的を有するものの，強制力を行使しないために業務妨害罪の対象として保護されるものであって，公務性がおよそ否定されるものではないと考えるべきであろう。そこで，公務執行妨害罪における「公務」ほどの厳格な適法性は必要でないものの，およそ保護に値しないものであれば業務としても保護されないと解すべきである。

　本問では，県としては平成24年5月頃から路上生活者らに退去を説得し，25年6月からは具体的に仮設の住宅に移るよう説明するなどの説得を続けてきた。このような事情を勘案すると，工事の開始が不意打ちで，路上生活者らに対する侵害が重大で許容されないと評価することは困難である。前掲・最決平14・9・30でも，「事前の周知活動により，路上生活者が本件工事の着手によって不意打ちを受けることがないよう配慮されていた」こと，さらに，路上生活者や目的物の特定が困難であることから行政代執行の手続を執ることも実効性がないことを挙げて，業務妨害罪の要保護性を失わせるような法的瑕疵があったとは認められないとした。もっとも，前述のように，業務妨害罪の業務の全てについて，常に要保護性が要求されるわけではない。

(3) 妨害結果の意義

　④の結果につき，業務妨害罪は結果犯であるから妨害結果の発生が必要だと説明されることが多い。しかし，例えば，店内で大声を出したり，式典会場で大きな音を出すなどの妨害行為があれば，たとえ店を閉めることなく営業していた場合や，式の開催自体がほぼ予定通り行われていたとしても，妨害結果がないとはいえない。これを妨害「結果」というか，妨害「結果発生のおそれ」というかは言葉の問題であり，一般的にみて，業務遂行に対する**妨害結果が発生するおそれ**があれば足りると解すべきである。

　本問では，工事自体は午前9時過ぎから開始されているが，座り込み行為により，工事は午前6時から7時半頃までの間，行うことができなかった(その後，さらに甲らの暴行による妨害も含めて午前9時過ぎまで工事は開始されなかった)。よって威力による妨害により，工事の開始が約1時間半遅れたわけで，これが妨害結果といえる。本問のように，具体的な妨害結果が認められる場合には，できる限り明示的に記載すべきである。

⑤甲らの関与についてであるが、甲らは、直接鶏卵等を投げる行為は行っていないが、座り込み行為自体は路上生活者らと共に行っているから、現場共謀が認められ、甲、乙、丙及び路上生活者には、威力業務妨害罪の共同正犯が成立する。

(4) 正当化事由の有無

⑥さらに、正当化事由の有無であるが、要保護性に関して論じたように本問工事が周辺住民らからの要請に基づいて公的な目的を持って行われている以上、これを上回る利益が路上生活者の側に認められるかが問題となる。たしかに、生活の場を全く失うような事態が発生するとすれば、工事を阻止することにも正当化の余地はあろう。しかし、本問では、1年以上も前から路上生活者らに退去を説得し、さらに代替の住居の提供も提示している事実があるから、違法性を阻却する事情を認めるのは困難である。

ただし、甲らが違法ではないと誤信したとする余地もあるが、基礎となる事実の認識に欠けるところがないのに、行為者自身が適法であると思い込んでいる場合には、法律の錯誤に当たり、故意が阻却されることはない。本問の甲らも、県が説得を続けていることは認識していたと考えられるから、違法阻却事由が存在しないことの認識はある。

4. 公務執行妨害罪の成否

(1) 公務執行妨害罪の構成要件該当性

甲がIの胸を平手で突いて転倒させた行為は、Iに対する有形力の行使であり、公務執行妨害罪（95条1項）の手段である「暴行」に当たる。ここで妨害された公務は、公園整備工事の一部であり、しかも工事を開始するための作業員との手順の相談であるから、この場面でも強制力を行使する権力的公務とはいえない。しかし、権力的公務といえなくとも、公務執行妨害罪における「公務」は権力的公務に限るわけではないから、暴行を手段とする以上、公務執行妨害罪に該当する。

なお、暴行も威力に含むから、同時に威力業務妨害罪にも当たることとなるが、両罪が観念的競合に当たる（大谷・各論147頁）か法条競合となる（安広文夫〈只木誠編〉刑法演習ノート21問130頁）かは争いがある。改正前の公務執行妨害罪は3年以下の懲役・禁錮（罰金なし）で、威力業務妨害罪（234条）

が3年以下の懲役又は50万円以下の罰金であったため，明らかに公務執行妨害罪の法定刑の方が重かった。しかし，平成17年改正により公務執行妨害罪にも50万円以下の罰金を科すことが可能となったため，形式的にみれば，禁錮刑の選択が可能な公務執行妨害罪の方が「軽い罪」に当たることになる。

もっとも，54条の科刑上一罪において，重い刑種のみを比較するとする判例の考え方（重点的対照主義）によれば，懲役刑を比較して同一であれば，犯情の重い罪の刑によることになる（条解刑法208頁。なお，重点的対照主義の修正につき最決平19・12・3刑集61・9・821参照）。また，法条競合とする見解は，公務執行妨害罪のみが成立すると解する（安広・同上）。

さらに，公務としての要保護性も問題となるが，業務としての要保護性で検討したように，これまで退去を説得してきた経緯があり，現に行っている公務も，工事の打合せ作業にとどまるから，公務としての要保護性も認められる。

そして，小屋の撤去作業の開始が，さらに午前9時頃まで延期されたことが，公務執行妨害罪の妨害結果に当たることになる。

乙も，甲と共にIの身体を突く暴行を加えているから，甲と乙とは公務執行妨害罪の現場共謀が認められ，共同正犯となる。

なお，甲，乙は，工事を不当なものとして，これを阻止する目的で暴行に及んでいるが，違法阻却が認められないことは，威力業務妨害罪で検討した通りである。

(2) それ以前の威力業務妨害罪との関係

座り込みによる威力業務妨害行為と，その後のIへの暴行による公務執行妨害行為とは，手段は異なるものの，同じ公務としての工事に対する妨害であり，時間的・場所的に連続した一連の行為と評価できる。よって，威力業務妨害罪が別罪として成立するとすべきではなく，少なくとも甲・乙については，包括して公務執行妨害罪一罪で評価すれば足りる。また，丙とは威力業務妨害罪の限度で共同正犯となると解される。

よって，甲と乙には公務執行妨害罪の共同正犯が成立し，丙とは威力業務妨害罪の限度で共同正犯が成立することになる。

(3) 丙の罪責

　丙がその場で見ていた行為はどのように評価されるか。仮に、「暴行はやめろ。」と甲、乙を阻止したとすれば、丙が公務執行妨害罪に関与していないことが明確になるが、阻止行為も、阻止する発言もしていないため、一連の業務妨害・公務執行妨害行為からの離脱が認められないようにもみえる。

　しかし、威力業務妨害行為と公務執行妨害行為とは、いかに時間的・場所的に連続した行為とはいえ、単に座り込む行為から身体に対する暴行へと、大きく変化している。また、甲がⅠを殴ったきっかけは、Ⅰが工事を強行しようとしているのを甲が直接見聞きしたことを契機とするもので、丙はその事実を知らず、さらに、丙は、暴行を加えることを不当と考えて甲・乙の暴行行為に加わっていない。これらの事情から、Ⅰへの暴行は、それ以前の威力業務妨害行為とは別の、甲と乙のみによる新たな共謀に基づく行為であると評価することができる。よって、丙には威力業務妨害罪が成立するにとどまり、その限度で甲・乙との共同正犯が認められる。

5. Ⅰの傷害結果について

　公務執行妨害行為により、公務員に傷害を負わせた場合には、公務執行妨害罪と傷害罪との観念的競合となる。甲は、Ⅰに対する暴行に一貫して加わっているから、公務執行妨害罪の他に傷害罪が成立することは明らかである。

　これに対し乙は、最初の殴打行為には関与しておらず、しかも傷害結果が甲の単独の殴打行為により生じた可能性がある以上、乙の殴打とⅠの傷害結果との間の因果関係は認められない。さらに、傷害罪については、関与前の傷害結果について、通常、後行行為者は因果性を持ち得ないから、承継的共同正犯を認めることもできない（最決平24・11・6⇨［参考判例］参照）。

　しかし、共犯関係にない複数の者が、同時に1人の被害者に暴行を加え、その結果傷害が発生したが、いずれの暴行により当該傷害が生じたかが不明な場合、傷害罪の共同正犯に当たる（同時傷害の特例、207条）。本問の甲による単独の暴行と、その後の甲・乙の共謀に基づく暴行とは、時間的・場所的にほぼ同時に行われたものであり、しかもそのいずれから傷害結果が発生したか不明な場合に当たるから、207条の適用を認めることが可能である。

　もっとも、207条は「共同して実行した者でな」い場合を規定しているか

ら，甲・乙のように共同正犯に当たる者には適用できないようにもみえる。しかし，「甲の単独の暴行」と，「甲・乙の共謀に基づく暴行」とを対比した場合，それぞれの間に「共犯関係」があるわけではない。また，甲が暴行を加え，その後これを認識しないで乙が単独で暴行を加えた場合（典型的な207条）には，共に傷害罪の罪責を負うのに，甲が暴行を加え，その後乙が甲と共謀して暴行を加えた場合には，乙は傷害罪の罪責を負わないという結論は妥当性を欠く。

よって，207条を適用し，甲・乙ともに傷害罪の罪責を負うと考えるべきであり，これは公務執行妨害罪との観念的競合となる。

【参考判例】

最決平14・9・30（刑集56・7・395） 東京都職員が道路工事を行うために，路上生活者の段ボール小屋を撤去する職務を執行するに当たり，卵を投げつけるなどの威力によりこれを妨害した行為に対し，強制力を伴う権力的公務ではないとして，威力業務妨害罪の成立を認めた。〈前田・重要判例No.139，曲田統・百選ⅡNo.24〉

大阪地判平9・8・20（判タ995・286） XのAに対する暴行の途中から，Y，Zが共謀加担し，結果的にAに傷害を負わせたが，傷害発生が共謀成立前か後かが不明であった事案につき，Y，Zに傷害罪の承継的共犯は認められないとした上で，「Xの単独の暴行」と，「共謀成立後の3名による暴行」とは，同一機会に同一客体に対して行われたものであるとして，207条の適用を認めた。〈前田・重要判例No.115〉

最決平24・11・6（刑集66・11・1281） 暴行により傷害を受けた者に，途中から，意思を通じて加わって暴行を加えた者について，関与前の暴行による傷害については刑責を負わないとした（第7講131頁参照）。〈前田・重要判例No.82，小林憲太郎・百選ⅠNo.82〉

第Ⅱ部 各論問題

第15講 業務妨害罪

> ▶設 問

甲及び乙の罪責について論じなさい（特別法違反の点を除く。）。

1　甲（22歳，女性）は，A市に居住しており，全国チェーンであるXコンビニエンスストアB店でアルバイトとして働いていたが，何度か無断欠勤や遅刻をしたことから解雇されてしまった。甲は，これを恨み，X社に嫌がらせをしようと思い，当時，スーパーやコンビニエンスストア（以下，コンビニ）で販売している飲料に薬物が混入し，人が死亡したり，体調を崩したりした事件が多発していたことから，これを真似ることとした。

　　甲は，ある日の午後2時過ぎに，XコンビニのC店でX社の自社ブランドの500ミリリットル入りの紙パックのオレンジジュースを買って，これを自宅に持ち帰り，その紙パックの封を開けて少し飲んだ上で，半分以上ジュースが残っている紙パック内に，洗濯用液体洗剤を数滴垂らしたが，甲がこれを飲むことはなかった。

　　この液体洗剤は，体重1キログラム当たり5グラム以上摂取しなければ身体に危険性が生じない程度のもので，原液や多量の希釈液を飲めば下痢，腹痛，嘔吐等の症状が出るが，少量の希釈液を飲んだだけでは，苦みを感じる程度で，重大な身体障害を発症するおそれはないものであった。

2　同日夜，甲は，帰宅した夫の乙（25歳，男性）に，「このジュースはおかしな味がして，飲んだら気分が悪くなって吐いてしまった。」と虚偽の事実を告げ，病院に連れて行ってくれるよう頼んだ。乙は，「そんなことはないだろう。」と言いながら，ジュースのパックを手に取って

飲もうとしたが，甲は特に止めもしなかった。乙は，実際にこれを一口飲んだところ，苦みのある異様な味がしてすぐに吐き出し，しばらく舌に刺激が残ったが，特に嘔吐したり下痢になることはなかった。

　ただし，乙は，普段からXコンビニに対する恨みを言っている甲が，Xブランドのジュースを買うはずがないと思い，甲自身が何か変なものを入れたのではないかと疑ったが，乙が飲もうとするのを止めないくらいだから，それほど危ないものではないのだろうと思った。

3　乙は，甲が何かおかしなことをしたとすれば，それが発覚してはまずいと思い，放っておこうと思ったが，甲が，「もしかしたら毒かもしれないから，病院で診察してもらおう。」としつこく言い張り，乙がなだめても聞かないので，やむを得ず甲と共にジュースを持って近くのD救急病院に行き，甲と乙とは，一緒に医師Eの診察を受けた。乙はEに対し，「妻が買ったジュースだが，妻がこのジュースを飲んだところ，吐いてしまった。自分も飲んだが苦い味がして，舌がヒリヒリした。毒かもしれないので，大丈夫かどうか診てもらいたい。」と告げてジュースを提示し，甲もそばでこれを聞いていた。Eは甲と乙の症状を確認したが，下痢や嘔吐の症状も確認できなかったので，念のため多量の水を飲ませて経過を見ることとしたが，当時，缶ジュースや紙パック飲料に薬物が混入される事件が多発していたことから，Eは同種の事件のおそれもあると思い，念のため，A市にあるA警察署に通報した。

4　通報に応じてD病院に来たF警察署の巡査Gに対し，乙は甲と共に事情を説明し，乙がGに，「妻がXコンビニのC店で買ったジュースだが，妻はこれを飲んで気持ちが悪くなり，吐いてしまった。私も飲んだが，変な味がした。」と告げ，Gにジュースを渡した。F警察署でジュースを調べたところ，ごく少量の洗剤が含まれていたことが判明したため，その内容を報道機関に発表したところ，地元の新聞社がこのことを報じたが，扱いが小さく，大きな反響はなかった。

5　甲は，地元新聞1社が取り上げただけで，大きな騒ぎにならなかったことから，更に不満を募らせ，もっと毒性の強いものを混入させたジュースをXコンビニの店舗に置いて，誰かがそれを飲んで死ぬようなことになれば，大きなニュースになるのではないかと思った。そこで，病院に行ってから約1か月後に，同じくA市内の，XコンビニH店で，前回と同じ500ミリリットルの紙パック入りオレンジジュースを購入し

て自宅に持ち帰り，タバコ3本をコップ1杯の水に溶かしてニコチン水溶液を作り，これを注射器に入れ，紙パックの上部に注射針を刺して10ミリリットルほどパック内に入れたが，針の穴は外観上はほとんど目立たない状態だった。ニコチンは，体重1キログラム当たり約50ミリグラム摂取すると死亡する危険性もある程度の強い毒性を持っており，甲が混入させた量でも頭痛，吐き気，腹痛等の症状が出る可能性はあるものの，甲が入れた量は成人の致死量の1/10程度であった。

　甲は，このジュースを紙袋に入れ，翌日Xコンビニ H 店に出向き，ジュースの陳列ケースのガラス扉を開けて持参したジュースの紙パックを置き，何も買わずに店を出た。

6　H 店の店長 I は，甲が店内をウロウロしていて様子が不自然だったことと，ジュースの陳列ケースの扉を開けたはずなのに，何も買わずに出て行ったので不審に思い，ジュースの陳列ケースを確認したところ，直前まで品切れになっていたはずのオレンジジュースが置いてあるのに気づいた。I は，1週間前の洗剤混入の事件があった際に，X コンビニの本部から，不審な客に気をつけるようにという連絡が入っていたのを思い出し，念のため，その紙パック入りジュースを棚から出し，裏の事務所に置いておいたが，忙しかったのでそのまま放置し，本部や警察に連絡することはしなかった。

7　甲は，その後も特に騒ぎにならないので，別の方法でXコンビニに嫌がらせをしようと思い立ち，H 店にジュースを置いた約2か月後に，インターネットの掲示板に「X コンビニにバイトで勤めている友人が，1週間以内に，A 市の X コンビニの自社ブランドジュースに猛毒を入れると言っています。」との書き込みを行った。ただし，甲自身は，書き込みをした後には，異物を混入させたジュースを置くつもりはなく，また友人の話も虚偽だった。

8　この掲示板の書き込みを見た会社員 J は，F 警察署に犯行予告の書き込みがあると通報した。F 警察署では，以前に甲からの通報もあったことから，書き込みの内容が実際に実行されるおそれがあると判断し，担当者らが，A 市にある X コンビニの5店舗及びその周辺に出動し，警戒等の業務に従事した。

　また，F 警察署から，このような書き込みがあるとの連絡を受けた X コンビニは，本部の判断で，A 市にある5店舗すべてで，自社ブラン

ドのジュースの販売を1週間中止した。

論点の整理

本問では，信用毀損罪，業務妨害罪，名誉毀損罪が問題となる。これらは，相互に関連性の強い犯罪類型であり，信用毀損にも業務妨害にも当たる行為もあれば，名誉毀損にも業務妨害にも該当し得る行為もある。しかも，これらの罪は，実質的に結果発生のおそれがあれば足りるから，いずれの構成要件に該当するのかの見極めは必ずしも容易ではない。そのような事例を解く際には，まず，どのような結果が発生しているか（あるいは発生していないか）を念頭において検討すべきである。

時系列でみると，(1) 乙が洗剤入りジュースを飲んで吐き出しているが，傷害結果は発生していないこと，(2) C店の洗剤混入ジュースについて新聞報道がなされたこと（信用毀損罪，233条前段），(3) H店にニコチン入りジュースを置いたが，Iに取り除かれて放置されたこと（殺人予備罪，201条），(4) インターネットの虚偽の書き込みが警察に通報され，警察官が出動し，その結果，警戒等の業務に従事させられ，本来の業務ができなくなったこと（偽計業務妨害罪，233条後段），(5) Xコンビニは，ジュースを1週間販売できなくなったこと（偽計業務妨害罪，233条後段）が問題となる。これらについて，各構成要件該当事実が認められるかを検討することとなる。

解答の筋道

1. 甲の罪責
   (1) 乙が洗剤入りジュースを飲むのを止めない行為
   (2) 異物の入ったジュースについて新聞報道させた行為
      ・手段としての「虚偽の風説の流布・偽計」
        →警察官1名に対する発言が「流布」に当たるか
      ・結果としての「信用の毀損」
   (3) ニコチン入りジュースを置いた行為
      ・ニコチンの危険性
      ・殺意の有無

(4) 掲示板への書き込み
　　　・警察に対する業務妨害罪の成否
　　　・Xコンビニに対する業務妨害罪の成否
　2．乙の罪責
　　・異物の入ったジュースについて新聞報道させた行為→甲との共犯関係
　　　→甲自身が何か混入させたのではないかと疑っている→信用毀損の未必的故意
　　・幇助犯の成否

[答案作成上の注意]

　信用の意義や，公務と業務の関係のように，重要な最高裁判例がある論点については，そのことを中心に記述しがちであるが，あくまでも各構成要件の各要件を1つ1つ確実に論ずることが必要である。例えば，公務と業務についても，それらの「関係」を論ずるのではなく，具体的な本問の職務が「公務」に当たるのか「業務」に当たるのかという観点から論ずることが肝要である。
　また，業務妨害罪は一般に抽象的危険犯であるとされており，現実の妨害結果が生ずる必要はない。しかし，本問のように，既に具体的な妨害結果が生じているのであれば，それを落とさずに記述すべきである。
　さらに，公務の意義について，「妨害された公務」をいかに捉えるかに関する高裁判例が蓄積されているので（[解説] 274頁以下参照），その理由も含めて理解しておくことが必要である。

　一　甲の罪責
　　1．乙が洗剤入りジュースを飲もうとするのを止めなかった甲の行為は，傷害罪（204条）に当たるか。
　　(1) 甲は洗剤を数滴しか混入させておらず，しかも乙は一口しか飲ん

でいないことから，およそ身体に危険性を及ぼすおそれがないとして，傷害罪の構成要件に該当しないようにもみえる。しかし，乙は苦みを感じて吐き出し，さらに舌に刺激を感じているから，生理的機能の障害が認められ，軽微犯として構成要件該当性を否定するとまではいえない。

(2) さらに，甲は乙が洗剤入りのジュースを飲むのを止めなかったが，自ら洗剤を混入したジュースを他人が飲もうとしている以上，甲には，その他人の身体に障害が発生しないよう，これを止めるべき作為義務がある。しかし，甲はこの義務に反して乙が飲むままに放置しているから，不作為の傷害罪の実行行為性が認められる。また，甲は，乙が飲むジュースが洗剤入りであることを認識しているから，傷害罪の故意が認められる。ただ，不作為犯は，作為による傷害と包括して評価され，甲には，乙に対する傷害罪（204条）一罪が成立する。

2．甲が，ジュースを飲んで気持ちが悪くなったという虚偽の事実を告げた行為は，Xコンビニに対する信用毀損罪（233条前段）に当たるか。

(1) 実際にEやGに申告したのは乙であるから，甲に実行行為性が認められるかが問題となるが，甲が病院に行く旨指示し，乙は甲に言われるままにこれらの告知を行っていること，そばに甲がいて乙の発言を止めていないことから，甲が乙を道具として利用したと評価することができ，甲が自ら告知を行ったと同視し得る。

(2) 信用毀損罪にいう「虚偽の風説」とは客観的事実に反する噂であり，「流布」とは不特定又は多数人に伝播させることをいう。甲が告げた内容は，Xコンビニのジュースに異物が混入されていたという虚偽の事実であるから，客観的事実に反する噂であり，「虚偽の風説」に当たる。ただし，医師に告知する行為は，それだけでは不特定多数の者に伝播する状態に至ったとはいえないから，「流布」したといえない。

(3) また，警察官G1人に告げる行為が「流布」に当たるかが問題となる。本問では，社会的な関心が高かったこと，警察としては，一般市民に危険が及ぶおそれがある行為について新聞報道等を通じて注意を喚起する可能性が高いことから，警察官1人に告げたとしても，それがマ

スコミ等を通じて一般に知られる客観的な可能性は高かったといえる。よって、たとえG1人に対して告げた行為でも、「流布」に当たる。

(4) では、「信用」の「毀損」が認められるか。「信用」とは、人の支払能力または支払意思に対する社会的信頼に限定されず、販売する商品の品質に対する社会的な信頼をも含むと解すべきである。品質に問題のない商品を販売することは、商品の提供に関する経済活動に伴う債務の履行に関する事項であり、支払能力・支払意思と同様に、信用として保護されるべきものだからである。

本問では、Xコンビニのジュースに異物が混入していたという新聞報道がなされたのであるから、Xコンビニの品質に対する社会的な信頼が害されており、「信用」の「毀損」があったといえる。

(5) さらに、甲が、警察官Gに虚偽の事実を告げる行為は、虚偽の風説を流布してXコンビニの業務を妨害した偽計業務妨害罪（233条後段）にも該当する。なぜなら、業務妨害罪の「妨害」は、実際に実害が生じなくとも、実害が生ずるおそれがあれば足りるところ、このような新聞報道がなされれば、Xコンビニの営業活動に影響が及ぶおそれがあるからである。

(6) 以上から、甲がGに虚偽の事実を告げた行為は、Xコンビニに対する信用毀損罪（233条前段）及び偽計業務妨害罪（233条後段）に当たる。両罪は観念的競合（54条1項前段）に当たり、233条一罪が成立する。

3. 甲がニコチン入りのジュースを商品棚に置く行為について、殺人予備罪（201条）が成立するか。

(1) 殺人予備とは、殺人罪を犯す目的で、殺人の実行の準備行為をすることを指す。甲は、誰かがジュースを飲んで死ねばよいと思っているので、殺人罪を犯す目的がある。また、準備行為とは、殺人罪の実行を可能又は容易にする行為をいうが、コンビニの商品棚に置かれたジュースは、いつでも客が購入して飲む可能性があるものであるから、殺人の実行を可能にするものであるといえる。

(2) もっとも、具体的に特定の者が当該ジュースを飲もうとする段階

にまでは至っていないことから，殺人の実行の着手までは認められない。

(3) さらに，殺人予備目的でコンビニに立ち入る行為は，建造物侵入罪（130条前段）に該当する。

(4) 以上から，甲には，建造物侵入罪（130条前段）及び殺人予備罪（201条）が成立し，両罪は牽連犯（54条1項後段）となる。

4．甲が，インターネット掲示板に虚偽の事実を書き込み，その結果，F警察署の警察官らが警戒に当たらざるを得なくなった行為は，公務執行妨害罪（95条1項）ないし偽計業務妨害罪（233条後段）に当たるか。

(1) まず，甲が掲示板に書き込んだ行為は，直接警察署に通報する行為とは異なるが，コンビニのジュースに猛毒を入れるという犯行予告の内容であり，類似の事件が多発していた状況下であることを勘案すれば，この掲示板の内容を見た者が警察に通報する可能性は非常に高い。よって，甲が直接警察に通報したものと同視することができるから，甲の実行行為は，掲示板へ書き込んだという虚偽の風説の流布ではなく，警察に虚偽の通報を行ったという「偽計」に当たる。

(2) その結果妨害されたのは，コンビニの警戒に当たったために行うことができなくなった，F警察署の警察官として本来行うべきであった職務である。本来行うべきであった警察官の職務は公務であるが，甲の実行行為が偽計であるため，公務執行妨害罪には該当しない。

(3) もっとも，公務であっても，強制力を行使する権力的公務でない限りは，「業務」として業務妨害罪で保護される。強制力を行使する権力的公務は，威力・偽計で抵抗されたとしても，自らこれを排除する強制力を備えているから業務妨害罪で保護する必要はないが，強制力を行使する権力的公務でない公務は，そのような排除する力を備えていないからである。

F警察署の警察官が本来行うべきであった職務の中には，強制力を行使する権力的公務である逮捕行為も含まれた可能性があるが，逮捕行為も，実際に逮捕行為を行うに至る前の段階では，強制力を行使する局面に至っていないから，強制力を行使する権力的公務には該当しない。よ

って，妨害された公務全体について，「業務」に該当するといえる。

（4）また，警戒に当たった警察官は，本来の職務を行うことができなかったから，妨害結果も発生している。

（5）以上から，甲には，A警察署の警察官に対する偽計業務妨害罪（233条後段）が成立する。

5．さらに，掲示板に書き込む行為は，Xコンビニに対する威力業務妨害罪（234条）に当たるか。

（1）「威力」とは，人の意思を制圧する勢力をいうところ，Xコンビニがジュースの販売を中止したのは，毒物が混入されることを恐れたためで，甲は人の意思を制圧する勢力を用いたものといえ，掲示板への書き込みは，Xコンビニの業務妨害との関係では「威力」に当たる。

（2）また，警察から書き込みについて連絡を受けたXコンビニは，A市にある店舗全てで，ジュースの販売を中止しているから，「業務」の「妨害」結果が発生している。

（3）警察官に対する偽計業務妨害罪と，Xコンビニに対する威力業務妨害罪とは観念的競合の関係に立つ（54条1項前段，233条後段，234条）。

6．以上から，甲には，乙に対する傷害罪（204条），Xコンビニに対する信用毀損罪及び偽計業務妨害罪（233条一罪），建造物侵入罪及び殺人予備罪の牽連犯（130条前段，201条，54条1項後段），F警察署に対する偽計業務妨害罪とXコンビニに対する威力業務妨害罪の観念的競合（233条後段，234条，54条1項前段）が成立し，これらは併合罪（45条前段）の関係に立つ。

二　乙の罪責

1．乙が，警察官Gに虚偽の事実を告げた行為は，信用毀損罪（233条前段）及び偽計業務妨害罪（同条後段）に当たるか。

（1）乙が虚偽であることを認識していたか否かが問題となる。乙は，甲がXブランドのジュースを買うことを不審に思っていること，実際に飲んでみて苦みを感じていること，さらに何とか甲をなだめて病院に

行くのを止めさせようとしているから，未必的ながら，甲がジュースに何かを混入させたことの認識があったといえる。よって，自らが告知している内容が虚偽であることについて未必的な認識があった。

しかし，乙は甲と，虚偽の事実を病院に告げることを相談しているわけではないから，信用毀損罪・業務妨害罪の共謀があったとはいえず，これらの罪について甲との共同正犯は成立しない。

(2) むしろ，乙は甲を止めようとしているから，自ら積極的に虚偽の事実を告げようとの意図はなく，甲に言われてやむを得ず医師や警察官に虚偽の事実を告知しているに過ぎないと考えられ，甲の実行行為を促進・容易にしたものとして，幇助に当たると解すべきである。

2．以上から，乙にはXコンビニに対する信用毀損罪の幇助犯（233条前段，62条）及び偽計業務妨害罪の幇助犯（233条後段，62条）が成立し，両罪は観念的競合（54条1項前段）となる。

以 上

● 解 説

1．信用毀損罪の実行行為

乙は，洗剤入りのジュースを飲んではいるが，すぐに吐き出し，嘔吐や下痢等の傷害結果は発生していない。ただし，舌に刺激を感じているから，これを傷害（人の生理的機能の障害）と評価することができる。甲は，乙が洗剤入りのジュースを飲むことを知りながら，これを止めなかったという不作為が，傷害罪の実行行為に当たる。甲は，当然ながら洗剤を入れたことを認識しているので，傷害の故意も認められる。なお，甲の行為は，被害者の行為を利用した間接正犯であると評価することもできるが，端的に乙を止めない不作為が傷害罪の実行行為に当たるとすれば十分である。

信用毀損罪に関して甲の実行行為として問題となるのは，乙を通じて，医師Eに虚偽の事実を告げさせたことと，同じく乙を通じて警察官Gに虚偽

の事実を申告させ，その結果警察を通じて虚偽の事実を報道させたことである。このうち，結果としての毀損を生じさせるに足りる行為が実行行為となるから，まず，何をもって「毀損」といえるかを確定する必要がある。

「毀損」は，現実の信用低下結果が発生することは要せず，**信用を毀損するおそれのある行為**があれば足りる（抽象的危険犯）。流布された虚偽の風説について，不特定又は多数の者が認識できる状態になれば足りるから，本問では，新聞報道がされたことが毀損に当たる。したがって，新聞報道をさせた行為が実行行為であり，警察を通じて虚偽の新聞報道をさせた行為が，「虚偽の風説の流布」としての実行行為といえる。なお，E医師に虚偽の事実を告げているが，これが直接信用を毀損する結果を生じさせたわけではないから，E医師に虚偽の事実を告げた行為は，直接の実行行為ではないことに注意を要する。したがって，実行行為は「偽計」ではなく，「虚偽の風説の流布」となる。

「**虚偽の風説の流布**」とは，事実と異なった内容の事項を，不特定又は多数の者に伝播させることをいう。「風説」とは噂のことであるが，噂の形をとらずに行為者自身の判断を述べる場合も含む。本問では，自ら混入させた洗剤が，買ったジュースにもともと入っていたという虚偽の事実を述べているが，これも「風説」を流布させたことになる。

本問で特に問題となるのは，**1人の警察官に告げたことが「流布」に当たるか**である。流布とは不特定又は多数の者に伝播させることであるが，必ずしも行為者自身が不特定多数の者に伝えなくとも，他人を介して順次それが不特定又は多数人に伝播される場合も含む。本問では行為時に異物混入事件が多発していた状況であるから，社会的に重大な関心事であったと考えられ，客観的にも警察官に伝えれば，相当の蓋然性をもって事件が報道される状況にあったといえるし，主観的にみても，甲自身がそのことを認識していることが明らかであるから，流布に当たる。

2.「信用」の毀損

信用毀損罪の成否に関して，本問で主たる争点となるのが，信用の意義である。信用毀損罪は，「経済的な側面における人の社会的な評価」を保護するものである。従来の通説・判例は，支払能力又は支払意思を信用とするこ

とが多かったが，**最決平 15・3・11**（刑集 57・3・293）は，本問と類似の事案に関し，信用とは，**人の支払能力又は支払意思に対する社会的な信頼**に限定されず，「**販売される商品の品質に対する社会的な信頼を含む**」とした。「納入する製品の品質・効用，アフターサービスの良否は，商品の提供に関する契約等の経済活動に伴う債務の履行に関連する事項」であるから，経済活動に伴う債務の履行能力又は履行意思に対する社会的な信頼に当たると考えているのである（最高裁判例解説・平成 15 年 106 頁）。本問では，X コンビニの「販売される商品の品質に対する社会的な信頼」が信用に当たるといえる。

このような「信用」の意義の拡大は，社会情勢の変化を反映している。同様の商品が多数の販売店で販売される現在，消費者の選択の余地が大きく，一定の品質の商品を提供することが可能か否かが当該販売店の経済活動にとって死活問題となり得るからこそ，商品の品質も信用に関わる事項であるといえるのである。さらに，最決平 15・3・11 の事案でもそうであったように，本問でも，類似の毒物混入事件が多発していることが重要である。類似の事案が当該コンビニで繰り返される可能性が否定できないからである。「信用」の該当性判断に当たっては，このような行為時の社会的事情についても言及することが望ましい。

なお，平成 15 年決定では偽計業務妨害罪の成立も認められている。業務妨害罪も妨害結果が現に生ずることまでは要求されないから，仮に X コンビニが休業等をすることがなかったとしても，妨害は認められる。信用毀損罪と偽計業務妨害罪とは同じ 233 条に該当するので，虚偽の風説を流布し，X コンビニの信用を毀損するとともに，その業務を妨害したとして，233 条一罪の成立が認められることになる。

3．間接正犯の成否

本問では，実際に G に虚偽の事実を告げたのは乙であるが，甲も乙と共に病院に行き，乙が警察官に事情を説明するのをそばで聞いているから，甲は乙を使った間接正犯として信用毀損及び業務妨害を実行したことになる。もっとも，乙は甲が何か混入させたと気づいているから，乙も単なる道具とはいえないのではないか，したがって甲も間接正犯とはいえないのではないかが問題となり得る。

しかし，甲に，乙に対して犯意を生じさせる意図があるとは認められないから，教唆犯には当たらない（教唆の故意が欠ける）。

もっとも，乙は，甲の意図を，少なくとも未必的には認識しながら，その意図に沿って警察官に告知しているから，幇助犯には当たる（片面的幇助）。ただし，甲・乙間に信用毀損や業務妨害についての意思連絡は認められず，共謀があるとはいえないから，共同正犯には当たらない。

4. ニコチン入りのジュースを店頭に置く行為

殺人予備とは，殺人罪を犯す目的で，その準備行為をすることである。殺害意思は確定的な認識である場合はもちろん，未必的な場合や条件付きの場合も含む。例えば，窃盗犯人が，もし人に発見されたら殺害する目的でナイフを準備する行為なども，（事後強盗）殺人予備罪に該当する。本問の甲は，誰かが飲んで死ねば騒ぎになると思っているので，少なくとも殺人の未必的な故意が認められ，殺人罪を犯す目的がある。

客観的な予備行為とは，殺人の実行を可能にし，又はこれを容易にする行為をいう。犯罪の実行に着手しようと思えば，いつでもそれを利用して実行に着手できる程度の準備がこれに当たる。具体的には凶器の入手や，被害者方の下見なども含まれ，例えば，被害者らが日常通行する道路の道端に毒入りジュースを置く行為も，予備行為に当たる（宇都宮地判昭40・12・9下刑集7・12・2189）。

本問では，コンビニ店内の陳列棚に置いたのであるから，道端に置く行為よりも，人が実際に飲む危険性は格段に高く，より一層殺人の実行を可能にし，容易にする行為である。よって，殺人罪の予備行為に当たる。

さらに，「誰でもすぐに飲める状態」に置いたとすれば，未遂罪が成立するのではないかが問題となろう。しかし，例えば，誰でも自由に飲むことができる給湯器に毒物を入れるような行為とは異なり，陳列棚に置く行為は，ジュースの箱をすぐに誰かが飲む状態に置いたとまではいえないから，実行の着手があったとまではいえない。

また，店長Ⅰが不審に思って店頭から撤去しているが，このことが予備罪の成否に影響することはない。

5. 掲示板への書き込みと実行行為

　本問後段は，A警察署とXコンビニに対する業務妨害罪が問題となる。主たる論点は，警察官の職務を妨害する行為が業務妨害罪に当たるか，すなわち公務と業務の関係であるが，まず，妨害結果が何か，またそれを生じさせる危険性のある実行行為は何かを確定することが重要である。

　A警察署に関する妨害結果は，警察官がXコンビニ5店舗及びその周辺への出動，警戒等の徒労の業務に従事したことにより，本来の業務が遂行できなかったことである[1]。この結果は，掲示板を見たJが通報したことにより生じており，甲が直接通報したわけではない。よって，甲が，Jを利用して警察署に通報させたといえる関係にあることが必要だが，これを肯定するためには，掲示板への書き込みがどのような意味を持つかを明らかにする必要がある。

　東京高判平21・3・12（高刑集62・1・21，判タ1304・302）は，インターネット掲示板に，JR土浦駅で無差別殺人を行うとの虚構の殺人事件の実行を予告し，閲覧した者からの通報を介して警察官を出動させた行為について，「**インターネット掲示板を通じての間接的通報も直接的110番通報と同視できる。**」としている。インターネット掲示板は多数の者が閲覧するものであり，特に重大事件の予告であれば相当の蓋然性をもって警察に通報されると考えられるから，直接の虚偽通報と同様に，結果発生の具体的危険性を生じさせるに足る実行行為といえる。直接的な110番通報と同視できるのであれば，インターネット掲示板に虚偽の事実を書き込むという「偽計」が実行行為となるから，敢えて「Jを通じて通報させた」とする必要はない。

6. 公務と業務の関係

　本問では，警察官の職務を妨害しているから，これが業務妨害罪に当たるかが問題となるが，公務といえども強制力を行使する権力的公務でない限り，業務妨害罪の「業務」に当たる（最決平14・9・30刑集56・7・395等）。強制力を行使する権力的公務が除かれる根拠として，このような公務は，威力・偽計

---

1) 安広文夫〈只木誠編〉『刑法演習ノート21問』129頁参照。

で抵抗されたとしても，自らこれを排除する強制力を備えているから，あえて同罪によって保護する必要はないとの理由が挙げられる（前掲・判タ1304・302参照）。

　前述のように，「妨害」とは徒労の業務に従事させることにより，本来行われはずの業務の遂行を困難にしたことを指す。本問では，虚偽の通報により，本来従事する必要のなかったコンビニ5店舗及びその周辺への出動・警戒活動を行わなければならなくなったが，これは「妨害された公務」ではない。妨害された公務とは，本来警察官として従事する予定であった種々の活動であり，その中には，逮捕行為のような強制力を行使する権力的公務が含まれる可能性もあったはずである。そこで，A警察署の警察官らは，強制力を行使する権力的公務を含む職務を妨害されたとして，業務妨害罪の適用を排除すべきであるとする主張もあり得る。

　しかし，逮捕行為が強制力を行使する権力的公務であるとしても，実際に逮捕行為に至る前の段階では，例えば110番通報受理業務やパトロール活動を行ったり，交番勤務に従事したりしているわけで，これらは，自らこれを排除する強制力を備えているとはいえないから，権力的公務とはいえない。前掲・東京高判平21・3・12は，実際に行われなかった逮捕行為等について，「**その強制力は，本件のような虚偽通報による妨害行為に対して行使し得る段階にはなく，このような妨害行為を排除する働きを有しない**」として，仮に実際に遂行できなかった公務の中に，逮捕行為等の強制力を付与された権力的な公務が含まれていたとしても，全体として業務妨害罪の保護の対象となるとした[2]。

　本問で妨害された警察官の職務に逮捕行為が含まれていたとしても，現実に妨害行為に直面していない限り，排除する強制力を行使することはできず，「業務」に当たることになる。

---

[2] 同様に，インターネットの掲示板に警察官を殺害する旨の虚偽の犯行予告の書き込みを行った行為について，東京高判平25・4・12（東高刑時報64・1＝12・103）は「一般的・抽象的に強制力を行使する権限を有していても，本件のようなインターネット上の掲示板に犯行予告を書き込むなどといった妨害行為に対しては，これを強制力によって排除することは不可能であり，かかる妨害行為によって業務の遂行が妨げられることは，当該業務が『強制力を行使する権力的公務』であるかどうかにかかわらない。」としている。

7. Xコンビニに対する業務妨害罪

　掲示板への書き込みは，同時に，Xコンビニに対する業務妨害罪にも該当する。ただし，手段として「威力」か「偽計」か，更に妨害「結果」が何かが問題となる。ここでも，何が妨害されたかを確定しないと，手段が威力か偽計かも確定できない関係にある。

　Xコンビニに生じた妨害結果は，ジュースの販売の中止であるが，「騙されて販売を中止した」のではなく，「毒物を入れられるのではないかと威圧されて中止した」もので，その手段は「威力」，つまり「人の意思を制圧するような勢力」に当たる[3]。これに対し，警察署に対する妨害結果（警察官の出動による本来業務の妨害）は，単に「書き込みにより職務が行えなくなった」のではない。「書き込みにより警戒活動を余儀なくされ，その結果，本来業務が妨害された」のであって，「意思を制圧されたので本来業務が行えなくなった」わけではないから，威力ではなく偽計に当たる。

　たしかに，同じ「虚偽の書き込み」が，一方で「偽計」となり，他方で「威力」に当たるとするのは不自然にもみえる。しかし，虚偽の内容を含む脅迫的言辞を用いた場合，それにより畏怖した被害者が金員を交付すれば詐欺罪ではなく恐喝罪に当たるように，虚偽の書き込みが偽計にも威力にも当たり得る。よって，Xコンビニに対しては威力業務妨害罪が成立する。

8. 乙の共犯関係

　乙は，未必的ながらも甲の意図を認識しつつ，その意図に沿って警察官に告知している。そうだとすると，乙自身も信用毀損罪及び業務妨害罪の故意があり，正犯性が認められるようにもみえる。しかし，乙は，甲が何か不審なことをして，それが発覚するのではないかと恐れているから，少なくとも

---

[3] 東京高判平20・5・19（東高刑時報59・1＝12・40）は，インターネット掲示板に，文化センターにおける講演会に対して，実行する意思がないのに，「文化センターを血で染め上げる」，「教室に灯油をぶちまき，火をつける」などと書き込んだ行為について，講演会の主催者であるセンターの事務局長らの自由意思を制圧するに足りる勢力の行為があったといえるとし，威力業務妨害罪の成立を認めた。同じく「虚偽」の通報であっても，民間事業者の場合には，警察官とは異なり，「意思を制圧されて妨害された」といえる場合もあり得る。

自ら積極的に信用毀損ないし業務妨害行為を行うことを意図してはいない。甲に執拗に頼まれてやむを得ず病院に行ったと評価できるから，自らの犯罪として行っているとまではいえないであろう。

さらに，甲乙間には，虚偽の事実を告知することについての意思の連絡はないから，信用毀損・業務妨害についての共謀も認められない。

よって，乙は，甲の意図を未必的に認識しつつ，これを助ける行為を行ったものとして，信用毀損罪及び業務妨害罪の幇助犯に当たるといえる。

【参考判例】

最決平12・2・17（刑集54・2・38）　選挙届出の際に，大声で騒いだり選挙長の事務に従わない行為が威力業務妨害罪に当たり，同時に選挙届出書類に汚物が包み込まれているように装って選挙長の事務を妨害する行為は偽計業務妨害罪に当たる。〈前田・重要判例No.138，塩見淳・百選ⅡNo.23〉

最決平14・9・30（刑集56・7・395）　第13講［参考判例］参照。

最決平15・3・11（刑集57・3・293）　コンビニエンスストアで買ったオレンジジュースに洗剤を注入した上，警察官に対して，異物が混入していた旨の虚偽の申告をし，コンビニで異物の混入したジュースが陳列，販売されていたことを報道させた行為につき，信用毀損罪の成立を認めた。［解説］272頁参照。〈前田・重要判例No.137〉

東京高判平21・3・12（高刑集62・1・21）　［解説］274頁参照。〈前田・重要判例No.140〉

東京高判平25・4・12（東高刑時報64・1＝12・103）　［解説］275頁注2）参照。〈梅宮弘典・刑事法ジャーナル42号72頁〉

第16講 不法領得の意思

▶設 問

次の事例に基づき，甲及び乙の刑事責任を論じなさい（特別法違反の点を除く。）。

1　甲（男性，35歳，身長180センチメートル）は，友人の乙が，「Aスーパーは，比較的簡単に商品の返品・換金に応じてくれる。」と話しているのを聞き，盗品を返品に見せかけて現金を入手することを思いつき，平成25年7月9日15時頃，AスーパーB支店2階の紳士服売場において，紳士ジャケット1着（販売価格3万5千円），紳士ズボン1着（販売価格1万5千円），ネクタイ2本（販売価格合計1万6千円）を手に取り，これらを丸めて脇に抱えたが，値札や商品表示カード等を外さないと，換金してもらう時に怪しまれると思い，紳士服売場から約20メートルほど離れた男性用トイレに商品を持って入り，トイレの個室内で値札や商品表示カードを外した。

　このうち，ズボンについては裾上げがされていなかったため，正規に購入したものではないことが見破られてしまうのではないかと思い，値札等は外したものの，トイレ内のゴミ箱に捨てた。

2　15時10分頃，甲は，ジャケットとネクタイ2本を手に持ってトイレを出て，そのまま紳士服売場の支払いレジに行き，その場にいた店員Cに対し，ジャケットとネクタイ2本を示し，「母親が1週間前にこの店で買ったものだが，自分の趣味に合わないので返品したい。現金を返してくれ。」と申し出た。Cは，甲の持っているジャケットが3日前に新たに店頭に並べたものだったことから，甲の言っていることが嘘であると見破り，甲に対し，「当店で購入されたものかどうか，確認させてい

ただきたいと思います。詳しくお話をお聞かせいただけませんか。」と申し向けた。

3　甲は，Cの言葉を聞いて，自分の万引きが発覚したかもしれないと思い，商品をその場に置いたまま逃げ出したため，Cはカウンターに設置されていた通報ベルを使って警備員に緊急通報をした。通報を受けて，直ちに同店の警備員Dが駆けつけた。D（男性，65歳）は，身長165センチメートルで，体格はどちらかといえば痩せ型であったが，1階に通ずる階段を下りようとしていた甲の腕をつかんだ。甲は，このままでは捕まってしまうと思い，Dの腕を払い除け，さらに，階段からDを突き落とそうとして，Dの肩を突いたため，Dは2, 3歩よろけて階段を踏み外し，1階との中間にある踊り場まで転げ落ち，腰部を強く打ってその場に倒れ込んでしまった。

4　甲は踊り場で倒れているDの脇を駆け抜け，1階まで下りたが，1階の店舗出入口付近に別の警備員が立っていたため，階段の脇にあった従業員通路と表示されたドアを通って外に出ようとした。しかし，そのドアを開けて従業員通路に入ったところ，通路から外部に通じるドアには鍵がかかっており，屋外に出ることはできなかった。甲は，警備員らが追ってくる様子だったため，やむを得ず，通路脇にあった従業員用ロッカールームに入り，中から鍵をかけて潜んでいた。

5　甲は，このままでは捕まってしまうと思い，携帯電話で乙に電話をかけ，「B支店で万引きしてばれた。店の1階従業員通路脇のロッカールームに隠れたが，逃げ場がない。何か武器になるものを持って助けに来てくれ。」と頼んだ。乙は，すぐに，折りたたみナイフ（刃体の長さ約15センチメートル）と特殊警棒（長さ20センチメートルで，伸長時50センチメートルの金属製）を持ってB支店に向かい，15時20分頃に店内に入り，甲と電話で連絡を取りながら，ロッカールームにたどり着き，甲に鍵を開けさせて中に入った。乙は甲に，折りたたみナイフを渡し，見つかったらナイフや特殊警棒で脅しながら逃げようと相談していた。

6　Cは，店長Eに，万引き犯と思われる者が店内で逃げていると通報し，Eは直ちに110番通報をしたため，15時25分頃に，近くの交番から巡査部長F及び巡査GがB支店に到着した。Fは，C, Eらの説明を聞き，Gとともに約5分間にわたり店内を捜し，従業員通路についても逃げ込んだ可能性があると考え，F, Gが店長らと共に通路内に入り，店長が

ロッカールームのドアの鍵を開け,15時30分頃,Gがロッカールーム内に入った。

7　甲と乙は,急に警察官が中に入ってきたため,何とか逃げようとして,甲が折りたたみナイフを取り出し,Gに向かってナイフを突き出し,Gの腕に切り付けたが,GとFによって取り押さえられた。GとFが甲を押さえつけている隙に,乙は伸ばした特殊警棒を持ったままロッカールームを飛び出し,店内に逃げ込んで店舗出口に向かった。店舗の出入口付近では,甲が逃走しないよう警備員Hが警戒に当たっていたが,乙は,Hに対し特殊警棒で殴りかかったところ,逆にHに取り上げられてしまったため,傍で販売用に陳列してあったほうきを取り上げて,Hの頭部を殴打したが,その場でHに取り押さえられた。

8　警備員Dは,階段から落ちた際に全治1週間の腰部打撲傷を負った。巡査Gは,ナイフで切られたことにより,全治2週間の傷害を負い,警備員Hは全治5日間の頭部打撲傷を負った。

論点の整理

本問は,前半が,被害者に返還する意図で奪っても,不法領得の意思が認められるかの問題,後半が,事後強盗罪と共同正犯の成否に関する問題である。

不法領得の意思は,「権利者を排除して所有権者として振る舞う意思」と「本来的・経済的用法にしたがって利用・処分する意思」の両方が必要だとされる。本問のように,店に返す意思があり,かつ,衣類を,着用する以外の目的で奪っている場合に,これらの意思が認められるかを,具体的な根拠を挙げて述べることが求められる。

後半の事後強盗罪と共犯については,途中から加わった乙の罪責が主な論点となる。一般論としては,窃盗後の暴行・脅迫のみを共同実行した者についても事後強盗罪が成立するとされるが,本問では乙が関与した時点で,甲が既に「強盗犯人」になっている点に注意すべきである。また,甲と乙の共謀がどのような内容であったかを前提に,GやHの傷害結果を誰に帰責し得るかを,具体的な事実を挙げて論ずる必要がある。

第 16 講　不法領得の意思●281

解答の筋道

1．甲の罪責
  (1) ジャケット・ネクタイ・ズボンの窃盗
    ・不法領得の意思の有無
    ・既遂時期
    ・ズボンを捨てた行為→不可罰的事後行為
  (2) 詐欺罪の成否
    ・Cに対する欺く行為，Cの錯誤の有無
    ・窃盗と詐欺（未遂）の罪数関係
  (3) Dに対する事後強盗罪の成否
    ・窃盗の犯行の機会の継続中か
    ・事後強盗の目的の有無
    ・反抗抑圧程度の暴行
  (4) 乙と共にGを傷害する行為
    ・従業員用通路への侵入
    ・F，Gに対する公務執行妨害罪の成否
    ・Gに対する強盗致傷罪の成否
      ・「強盗の機会」の問題か，「窃盗の犯行の機会継続中」の問題か
    ・共犯関係
      ・傷害，事後強盗，公務執行妨害の共謀
      ・乙のHに対する強盗致傷についての甲の罪責
2．乙の罪責
  (1) ナイフ，特殊警棒を用意して店に侵入
  (2) ナイフを甲に与える行為
  (3) 甲がGに切りつける行為→乙は，窃盗機会継続中の甲と共謀
  (4) F，Gに対する公務執行妨害罪
  (5) Hに対する暴行

[答案作成上の注意]

　問題を一読し，「後行行為者の乙が登場する問題＝事後強盗と共同正犯の

問題」と即断してしまうと，甲のDに対する犯罪の成否について，（甲を窃盗犯人の身分としておくために）無理に強盗罪の成立を否定することになりかねない。しかし，解説で説明するように，たとえ，甲が強盗犯人になった後に乙が関与したとしても，強盗の共同正犯とする余地はある。具体的事案に応じて検討することが重要である。

また，解説では事後強盗と共同正犯の成否に関する各見解にも言及したが，判例は238条を真正身分犯とすることで固まっていると考えてよいので，解答で触れる必要はない。

窃盗の犯行の機会継続中については，参考判例に挙げたように，判例がいくつか出されており，事案と併せて結論を理解しておく必要がある。

▶ 解答案

一　甲の罪責

1．甲が万引き目的で店舗内に立ち入る行為は，管理権者である店長Eの意思に反し，平穏を害する立入りであるから，「侵入」に当たり，建造物侵入罪（130条前段）が成立する。

2．次に，換金目的でジャケット等を持ち出す行為は，窃盗罪（235条）に該当するか。

(1) 本問ジャケット等は，店長であるEの占有する「他人の財物」に当たる。

また，甲がトイレに持ち込み値札を外した時点で，正当に購入した商品との区別がつかなくなるから，甲の占有取得が認められ，「窃取」行為があったといえる。ズボンについては，値札を外した後に廃棄しているが，既遂に達した後の不可罰的事後行為に過ぎない。

(2) ただし，甲は，ジャケット等を店に返品する目的で持ち出しているから，不法領得の意思が欠けるのではないか。

不法領得の意思とは，権利者を排除し他人の財物を自己の所有物と同様に，その経済的・本来的用法に従いこれを利用し又は処分する意思をいう。甲は，ジャケット等を，不正な返品・換金による詐欺罪を実行するための道具として用いる意図で持ち出しており，正当な手続によって

返還する意思があるわけではない。よってそもそも返還意思がある場合とはいえない。

また、ジャケット等を着用するために持ち出しているわけではないが、ジャケットを返品するように装うことにより、その物自体から不正に利益を得ようとする意思があるから、ジャケット等を経済的用法で利用する意思があるといえる。よって、甲のジャケット等の持出し行為には、不法領得の意思が認められる。

(3) 以上から、甲が本間ジャケット等を持ち出す行為は、甲が値札を外した時点で、窃盗の既遂となる。

3. 甲が、ジャケット等を示して換金を申し出た行為は、詐欺罪（246条1項）に該当するか。

甲が店員Cに対し、万引きした物であるにもかかわらず、母親が正当に購入した物であるとの虚偽の事実を申し向け、換金を申し出る行為は、詐欺罪の「欺」く行為に当たる。しかし、店員Cは、この虚偽を見破っているから錯誤に陥っていない。

よって甲の行為は、詐欺未遂罪（250条、246条1項）に当たる。

4. 甲が警備員Dに傷害を加えた行為は、事後強盗致傷罪（238条、240条前段）に当たるか。

(1) 事後強盗罪とは、窃盗犯人が、窃盗の犯行の機会の継続中に、財物の取り返しを防ぎ、若しくは罪跡を隠滅し、逮捕を免れるために、相手の反抗を抑圧する程度の暴行・脅迫を加える行為をいう。

(2) 甲には、ジャケット等に対する窃盗既遂罪が成立するから、「窃盗」犯人に当たる。また、甲は、窃取行為から10分程度しか経過していない、同じ店舗内で、逃走中にDに暴行を加えているから、窃盗の犯行の機会の継続中にDに暴行を加えたといえる。

(3) さらに、甲は、追跡してきたDを、「逮捕を免れ」る目的で突いているから、事後強盗罪の目的も有する。また、甲が肩を突く行為は、Dを階段から突き落とすためのもので、65歳と甲よりもかなり高齢で、体格的にも劣るDに対する暴行としては十分危険性の高いものであり、

Dは実際に階段から転落して負傷している。よって，甲のDに対する暴行は，被害者の反抗を抑圧する程度のものであったといえる。

(4) 以上から，甲がDに対して傷害を負わせた行為は，事後強盗犯人が手段としての暴行により被害者に傷害を負わせたものとして，強盗致傷罪（238条，240条前段）に該当する。

5．甲が，ナイフによりGに傷害を負わせた行為は，強盗致傷罪（240条前段）に該当するか。

甲が窃取行為を行ってからGにナイフで切りつけるまでは，時間的に30分程度しか経過しておらず，しかも窃取行為を行った現場であるスーパー店舗内で追跡され，逃走し続けている状態であり，逮捕しようとしたGに対して暴行を加えていることを考慮すれば，なお，甲は窃盗の犯行の機会の継続中であったと理解することができる。よって，Gに対しても事後強盗が成立し，事後強盗の手段としてのナイフでの暴行によりGに傷害を負わせているから，事後強盗致傷罪（238条，240条前段）が成立する。

なお，Dに対する強盗致傷罪と，Gに対する強盗致傷罪とは，ともにスーパーへの建造物侵入罪と牽連犯の関係にあるから，かすがい現象により，科刑上一罪の関係に立つ。

6．甲が，逮捕しようとしたGに，暴行を加えてこれを妨害した行為は，Gという公務員が，逮捕行為という「職務を執行するに当たり」，「暴行」を加えて妨害しており，公務執行妨害罪（95条1項）に当たる。

Gに対する公務執行妨害罪と事後強盗致傷罪とは，観念的競合（54条1項前段）となる。

また，両罪ともに，後述のように乙との共同正犯となる。

7．乙が甲の依頼により武器を持って店内に立ち入る行為について，甲にも建造物侵入罪の共同正犯（60条，130条前段）が成立する。

8．乙がHに対して暴行を加え，傷害を負わせた行為について，甲は罪責を負うか。

乙の行為は甲の逮捕後であるから，甲とは無関係に行われたようにも

みえる。しかし，後述のように，甲のGに対する強盗致傷は乙との共同正犯となるから，その時点で，乙も甲の強盗を共同実行していることになる。したがって，共同して強盗を実行した乙が，その強盗現場から逃走するためにHに暴行を加えており，甲・乙の共同実行による強盗行為の犯行の機会に行った暴行に当たるといえる。よって，Hの傷害結果についても甲は罪責を負い，Hに対する強盗致傷罪が成立する（乙との共同正犯）。

9．以上から，甲には，①建造物侵入罪（130条前段），②詐欺未遂罪（250条，246条1項），③Dに対する強盗致傷罪（240条前段），④乙の建造物侵入罪の共同正犯（130条前段，60条），⑤Gに対する強盗致傷罪の共同正犯（240条，60条），⑥Gに対する公務執行妨害罪の共同正犯（95条1項，60条），⑦Hに対する強盗致傷罪の共同正犯が成立する。また，⑤と⑥は観念的競合（54条1項前段）となり，重い⑤で評価される。②，③，⑤，⑦は併合罪（45条前段）であるが，これらと①とが牽連犯（54条1項後段）であるため，かすがい現象によりすべて科刑上一罪となる。④も⑤，⑦と牽連犯の関係であるから，結局，甲に対して成立する犯罪は，すべて科刑上一罪として評価される。

二　乙の罪責

1．乙が，甲に依頼されて凶器を持って店舗に立ち入る行為は，管理権者である店長Eの意思に反し，店の平穏を害する立入りであり，「侵入」に当たるから，建造物侵入罪（130条前段）が成立する。

2．甲がGに切りつけた強盗致傷行為について，乙にも強盗致傷罪の共同正犯（60条，240条前段）が成立するか。

(1) 甲がGに切りつける行為は，前述のように，窃盗犯人である甲が，逮捕を免れるために行った事後強盗行為に当たる。また，乙は，甲から頼まれて甲が用いたナイフを準備し，不法に店舗に侵入した上でこれを甲に渡し，甲と逃走方法を相談し，その結果，乙から渡されたナイフで甲はGに切りつけているという事情から，甲と乙との間には，逃走の

ために暴行を加えることの共謀があったと認められる。

(2) 事後強盗罪において、窃盗犯人でない者が、窃盗犯人との共謀に基づいて暴行・脅迫を行った場合には、65条1項により、身分のない者であっても事後強盗罪の共同正犯となる。よって、乙も、事後強盗致傷罪の共同正犯としての罪責を負う（60条、65条1項、240条前段）。

(3) また、逮捕しようとするGの公務を妨害するために暴行することの共謀も認められるから、Gに対する甲の公務執行妨害罪についても、共同正犯の罪責を負う（60条、95条1項）。

3．さらに乙がHに傷害を加えた行為は、強盗致傷罪（240条前段）に当たるか。乙は、Gに対する事後強盗致傷罪の共同正犯であり、その強盗の現場から逃走するためにHに暴行を加えている。よって、強盗の機会に通常随伴する行為から生じた傷害結果であるから、強盗致傷罪に当たり、同じく甲との共同正犯となる（60条、240条前段）。

4．以上から乙には、①建造物侵入罪の共同正犯（60条、130条前段）、②Gに対する強盗致傷罪の共同正犯（60条、65条1項、240条前段）、③Gに対する公務執行妨害罪の共同正犯（60条、95条1項）、④Hに対する強盗致傷罪の共同正犯（240条前段、60条）が成立し、②と③とは観念的競合（54条1項前段）となり、これと④とは併合罪（45条前段）となるが、①と②、①と④が牽連犯（54条1項後段）となるから、かすがい現象により、すべて科刑上一罪となる。

以　上

● 解　説

1．返還意思と不法領得の意思

まず、甲が換金目的でジャケット等を持ち出す行為が、窃盗罪に該当するかが問題となる。窃盗罪は、他人の占有する財物を窃取する行為であり、具体的には、他人の事実上の支配を侵害し、自己の事実上の支配下に置くこと

をいう。故意の他，**不法領得の意思**が必要である。不法領得の意思は，領得罪に共通に必要とされる主観的要素で，「**権利者を排除し他人の財物を自己の所有物と同様に，その経済的・本来的用法に従いこれを利用又は処分する意思**」である。一般に，窃盗罪で問題となることが多いが，毀棄罪，背任罪以外の領得罪でも必要とされることに注意する必要がある。

　前段の①権利者排除意思は，一時使用の不処罰のために，後段②物の経済的・本来的用法に従った利用処分意思は，毀棄罪と区別するために，それぞれ必要とされている。特に，②毀棄罪との区別については，②の意思の欠如を根拠に，領得罪の成立を否定する判例も多い（送達書類を破棄目的で受領した行為に関する最決平16・11・30刑集58・8・1005等。次頁参照）。

　それに対し，①の権利者排除意思については，一時使用を処罰しない趣旨で必要とされてきた。しかし，判例は，たとえ返還意思があっても，一時的にでも所有者として振る舞う意思があれば窃盗罪が成立するとしている（自動車の一時使用に関する最決昭55・10・30刑集34・5・357等）。そこで，「返還意思」といった行為者の主観にかかわらず，客観的に一時的にでも所有者の利用が排除されれば不法領得の意思が認められるのであるから，①の意味での権利者排除意思は不要であるとの学説もある。

　ただ，権利者排除意思とは，単純に所有者の利用が排除された時間の長短で決まるわけではない。例えば，コピー目的で機密資料を持ち出し，その後，短時間で返還する場合について，裁判例は「**同様のものが他に存在することにより，権利者の独占的・排他的利用は阻害され，本件ファイルの財物としての価値は大きく減耗する**」から，権利者の利用を妨げる意思がなく，物理的損耗を伴わなくとも権利者排除意思があるとする（東京地判昭59・6・28刑月16・5=6・476）。このように，権利者排除意思は，単に返還しない意思や権利者の利用を妨げる意思とは異なり，被害者が許容しない態様の利用意思を広く含むことに注意すべきである。したがって，持出しが短時間・短距離であっても不法領得の意思が認められる場合がある。

　本問でも，甲が売り場から持ち出し，レジに向かうまでの時間はごく短時間であるが，いかに短時間で，かつ返還する意思であっても，店が許容しない態様の利用意思であることは明らかである。さらに，そもそも「返還意思のある場合」といえるか自体が問題である。たしかに，甲はジャケットを店

に「返還」する意思で持ち出しているが，それはあくまでも不正な返品・換金のために必要な「道具」として利用するためであり，通常の返還意思と同視することはできない。本問と類似の事案に関する大阪地判昭 63・12・22（判タ707・267）は，「これら商品の正当な買主（即ち所有者）であるように装って返品し，代金相当額の交付を受ける意思」である以上，権利者排除意思を否定し得ないとした。コピー目的で機密資料を一時的に持ち出す場合と同様，権利者が許容しない態様の持出しは，権利者排除意思を認めることができるのである。

　また，本問のような換金目的は，②物の本来的・経済的用法により利用・処分する意思に当たるかも問題となる。ジャケット等の衣類の典型的な用法は着用することであるが，コピーやダビング目的で文書・DVD 等を奪取する行為（次頁表ⅡB）と同様，典型的用法とはいえないものの，何らかの形でその物自体から利益を得る方法での利用意思はある。本来的・経済的用法が欠ける場合とは，「**廃棄するだけで外に何らかの用途に利用，処分する意思がなかった場合**」をいう（前掲・最決平 16・11・30，表ⅡC）のであって，換金目的のような場合は，ジャケットを廃棄する意図とは異なるから，本来的・経済的用法に含まれる[1]。

2. 窃盗の既遂時期と詐欺未遂罪

　甲は，窃取したジャケットとネクタイを示して C に換金依頼を申し出ているが，この間に窃盗が既遂となっているのか，また，C に申し出た行為が欺く行為といえるのかを検討する必要がある。

　窃盗は，**他人の占有を侵害して自己又は第三者の占有に移した時点で既遂**となる（取得説）。スーパーの万引きのような場合，商品の占有は店長にあると考えられるから，店長の占有を侵害して，犯人の事実上の支配下に置いた時点で既遂となる。一般的には，商品を手に取った時点で実行の着手，ポケットやカバンに入れた時点で取得したといえるから既遂となる。また，ポケ

---

[1] 不法領得の意思の有無は，用法が典型的か否かと，利得がその財物から直接得られるか否かの2つの基準の相対的な評価で決まる。判例が不法領得の意思を否定するのは，表のⅢB，ⅢC及びⅡCである。拙著・主観的犯罪要素の研究 276 頁参照。

動機 用法	Ⅰ直接利得・享益	Ⅱ間接利得	Ⅲ無利得
A 典型的	消費する目的で金銭窃取	撮影のため自動車を無断で走行	投票する目的で投票用紙窃取
B 中間的	わいせつ目的で女性の下着窃取	ダビング目的でテープを窃取	脅迫用にその場でナイフを奪う
C 例外的	わいせつ目的で女性の定期券窃取	廃棄する目的で支払い督促正本を騙取	復讐目的で電気機械を捨てる

ット等に入れず，例えば買い物カゴに入れたままであっても，支払いをせずにレジを通過すれば，たとえ未だ店内に留まっていても既遂となる（商品を買い物カゴに入れたまま，レジの外側に出た行為につき東京高判平4・10・28判タ823・252。また，大型店舗の家電売り場に陳列してあったテレビを，レジで精算せずにトイレ内に隠した行為につき東京高判平21・12・22判タ1333・282）。

　本問では，万引きしたジャケットを紙袋等に入れずに，脇に抱えたままトイレに入っているから，その時点までは未遂にとどまるといえよう。これに対し，値札を外した時点で，一般の，支払いを済ませた買い物客が持っている物と，外観上の区別がつかなくなり（前掲・東京高判平4・10・28参照），店外に運び出すことが十分可能な状態となったといえるから（前掲・東京高判平21・12・22参照），自己の支配内に移したといえ，窃盗は既遂となる。

　なお，ズボンについてはトイレ内のゴミ箱に廃棄しているが，既に値札等を外した段階なので，これについても窃盗の既遂に当たる。

　次に詐欺罪の成否についてであるが，甲が，Ｃに返品・換金を申し出た行為が詐欺罪の実行行為に当たることは疑問の余地がない。ただ，いかなる行為が欺く行為に当たるかは正確に理解しておく必要がある。本問では，「１週間程前に母親が買った」と述べていることから，「窃取したものであるにもかかわらず，真正な所有者であるように装って，返品・換金を申し出る行為」が欺く行為に当たる（交付に向けられた行為であることを要するので，単に「母親が買ったもののように装って」では説明不足であり，「換金を申し出る行為」が必要である）。ただし，Ｃが嘘を見破り錯誤に陥っていないから，詐欺罪は未遂にとどまる。

　なお，罪数について，甲の目的は換金による現金の入手（１項詐欺）であ

るから、ジャケットについての窃盗はそれに吸収されるようにもみえるが、客体が異なることから、別罪として処理すべきである。ちなみに被害者は、窃盗罪については商品の占有を有する店長、詐欺罪についてはレジの現金を管理している者と考えられるから、これも店長ということになろう（被欺罔者――実際には錯誤に陥っていないが――は、レジにいたCである）。

3. Dに対する事後強盗罪

　警備員Dに暴行を加え、傷害を負わせた行為が事後強盗致傷罪に当たるか。事後強盗罪（238条）の主体は窃盗犯人であるが、甲は（詐欺に着手した犯人であるが）窃盗犯人でもあるから、238条の主体に該当する。

　238条の成立には、財物の取り戻しを防ぐ目的、あるいは逮捕を免れ、罪跡を隠滅する目的が必要である。甲がDに対し暴行を加えたのは、逮捕を免れる目的であるから、事後強盗罪の目的を有する。

　さらに、**238条の暴行・脅迫は、相手の反抗を抑圧する程度**のものでなければならないが、甲はDの腕を払い除けたり、肩を突く行為しか行っておらず、反抗抑圧程度の暴行に当たらないのではないかが問題となる。特に事後強盗の場合、犯人が逃走時に人に見つかれば、一定の暴力的手段に出るのは必然であるとか、逮捕しようとする者の積極的行為を排除しようとある程度強い力を用いることになるのもやむを得ないといった理由で、反抗抑圧程度の暴行を限定的に解する裁判例もある。しかし、原則として236条の暴行・脅迫と区別すべきではない。

　もっとも、暴行・脅迫の程度は、有形力の強度のみで判断されるわけではない。あくまでも客観的な判断であるが、被害者の年齢・性別（成人と子供、男性と女性では異なるなど）、行為の行われた場所（夜間、人通りのない場所であったか否かなど）なども考慮される。甲の暴行は、腕を払い除けたり肩を突くといったもので、有形力としてはそれほど強い態様ではないが、甲はDを階段から突き落とそうとしているのであるから、身体に対する重大な危険を生じさせる暴行といえる。よって、甲のDを突く行為は、反抗を抑圧する程度の暴行といえる。

　甲の暴行の結果、Dは転落して傷害を負っているから、甲には事後強盗による強盗致傷罪（238条、240条）が成立する。

4. 建造物侵入罪の成否

　甲が従業員用通路に逃げ込んだ行為は、建造物侵入罪に当たるか。甲は、既に万引き目的で店内に入っているから、その時点で建造物侵入罪に当たると考えれば、その店内で、更に重ねて建造物侵入罪が成立することはない。

　ただし、一般の客と全く同様に店内に入る行為が「侵入」といえるかは議論の余地があろう。判例は、侵入の有無を、**管理権者の意思のみならず、当該建造物の性質、使用目的、管理状況、管理権者の態度、立入りの目的などから総合的に判断している**（最決昭58・4・8⇨［参考判例］参照）。例えば、銀行ATMの無人店舗に盗撮目的で立入り、通常の客のように装い1時間以上滞在する行為、ビラを配布する目的で、マンションの居住部分に立入る行為も、侵入目的、侵入の態様、滞在時間等を勘案して建造物侵入罪の成立が認められる（最決平19・7・2⇨［参考判例］参照、最判平20・4・11⇨［参考判例］参照、最決平21・11・30⇨［参考判例］参照）。そのような立入り行為は、管理権者が許容しない態様であると同時に、居住者等の生活圏の平穏を害するからである（前掲・最判平20・4・11、最決平21・11・30⇨［参考判例］参照）。

　本問の甲も、一般の客を装ってスーパー店舗内に入っているが、万引き目的であれば管理権者である店長が許容しない態様の立入りで、管理権者の意思に反する「侵入」であり、甲は店舗内に入った時点で建造物侵入罪が成立する。したがって、その後、従業員用通路やロッカールームに立入る行為が、重ねて侵入罪に当たることはない。

　さらに、甲の依頼を受けて乙がナイフ等を持って店内に入る行為も、店長の意思に反する立入りであるから、建造物侵入罪に該当し、甲は乙の建造物侵入罪について共同正犯となる。

5. Gに対する事後強盗罪

　では、乙から受け取ったナイフで、警察官Gに切りつける行為は強盗致傷罪に当たるか。Gに対する暴行が、窃盗犯人として行った事後強盗罪として評価されるのか、既にDに対する事後強盗致傷の犯行を行った強盗犯人の行為として評価されるのかが問題となる。たしかに、甲は、Dに対する暴行により事後強盗犯人となっており、形式的には強盗犯人である甲が、その

強盗の機会にGに対して暴行を加えたと評価すべきようにもみえる。

　しかし，甲がジャケット等を窃取してからGに切りつけるまでは約30分しか経過していないこと，甲は，この間，窃盗行為を行ったのと同じ店舗内で，逃走し続けていること，さらに，Gは，店長から要請を受けて甲を逮捕するためにロッカールームに入ったことを考慮すれば，甲は，なお「**窃盗の犯行の機会の継続中**」の状態にあるとすることが可能である。もっとも，甲は強盗の機会にGを傷害したものとして，強盗致傷であるとの理解も十分に成り立ち得るし，結論に差がないから，いずれの立論でも大きな相違はない（ただし，後述7.(1)のように，乙との共犯関係についての説明には相違が生ずる）。

　Gに対する暴行は，ナイフで切りつけるというものであり，反抗を抑圧する程度であるといえる。さらに，甲は，逮捕を免れる目的をもってGに切りつけているから，事後強盗罪の目的を持っていた。以上から，甲のGに対する傷害は，強盗致傷罪に該当する（乙との共同正犯となる）。

　また，Dに対する事後強盗致傷罪と，Gに対する事後強盗致傷罪との罪数は，両罪ともに建造物侵入罪と牽連犯の関係にあるから，かすがい現象を肯定すれば，すべてが科刑上一罪となる[2]。

6. 公務執行妨害罪の成否

　甲が，ナイフを用いて，警察官であるF及びGの逮捕行為を妨害した行為が公務執行妨害罪に当たるか。手段として「暴行」が用いられているから，**強制力を行使する権力的公務であるか否かを論ずるまでもなく**，公務執行妨害罪の構成要件に該当する（第15講274頁以下参照。逮捕行為は強制力を行使する権力的公務に当たる）。公務執行妨害罪と強盗致傷罪とは，ナイフで切りつけるという1個の行為によりなされているから，観念的競合となる。

---

[2] 複数人に傷害を負わせた場合，一般には複数の傷害罪の併合罪となる。強盗の手段として複数人にそれぞれ暴行を加えて各人に傷害を負わせた場合は，被害者の数だけ強盗致傷罪が成立し，併合罪となるとされている（最判昭26・8・9刑集5・9・1730）。ただ，建造物侵入罪と強盗罪とは牽連犯となるから，かすがい現象を肯定すれば，結局，すべて科刑上一罪となる（最決昭29・5・27刑集8・5・741）。

7. 事後強盗罪と共犯——乙の罪責

　乙は，甲の逃走を助けるために，ナイフと特殊警棒を持って店舗に立ち入っているが，この立入り行為は，管理権者である店長の意思に反し，平穏を害する態様の立入りであり，さらに凶器を持って店舗内に入る行為は，店舗の平穏を害するものであるから，建造物侵入罪（130条前段）に当たる。

　では，甲が，乙から受け取ったナイフでGに傷害を負わせた行為につき，乙に強盗致傷罪の共犯が成立するか。2つの観点から問題となる。まず，構成要件が強盗致傷罪となるのか，あるいは傷害罪にとどまるのか，さらに，共同正犯となるのか幇助にとどまるのかである。

(1) 事後強盗罪と共犯

　構成要件該当性については，前述のように，甲がGに切りつけた行為が，（ⅰ）事後強盗罪に当たるとすると，窃盗犯人と共謀して，暴行・脅迫を行った後行行為者の罪責として論ずることになる。それに対し，（ⅱ）強盗犯人としての甲が，強盗の機会にGに傷害を加えたとすれば，甲の先行行為である強盗について，乙の承継が認められるかという問題となる。

　（ⅰ）**事後強盗罪と共犯**については，先行行為者の窃盗行為を認識しつつ，先行行為者と共謀して暴行・脅迫を加えた後行行為者について，（a）**承継的共犯**の問題とする見解と，（b）**共犯と身分**の問題とする見解とに分かれる。(a)の見解は，事後強盗罪の実行行為は窃盗行為の開始時点に始まるとし，乙は実行行為の途中から関与した者であるとした上で，通常の強盗罪でも，被害者の反抗抑圧後に，先行行為者の行為を積極的に利用する意思をもって関与した者は，強盗罪の全体について共同正犯が成立するのと同様に，事後強盗罪についても承継的共同正犯が成立すると考える。

　ただ，事後強盗罪として実質的に重要な行為は暴行・脅迫であるから，窃取行為に実行の着手を認めるのは困難である。

　これに対し，事後強盗罪の実行行為が暴行・脅迫により開始されると考えれば，後行行為者は，事後強盗罪の実行の開始時点から共同実行していることになる。これが（b）の共犯と身分の問題とする見解であり，窃盗犯人という身分を有しない者の共犯の処理が問題となる。

　事後強盗罪を身分犯とする見解の中にも，窃盗犯人という身分のある者し

か犯せない犯罪として真正身分犯であるとする見解と，窃盗犯人という身分により，暴行・脅迫罪が加重される不真正身分犯であるとする見解に分かれる。もし不真正身分犯であるとすれば，後行行為者には65条2項が適用され，少なくとも科刑は暴行・脅迫罪（傷害を負わせれば傷害罪）の限度で科されることになる。しかし，事後強盗罪は，窃盗犯人という身分を持った者でなければ犯すことができない真正身分犯と考えるべきである。たしかに，実行行為として実質的に重要なのは暴行・脅迫行為ではあるものの，事後強盗罪が財産犯として論じられる以上，基本類型が暴行・脅迫であるとするのは不合理だからである（大阪高判昭62・7・17判時1253・141）。

では，甲がナイフでGに切りつけることについて，甲と乙との共謀が認められるか。乙はナイフを甲に渡し，甲の逃走を助けただけであるとすれば，甲の強盗致傷を幇助したに過ぎないようにもみえる。しかし，甲が用いたナイフは乙が準備してわざわざ店舗に侵入して甲に渡したものであり，乙は重要な役割を果たしていること，また，甲が万引きをして逃走しようとしていることを認識していること，乙も店舗内におり，一緒に店舗から逃走する必要があったことを考慮すれば，乙は単なる幇助犯ではなく事後強盗としてGに切りつけることにつき甲・乙間に共謀があると認められる。

よって，甲が行った事後強盗としての傷害行為を，窃盗の身分のない乙も共同実行したことになるから65条1項を適用して，乙も強盗致傷罪の共同正犯としての罪責を負う。

（ⅱ）甲のGに対する傷害行為を，事後強盗ではなく，Dに対する強盗の犯行の機会に，さらにGに対して切りつけたと解すれば，共犯と身分は問題とならない。このように考えた場合，**後行行為者が，先行行為としての強盗を認識し，これを犯罪遂行の手段として積極的に利用**すれば，承継が認められ，強盗致傷の罪責を負うと理解することになろう。ただし，Gに対する暴行が，先行行為としての強盗を積極的に利用したといえるかが問題となり，これを否定した場合，乙は甲と傷害の限度で共謀したことになり，甲の強盗致傷罪とは傷害の限度で共同正犯となる。

しかし，強盗犯人が逃走目的で傷害を加えることが，なぜ「**強盗の機会**」の致傷に含まれるのかという理由に遡って考えれば，一律に承継を否定することは妥当でない。逃走目的で暴行を加えることは，強盗行為に通常随伴す

るものといえるから「強盗の機会」に含まれると考えるべきで，甲によるナイフでの刺突は，強盗に通常随伴するからこそ「強盗の機会」の傷害であり，その行為を共同して実行する乙も，単なる傷害ではなく，「強盗の機会の傷害」を共同実行したというべきである。

よって，事後強盗と身分の問題と考えたとしても，また強盗の機会の傷害と考えたとしても，乙には強盗致傷罪の共同正犯が成立すると考えられる。

さらに，甲と共謀してF，Gに対する公務執行妨害罪の手段に該当する暴行を加えているから，乙にも公務執行妨害罪の共同正犯が成立する。

8．乙のHに対する傷害

乙に甲との（Gに対する事後）強盗致傷の共同正犯が成立するとすれば，乙がHに対して行った暴行は，乙という強盗犯人が，逃走する目的で加えた暴行であるから，強盗の犯行の機会になされた暴行であって，それによりHに傷害が生じているから，強盗致傷罪が成立する。ここでいう，犯行の機会が継続している強盗とは，甲との共同正犯としての強盗であるから，甲についてもHに対する強盗致傷罪が成立し，乙との共同正犯となる。

これに対し，仮にGに対する傷害につき，乙は傷害罪の限度で罪責を負うと考えると，乙のHに対する暴行は，強盗の機会になされたものではないことになり，単なる傷害罪にとどまる。さらに，これは，既に甲が逮捕された後に，強盗とは無関係に乙が行った行為であるから，Hに対する傷害罪は，乙の単独犯となる。しかし，このような結論は妥当性を欠くといえよう。

なお，Hに対する暴行は，反抗を抑圧する程度のものとはいえないが，Hに対して新たに事後強盗罪の成立が認められなくとも，「強盗の機会」に生じた傷害として強盗致傷罪に当たることに注意する必要がある。

【参考判例】

最決昭58・4・8（刑集37・3・215） 郵便局員の郵便局への立入りにつき，管理権者の意思に反する立入りで，建造物侵入罪に当たるとしたが，侵入に当たるか否かは，管理権者の意思，当該建造物の性質，使用目的，管理状況，管理権者の

態度，立入りの目的などから総合的に判断するとした。〈前田・重要判例No. 130，十河太朗・百選ⅡNo. 16〉

最決平19・7・2（刑集61・5・379） 銀行ATMの置かれた無人店舗に，暗証番号の盗撮目的で，通常の客のように装い1時間以上滞在する行為は，管理権者の意思に反する立入りであり，建造物侵入罪に当たるとした。なお，偽計業務妨害罪も成立するとしている。〈前田・重要判例No. 141，関哲夫・百選ⅡNo. 18〉

最判平20・4・11（刑集62・5・1217） 公務員宿舎の各室玄関ドアの新聞受けに，政治的な意見を記載したビラを投函する目的で，敷地部分に立ち入る行為は，管理権者の管理権を侵害するのみならず，そこで私的生活を営む者の私生活の平穏を侵害するもので，建造物侵入罪に当たるとした。〈前田・重要判例No. 131〉

最決平21・11・30 刑集63・9・1765） 政党ビラを配布するためにマンションの共用部分に立ち入り，各居室のドアポストにビラを投函する行為につき，管理組合の管理権を侵害するのみならず，そこで私的生活を営む者の平穏を害するもので，住居侵入罪に当たるとした。〈前田・重要判例No. 132，拙稿・百選ⅡNo. 17〉

東京高判平12・5・15（判時1741・157） 別れた女性に対する報復のため，同女を殴打した上，物取りの犯行を装うために金品を奪取した行為，及び同女の経営するスナックに放火しようとした際に，物取りを装うために金品を奪った行為につき，単に物を廃棄したり隠匿したりする意思ではないとして不法領得の意思を認め，強盗致傷罪に当たるとした。〈前田・重要判例No. 151〉

最決平16・11・30（刑集58・8・1005） 他人宛の送達書類を，廃棄するだけの意図でその者を装って受領する行為について，詐欺罪における不法領得の意思が認められないとした。〈前田・重要判例No. 150，林美月子・百選ⅡNo. 31，拙稿・刑事法ジャーナル2号76頁〉

岡山地判平8・4・15（判時1587・155） 父親を金品強取目的で殺害した後，帰宅した母親を口封じの目的で殺害した行為につき，父親のみならず，母親の殺害も，強盗の機会におけるその発覚を防ぐための犯行であり，強盗殺人罪が成立するとした。〈前田・重要判例No. 168〉

最判平16・12・10（刑集58・9・1047） 被害者方で財物を窃取した犯人が，誰からも発見，追跡されることなく，一旦その場所から約1キロメートル離れた場所まで移動したが，窃取した金額が少ないとして，約30分後に，再度，窃盗目的で同じ被害者宅に戻って玄関から入ろうとしたところ，家人に発見され，逮捕を免れるために脅迫した行為につき，窃盗の機会の継続中とはいえず，事後強盗には当たらないとした。〈前田・重要判例No. 172，岡上雅美・百選ⅡNo. 42〉

最決平14・2・14（刑集56・2・86） 侵入窃盗が，被害者宅の天井裏に潜んでいたと

ころ，犯行の約3時間後に，通報により駆けつけた警察官に発見され，逮捕を免れるためにナイフで切りつけ傷害を負わせた行為につき，強盗致傷罪の成立を認めた。

窃盗罪

> ▶設 問
>
> 　甲，乙の罪責について，具体的事実を摘示しながら論じなさい（特別法違反の点を除く。）。

1　甲は，携帯電話販売のA店にアルバイトとして勤務していたが，新しい機種が欲しいと考えたものの，高価なため，他人に成りすまして手に入れ，支払いを免れようと考えた。
　そこで甲は，平成26年1月12日，店に備え付けられたコピー機で，S市の記名がある自己の国民健康保険被保険者証（名刺大の大きさで，表面は水色でラミネート加工されている）を，A4判の白紙に等倍で白黒コピーしたものを3枚作成し，その1枚の生年月日，住所欄の数字の上に，他の2枚から切り抜いた数字を糊で貼り付け，一見すると保険証のコピーのように見える物（以下，「本件改ざん物」とする）1枚を作成した。これは，手に取ってみれば改ざんの痕跡が分かるものであった。

2　翌々日の14日に，甲は，携帯電話機1台の利用契約をB携帯電話会社に申し込むこととし，契約申込書に，自己の氏名の他，本件改ざん物と同じ生年月日，住所等の情報を記載し，これをA店に備え付けられたファクシミリ機を利用し，B社に送信すると同時に送信した旨の電話連絡を入れた。B社の従業員Cは，甲から送られた申込書がB社のファクシミリ機で受信，印字されたのを確認し，A店に，本人確認の書類をデータで送るように指示する電話を入れた。

3　Cからの電話は，A店の店長乙が受けた。乙は，Cからの電話によって，甲が電話機の利用契約を申し込んだことが分かったため，甲に対し，「自分用の電話機を申し込んだのか。」と問いただした。甲は乙に，「そ

うです。後の手続は私がやります。」と答え，乙に替わって電話に出て，Cに対し，「すぐに健康保険証のコピーをデータで送ります。」と伝えた。

4　甲は，Cからの電話の直後，本人確認のために用意した本件改ざん物を，A店に備え付けられたファクシミリ機を通じて，B社に送信した。B社では，本人確認の資料は，印字せずに端末機で確認することとなっていたため，Cは，B社に備え付けのファクシミリ機の画面で甲から送られて来た国民健康保険被保険者証の画像を見て，申込書と比較しながら確認を行った。

5　Cはこの作業を行った後，電話番号を付与する等の登録処理を行った上で，申し込まれた携帯電話機を利用できるようにするための情報を電話で甲に伝え，それにより携帯電話機の利用契約が締結され，電話が利用できる状態となった。甲は，14日の営業時間終了後，この電話機を自宅に持ち帰った。

6　甲が自分で電話機の利用契約を申し込んでいたのを不自然に思った乙は，翌々日の16日にB社に電話をかけ，甲が行った契約内容を確認した。その結果，甲の名義で申し込まれてはいるが，生年月日や住所が異なっていることが分かった。また，A店の売上げ記録を調べたところ，電話機本体の代金の支払いも確認できなかったことから，出勤してきた甲に対し，「他人になりすまして携帯電話を契約しただろう。そんな奴はいつでも辞めさせてやる。」と申し向けた。

7　甲は，乙に犯行が発覚したと分かったが，「そうですが，電話機の代金は後で払います。」と弁明した。しかし乙は，甲に対し，「このまま黙っていてやるが，その代わり少々手伝ってもらいたいことがある。」と申し向け，「次の休みの日に，パチスロで少々稼ぎたい。付き合ってくれ。」と伝えた。甲は，乙が何か不正なことを考えているのだろうとは思ったが，弱みを握られていることもあって断れず，「分かりました。」と答えた。

8　1月27日，甲と乙は連れだって，Dパチスロ店に出かけた。店に行く途中で，乙は甲に対し，「針金を使ってメダルを出す方法がある。俺が針金を使ってメダルを出すので，その間，隣の台に座って，俺のやっていることが周りから見えないようにしてくれ。儲けは半々にしよう。」と伝え，甲も，「分かりました。」と答えた。

9　2人は揃ってDの店内に入った。店内には防犯カメラが設置されて

いたが，ちょうど甲によって，乙の位置がカメラの死角になるような場所を選び，パチスロ機2台に，並んで座った。乙は，パチスロ機に針金を差し込み，機械を誤作動させることにより，メダルを取得し，甲は隣の台で，通常の方法でパチスロ機を操作していた。乙の台からは大量にメダルが出たため，乙の手元の箱だけでは収まらず，一部を甲に渡し，甲の手元の箱の中にも乙が取得したメダルを入れたため，甲の箱の中は，乙が針金を用いて取得したメダルでほとんど一杯になったが，甲自身が取得したメダルも混在していた。

10　D店の店員Eは，乙の遊んでいる台から大量のメダルが出ていることに気づき，また，並んで座っている甲，乙の様子が不自然だったことから，問いただしたところ，乙が針金を使っていることが分かり，その場で甲，乙を取り押さえた。

論点の整理

　本問は，窃盗罪について，電話機に対する占有侵害の有無と既遂時期，詐欺罪との限界，更に甲が「通常の遊戯方法」で取得したパチスロのメダルに対する犯罪の成否を中心に論ずる問題である。また，甲の偽造罪についても，書くべき内容は多い。

　一般に，店主などの上位者が商品の占有者であると考えられているから，店員が商品を奪う行為は，横領罪ではなく窃盗罪が成立する。本問の電話機は，店長に占有があるが，店長に気づかれた甲が，虚偽の事実を告げて電話機を持ち出す行為が窃盗罪なのか詐欺罪なのかが問題となる。

　後半のメダルの不正取得について，判例は，不正の手段を用いてパチンコの玉やメダルを取得する行為を窃取行為とする（最決平19・4・13⇨［参考判例］参照）。本問では，通常の客のように装っている共犯者甲が取得したメダルについても窃盗罪の客体となるかが問題となる。最決平21・6・29（⇨314頁参照）はこれを否定したが，原判決（後掲314頁）は窃盗罪の成立を肯定しており，窃取行為の意義が問題となる。

解答の筋道

1. 「本件改ざん物」についての私文書偽造罪
   - コピーの文書性→原本の改ざんかコピーの改ざんか
   - 改ざんの痕跡→真正な文書の外観
   - ファクシミリの画面の表示
     【参考】東京高判平 20・7・18（判タ 1306・311）
2. 契約申込書の作成
   - 偽造の意義→本質的部分の改ざんか
   - ファクシミリの偽造→何が偽造文書か
3. 電話機の奪取
   - 既遂時期
   - 窃盗か詐欺か
4. 乙が，甲の不正取得を見逃した行為→犯人隠避，証拠隠滅の意義
5. パチスロのメダルの取得
   - パチスロ店への建造物侵入罪
   - 乙→針金を用いた窃取行為
   - 甲→隣に座る行為と共犯関係
   - メダル全部についての窃盗か
     【参考】最決平 21・6・29（刑集 63・5・461）

解答例

[答案作成上の注意]

　偽造については，公文書偽造罪の各要件の成否について，確実に論ずることが必要である。コピーの文書性は，ほぼ争いなく認められているので，一般論として詳しく論ずる必要はない。本問では，原本ではなく，コピーとしての文書性が問題となるという理由を，外観等の具体的な事情から導くことが重要である。また，公文書か私文書か，有印か無印かも重要である。

　電話機の持ち去りに関する詐欺罪は見落としがちだが，商品の占有は基本的な論点なので落とさないように論ずる必要がある。

　後段のメダルの窃盗罪については，最決平 21・6・29（刑集 63・5・461）の原

判決のように,「壁役として遊戯する行為」も窃盗の共同実行の一部であるとする考え方もあり得る。ただし,最高裁が被害枚数について可分であるとの結論を採っていること,また,その理由として,窃取行為との因果関係を厳密に捉えるべきだとしていることは理解しておく必要がある。窃取行為を「占有者の意思に反する占有侵害」であるとすれば,通常の遊戯方法はこれに含まれないことになる。

解答案

一　甲の罪責

1．健康保険証についての有印公文書偽造罪・同行使罪

(1) 甲が健康保険証のコピーを改ざんしてファクシミリで送信した行為について,有印公文書偽造罪（155条1項）及び偽造有印公文書行使罪（158条1項）が成立するか。

(2) 本問の国民健康保険被保険者証（以下,保険証とする）は,S市が市の職務として作成する文書であるから,「公務所……の作成すべき文書」に当たる。また,市の記名があり,公印も記されていることから「有印」である。

(3) ただ,甲が水色の保険証を白黒コピーし,それを切り貼りして作成した本件改ざん物は,少なくとも色や形状から保険証の原本としての形式・外観を有するとはいえないから,原本に対する公共の信用を害してはおらず,保険証原本の偽造とはいえない。

では,本件改ざん物は,原本である保険証のコピーとして偽造文書に当たるか。コピーは,原本の機械的に正確な複写版であり,原本と同様の社会的機能と信用性を有すると考えられるから,コピーであっても文書として保護すべきである。また,保険証は,そのコピーについても,身分確認の一手段として,原本と同様の社会的機能と信用性を有しているから,本件改ざん物が原本のコピーとしての外観を有すれば,公文書偽造罪の客体としての公文書ということができる。

本件改ざん物は,それを手に取れば切り貼りの痕跡が分かる程度のものではあるが,保険証の提示方法は多様で,必ずしも相手が手に取って

確認するとは限らず，本問でも，ファクシミリで送られた画像データとして確認する態様が採られており，本件改ざん物も，一般人をして本件保険証の真正なコピーであると誤認させる程度の形式，外観を備えた文書であって，公文書に当たる。

また，S市の記名もそのままコピーされているから，有印である。

(4) 甲は，本件改ざん物をファクシミリを用いて送信し，電話会社従業員に閲覧させる意図があるから，「行使の目的」が認められる。

(5)「偽造」行為とは，文書の名義人と作成者との間の人格の同一性を偽って文書を作成することをいう。本件改ざん物は，名義は原本の名義人であるS市であり，作成者は改ざんしたコピーを作成した甲であるから，人格の同一性の偽りがあり，甲の作成行為は「偽造」行為に当たる。

また，改ざん部分は，甲自身の保険証を利用し，生年月日や住所のみを改ざんし，氏名については改ざんを加えていないが，保険証における生年月日は本人確認にとって重要な情報であり，その改ざんは当該文書の本質的部分の改ざんに当たるので変造ではなく偽造と解される。

(6) 甲がファクシミリで送信した情報は，印字されずにCが端末ディスプレイで確認したに過ぎないが，これが行使に当たるか。

「行使」とは，真正な文書として，又は内容の真実な文書として他人の閲覧に供し，その内容を認識させ又は認識し得る状態に置くことをいう。

ディスプレイ画面の表示自体は文書ではないものの，ディスプレイに表示させることにより相手方の閲覧に供し，文書の内容を認識させることが可能であるから，ディスプレイに表示させた行為は「行使」に当たる。

(7) よって，甲には，有印公文書偽造罪（155条1項）及び偽造有印公文書行使罪（158条1項）が成立し，両罪は牽連犯（54条1項後段）となる。

2．契約申込書についての有印私文書偽造罪，同行使罪

(1) 甲が，虚偽の生年月日・住所を記載した携帯電話の利用契約申込

書を作成し，ファクシミリで送信した行為は，有印私文書偽造罪（159条1項）及び偽造有印私文書行使罪（161条1項）に当たるか。

(2) 利用契約申込書は，利用契約という「権利，義務」「に関する文書」であるから，私文書に当たる。

甲は自身の名義を用いているが，携帯電話の購入に当たっては厳格な本人確認が要求され，その申込書は厳格な人格の同一性が求められる文書であるから，氏名だけではなく，生年月日や住所も本人の特定にとって重要な情報である。

本問の契約申込書の文書が示す名義人は，甲の本来の生年月日とは異なる生年月日の，甲とは異なる住所に居住する，甲という氏名を持った人格であり，作成者である甲とは人格の同一性が欠ける。よって，甲が本問の契約申込書を作成する行為が，「偽造」行為に当たる。

また，本問契約申込書には，甲自身の署名があるから，有印である。

さらに，この申込書をファクシミリを利用してB社に送信した行為は，「行使」に当たる。

(3) 以上から，甲が本問契約申込書を作成，送信した行為は，有印私文書偽造罪（159条1項）及び同行使罪（161条1項）に当たり，両罪は牽連犯（54条1項後段）となる。

3．電話機についての詐欺罪

(1) 甲が，店の携帯電話を持ち出す行為は詐欺罪（246条1項）に当たるか。

(2) 携帯電話の占有は店長である乙にあるから，甲が不正に持ち出す行為は，乙の占有を侵害する行為に当たる。

ただし，乙は，甲が正当な手続に基づいて，自分用に携帯電話の契約をして持ち帰ったものと誤信しているから，窃盗罪ではなく詐欺罪に当たるのではないかが問題となる。

たしかに，甲は乙に対し，電話の契約を申し込んだことを告げたのみで，何ら積極的に虚偽の事実を申し向けてはいない。しかし，乙に問われた時点で，甲は既にCに対し偽造した契約申込書を送信しており，

この事実を乙に隠している。乙は店長として，電話機の契約が適法になされることについて法的責任を負っているから，甲が適正な手続を執るように装う行為は，挙動による「欺」く行為に当たる。

(3) 乙は，甲が正当な手続を執るであろうと誤信して，甲が手続を進めるのを止めず，甲が携帯電話を店から持ち出すことを許容しているから，「財物」たる携帯電話を，錯誤に基づいて「交付」している。

(4) よって，甲には携帯電話機に対する詐欺罪（246条1項）が成立する。

4. パチスロのメダルについての窃盗罪

(1) 甲が，パチスロ店に行く途中で，乙から不正な手段でメダルを窃取することを打ち明けられた時点で，窃盗罪（235条）の共謀が認められるか。

(2) たしかに，具体的な窃取方法の説明を受けても，見張り役等の場合には幇助的な関与にとどまる場合もあり得る。しかし，乙の計画は，甲が隣に座らなければ実行できない態様の窃取行為であり，甲の行為は窃盗の実行にとって不可欠な重要な役割を果たすものであること，また，甲は，分け前を半分受け取ることも了承していることから，甲・乙間には窃盗罪の共謀が認められる。

(3) また，甲と乙とが，窃盗目的でパチスロ店内に立入る行為は，管理権者であるパチスロ店店長の意思に反する「侵入」であり，建造物侵入罪（130条前段）に当たる。

(4) 店内で，乙が，針金を使って不正にメダルを出す行為は，後述のように，メダルの占有者であるパチスロ店店長の意思に反する態様の取得方法であるから，「窃取」行為に当たる。また，乙の窃取行為は，甲との共謀に基づくものであるから，乙の窃取行為により奪われたメダルについて，甲にも窃盗罪の共同正犯の責任が及ぶ（60条，235条）。

(5) では，甲が，乙の隣で通常の遊戯方法でメダルを取得した行為についても，窃取罪が成立するか。

ただ，共同実行の窃取行為は針金でメダルを取得する行為であり，

「通常の遊戯方法」で甲が取得したメダルは，占有者である店長の意思に反して占有を離脱させたものだとはいえず，窃盗の共謀に基づく行為により得られたとはいえない。

よって，甲は，乙が針金で取得したメダルについてのみ窃盗罪の罪責を負い，これは乙との共同正犯となる（60条，235条）。

(6) 以上から，甲には，保険証に関する有印公文書偽造罪（155条1項）及び偽造有印公文書行使罪（158条1項）が成立し両罪は牽連犯（54条1項後段）となり（以上①），また，契約申込書に関する有印私文書偽造罪（159条1項）及び同行使罪（161条1項）が成立し，両罪も牽連犯となる（以上②）。さらに，電話機についての詐欺罪（246条1項）（③）が成立する。乙との共同正犯として，建造物侵入罪（130条前段）及びメダルについての窃盗罪（235条）が成立し，両罪は牽連犯となる（以上④）。①②③④の各罪は併合罪（45条前段）となる。

二　乙の罪責

1．乙が甲の不正取得を見逃した行為

(1) 乙は，甲が生年月日や住所を偽って電話機を申し込んだことに気づいたが，警察に通報等することはなかった。この行為は，犯人隠避罪（103条）に当たるかが問題となる。しかし，乙は告発等の義務を負う者ではないから，単に通報しない行為は「隠避」に当たらない。

(2) もっとも，乙は甲に対し，黙っている代わりに，パチスロのメダル窃取について手伝えと脅迫しているから，強要罪（223条）に当たらないか。たしかに，乙は，甲に，脅迫して自らの窃取行為に加担させ，義務のないことを行わせている。ただし，甲が，実際に壁役として乙に加担する行為は，後述のように乙との窃盗罪の共同実行そのものであるから，別個に強要罪は成立しない。

2．メダルの窃取行為

(1) 店内で，乙が，針金を使ってメダルを出す行為は，窃盗罪（235条）に当たるか。

窃取とは，財物の占有者の意思に反して，その占有を占有者から離脱させて自己又は第三者の占有下に移すことをいう。パチスロ機に針金を差し込んで機械を誤作動させることによりメダルを取得する行為は，メダルの占有者であるパチスロ店の店長の意思に反する態様の取得方法であるから，「窃取」行為に当たる。また，乙の窃取行為は，前述のように甲との共謀に基づくものであるから，窃盗罪の共同正犯に当たる。
　(2) よって，乙には建造物侵入罪（130条前段）及び窃盗罪の共同正犯が成立し，両罪は牽連犯（54条1項後段）となる。

以　上

● 解　説

1. コピーの文書性とファクシミリ

(1) 文書性

　甲が，健康保険証のコピーを改ざんして，ファクシミリで送信した行為は，有印公文書偽造罪の成否が問題となる。同罪が成立するためには，①行使の目的をもって，②有印公文書を，②偽造したことが必要である。

　①行使の目的は，他人に真正な文書であると誤信させる目的，あるいは（無形偽造の場合は）内容の真実な文書であると誤信させる目的をいう。甲は，本件改ざん物を，携帯電話会社従業員に，真正な健康保険証のコピーであると誤信させる目的で作成しているから，「行使の目的」がある。

　では，本件改ざん物は②有印公文書といえるか。**公文書とは，公務所・公務員が，職務に関し，所定の形式に従って作成すべき文書**をいう。一般人から見て，公務員の職務に関して，真正に成立したものであるとの外観を備えていなければならない。よって，本問で論じなければならないのは，（ア）コピーは文書か，これが認められた場合に，（イ）公文書といえるか，さらに，（ウ）有印といえるかである。

　まず，（ア）コピーの文書性であるが，コピーを用いた場合に，常に「コ

ピーの文書性」が問題となるわけではないことに注意を要する。通貨偽造において紙幣をカラーコピーする場合を想定すればすぐに分かるが，コピーとして用いるわけではなく，「真正な紙幣そのもの」として用いる意図がある場合には，原本の偽造となる。文書偽造罪においても，例えば，運転免許証の写真部分や生年月日の部分を改ざんしてコピーし，真正な原本そのもののように見せかけようとする行為は，原本自体の偽造に当たるため，コピーの文書性について論ずる必要はない。

さらに，コピーやファクシミリの文書性を論ずる前提として，そもそもファクシミリで送信した場合の「偽造文書」は何かを確定しなければならない。ファクシミリとコピーは，偽造に関して同様に論じられているが，コピーはコピーした紙自体を相手方に見せるのに対し，ファクシミリは作成した文書は行為者側に残り，行使される文書は，相手方のファクシミリ機で印字された文書だという違いがある。相手に行使する（相手が読める状態に置く）文書が「偽造文書」であるから，ファクシミリでは，相手の手元の印刷物が偽造文書となる。

ところが，本問では，相手はファクシミリで送信された内容をディスプレイ画面で確認しただけで，印字していない。ディスプレイ画面の表示は「文書」に当たらないため[1]，甲がファクシミリで送信するために作成し，甲の手元に残った「本件改ざん物」が偽造文書となり，これが公文書に当たるかを論ずることになる。

(2) 原本かコピーか

本問の「本件改ざん物」は，原本である健康保険証をコピーし，そのコピーを切り貼りして，新たな偽造文書を作成している。**偽造文書は，一般人をして真正に作成された文書であると誤認させるに足りる程度の形式・外観を有するものでなければならない**が，原本である健康保険被保険者証は，水色で，しかもラミネート加工等が施されているから，白黒コピーした本件改ざん物が，原本としての真正な外観を有するとはいえない。本問が参考にした東京高判平 20・7・18（⇨ ［参考判例］参照）は，（改ざんの痕跡が分かり）原本と

---

[1] ただし，画面の表示についても文書性を認めるべきであるとする異論はある。大コンメ 8 巻（3 版）63 頁参照。

見誤ることがないような物を作出した時点では，未だ公文書である本件保険証の「原本」に対する公共の信用が害されたとはいえないとしている。

では，原本のコピーとしての偽造文書といえるか。**コピーは，原本と同様の社会的機能と信用性を有する**と考えられており，国民健康保険被保険者証は，そのコピーについても，身分確認の一手段として，原本と同様の社会的機能と信用性を有している。よって，本件改ざん物が「原本のコピー」としての外観を有すれば，「原本のコピー」という文書として，公文書偽造罪の客体としての「公文書」といえる。

ただし，本件改ざん物は，コピーそのものではなく，コピーを切り貼りしたもので，しかもそれを手に取れば切り貼りの痕跡が分かる程度のものであるから，「コピーとしての外観」すら有しないのではないかが問題となる。しかし，国民健康保険証のコピーの提示・使用形態には様々な態様が考えられ，必ずしも相手が手に取って確認するとは限らない。本問でも，ファクシミリで送られた画像データとして確認する行使態様が採られている。このような保険証の使用実態を前提に踏まえれば，本件改ざん物も，一般人をして本件保険証の真正なコピーであると誤認させる程度の形式，外観を備えた文書であると認めることができる（運転免許証の外観につき，大阪地判平8・7・8判タ960・293）。

本件の原本の健康保険証は，S市の記名・公印が記されているから，これをコピーした本件改ざん物も，S市の名義の有印公文書となる。

(3) 偽造行為

偽造とは，文書の名義人と作成者との間の人格の同一性を偽って文書を作成することをいう（最決平5・10・5刑集47・8・7）。コピーの名義人は原本の名義人であるが，作成者はコピーを作成した者であるから，本件改ざん物は，名義人がS市で作成者が甲となり，人格の同一性の偽りがある。

また，改ざん部分は，甲自身の保険証を利用し，生年月日や住所のみを改ざんし，氏名については改ざんを加えていないため，変造であるようにもみえる。しかし，国民健康保険証が身分確認として利用される場合，特に生年月日は本人確認にとって非常に重要な情報であるから，保険証の生年月日を改ざんする行為は，当該文書の**本質的部分の改ざん**に当たり，変造ではなく偽造に当たると解すべきである。

(4) ディスプレイ表示と行使

　行使とは，真正な文書として，又は内容の真実な文書として他人の閲覧に供し，その内容を認識させ又は認識し得る状態に置くことをいう。偽造した文書をファクシミリで送る場合は，前述のように，相手方の機器により印字された文書が偽造文書であり，印字されると同時に（相手が読める状態に置くことになるから）行使罪となる。これに対し，ディスプレイ画面の表示は「文書」に当たらないため，スキャナで読み込ませた手元の文書が偽造文書となり，これを回線を通じて送り，相手方端末のディスプレイで表示させる行為が行使に当たることになる。

　現在のファクシミリでは，画面で確認した後，必要な場合にのみ印字することも多い。画面で確認できる状態に置くことが行使であるから，事実上，ファクシミリを送信し，相手方の受信機に着信した時点で（相手が実際に確認したか否かを問わずに）行使が認められると解すべきであろう。

　甲は，B社の従業員に見せる目的で本件改ざん物を作成しているから，行使の目的も認められる。

2．契約申込書の偽造

　甲が，虚偽の生年月日・住所を記載した携帯電話の利用契約申込書を作成し，ファクシミリで送信した行為については，有印私文書偽造罪（159条1項）の成否が問題となる。利用契約申込書は，利用契約という**権利義務に関する文書**であるから，私文書に当たる。

　また，生年月日・住所が虚偽であっても，甲自身の氏名を記載しているから，名義人と作成者の偽りはないようにもみえる。たしかに，文書の性質によっては，形式的な「名前」の偽りに限って「偽造文書」とすれば足りる場合もある。例えば，本人確認を要しない一般の商品について，生年月日を偽って購入申込書を作成する行為まで，偽造行為に当たるとする必要はないであろう。

　しかし，本問で問題となる携帯電話は，その購入に当たり厳格な本人確認が要求される商品である[2]。したがって，携帯電話の購入契約に当たっては，氏名のみならず，生年月日や住所も，その者を特定するための重要な根拠となる情報である。本問の契約申込書の文書が示す名義人は，甲の本来の生年

月日とは異なる生年月日の，甲とは異なる住所に居住する，甲という名義の人格であり，作成者である甲との人格の同一性はない。よって，甲が契約申込書を作成する行為は，偽造行為に当たる。

また，本問申込書には，甲自身の氏名の記載があるから，有印私文書に当たる。

さらに，この申込書をファクシミリを利用してB社に送信した行為は，偽造有印私文書行使罪（158条1項）に当たり，有印私文書偽造罪（159条1項）とは牽連犯となる。

3. 電話機の奪取行為

(1) 窃盗罪か詐欺罪か

財産犯の財物の占有は事実上の支配をいうが，必ずしもその物に対して物理的に最も近い場所にいる者に占有があるわけではない。商店の商品の支配は，売り場にいる従業員ではなく商店の管理者（例えば経営者や店長など）にあり，旅館の「浴衣」の支配は，客ではなく旅館主人にある。本問の商品である携帯電話の支配は，店長乙にあると解される。

もっとも，乙は，甲が正当な手続に基づいて，自分用に携帯電話の契約をして持ち帰ったものと誤信しているから，窃盗罪ではなく詐欺罪に当たるのではないかが問題となる。詐欺罪が成立するためには，交付に向けられた欺く行為が必要となる。甲は，乙から，甲自身の電話機を申し込んだのかと問われたのに対し，「そうです。後の手続は私がやります。」と答えている。甲が電話機を申し込んだことや，その後の手続を甲自身がやるということ自体は虚偽の内容とはいえない。

しかし，甲は，乙に対し，既にCに対し偽造した申込書を送信したことは秘しており，もし，乙がこの事実を知ったら，甲の電話機の持出しを許すことはないと解される。携帯電話不正利用防止法（前掲・注2）参照）によって，電話機の購入時には厳格な本人確認が求められており，甲が乙に対し

---

2)「携帯電話不正利用防止法」（平成17年）は，事業者に契約時の本人確認として，氏名，住所，生年月日の確認を義務づける（第3条）とともに，契約者がこれらの事項について虚偽の申告をすることを処罰の対象としている（第19条）。

「手続は自分でやる」と告げ、適正な手続を執るように装う行為は、挙動による欺く行為に当たり、詐欺罪（246条1項）が成立する。

(2) 乙が甲の不正取得を見逃した行為

乙は、甲が生年月日や住所を偽って電話機を申し込んだことに気づいたが、警察に通報等することはなかった。これは、犯人隠避罪（103条）や証拠隠滅罪（104条）に当たるか。

犯人隠避罪とは、罰金以上の罪を犯した者に、場所を提供してかくまったり（蔵匿）、官憲の逮捕・発見を妨げる一切の行為（隠避）をいう。しかし、たとえ犯罪や犯人を知っていても、単に通報をしないという不作為は隠避には当たらないため、乙は犯人隠避罪には当たらない。また、甲の犯罪の証拠を隠滅したり、偽造したりしたわけでもないので、証拠隠滅罪にも当たらない（ちなみに、検挙・告発等の作為義務を負う警察官等が、犯行を現認したにもかかわらずその犯人を放免する行為は犯人隠避に当たる）。

犯人隠避・証拠隠滅については、犯人による教唆犯の成否が問題となることも多いが、本問でも、仮に甲が乙に対し、「万一、C社から何か問い合わせがあっても、うまくごまかして欲しい。」等と頼み、実際にC社に虚偽の内容を告げれば、甲は犯人隠避罪の教唆犯に当たる。もっとも、単に「黙っていて欲しい」と頼んだだけであれば、乙に犯人隠避が成立しない以上、甲にも、原則として教唆犯は成立しない。ただ、法の放任する防御の範囲を明らかに逸脱する態様であれば、判例が犯人隠避罪の教唆を認める余地はありうる。また、例えば、甲が作成した本件改ざん物が乙に発見されたとして、乙にこれを廃棄するよう頼めば、証拠隠滅罪の教唆犯に当たることになる。

もっとも、乙は甲に対し、パチスロのメダル窃取について手伝わせているから、強要罪（223条）に当たらないか。**強要罪は、暴行又は脅迫により、義務のないことを行わせ、もしくは行う権利のある行為を妨害する行為**である。乙は、甲に、自らの窃取行為に加担させているから、義務のないことを行わせているといえそうである。ただし、甲が乙から分け前をやると言われて、乙の窃取行為に加担する行為は、後述のように共同正犯に当たることになるので、そのような場合にも強要罪が成立するかが問われる。

例えば、公務員が業者を脅して賄賂を要求する行為は、恐喝罪と収賄罪に当たり、脅されて賄賂を渡した業者には、恐喝罪の被害者であっても贈賄罪

が成立する。恐喝罪における脅迫行為は意思決定の自由を完全に奪うものではないから（反抗を抑圧するような脅迫は不要），脅されていても意思に基づく贈賄行為があるからである（⇨第23講）。

これと同様に，強要罪における脅迫も，意思決定の自由を完全に奪うものではないから，脅して犯罪に加担した被害者が共同正犯に当たる場合であっても，強要罪が成立するようにみえる。しかし，共同正犯という積極的な関与は，少なくとも「脅されて嫌々関与した」という形態であってはならないはずで，共同正犯が認められるような関与の態様であれば，それは強要行為によって義務なきことを行ったとはいえないと解すべきであろう。

たしかに，本問の甲は弱みを握られていることもあって，手伝うことを了承しているが，断る余地がなかったわけではなく，さらに，儲けを半分もらえると分かった上で壁役になることを了承しているから，共同正犯に当たると解すべきであり，強要の結果，やむを得ず手伝ったとはいえない。よって乙の行為は，強要罪に当たることはない。

4．パチスロのメダルの窃取行為

(1) 共同正犯か幇助か

乙は，パチスロ店に行く途中で，甲に対し，不正な手段でメダルを窃取することを打ち明け，具体的な窃取方法についても甲に説明し，甲もこれを了承している。この時点で，甲と乙の間に，メダルに対する窃盗罪の共謀が成立したといえる。もっとも，乙は甲に，隣に座って周囲から見えにくくするよう命じているだけであるから，窃盗の単なる見張り役に過ぎないとして，幇助にとどまるともいえそうである。

しかし，乙は，甲が隣に座らなければ実行できない態様の窃取行為を実行しようとしており，甲の行為は**窃盗の実行にとって不可欠な重要な役割**を果たしている。また，甲は，分け前を半分受け取ることを了解しており，**自らの犯罪として実行**したといえる。以上から，甲は単なる幇助にとどまらず，共同正犯に当たると解すべきである。

また，甲と乙とは，窃盗の共謀に基づいて，窃取行為を行う目的で店に立ち入っているから，建造物侵入罪に当たる。

(2) 通常の遊戯方法と窃取行為

　店内で，乙が，針金を使ってメダルを出す行為は，窃取行為に当たる。窃取とは，**財物の占有者の意思に反して，その占有を侵害し自己又は第三者の占有下に移すこと**をいう。パチスロ機の通常の遊戯方法は，メダル投入口にメダルを入れ，スタートレバーを引いて絵柄の付いたドラムを回転させ，ストップボタンを押してドラムを止め，揃った絵柄によって一定数のメダルが払い戻されるというものである。パチスロ機に針金を差し込んで機械を誤作動させることによりメダルを取得する行為は，**占有者（本問の場合にはパチスロ店の店長）の意思に反する態様の取得方法**であるから，窃取行為に当たる。また，乙の窃取行為は，甲との共謀に基づくものであるから，乙の窃取行為により奪われたメダルについては，甲についても窃盗罪の共同正犯の責任が及ぶ。

　では，甲が，乙の窃取行為を隠すために，乙の隣に壁役として座り，通常の遊戯方法で取得したメダルについては，窃取行為により奪ったといえるか。本問と同様，窃盗の共同正犯者Yの実行行為を隠す目的で，Yの隣に座って通常の遊戯によりメダルを取得したXの行為について，**最決平21・6・29（刑集63・5・461）**の原判決（仙台高判平21・1・27刑集63・5・470）は，①隠蔽目的で隣の台でパチスロをしていたこと，②Xが出したメダルも不正手段によるメダルと併せて換金し，（他の共犯者も含めて）3等分して配分する予定であったことを認定し，壁役であるXの遊戯行為も本件犯行の一部となっており，被害店舗もそのメダル取得を容認していないことは明らかであるとして，Xの出したメダルも含めた全てのメダルについて窃盗罪が成立するとした。これに対し，最決平21・6・29は，Xが自ら取得したメダルは，被害店舗が容認している通常の遊戯方法により取得したものであるから，窃盗罪は成立しないとした。

　たしかに，「隣に座って壁役となる」行為自体は，窃盗の共同実行行為の一部であるから，「隣に座って遊戯をすること」も窃盗の実行行為の一部であり，甲が出したメダルも共謀の射程内の行為により取得されたものといえるようにみえる。壁役としては，「座って何もしないこと」は不自然であり，「通常の遊戯をしているように装うこと」が窃盗の共同実行行為であるともいえるからである。しかし，共同実行行為は，針金でメダルを取得する行為

であり，「通常の遊戯方法でメダルを取得すること」ではない。甲が取得したメダルは，占有者（店長）の意思に反して占有を離脱させたものとはいえず，窃盗の共同実行行為により得られたとはいえない。

　もっとも，甲の箱の中には，甲・乙の共謀に基づいて乙が不正に出したメダルと，甲自身が通常の遊戯方法により得たメダルとが混在している。このように取得した物が混在した場合には，その全体について窃盗罪が成立するとする考え方もあり得る。例えば，パチンコ玉を不正に取得するために，まず一部の玉を正当に購入し，その購入した玉が窃取した玉に混在していたとしても，全体について窃盗罪が成立する（東京高判昭43・4・26東高刑時報19・4・93）。また，大当たりを連続して発生させ得る「体感器」と称する電子機器を身体に装着してパチスロ機からメダルを取得する行為についても，機器の操作の結果取得されたものでないメダルが含まれていたとしても，全てのメダルにつき窃盗罪が成立する（最決平19・4・13刑集61・3・340）。

　しかし，全体について成立するとした判例も，あくまでも占有者の意思に反する窃取行為と因果関係のある部分について，窃盗罪が成立するとしているに過ぎない。不正取得に利用するために購入した玉や，電子機器を利用して取得したメダルは，いずれも店側が容認しない態様により得られたものであって，窃取行為との因果関係が認められる。それに対し，甲が壁役として行っていた遊戯行為は，従業員の監視を妨害するという業務妨害行為には当たるかもしれないが，窃取行為そのものではない。よって甲が自分の台で出したメダルは，窃取行為により得られたとはいえないのである。

【参考判例】

東京高判平7・3・14（高刑集48・1・15）　銀行預金に質権を設定するとの虚偽の事実を申し向け，ノンバンクから融資を受けた上，銀行支店長名義の質権設定契約書を偽造してこれを交付した行為について，偽造有印私文書行使罪と詐欺罪とが包括一罪となるとした。一般に行使罪と詐欺罪は牽連犯となるが，本件のように，融資を受けた詐欺罪が偽造よりも時間的に前である場合には，偽造を手段とした詐欺とはいえない。〈前田・重要判例 No. 228〉

最判昭 51・4・30（刑集 30・3・453） 供託金受領証から，供託官の記名・公印部分を切り取り，これを虚偽の供託事実を記入した用紙の下方に接続させた上，コピー機で複写し，真正な供託金受領証の写しであるかのような外観を呈するコピーを作成し，提出した行為について，コピーは，複写した者の意識が介在する余地のない，機械的に正確な複写版であって，実社会生活上原本に代わるべき証明文書として一般に通用し，原本と同程度の社会的機能と信用性を有するものであるから，原本作成名義人作成名義の公文書に当たるとした。〈前田・重要判例 No. 215, 南由介・百選 II No. 87〉

東京高判平 20・7・18（判タ 1306・311） ファクシミリで送信し，端末機の画面に表示させて相手方に提示するために，国民健康保険被保険者証を白黒コピーした A4 の紙は，公文書のコピーとして偽造有印公文書に当たるとした。〈前田・重要判例 No. 224〉

最決平 19・4・13（刑集 61・3・340） メダルの不正取得を目的として，電子機器を身体に装着してパチスロ機で遊戯する行為は，同機器がパチスロ機に直接には不正の工作ないし影響を与えないものであっても，窃盗罪の実行行為に当たるとした。〈前田・重要判例 No. 156〉

最決平 21・6・29（刑集 63・5・461） ［解説］314 頁参照。〈前田・重要判例 No. 158〉

第18講 | 強盗罪

▶設 問

甲及び乙の罪責について，具体的事実を示しつつ論じなさい（特別法違反の点を除く。）。

1　甲（男性，35歳）はアルバイトで生活していたが，生活費に困り，たまたま，大学時代の知り合いのA（男性，35歳）が，最近飲食店を開店し，繁盛しているという噂を聞きつけ，Aに借金を申し込もうと考え，Aの店に出かけた。はじめは，Aも久しぶりに会った甲に対し，機嫌良く応対してくれ，店内に置かれたガラス製の置物を見せて，「ある客が開店祝いに貸してくれているのだが，100万円以上するらしい。俺がしている腕時計も，客が貸してくれている物だが，50万円くらいの価値はあるんだ。」などと自慢話をしていた。しかし，甲が借金を持ちかけると，Aは，「おまえのようにブラブラしている奴に貸す金などない。」と言って，即座に断ったことから，甲はAに対し，強い恨みを抱いた。

2　数日後，甲は，高校時代からの友人乙（男性，35歳）に，Aに相手にされずに頭に来たことを打ち明けたところ，乙は，「Aという奴は知らないが，おまえにそんなことを言う奴は俺も許せない。Aの店はこの近くなんだろう？　これから行って一発殴ってやろう。」と言い出した。甲は，酒の勢いもあって，「そうだ，一発くらい殴らないと気が収まらない。」と言って乙の誘いに同調し，甲と乙とでAの店に向かった。

3　午前0時頃に，甲と乙が，雑居ビルの2階にあるAの店のドアを開けて中に入ると，ちょうど閉店直後だった様子で，狭い店内にはAしか見あたらず，Aは後ろ向きで片付けをしていた。甲が小声で，乙に

「あれがAだ。」と囁いたところ，乙は，いきなり傍にあったビール瓶を摑み，後ろ向きのままのAの頭に振り下ろした。ビール瓶は，Aの頭部に命中して割れ，Aは「わあ。」と叫んでその場に倒れ，頭から血を流してそのまま動かなくなった。

4 甲は，少々痛めつけようと思っていただけだったので，Aが動かなくなってしまったことに慌て，乙に対し，「そんなもので殴ったら死ぬかもしれないじゃないか。」と言った。さらに甲は乙に対し，「俺だと気づかれていないとは思うけれど，Aは俺が恨んでいるのを知っているから，俺の仕業だと分かるかもしれない。何か奪って，強盗が入ったように見せかけよう。」と告げた。

5 乙も，「確かに少々やり過ぎだった。」と言って，「本当に気絶しているのか。」と言いながら，Aの頭髪を摑んで頭を持ち上げたが，Aは何の反応も示さなかった。これを見た甲は，さらに，「目を覚まさないうちに早くしろ。あのガラスの置物やAのしている時計は，客から借りた高級品だと自慢していた。客から借りた物がなくなればAも困るだろうから，持ち出して隠してやる。」と言いながら，Aの腕を引っ張って，その腕から時計を外し，さらに置物を摑んでコートの下に隠した上で，乙に対し，「おまえも何か金目のものを取って，強盗が入ったように見せかけてくれ。」と言いながら，店の外に出た。

6 乙は，甲に対して，「分かった。」と答えたものの，乙自身も金に困っていたことから，この機会に現金を奪おうと思い，もう一度Aの頭髪を摑んで持ち上げ，Aの反応がないのを確かめた上で，店内にあったレジをこじ開けて，中から現金10万円を取り出してポケットに突っ込み，店の外に出た。乙は，外にいた甲に対し，「何も取らなかった。」と嘘をついた。

7 この間，Aは，実際には失神しておらず，2人の会話も聞いていて，甲とその知り合いらしいと分かったが，相手が2人だったことや，乙に頭髪を摑まれたり，甲に腕を引っ張られたりしたことから，抵抗すれば何をされるか分からないと思い，じっとして失神した振りをしていたに過ぎなかった。Aは乙にビール瓶で殴打されたことにより，加療3週間を要する頭部打撲傷害を負った。

8 Aの店内には，Aが1人でいるように見えたが，実は店のすぐ奥にドアで仕切られていない厨房があり，そこにはアルバイト店員のB（男

性，20歳）がいて、Aが「わあ。」と大声を出して倒れた様子や、甲、乙が話している様子を陰から覗き見ていた。Bは、甲らが奥まで入ってくるのではないかと恐ろしくなり、そっと裏口から逃げようとしたが、慌てたため、裏口の狭い階段を踏み外し、1階まで転落してしまった。それによりBは、加療3週間を要する腰部打撲の傷害を負った。
9 甲は乙とともに逃走する途中、時計や置物を手元に置いておくと、自分の犯行が露見するのではないかと恐れ、処理を乙に相談した。乙は、これらも金になると考え、「Aはおまえのことを知っているから、そんな物を持っていたらまずい。恨みを晴らすのなら、壊してしまうのが一番だ。俺が処理しておいてやるよ。」と申し向け、そのつもりが全くないにもかかわらず、「俺が捨てておいてやる。」と偽り、置物と時計を受け取った。甲は、乙に処理を任せることとし、時計と置物を乙に渡し、「必ず壊して、川か海に捨ててくれ。」と頼んだ。
10 乙は時計と置物を受け取り、これらを買取業者に持ち込んで換金し、合計15万円を得た。乙は、この金を、Aから奪った現金10万円と一緒に費消してしまった。

論点の整理

まず、どのような結果が生じたかを念頭に置き、それが何罪の構成要件に該当するかを検討することが最初の作業である。本問については、(1) Aに打撲傷害が生じたこと、(2) 甲によりAの腕時計、置物が持ち出されたこと、(3) 乙によりレジの10万円が奪われたこと、(4) 乙が甲から時計と置物を受け取ったこと、(5) Bが傷害を負ったことが、それぞれ問題となる。(1) が傷害罪（204条）であることは争いないが、(2) が何罪に当たるかは、不法領得の意思の有無を検討しなければならない。また (3) は、不法領得の意思があることは明らかだが、強盗罪の成否及び甲との共謀の有無が問題となる。さらに (4) については詐欺罪の成否が問われる。(5) は、強盗手段としての脅迫がBにまで及ぶかが問題となるようにみえるが、そもそも甲・乙に強盗が成立しないとすれば、強盗手段ではない脅迫から傷害が発生した場合ということになる。

さらに、(2)以降の行為については、甲・乙の当初の共謀の射程が及ぶかを最初に検討しておいた方が整理しやすい。乙が殴りに行こうと言い出したのに対して甲が同調したのだから、当初は暴行罪（せいぜいが傷害罪）の共謀であった。Aへのビール瓶での殴打は、この共謀に基づくものであるから、(1)については、甲・乙に傷害罪の共同正犯が成立する。甲としては、ビール瓶のような凶器で殴るとは思わなかったという事情があるが、暴行の共謀がある以上、これを乙の単独犯とする余地はない。なお、いかにビール瓶での殴打といえども、ビール瓶を割って凶器としたといった特殊な状況が認められないから、乙に殺意まで認めることは困難であろう。

　(2)(3)については、当初の暴行（傷害）の共謀に含まれないことは明らかだが、現場共謀の有無が問題となる。「奪うこと」の意思連絡はあるので、共謀を認めるべきであるが、不法領得の意思について異なる内心を有する点をどのように評価するかが問われる。

解答の筋道

1. 甲，乙の共謀
    - 当初は傷害の共謀
2. 乙がビール瓶で殴った行為
    - 甲との共同正犯（傷害）
3. 甲が，置物と時計を奪った行為
    - 不法領得の意思の有無
    - 器物損壊罪の成否
    - 乙との共謀の内容
4. 乙が現金を奪った行為
    - 頭髪を摑む行為→新たな暴行・脅迫の有無
    - 失神しているとの誤信
    - 甲との共犯関係
5. Bに対する傷害罪の成否
    - 「脅迫」が及んでいるか
    【参考】東京地判平15・3・6（判タ1152・296）（犯人から見えない者の致傷）
6. 時計，置物を受け取る行為

- 甲にとって不可罰的事後行為か
- 乙の詐欺罪の成否

[答案作成上の注意]

　窃盗罪と器物損壊罪とは，構成要件的に重ならないという理解もあり得るが，形式的に「犯罪共同説から共謀は認められない」といった説明では不充分である。どのような内容の共謀が行われたのか，どの行為について意思の連絡があったのかを，具体的に検討する必要がある（⇨第13講参照）。

　また，反抗抑圧後の「新たな暴行・脅迫」についても，その意義を正確に理解しておく必要がある。ささいな暴行でも「反抗抑圧程度」に当たるとされる理由は，被害者が更にひどい暴行が加えられるのではないかと恐れることにあり，それが反抗抑圧程度の「脅迫」に当たる（東京高判昭48・3・26⇨[参考判例]参照）。本問でも，「頭髪を摑む」ことが，Aにとっては，恐ろしくて抵抗できない程度の「脅迫」に当たるといえる。

　さらに，（暴行でなく）脅迫による傷害も，数が多いわけではないが，実例があることに留意すべきである。

解答案

一　甲の罪責

　1．乙と共に，Aに暴行を加える目的で，建造物であるAの店に立ち入る行為は，管理権者であるAの意思に反し，平穏を害する「侵入」に当たるから，建造物侵入罪の共同正犯（60条，130条前段）が成立する。

　2．乙がビール瓶でAを殴り，傷害を負わせた行為について，甲に傷害罪（204条）が成立するか。

　(1)　傷害とは，人の生理的機能に障害を与えることをいい，Aの負った3週間の打撲傷は，「傷害」に当たる。

　(2)　甲と乙とは，「Aを一発殴ってやろう」と相談しており，Aを殴

ることについて暴行罪の共謀が認められる。甲は，乙がビール瓶で殴ったことについて乙をとがめていることから，ビール瓶で殴ることまで意図していなかったと認められるが，共謀に基づく乙による暴行の結果としてAに生じた傷害は，甲との暴行の共謀の射程に含まれる。

(3) また，甲自身が恨みからAを殴る意思を有しているため，甲には正犯意思が認められ，甲には，乙との共同正犯としての傷害罪が成立する（60条，204条）。

3．甲が，強盗に見せかけようとして時計や置物を持ち出した行為について，強盗罪（236条1項），窃盗罪（235条），あるいは器物損壊罪（261条）が成立するか。

(1) 時計も置物もAが客から借りた物であり，Aの所有物ではないが，Aの占有下にあり，各罪の客体である「他人の財物」に当たる。

(2) 強盗罪ないし窃盗罪が成立するためには，権利者を排除し他人の物を自己の所有物と同様に，その経済的・本来的用法に従いこれを利用又は処分する意思が必要である。

甲には，報復の意図，犯跡隠滅目的は認められるが，廃棄ないし隠匿する以外の意図はなかったといえる。よって，その物を経済的・本来的用法に従って利用又は処分するという不法領得の意思が欠け，窃盗罪にも強盗罪にも当たらない。

(3) ただし，甲が時計や置物を店外に持ち出した時点でAの利用は妨げられ，物の効用は害されているから「損壊」に該当する。乙も，甲が犯跡隠滅目的で持ち出すことは了解しているから，器物損壊罪の共謀が認められ，時計と置物について，甲には器物損壊罪の共同正犯（60条，261条）が成立する。

(4) 甲が乙に，時計と置物を廃棄するように依頼して渡す行為は，後述のように乙の甲に対する詐欺罪における交付行為に当たるが，甲にとっては器物損壊行為の一部であって，別個に犯罪が成立することはない。

また，乙が現金を奪った行為についても，後述のように乙の窃盗罪が成立するが，甲との共謀に基づくものではないので，甲は罪責を負わな

い。

4．Bに対する傷害罪（204条）の成否

(1) 甲，乙のAに対する行為は，強盗罪に当たるものではないから，Bの傷害も強盗の機会に発生したとはいえない。

(2) しかし，深夜の店舗に侵入した2人組が，Aを殴ったり，店内を物色したりする行為は，たとえ甲らが気付いていなかったとしても，狭い店内にいる他の者に対しても，自らの身体に危害が及ぶのではないかと畏怖させるに十分なものであり，Bに対する脅迫行為に当たる。

(3) 甲らはBの存在に気づいていないから，脅迫の故意がないようにもみえるが，閉店後とはいえ，店のドアに鍵がかかっていない状態であるから，たまたまAしか目に入らなかっただけで，他に客や店員がいる可能性は否定されないし，そのことは甲・乙も認識し得たといえる。よって，店内にいる可能性のある者に対し，脅迫行為が及ぶことの認識に欠けるところはない。

(4) さらに，傷害罪の手段は暴行に限らず，無形的方法による場合も含むから，脅迫行為から生じた傷害結果についても傷害罪が成立する。

この脅迫行為は，甲と乙との暴行，器物損壊の共謀に基づく行為に伴うものであるから，甲には，Bに対する傷害罪が成立し，乙との共同正犯となる（60条，204条）。

5．罪　数

以上から，甲には，建造物侵入罪（130条前段），Aに対する傷害罪（204条），器物損壊罪（261条），Bに対する傷害罪（204条）が成立し，すべて乙との共同正犯（60条）となる。建造物侵入罪と各傷害罪，建造物侵入罪と器物損壊罪とは，それぞれ牽連犯（54条1項後段）となり，これらは併合罪（45条前段）となる。かすがい現象は，より重く処罰すべき場合を軽く処罰することとなるので，認めるべきでない。

二　乙の罪責

1．Aに対する傷害罪（204条）の共同正犯の成否

乙も，甲との間でAに対する暴行の共謀があり，その共謀に基づいてビール瓶でAを殴っているから，Aに対する傷害罪の共同正犯（60条，204条）が成立する。

2．時計と置物についての器物損壊罪（261条）の共同正犯の成否

時計と置物については，甲は乙に対し，「強盗にみせかけよう」と伝えた上で，犯跡隠滅目的でこれらを奪っている。その際に乙も特に反対していないから，隠匿ないし損壊目的でこれらを奪うことについて，甲と乙との共謀が認められ，乙にも器物損壊罪の共同正犯（60条，261条）が成立する。

3．現金についての窃盗罪（235条）の成否

(1) 乙が，転倒して動かなくなったAに対し，頭髪を摑む暴行を加えた上で現金を奪う行為は強盗罪（236条1項）に当たるか。

頭髪を摑む行為は，それだけでは相手の反抗を抑圧する程度とはいえないが，既に頭部を殴打されるなどして抵抗できない状態のAに対しては，ささいな言動であっても反抗を抑圧する程度の脅迫となるから，強盗罪の脅迫行為に当たる。よって，少なくとも客観的には強盗罪の実行行為性が認められる。

(2) しかし，乙は，Aが失神していると誤信しており，失神した相手に対し，強取の手段として暴行・脅迫を加える意図を持つことはあり得ず，また，自らの行為が客観的に強取行為に当たるとの認識もないので，強取の意思は認められず，強盗罪は成立しない。

(3) では，乙には窃盗罪（235条）が成立するか。乙は，主観的には失神したAから，その占有する金員を窃取する認識があり，窃盗罪の故意が認められる。また，乙は，金員を費消する意図で持ち出しているから不法領得の意思もある。

よって，乙が金員を奪った行為は，客観的には強盗罪に当たるが，主観的には窃盗罪にとどまるため，構成要件の重なる軽い罪である窃盗罪（235条）が成立する。

また，乙の現金奪取行為は，甲のいない場所で行われ，また，当初の

暴行の共謀や，その後の器物損壊の共謀の射程にも含まれないものであるから，乙の単独犯となる。

4．Bに対する傷害罪（204条）の成否

Bに対する脅迫は，甲との共謀に基づくAに対する傷害行為や器物損壊行為に伴うものであるから，乙にもBに対する傷害罪の共同正犯（60条，204条）が成立する。

5．甲に対する詐欺罪の成否

(1) 乙が，置物や時計を，廃棄すると偽って甲から受け取る行為が詐欺罪（246条1項）に該当しないか。

器物損壊罪によって得た物であっても，その物が他人の占有する物である限り，「財物」として保護に値し，詐欺罪が成立することはあり得る。

(2) 甲は，時計や置物を隠匿ないし損壊目的で持ち出しているから，もし乙が廃棄せずに売却等する意図であることが分かれば，交付しなかったであろうといえる。よって，廃棄すると偽る行為が，「欺」く行為に当たる。

(3) 乙の欺く行為により，甲は，乙が廃棄してくれるとの錯誤に陥り，置物と時計を渡しているから，錯誤及びそれに基づく「交付」行為も認められる。また，その結果，置物と時計の占有は，甲から乙に移転している。

よって，乙には，甲に対する詐欺罪（246条1項）が成立する。

(4) その後，乙が，置物や時計を売却した行為は，詐欺罪の不可罰的事後行為として犯罪は成立しない。

6．罪　数

以上から，乙には，建造物侵入罪（130条前段），Aに対する傷害罪（204条），器物損壊罪（261条），Bに対する傷害罪（204条）が成立し，それぞれが甲との共同正犯（60条）となる。さらにAに対する窃盗罪（235条）と甲に対する詐欺罪（246条1項）が成立し，建造物侵入罪と各傷害罪・器物損壊罪・窃盗罪とはそれぞれ牽連犯（54条1項後段）とな

り，それと詐欺罪とが併合罪（45条前段）となる。

以　上

1. 傷害罪の共謀

　甲と乙は，「A を一発殴ってやろう」と相談しているから，A を殴ることについての意思連絡があり，暴行の共謀があったといえる。その後，A の店で，乙が A をビール瓶で殴る行為は，暴行の共謀に基づくものであるから，ビール瓶での殴打により A が負った傷害については，甲と乙に傷害罪の共同正犯が成立する。

　もっとも，甲は乙に，「そんなもので殴ったら死ぬかもしれないじゃないか。」と言っているから，ビール瓶で殴ることは甲にとって予想外だったといえよう。しかし，そもそも，暴行の結果的加重犯としての傷害も傷害罪に当たるから，共謀内容が暴行であっても，その共謀による暴行から生じた結果は共犯者全員に帰責されることになる。さらに，甲・乙は，「怪我をさせないように殴る」という相談をしたといった特別の事情もないから，A の傷害結果が共謀の射程外の行為から生じたとはいえない。

　ただし，乙に殺意まで認めることは困難である。ビール瓶での殴打が，一般的に死亡結果を生じさせるものであるとはいえないこと，共謀内容が「A を一発殴る」ことであったこと，乙自身も「確かに少々やり過ぎだった。」と言っていること，さらにビール瓶での一撃以降は，特に A に危害を加えていないことからみても，殺意を認めることはできない。

2. 不法領得の意思

　甲が強盗に見せかけるという，**犯跡隠滅目的で時計や置物を奪った行為**については，不法領得の意思が問題となる（なお，罪責の検討に当たっては，まず，何罪に該当するかを検討することが鉄則であるが，本問の甲については，結局，不法

領得の意思が欠けるために領得罪が成立しないと結論づけることになるので，不法領得の意思の有無から論じた方が書きやすいであろう）。

　まず，時計も置物もAが客から借りている物であるから，Aの所有物ではない。しかし，Aの店にある置物や，Aが身につけている時計である以上，占有はAにある。よって，Aの占有を奪うことが実行行為に当たり，窃盗罪ないし強盗罪の成否が問題となる。

　もっとも，甲は，犯跡隠滅目的で時計と置物を奪っており，不法領得の意思の有無が問題となる。不法領得の意思とは，領得罪に共通に必要とされる主観的超過要素で，「権利者を排除し他人の物を自己の所有物と同様に，その経済的・本来的用法に従いこれを利用又は処分する意思」である。一般に，前段の①権利者排除意思は，一時使用の不処罰のために，後段の②物の本来的・経済的用法に従った利用処分意思は，毀棄罪と区別するために，それぞれ必要とされている。本問では，強盗に見せかけるために奪っているから，②物の本来的・経済的用法に従った利用処分意思の有無が問われる。

　裁判例では，報復が主目的であったが，奪った現金等を自宅で保管しておいた行為につき，「強奪したり盗んだりするのを主目的としてはいなかったとはいえ，単に物を廃棄したり隠匿したりする意思からではな」いとして，不法領得の意思を認めた判決がある（東京高判平12・5・15判時1741・157⇨第16講［参考判例］参照）。

　これに対し本問の甲は，「持ち出して隠してやる」と発言し，乙にも強盗に見せかけるために何か持ち出すよう指示していることや，後に廃棄を乙に依頼していることからすれば，持ち出す時点で「単に廃棄したり隠匿したりする意思」であったと評価することが可能である。よって，不法領得の意思が認められないから窃盗罪には当たらず，器物損壊罪が成立するにとどまる。

　「損壊」とは，その物の効用を害する行為を指すから，物理的に破壊する必要はないものの，取り上げただけではその物の効用を害したとまではいえないから，時計や置物を店外に持ち出した時点ではじめてAの利用は妨げられ，損壊罪が成立するといえよう。例えば，自動車内に監禁した強姦被害者から，同女が助けを呼ばないように携帯電話を取り上げても，その状況が3分間継続しただけでは損壊に当たらず，その後，川に投棄した時点で損壊に達するとした裁判例がある（大阪高判平13・3・14高刑集54・1・1）。

また，乙も，甲が犯跡隠滅目的で奪うことは了解しているから，器物損壊罪の共謀が認められ，時計と置物についての器物損壊罪は，甲・乙両名の共同正犯となる。

3．乙の現金強取——反抗抑圧後の財物奪取意思

乙がレジから現金を奪う行為は，金目当てで行われているから不法領得の意思が欠けることはない。ただし，いわゆる**反抗抑圧後の財物奪取意思**の問題として，窃盗罪か強盗罪かが争われる。

判例は，強盗罪が成立するためには，財物奪取意思が生じた後に，改めて被害者に対して反抗を抑圧する程度の暴行・脅迫を加えることが必要であるとしつつ，その暴行・脅迫は通常の強盗罪よりも程度の弱いもので足り，**ささいな言動であっても被害者の反抗を抑圧する脅迫になり得る**としている（東京高判昭 48・3・26⇨［参考判例］参照）。

乙が金員を奪う意思を生じた後に，Aの頭髪を摑んで持ち上げた行為は，Aの反抗抑圧後に，更に反抗を抑圧する程度の暴行・脅迫を加えたといえるから，客観的には強盗罪の強取行為に当たる。

もっとも，いかにささいなもので足りるとはいえ，この程度で反抗を抑圧する程度の「暴行」といえるのかは疑問の余地があろう。しかし，Aは怯えて動けなかったのであり，一般人から見ても，2人が急に押し入って，ビール瓶でいきなり殴った後に，頭髪を引っ張れば，反抗抑圧程度の「脅迫」には十分に当たるといえる。前掲・東京高判昭 48・3・26 も，ささいな言動であっても被害者の反抗を抑圧する（暴行ではなく）「脅迫」になり得るとしていることに注意を要する。

ただし，乙は，Aが失神していると誤信しており，強盗の故意が認められるかが問題となる。強姦犯人が，被害者の反抗抑圧後に，被害者が失神していると誤信して財物を奪う行為について，**失神した状態にある被害者に対して，暴行・脅迫を加える意図を持つことはあり得ない**とし，たとえ客観的には強取に当たる場合であっても，犯人の主観としては窃盗にとどまるとする裁判例がある（札幌高判平 7・6・29⇨［参考判例］参照）。本問でも，乙が頭髪を摑んだ行為は，Aが本当に気絶しているか確認するためであるから，強取の意図を持った暴行とはいえない。よって，客観面が強盗罪，主観面が窃

盗罪の抽象的事実の錯誤に当たり，窃盗罪の限度で罪責を負う。

では，乙の窃取行為は甲との共謀に基づくものといえるか。当初，甲・乙間には傷害の共謀があり，時計と置物を持ち出す行為についても器物損壊の現場共謀がある。そこで，レジの現金の窃取行為についても，これらと同じ場所で，時間的にも連続して行われているから，甲との器物損壊についての共謀の射程内といえるかが問題となる。

しかし，乙の現金窃取は，甲が店外に出た後に，器物損壊とは全く別の意図で，乙が1人で行っており，しかも乙は現金を奪った事実を甲に告げておらず，甲はその事実を全く知らない。よって，レジの現金に対する窃盗罪は，乙の単独犯と解すべきである。

4．共犯者間の犯罪の成否

乙が，廃棄すると偽って甲から時計と置物を受け取り，これを捨てずに費消した行為はどのように評価すればよいか。乙も器物損壊罪の共同正犯であるから，同一の客体についてその後何らかの処分をしても不可罰的事後行為に当たり，別罪が成立する余地はないようにもみえる。せいぜいが，実行行為時には廃棄する意図で持ち出した物を，その後利用するに至ったとして，占有離脱物横領が成立するに過ぎないともいえよう。

しかし，例えば，窃盗の共同正犯者のうちの1人が，窃取した物の一部を，他の共犯者が気づかないうちに持ち出す行為は，窃盗罪（ないし横領罪）に該当する可能性がある。**盗品といえども，それを他の者が窃取すれば窃盗罪に当たるし，共有物を共同占有者の1人が窃取する行為は窃盗罪に該当する。**これと同様に，本問の乙についても，甲と共同占有する時計や置物を，騙して交付させているとして，詐欺罪が成立する余地がある。

もっとも，本問では，乙は器物損壊行為と時間的に連続した，逃走途中に甲から時計等を受け取っていることから，敢えて別罪を成立させるまでもないとの反論もあり得よう。例えば，甲が時計と置物を自宅に持ち帰り，そのまま捨てずに置いておいたところ，乙がそれを捨ててやると偽って交付させたような場合とは異なるからである。しかし，器物損壊罪はAに対する犯罪であるが，詐欺罪は甲に対して成立するものであり，たとえ時間的に連続していたとしても，別個の法益侵害があり，別に実行行為性を認めるべきで

あろう。よって，乙の行為は，甲に対する詐欺罪に当たる。

また，甲は，犯跡隠滅のために処分するよう依頼して交付しているから，いわゆる不法原因給付と詐欺に当たる。しかし，不法原因給付物といえども被害者の財物の占有は保護されるものであり，その占有を侵害している以上，詐欺罪は成立する。甲の所持する時計等が，器物損壊行為により取得した物であっても，詐欺罪の成立を否定する理由はない。

さらに，乙が「俺が捨てておいてやる。」と偽る行為が欺く行為に当たるかについてであるが，甲としては，自己の犯罪発覚を恐れて時計等を持ち出しているのだから，乙に捨てるつもりがないことが分かれば，交付しないことは明らかである。よって，乙の行為は欺く行為に当たる。

5. アルバイト店員Bが傷害を負った行為

甲及び乙の行為が，客観的に強盗罪の暴行・脅迫行為に当たるため，もしその行為がBに対しても及ぶと考えることができれば，Bに対しても，少なくとも客観的には強盗の実行行為性が認められるようにみえる。

東京地判平15・3・6（判タ1152・296）は，さほど広くない被害店舗に2人組で押し入った強盗犯人が，**出入口近くの従業員にエアガンを突きつけて脅迫した行為は，店舗内にいた者全員に及び**，たとえ犯人たちからは見えない場所にいた者が，2階の窓から逃走しようとして転落し，傷害を負ったとしても，強盗致傷罪が成立するとした。これと同様に考えれば，いきなり2人組が店内に侵入し，Aを殴った上で，店内を物色している様子をBが分かっている以上，甲らからは認識できなかったBに対しても，脅迫が及んでいるといえるのではないか。

しかし，甲にも乙にも強盗罪は成立しないから，「強盗の機会」の傷害とする余地はない。また，乙が，Aの頭髪を摑んだ行為は客観的にAに対する強盗罪における暴行・脅迫に当たるが，それは，反抗抑圧状態のAに対するものだからであり，反抗抑圧状態にないBにまで脅迫が及んでいるとはいえない。

では，Bの傷害については，甲も乙も責任を負わないのか。上記の東京地判平15・3・6からも分かるように，Aに対する脅迫行為が，同店舗内の他の者に及ぶ可能性はある。本問でも，甲・乙からBは見えなかったとしても，

閉店直後で店のドアも開いていたのであるから，店舗内に他の者がいる可能性があることは一般的に認められよう。そこで，はじめに乙が行ったビール瓶での殴打行為や，その後の甲や乙の物色行為は，たとえ強盗罪の実行行為として行われたものではなかったとしても，店舗奥のBに対する脅迫行為に当たるといえよう。実際にBは，甲らが奥まで侵入してくるのではないかと恐れて逃げ出しており，甲・乙の脅迫行為からBの傷害結果が発生したと評価することができる。

　ちなみに，**傷害の手段は暴行に限らず，無形的方法又は不作為によるものも含む**。脅迫行為から傷害が生ずる例として，被害者を精神的な傷害に陥らせることを意図して，嫌がらせ電話をかける行為などがある。また，強盗致傷についてであるが，倒れろと命令して被害者を自ら転倒させることにより傷害を負わせた例がある（大阪高判昭60・2・6判タ555・342）。

　なお，本講の解答案はかすがい現象を否定する立場で記載したが，肯定・否定いずれの見解もあり得る（⇨第16講［解答案］参照）。

【参考判例】

東京高判昭48・3・26（高刑集26・1・85）　暴行を加えた後，抵抗できない状態の被害者の内ポケットに手を入れて，現金と時計を奪った行為について，強盗の意思が生じた後に，改めて反抗抑圧程度の暴行・脅迫がなされる必要があるとしつつ，その場合の暴行・脅迫は，通常の強盗罪のそれよりも弱いもので足り，ささいな言動も反抗抑圧程度の脅迫となり得るとして，強盗罪の成立を認めた。

札幌高判平7・6・29（判時1551・142）　X，Yは被害者を強姦することを共謀し，むりやり車に連れ込み全治6週間の傷害を加え，身動きしなくなった被害者を失神したものと誤信して強姦し，その後被害者の所持品を奪った上，車から被害者を降ろす際に，脅迫して所持品の取り戻しを断念させたという事案につき，所持品を奪う行為については，失神していると誤信している以上，暴行・脅迫による強盗の犯意は考え難いとして窃盗罪としたが，返還を断念させた行為については事後強盗が成立する余地があるとして，原審を破棄，差し戻した。
〈前田・重要判例No.166〉

東京高判平12・5・15（判時1741・157）　⇨第16講［参考判例］参照。

東京地判平 15・3・6（判タ 1152・296）　［解説］330 頁参照。〈前田・重要判例 No. 169〉

東京高判平 15・3・20（判時 1855・171）　A と B 女が一緒にいたところ，被告人 2 名が A に暴行を加えて昏睡させた後，財物奪取の意思を生じ，B 女に対して強姦するなどと脅迫して反抗を抑圧し，昏睡状態にある A の財布を奪った行為につき，強盗罪に当たるとした。なお，強盗罪の暴行・脅迫の相手方は，財物を占有する者に限らない（⇨第 11 講 198 頁参照）。

詐欺罪

▶設 問

　甲，乙，丙及び丁の刑事責任について，具体的事実を示しつつ論じなさい（特別法違反及び，不正な養子縁組及び不正な運転免許証の取得に関する点を除く。）。

1　甲は，本名が山下一郎，生年月日が昭和55年10月1日であったが，暴力団員であることから，銀行預金口座の開設や，アパートを借りることができずに困っていた。そこで，養子縁組をして改名することとし，知人を通じて知り合ったAに対し，「俺の名前では銀行の口座を作れないから，名前を変えたい。養子にしてくれないか。金ははずむ。」と持ちかけた。

　Aは，本名を川田正夫といったが，かねてから金に困っていたことから，これを受け入れることとし，実際に養子として受け入れるつもりはないにもかかわらず，甲のために必要書類，印鑑等を用意し，甲と共に養子縁組の手続をとり，甲の戸籍上の氏名は川田一郎となった。甲はAに，報酬として50万円支払った。

　Aは，甲が暴力団員であることは知らず，また，改名する理由についてはよく分からなかったが，口座の開設程度なら構わないと思い，それ以上は甲に確認することもしなかった。

　その後，甲は，川田一郎の身分証明として利用するために，運転免許証の氏名変更届と免許証の再交付申請書を提出し，川田一郎の氏名が記載された運転免許証の交付を受けた。

2　甲は，この免許証を身分証明書として利用し，川田一郎名義の銀行預金口座を開設しようと考え，S銀行T支店に出向いた。S銀行の普通

預金口座開設申込書の裏面には，「私は，反社会的勢力ではないことを表明・確約した上で申し込みます。」という注意事項が記載してあり，甲もこの記載に気づいたが，特に何も申し出ないまま川田一郎の氏名と甲の住所を記入し，また連絡先電話番号として自己の携帯の電話番号を記載して，「川田」と刻印された印鑑を押捺した上で，T支店の窓口係員Bに提出し，身分を証明する書類として運転免許証を提示した。

甲は，Bから普通預金口座の預金通帳1通と，ATMで利用するキャッシュカードを受領した。

3 また，甲は，暴力団の活動拠点として利用する場所を探していたが，暴力団員であることから賃貸借契約を締結することが困難であると考え，川田一郎の名義でマンションを借りることとし，U不動産を訪れた。

U不動産では，いわゆる暴力団排除条項により，暴力団員に活動拠点を提供しないようにするため，暴力団員とは賃貸借契約を締結しないこととし，賃貸借契約書にも，「反社会的勢力ではないことを表明・確約します。」との文言を記載していた。U不動産従業員Cは，この文言を含めて，契約書の内容を甲に説明した。

甲は，Cの説明を受け，上記記載内容も見たものの，Cとの間で，自らが暴力団員であることは告げず，また，暴力団の活動拠点として利用することも告げずに，自分と友人とが，個人経営の事業を行う事務所として使うとの虚偽の事実を申し向け，川田一郎の名義でマンションの賃貸借契約を締結した。

その1週間後に，甲は，同マンションに転居し，入口ドアには「W興業事務所」と記載した看板を掲げた。その直後に，甲が特に信頼している弟分の組員乙と，同じく組員のDとが同マンションで甲と同居を始めたが，乙やDは，マンションを賃借した経緯は知らされていなかった。また，同マンションの応接間には，甲が所属するW組の組長の写真や，同組の代紋が飾られ，乙，D以外の組員も，頻繁に出入りする状態であり，事実上，W組の活動拠点の1つとして利用された。

4 翌月，乙が使い走りとして使っていた丙が，乙のところにやってきて，「急に金が必要になったので，10万円ほど貸してほしい。」と言った。乙は，丙に見栄をはって羽振りのよいところを見せようと思ったが，手持ちの現金がなかった。そこで，日頃から，甲の名義のクレジットカードを預かっていて，甲から組の仕事の関係で必要であれば使ってよい

と言われていたことから，これを利用しようと思い，「クレジットカードを貸してやるから，それを使え。」と言って，山下一郎の名義のクレジットカードを渡した。

丙は，カードの氏名が乙と異なっているのに気づき，「乙さんの名前と違いますね。」と乙に尋ねたが，乙は，「甲のカードだが，事実上俺が自由に使っているから大丈夫だ。」と答え，丙も誰のカードであっても，乙か甲かが支払ってくれるだろうから構わないと思い，カードを借りた。丙は，カードを使っても，その金を返せる当てはなかったが，乙から督促されたら何とかごまかそうと思い，そのようなつもりが全くないのに，「カードは2～3日で返しますし，使った金も1か月以内に必ず返します。」と言って，クレジットカードを借りた。

乙も，丙が大きな借金をつくって甲に露見したら困るとは思ったものの，丙がカードも金も必ず返すと言ったことから，これを信用して貸すこととした。

5　丙は，友人と連れだって旅行に行き，Xホテルに2泊して飲食した。チェックアウト時に宿泊代金を支払うに当たり，丙は，ホテル従業員丁に対し，乙から借りたカードを提示し，丁の求めに応じて売上伝票に「ヤマシタ」とサインした。丁は，クレジットカード裏面の「署名欄」のサインが「山下一郎」となっているのを見て，サインが違うことから，丙に対し，「カード名義のご本人様でしょうか。」と尋ねた。丙は，「実は友人から借りたカードだが，友人からは，支払いは自分がするので自由に使ってよいと言われている。」と答えた。丁は，誰であっても支払ってくれるなら構わないと思い，そのままカードでの支払い手続を進め，丙はそのままチェックアウトして帰宅した。

論点の整理

本問前段では，甲が，暴力団員であることを秘して，銀行口座を開設したり，マンションの賃貸借契約を締結する行為について，詐欺罪が成立するかを検討する。甲が，養子縁組により戸籍上の氏名を変更しているため，名義を偽っていないのではないかも問題となる。後段では，丙が他人名義のクレジットカードを利用する行為が詐欺罪に当たらないかが問題となるが，カー

ド名義人が利用を許可していると思っていること，さらに従業員丁が，他人名義であることを認識しつつカード利用を認めていることから，欺く行為や錯誤が欠けるのではないかを検討する必要がある。

詐欺罪の検討に当たっては，欺く行為，錯誤，交付・処分行為，財物・利益の移転の各要件を論ずる必要があるが，これとは別に，損害の発生の有無を論ずる必要はない。一般に，詐欺罪の損害は「個別財産の喪失」であり，不正に預金通帳や搭乗券の交付を受ける場合は，通帳や搭乗券という「個別財産」が失われることが損害だと説明される。しかし，刑法246条1項は，「人を欺いて財物を交付させ」る罪であり，財物移転は要求されているが，それ以上の「損害」は要求されていない。「個別財産の喪失」とは，移転の有無を意味する。

詐欺罪も，窃盗罪等と同様に，占有を侵害する罪であり，窃盗罪が他人の財物を奪取すれば成立するように，詐欺罪も他人の財物（利益）の交付（処分）を受ければ成立するのである。よって，答案上も，敢えて「銀行にとって預金通帳やカードが失われたことが損害である」といった記述は不要である。

なお，出題から除かれているが，虚偽の養子縁組届けを提出する行為は，Aの戸籍簿に養子として入籍した旨の虚偽の電磁的記録を記載させるものであるから，電磁的公正証書原本不実記録罪（157条1項），同供用罪（158条1項）が成立し，Aとの共同正犯となる。戸籍簿等は，不実記録をさせた時点で，閲覧可能な状態に置いたことになるから，同時に供用罪も成立することに注意を要する（備え付け行使と同様である）。

また，運転免許証の氏名を変更した行為については，免状等不実記載罪（157条2項）が成立する。157条2項は，当然に免状等の交付を含んでいるので，別に詐欺罪は成立しない（最判昭27・12・25刑集6・12・1387参照）。

解答の筋道

1. 改名後の氏名を利用して通帳及びカードを取得した行為（詐欺罪の成否）
    (1) 欺く行為
        ・戸籍上の氏名と氏名の偽り

　　　　・暴力団員であることを秘して申し込む行為
　　(2) 錯　誤
　　　　・Bの錯誤の内容
　　(3) 交付，財物の移転
　　　　・通帳及びキャッシュカードの占有がBから甲に移転
2．賃貸借契約の締結行為（利益詐欺罪の成否）
　　(1) 欺く行為
　　　　・氏名の偽り，暴力団員の身分や利用方法を秘すこと
　　(2) 財産上の利益
　　　　・マンションの賃借権
　　　　【参考】大阪地判平 17・3・29（判タ 1194・293）過激派が活動拠点として賃借
　　　　　　　　神戸地判平 20・5・28（裁判所HP）暴力団員が活動拠点として賃借
3．乙が丙にクレジットカードを利用させる行為
　　(1) 乙が丙にクレジットカードを渡す行為→横領か
　　(2) 丙が，金を返す当てがないのに，カードを借りる行為→詐欺罪か
4．丙が宿泊代金をカードで支払う行為
　　・欺く行為→名義の偽り，錯誤の有無
5．丁の行為
　　・Xホテルに対する背任罪の成否

[答案作成上の注意]

　詐欺罪については，「欺」く行為，錯誤，交付（処分），財物・財産上の利益の移転の各要件を，1つずつ，具体的事実を挙げながら論ずることが重要である。「欺」く行為は，あくまでも「行為」なので，「暴力団員であることを隠すこと」ではなく，「暴力団員であることを秘して，契約を申し込む行為」が「欺」く行為に当たる。
　さらに，近年の判例は，当該取引において「重要な事項」について偽ることが「欺く行為」に当たると考える。契約時の書面に「反社会的勢力ではないこと」といった条項が含まれていれば，それが当該取引にとって「重要な事項」となるので，そのことは答案上も示す必要がある。

クレジットカードの不正使用については，他人名義の使用自体（つまり名義の偽り）が欺く行為に当たるが，支払意思・支払能力についても偽りがあれば，それも含めて欺く行為とすべきである。

解答案

一　甲の罪責

1．通帳及びカードの不正取得について，有印私文書偽造罪（159条1項），同行使罪（161条1項）が成立するか。

(1)　甲が，川田一郎の氏名を用いて預金口座開設申込書を作成する行為は，有印私文書偽造罪に当たるか。

普通預金口座開設申込書は，銀行との間で預金取引契約を締結するための申込みを行うためのものであるから，「権利，義務」「に関する文書」に当たる。

また，甲は，窓口係員Bに提出する目的で同文書を作成しているから，「行使の目的」もある。

(2)　ただ，甲は，Aと養子縁組をし，戸籍上の氏名が川田一郎となっているために，「偽造」すなわち名義人と作成者の人格の同一性の偽りに当たらないのではないかが問題となる。しかし，当事者間に養子縁組をする意思がないときは養子縁組は無効であり（民法802条1号），縁組の有効性を前提とする氏の変更（民法810条）の効果も生じない。

Aと甲の間の養子縁組は縁組意思を欠く無効なもので，甲の氏名は依然として山下一郎なので，作成者である甲（山下一郎）が，川田一郎の名義で口座開設申込書を作成する行為は，名義人と作成者の人格の同一性を偽る行為であって「偽造」に当たる。

(3)　また，署名していることから「有印」私文書偽造罪（159条1項）に該当する。

(4)　さらに，同申込書をBに提示する行為は，偽造有印私文書行使罪（161条1項）に当たる。

2．通帳及びカードの不正取得について，詐欺罪（246条1項）が成立するか。

(1) 甲が，同申込書をBに提示することにより，普通預金口座の預金通帳1通とキャッシュカードを交付させた行為は，詐欺罪（246条1項）に当たるか。

(2) 銀行の口座開設に当たっては，厳格な本人確認が必要とされており，甲が，山下一郎という氏名であるにもかかわらず，川田一郎という氏名であると偽って口座開設の申込みを行う行為は，「欺」く行為に当たる。

さらに，S銀行の口座開設申込書の裏面には，申込者が反社会的勢力でないことを確約する旨の記載があるにもかかわらず，甲は暴力団員であることを告げずに申込みを行っている。Bにとって申込者が暴力団員であるか否かは口座開設の可否にとって重要な事項であり，甲が暴力団員であることが分かれば，Bとしては口座開設を認める余地はなく，通帳やキャッシュカードを交付することもあり得ない。よって，川田一郎であると偽る行為及び，暴力団員であるにもかかわらず，それを秘して口座開設を申し込む行為が，「欺」く行為に当たる。

(3) Bは，甲が川田一郎であり，暴力団員ではないとの錯誤に陥って，通帳及びキャッシュカードを甲に渡しているから，錯誤に基づく「交付」が認められる。

(4) よって，甲には，通帳とキャッシュカードに対する1項詐欺罪（246条1項）が成立する。

3．甲が，マンションの賃貸借契約を締結する行為について，私文書偽造罪（159条1項）及び詐欺罪（246条2項）が成立するか。

(1) 甲とAの養子縁組は無効で，甲の氏名は未だ山下一郎であり，川田一郎名義で賃貸借契約書を作成する行為は，有印私文書偽造罪（159条1項）に当たり，この契約書をU不動産従業員Cに提示する行為は，偽造有印私文書行使罪（161条1項）に当たる。

(2) 川田一郎の名義を用いることにより，暴力団員であることを秘して賃貸借契約を結ぶ行為は，詐欺罪を構成するか。

U不動産では，暴力団員との賃貸借契約を締結しないこととしており，

賃貸借契約書でも暴力団員でないことを確約する旨の記載があった。それに対し，甲は，賃貸借契約書の記載を十分に認識していたにもかかわらず，暴力団員であることを隠し，マンションを暴力団の活動拠点として使用する意図があり，暴力団の組事務所として利用するに至っている。よって，甲が，暴力団員であることを秘し，かつ暴力団の活動拠点とする具体的な意図があるのに，そのような意図を秘して契約締結を申し出る行為は，「欺」く行為に当たる。

従業員Cは，甲が暴力団員ではなく，活動拠点として利用する意図もないとの錯誤に陥ったことにより，賃貸借契約を締結している。

(3) もっとも，賃借権が財産上の利益に当たるかが問題となる。

財産上の利益とは，財物以外のすべての財産上の利益を指し，財産的価値のある役務の提供を広く含む。賃借権を得ることも，マンションの引渡しを受けて，そのマンションを活動拠点として利用する利益を受けることになるから，賃借権も財産上の利益に含むと解すべきである。

よって，Cが錯誤に基づき賃貸借契約を締結することにより，甲は賃借権という「財産上の利益」を得ていることになるから，甲には2項詐欺（246条2項）が成立する。

4．以上から，甲には，口座開設に関して①有印私文書偽造罪（159条1項），同行使罪（161条1項）及び1項詐欺罪（246条1項），また賃貸借に関して②有印私文書偽造罪，同行使罪，及び2項詐欺罪（246条2項）が成立し，①②それぞれの偽造罪，同行使罪，詐欺罪は牽連犯（54条1項後段）となり，これら2つは併合罪（45条前段）となる。

二　乙の罪責

1．乙が丙にクレジットカードを交付した行為は，甲に対する横領罪（252条）に当たるか。

乙にとって，甲の名義のクレジットカードは，「自己の占有」する「他人の物」に当たる。

「横領」とは，他人の物の占有者が委託の任務に背いて，その物につ

き権限がないのに所有者でなければできないような処分をする意思の発現行為をいう。

　乙は，甲からカードの利用を許されてはいたが，組の仕事に関して使用するよう指示されていた。しかし，乙が丙にカードを渡した理由は，見栄を張るためであって，丙に組の仕事をさせるつもりはなく，乙が丙にカードを利用させるために交付する行為は，委託の任務に背いて，所有者でなければできないような処分であり，「横領」に当たる。

　よって，乙には甲に対する横領罪（252条）が成立する。

　2．後述のように，丙のクレジットカード不正使用は，有印私文書偽造罪（159条1項），同行使罪（161条1項）及び，詐欺未遂罪（246条2項，250条）に当たるが，これらの罪について，乙に共同正犯が成立するか。

　(1) 丙は乙に，他人名義のカードであることを聞いて確認しているから，他人名義のカードを利用することについて，乙・丙両名の間に意思の連絡が認められる。乙は，丙の不正使用によって，自らが利益を得ることはないが，丙に対し，乙の側からカードを利用するよう提案し，しかもカードの不正使用にとって不可欠なクレジットカードを提供し，犯罪遂行に重要な役割を果たしている。さらに，経済的な利益はないものの，丙に対して羽振りのよいところを見せるために敢えてカードを渡し，積極的にカード利用を勧めており，単なる教唆ないし幇助の故意ではなく，正犯意思が認められる。

　(2) よって，乙は，丙の有印私文書偽造罪，同行使罪及び詐欺未遂罪について，共同正犯（60条）の罪責を負う。

　3．以上から，乙には，カードに関して甲に対する横領罪（252条），丙のカードの不正利用に関する有印私文書偽造罪，同行使罪，詐欺未遂罪について，共同正犯（60条，159条1項，161条1項，250条，246条2項）となる。

三　丙の罪責

　1．乙からカードを受領する行為について詐欺罪（246条1項）が成立

するか。

(1) 丙は、乙から借りたカードを利用しても、その代金を返還する意思も能力もない状態であった。乙としては、又貸しが甲に露見したら困ると思っており、カードを丙に貸すに当たり、もし丙が金を返さないことが分かれば、カードを渡すことはなかったと考えられるから、丙の返還意思の有無が、乙がカードを貸すに当たっての重要事項に当たる。

(2) よって、丙が乙に対し、虚偽の事実を申し向けてカードを貸すよう申し向ける行為が「欺」く行為に当たり、それにより乙は錯誤に基づいてカードを「交付」しているから、丙には詐欺罪（246条1項）が成立する。

2. 丙が、宿泊代金の支払いを免れるために、カードを不正に利用する行為は、有印私文書偽造罪（159条1項）、同行使罪（161条1項）及び詐欺罪（246条2項）に当たるか。

(1) 丙が、売上伝票に「ヤマシタ」とサインした行為は、他人の署名を使用して、売上伝票という「事実証明に関する文書」を作成したもので、名義人である山下一郎と作成者である丙との人格の同一性に偽りがあるから、偽造行為に当たる。よって、有印私文書偽造罪（159条1項）が成立する。また、それを丁に渡す行為は、偽造有印私文書行使罪（161条1項）に当たる。

(2) 丙が、他人である山下一郎の名義のカードをホテル従業員丁に提示する行為は、自らを山下一郎であるかのように装ってカード決済を申し込む行為であり、詐欺罪（246条）の「欺」く行為に当たる。

もっとも、丁は、丙が山下一郎ではないと伝えられた後も、そのままカードでの支払いを許容していることから、錯誤には陥っていない。したがって、丙は、カードの不正使用により、宿泊代金を免れるという「財産上不法の利益を得」ているが、欺く行為と処分との間の因果関係が欠けるため、未遂罪にとどまる。

よって、カードを提示して支払いを申し出た行為について、丙には2項詐欺の未遂罪（250条, 246条2項）が成立する。

（3）ただ，丙にはカードを不正使用することにより無銭飲食・宿泊をする意図があったのだから，宿泊や，飲食自体について，2項詐欺罪や1項詐欺罪が成立しないか。

　支払意思・能力がないのにチェックインする行為や，食事を注文する行為は，挙動による「欺」く行為に当たる。しかし，丙は，自分では支払意思や能力はないものの，甲か乙かがカード決済で支払うものと思っており，支払意思や能力を偽ることの認識がなく，詐欺罪の故意が欠ける。

　よって，宿泊や飲食について，詐欺罪（246条1項，2項）は成立しない。

　3．以上から，丙には，乙に対するカードの騙取について①1項詐欺罪（246条1項），ホテルでのカードの不正使用について，②有印私文書偽造罪（159条1項），同行使罪（161条1項），2項詐欺未遂罪（250条，246条2項）（②はすべて牽連犯（54条1項後段））が成立し，①と②とは併合罪（45条前段）となる。

四　丁の罪責

　1．丁が，他人名義のカードであることを認識しつつカードでの支払いを認めた行為について，背任罪（247条）が成立するか。

　（1）丁はホテルのフロント係として勤務し，カード決済を認めるか否かを含め，一定程度の裁量を持った勤務を行っていると考えられるから，「事務を処理する者」に当たる。

　（2）また，フロント係は不正なカード利用を排除してホテルに損害が生ずる危険を回避すべき任務を負っているところ，他人名義の不正なカード利用であるにもかかわらず，支払いが得られるならば構わないと思ってカード決済を認めることは，フロント係としての「任務に背」く行為に当たる。

　（3）さらに，不正なカード利用が発覚すれば，信販会社からの立替払いが得られない可能性が高くなることから，損害発生の蓋然性が認められ，不正なカード利用を認めた時点で，本人であるホテルに「損害を加

えた」といえる。

　2．よって、丁にはホテルに対する背任罪（247条）が成立する。

以　上

1．欺く行為の意義

(1) 本人確認の厳格化と「欺く行為」

　詐欺罪においては損害の発生は条文上要求されておらず、財物（利益）の移転が重要である。「個別財産の喪失」を損害とすることもあるが、事実上、財物の交付、財産上の利益の処分があれば足りる。したがって、詐欺罪の成否にとっては、欺く行為により財物・利益の移転があったかが重要である。

　欺く行為の意義に関しては、特に、「**重要な事項について欺く行為があったか**」が重要である。被害者が「本当のことを知ったら交付・処分しない」場合には欺く行為があるとされるが、重要なのは、「本当のこと」の中身であり、すべての虚偽が欺く行為に当たるわけではない。「当該取引において重要な事項」についての虚偽に限られる。

　また、「重要な事項」は時代によって変化する。かつては他人名義の口座開設も事実上可能であったが、本人確認法や犯罪収益移転防止法において厳格な本人確認が求められ、第三者への通帳譲渡の禁止が規定されるに至り（犯罪収益移転防止法27条2項参照）、銀行がその禁止に違反する者に口座開設を許すことはおよそ認められなくなった。また、全都道府県において暴力団排除条例が施行され、銀行取引や不動産取引においても、暴力団員であることが判明した場合には、契約を解除し得る旨の規定が設けられた。

　これらの法律や条例が施行される社会状況においては、銀行にとって、口座開設者が本人であることや、第三者に譲渡しないこと、さらに暴力団員でないことは「重要な事項」である。また、不動産業者にとっても、**契約の相手方が暴力団員であるか否かは「重要な事項」**であり、それを偽る行為は欺

く行為に当たる。

　第三者を搭乗させることを秘して搭乗券を取得する行為（最決平 22・7・29 ⇨ ［参考判例］参照）について 1 項詐欺罪の成立を認めた判例の場合は，テロ対策等の観点から厳格な出入国管理が求められるようになり，航空会社としては密出国しようとする者の搭乗を厳しくチェックする必要が生じたことを前提として，「本当のことを知ったら搭乗券を交付しない」のである。

　クレジットカードについても，近年，本人確認がより厳格になったことが，カード名義人の承諾があったとしても，他人名義のカード利用は詐欺罪に該当するとした最決平 16・2・9（⇨ ［参考判例］参照）の結論にも反映されている。

(2) 養子縁組と甲の氏名

　甲は，戸籍上の氏名が「川田一郎」に改名されており，川田一郎本人が銀行口座を開設しているに過ぎないから，名義の偽りはないようにもみえる。しかし，**当事者間に養子縁組をする意思がないときは養子縁組は無効**である（民法 802 条 1 号）。ここでの縁組意思とは，実質的な縁組意思，すなわち真に親子関係と認められるような身分関係の設定を欲する効果意思を意味し，この意思を欠く場合には縁組は無効であり，縁組の有効性を前提とする氏の変更（民法 810 条）の効果も生じないとされる（東京地判平 15・1・31 判時 1838・158，仙台高判平 16・5・10 高検速報平 16・229）。

　甲は，A の了解を得て養子縁組をしたものではあるが，A は単に金目当てで甲の申し出に応じたに過ぎず，実際に甲を養子として受け入れるつもりはないから，縁組意思を欠く無効なものである。よって，甲の姓を川田とする**氏の変更も効果を生じない**ことになるから，甲が，戸籍上の氏名として，公正証書の原本たる電磁的記録に川田一郎と記録させたことは，電磁的公正証書原本不実記録罪に当たり，甲の氏名は依然として山下一郎である。

　よって，甲が川田一郎の氏名を用いて預金口座開設申込書を作成した行為は，有印私文書偽造罪に該当し，これを窓口係員 B に提示した行為は偽造有印私文書行使罪であると同時に，通帳及びカードに対する詐欺罪の欺く行為に当たる。

　さらに，S 銀行の口座開設申込書には，反社会的勢力ではないことを表明・確約して申し込むことが明記されていることから，甲が，暴力団員であることを秘して口座開設を申し込む行為も，欺く行為に当たる。よって，川

田一郎に成り済ます行為と，暴力団員であることを隠す行為の両方が，甲のBに対する欺く行為に当たる。

2. マンションの賃貸借契約を締結する行為

(1) マンションの賃貸借と欺く行為

不動産の賃貸借契約においても，当該取引にとって重要な事項について偽れば，欺く行為に当たる。犯罪収益移転防止法で，宅地建物取引業者は，不動産の売買契約及び売買契約の代理もしくは媒介に係る取引について本人確認等の義務を負うこととなっている（同法4条等）ものの，賃貸借の契約締結や賃貸借の媒介については，同法の適用はない。よって，甲が川田一郎に成り済まして契約を締結する行為は，有印私文書偽造罪に当たることはあっても，詐欺罪の欺く行為とまでいえるかは疑問の余地がある。

それに対し，暴力団員であることを秘した行為は，欺く行為に当たるか。全国で制定されている暴力団排除条例では，不動産を譲渡，賃貸する場合に，暴力団の事務所として利用しないことを確認することが求められている（例えば，東京都暴力団排除条例19条参照）。また，不動産流通4団体（全国宅地建物取引業協会連合会等）は，反社会的勢力排除のための標準モデル条項例を定め（平成23年），その賃貸住宅契約書モデル条項例には，貸主も借主も，相互に自らが反社会的勢力（暴力団，暴力団関係企業，総会屋若しくはこれらに準ずる者又はその構成員）でないことを確約する条項がある。

本問のU不動産では，賃貸借契約書に，反社会的勢力ではないことを表明・確約しますとの条項が含まれており，U不動産にとって，暴力団員であるか否かは重要な事項である。よって，暴力団員であることを秘して契約を締結しようとする行為は，欺く行為に当たる。

さらに，**暴力団員であることを秘しただけではなく，暴力団の活動拠点として利用する意図があるのに，それを隠すことも欺く行為に含むと解すべき**である。例えば，暴力団員ではない者が，暴力団に依頼され，組事務所として利用するために不動産を購入ないし賃借する契約を締結することはあり得，上記都条例でも，不動産の譲渡・賃貸に当たっては暴力団事務所として利用されないことを確認することとなっており，暴力団事務所として利用するか否かは，当該不動産の売主・貸主にとって重要な事項である。よって，暴力

団員ではないように装うことだけでなく，暴力団の活動拠点として利用することを秘して賃貸借契約を申し出ることも，欺く行為に含まれる。

本問では，後に乙らが同居しただけでなく，他の組員も出入りし，組長の写真が飾られるなど，組事務所としての利用実態が認められるが，これらの事実も契約締結時の欺く行為を認定するための重要な根拠となる[1]。

(2) 賃貸借と財産上の利益

賃貸借契約の締結は，財産上の利益に当たるか。**財産上の利益とは，財物以外のすべての財産上の利益を指し，積極的財産の増加だけでなく，消極的財産の減少（債務の減額等）も含む**。債務の免除，履行期の延期，債務負担の約束などのほか，財産的価値のある役務の提供を広く含む。労務・サービスを提供させる行為としては，電車やタクシーの輸送のサービスを提供させる等の行為のほか，プラスチックカードを入手した上，消費者金融会社に契約を申し込み，同カードを利用限度額内で繰り返し利用できるローンカードとして利用可能にさせる行為（東京高判平 18・11・21 東高刑時報 57・1＝12・69，2項詐欺）や，暴行・脅迫を用いて銀行の**キャッシュカードの暗証番号を聞き出す行為**（2項強盗。神戸地判平 19・8・28 公刊物未登載・研修 724・111 参照，東京高判平 21・11・16 判タ 1337・280）も含む。

本問では，賃借権が問題となるが，類似の事案として，過激派が活動拠点にすることを秘して不動産を賃貸させる行為（大阪地判平 17・3・29 判タ 1194・293）や，暴力団組員であり，かつ，活動拠点として使用する意図があるのに，これを秘して建物を賃貸させる行為（神戸地判平 20・5・28 最高裁 HP）があり，いずれも 2 項詐欺の成立が認められている。「**居宅の引渡しを受けて賃借権を不正に取得する**」（同・神戸地判平 20・5・28）ことが，財産上不正の利益を得たものといえるのである。

---

1) 暴力団排除条例のような特別の規定がない場合，例えば「過激派である」ことを秘しただけで欺く行為に当たるとすることはできない。大阪地判平 17・3・29（判タ 1194・293，後掲 2.(2)）においても，「過激派であること」を隠しただけでなく，活動拠点として利用することを秘し，現に活動拠点として利用した実態があったことが，欺く行為の認定にとって重要である。

3. 乙が丙にクレジットカードを利用させる行為

(1) 乙の甲に対する犯罪

　乙は，甲からクレジットカードの利用を許されていたが，カードの利用は本人に限定されているから，本人以外が利用する行為は不正なものである。特に，前述の犯罪収益移転防止法施行以降は，信販会社もカード発行時に厳格な本人確認等の義務を課されることとなり，カード利用時の本人確認も，より厳格に行われるようになっている。後述のように，丙がカードを用いて宿泊代金を支払う行為は詐欺罪に該当し，乙はその共同正犯に当たる（後述 4.(3)）。

　それとは別に，乙が甲に無断で丙にクレジットカードを使わせる行為は，何らかの犯罪に該当しないか。

　乙は，甲からカードの利用を許されていたが，乙が，甲から特に厚い信頼を得ていたことや，甲からは組のことで必要であればカードを用いてよいと言われていた事情を勘案すると，甲は，乙以外の者にカードを使わせることまで許容していたとはいえない。よって，乙が，自己の占有する甲名義のカードを，無断で丙に貸す行為は，**委託の趣旨からいって許されないほしいままの処分**であり，横領行為に当たる。

　もっとも，甲が乙にカードを預けること自体が法的に許されず，不法原因給付に当たり得るともいえる。しかし，例えば家族にカードを預ける行為まで不法原因給付とはいえず，仮に不法原因給付に当たるとしても，横領罪の成否には影響しない（答案上は敢えて言及する必要はない）。

　他方，丙は，乙に対し「金は必ず返す」と虚偽の事実を告げてカードを借りている。乙としては，甲から預かったカードであるから，もし返済されないことが分かればカードを貸すことはなかったといえるから，丙が乙に，金を返すように装ってカードを借り受ける旨申し出る行為が欺く行為に当たり，乙が丙にカードを交付した時点で1項詐欺罪が成立する。

4. 丙の罪責

(1) 他人名義のカードの利用

　クレジットカードの不正使用に関しては，他人名義の場合（窃取したカー

ドや偽造カードを用いる場合）と自己名義の場合とで欺く行為に相違がある。自己名義の場合には，「支払意思及び能力がないのに，これがあるように装うこと」が欺く行為となるが，他人名義の場合は，当然に支払意思・能力についても欺いているから，「**カード名義人であるように装い，かつ支払意思・能力がないのにあるように装うこと**」が欺く行為となる（東京高判平3・12・26判タ787・272参照）。

丙は，他人名義のカードを用いているから，**名義と支払意思・能力の両方について欺く意思がある**ということになるが，乙の承諾を得てカードを使っていることをどのように評価すべきかが問題となる。名義の偽りについては，カード利用時の本人確認が徹底されるようになった以上，たとえカード名義人の承諾があっても，カード名義人本人であるかのように装ってカードでの支払いを申し出る行為は欺く行為に当たる。

さらに，支払意思・能力についても，仮にカード名義人が決済してくれると信じていたとしても詐欺罪の成否に影響しないと考えられる。最決平16・2・9（⇨［参考判例］参照）は，「**名義人本人に成り済まし，同カードの正当な利用権限がないのにこれがあるように装う**」行為が欺く行為であり，カードの名義人からカードの使用を許されており，かつ，カード利用による代金をカード名義人が決済してくれるものと誤信していたとしても，詐欺罪の成否に影響はないとしている。名義人本人に成り済ますことのみで欺く行為に当たるとした点は重要で，代金決済の有無といった，財産上の損害にかかわる虚偽については欺く行為に影響しないとしたことになる（もっとも，本決定の原判決は，家族間での利用など，特段の事情がある場合には詐欺罪の成立が否定され得るとしており，最高裁決定もこの点を否定していない）。

丙については，まずカード利用に際して売上伝票に「ヤマシタ」と署名し，丁に提示する行為が，有印私文書偽造罪及び同行使罪に当たる。偽造罪についても，たとえ**名義人の承諾**[2]があっても，クレジットカードのように本人以外の利用が認められない場合は，他人の名義を署名することが名義の偽り

---

2) 偽造罪は個人法益に対する罪ではないから「被害者の承諾」はあり得ないが，名義人が承諾した場合，例えば，社長名義の文書を，その承諾を得て社員が作成する行為などは，名義の偽りがないとされる（⇨第22講参照）。

に当たる。

　詐欺罪については，丙が従業員丁に友人のカードであると告げる以前の時点，すなわちカードを提示し，「ヤマシタ」とサインした時点では，カード名義人である山下一郎に成り済まし，正当な利用権限がないのにこれがあるように装っているから，欺く行為は認められる。丙に，乙が決済してくれるものとの誤信があっても，そのことは詐欺罪の成否に影響しない。

　ただし，従業員丁は，他人名義のカードであることを丙から伝えられたにもかかわらず，カードでの支払いを許容しており，丁に錯誤はない。よって，欺く行為とカード決済ができたこと（宿泊代金免脱という利益の移転があったこと）との**因果関係が欠ける**から，**詐欺未遂罪**にとどまる。

(2) 1項詐欺と2項詐欺

　ただ，一般に，当初より支払う意思のない**無銭飲食・宿泊**については，食事を注文する行為，あるいは通常の客のように装ってチェックインする行為自体が欺く行為に当たり，飲食した時点で食事という財物に対する1項詐欺罪，宿泊のサービスを得た時点で宿泊サービスという利益に対する2項詐欺罪が成立する（**包括して246条一罪が成立する**）。

　しかし，丙は，カード名義人ないし乙が支払うものと思っているから，「支払意思がないのに，これがあるように装ってチェックインした」とか，「支払意思がないのに，これがあるように装って食事を注文した」とするのは難しい。クレジットカードの不正利用における「欺く行為」が，名義の偽りにかかわるものであるのに対し，通常の客のように装って注文する行為には本人確認が求められない以上，「名義の偽り」の要素が問題となり得ないからである。よって，宿泊・飲食すること自体に対する2項詐欺罪，1項詐欺罪は成立しない。

(3) 乙の罪責

　では，丙の文書偽造罪及び詐欺未遂罪について，乙に共同正犯や，教唆犯ないし幇助犯が成立するか。カードの不正利用は乙の側から丙に対して持ちかけていることを重視すれば，教唆犯が成立するようにもみえる。あるいは，丙のカード利用について乙は全く利得を得ることはないから，丙の犯罪を促進したにとどまると理解すれば，幇助犯に当たるようにもみえる。

　しかし，乙は単に唆した，あるいは助けたにとどまらないと解すべきであ

る。乙は，丙の文書偽造ないし詐欺の実行に不可欠のカードを交付しており，しかも，丙は乙からカードの名義が異なることを聞いているから，両名の間には他人名義のカードを利用することの共謀がある。また，乙にとって経済的な利益はないものの，丙に対して羽振りのよいところを見せるためであったことを考慮すると，積極的に丙にカードを使わせたと評価でき，正犯性も認められる。よって，乙も，丙の有印私文書偽造罪，同行使罪及び詐欺未遂罪について，共同正犯の罪責を負う。

5．丁の罪責

丁が，他人名義のカードであることを認識しつつカードでの支払いを認めた行為について，背任罪が成立するか。

背任罪は，他人のため事務を処理する者が，任務に背き，本人に損害を与える行為をいう。

事務処理者には，単なる機械的労務を行う者は含まれないが，丁はホテルのフロント係として勤務し，カード決済可否の判断など一定程度の裁量を持った勤務を行っている。よって，事務処理者に当たる。

また，他人名義の不正なカード利用であるにもかかわらず，支払いが得られるならば構わないと思ってカード決済を認めることは，フロント係としての任務に背く行為に当たる。

さらに，不正なカード利用が発覚すれば，信販会社からの立替払いが得られない可能性が高い。よって，不正なカード利用を認めた時点で，本人であるホテルに損害の発生があると評価できる。

以上から，丁にはホテルに対する背任罪が成立する。

丙のカードの不正利用を見逃した行為が，丙の詐欺罪の幇助に当たるようにみえるが，丁には丙の詐欺罪を幇助する故意が欠けるので，幇助犯には当たらない。

【参考判例】

最決昭30・7・7（刑集9・9・1856）　支払意思も能力もない者が，料亭で3日間宿

泊・飲食したにもかかわらず，知人を見送ると偽って外出したまま，代金を支払わずに逃走した行為について，債務免除の意思表示をさせていないから，代金免脱についての2項詐欺罪は成立しないとした上で，逃走前の飲食・宿泊についての詐欺罪（1項，2項を包括して246条一罪）が成立するとした。〈前田・重要判例 No. 182，髙山佳奈子・百選Ⅱ No. 52〉

最決平16・2・9（刑集58・2・89）　不正に入手したA名義のクレジットカードを，Aに成り済まして使用し，ガソリンスタンドでガソリンを給油した行為について，名義人本人に成り済まし，カードの正当な利用権限がないのにこれがあるように装い，その旨従業員を誤信させてガソリンの交付を受けた行為が，詐欺罪（246条1項）に当たるとした。〈前田・重要判例 No. 184，川崎友巳・百選Ⅱ No. 54〉

最決平22・7・29（刑集64・5・829）　航空機の搭乗券の交付に当たり，その者自身が搭乗するかどうかは，航空会社係員らにおいて，搭乗券の交付の判断の基礎となる重要な事項であるから，第三者を搭乗させる意図を隠して，自己に対する搭乗券の交付を受ける行為は詐欺罪（246条1項）に当たるとした。〈前田・重要判例 No. 177，大塚裕史・百選Ⅱ No. 50〉

最判平26・3・28（刑集68・3・582）　暴力団員であることを秘し，ゴルフ場を利用する行為について，当該ゴルフ場においては，施設申込者が，その申込みに当たり，当然に暴力団関係者でないことを表明したとまではいえないとして，詐欺罪（246条2項）の成立を否定した。ただし，類似の事案について同日に出された別の最高裁決定（刑集68・3・646）では，当該ゴルフ場の入会規約等から，この施設では，暴力団関係者か否かが重要な事項であり，暴力団関係者であることを申告せずに施設利用を申し込む行為は欺く行為に当たるとした。〈前田・重要判例 No. 179〉

最決平26・4・7（刑集68・4・715）　暴力団員であることを秘して金融機関に口座を開設し，預金通帳及びキャッシュカードを取得する行為が，詐欺罪（246条1項）に当たるとした。〈前田・重要判例 No. 180〉

横領罪・背任罪

▶設 問

以下の事例に基づき，甲，乙及び丙の刑事責任について，具体的事実を示しつつ論じなさい。

1　甲は，家庭裁判所から，認知症の叔母Aの後見人として選任され，Aが所有している別荘（土地及び建物の合計で，時価1億円）の管理を行っていたが，甲の個人的な借金のため，金融業者への債務返済に追われ，平成25年12月20日にまでに5,000万円を用意する必要があった。そのため，Aが所有する別荘を担保として5,000万円の借金をすることとした。

2　甲は，平成25年11月25日に，知人のBに対し，「叔母が老人ホームに入ることになり，急に金が必要になった。急いでいるので銀行に融資を申し込んでいては間に合わない。叔母は別荘を持っていて1億円の価値があるが，それを担保に5,000万円貸してくれないか。」と持ちかけた。
　　Bは，以前，資金繰りに困った際に，甲に助けてもらった恩義があったので，「分かった。金は用意するが，すぐには2,000万円しか工面できない。」と答えた。甲は，2,000万円でも借りたいと思ったので，それでも構わないと答え，年利を10％，返済期限を平成26年12月末日とする消費貸借契約及び，Aの別荘の土地及び建物についての抵当権設定契約を締結し，甲はこれらの契約がBと「A後見人甲」の間で締結された旨の契約書を作成し，Bに渡した。なお，被後見人の住居たる不動産の売買や抵当権の設定等については，家庭裁判所の許可を得る必要があるが（民法859条の3），甲が担保に入れた別荘は同条の適用はない

ものであった。
　Bは、翌11月26日に甲に2,000万円を手渡した。
3　甲は、11月27日に、残金3,000万円を工面するため、知人の乙に対し、Aの不動産を担保に3,000万円融資してもらいたいと申し入れた。乙は、甲の話し振りから、甲がAのためではなく、自分の利益のために抵当権を設定しようとしていることに気付き、甲に対し、「勝手に担保に入れるつもりだな。ばれたら困るだろう。年利20％なら貸してもよい。」と告げた。甲は、それでもやむを得ないと思いこれを了承し、乙は、12月5日までに甲名義の預金口座に、3,000万円を振り込む約束をした。ただし、乙は手元に1,000万円しか所持しておらず、12月5日にも1,000万円しか振り込むつもりはなかった。
　甲と乙は、返済期限を平成26年12月末日とする消費貸借契約及び、土地・建物についての抵当権設定契約を締結した。
　甲は、当該土地・建物の登記済証、委任状等の抵当権設定登記に必要な書類を乙に渡した。乙は、11月28日に自己を第1順位の抵当権者とする登記申請をし、その旨の登記を完了したが、乙は、甲が、既にBに抵当権を設定していることは知らなかった。
4　12月5日に、乙から1,000万円しか入金がなかったため、甲が乙のところに出かけ、督促したところ、乙は、「申し訳ないが、用意できるはずの金が、急に駄目になった。1週間後には払い込める。」と甲に答えた。甲は、「それでは遅すぎる。12月10日までには絶対に振り込んでくれ。」と告げ、乙も、「分かった。12月10日までには必ず2,000万円振り込む。」と返事をし、甲に登記を完了したことを告げ、登記済証を返した。
　しかし、12月10日になっても、乙からの振込はなく、甲が督促しようとしても乙とは連絡が取れなくなった。
5　甲は、20日までに別の方法で残りの2,000万円を用意する必要に迫られ、12月11日、友人の丙に対し、Aの別荘を無断で担保に入れていることも含め、これまでの事情をすべて話した上で、金策の相談をした。
　甲から相談を受けた丙は、「私にその別荘を売ってくれれば、その代金として不足の2,000万円を支払う。ただし、すぐに所有権移転登記をさせてくれることが条件だ。もし、1年後に金利を含めて2,200万円にして返してくれたら所有権はAに戻す。」と提案した。甲は、20日の

返済期限に間に合わせるためには，売却もやむを得ないと考え，丙の言う通りにすることにした。

そこで，甲は登記済証を含め，所有権移転登記に必要な書類を丙に渡した。
6　丙はその直後に，必要書類を持って法務局に出向き，当該土地と建物の所有権をAから丙に移転した旨の登記を完了した。

翌日，丙から甲の口座に，2,000万円が振り込まれた。

論点の整理

　本問は，横領罪，背任罪の各要件の的確な判断を問う問題である。論点としては，不動産の横領や二重抵当を取り上げたが，必ずしもそれぞれに関する典型的な事例ではないので，具体的事案に応じて判断することが重要である。

　本問では，(1) 甲が，Aのために業務上保管する不動産に，Bを抵当権者として抵当権を設定する行為が業務上横領罪に当たるか，その判断に当たり登記の有無が影響するか，(2) 甲が，更に乙との間で抵当権設定契約を締結することが，Aとの関係で業務上横領罪に当たるか，またBとの関係で背任罪に当たるか，さらに (3) 丙に売却する行為につき，Aとの関係で更に業務上横領罪が成立するかが主な論点である。

　(1)については，横領罪の成立は，抵当権設定時ではなく，登記時とされていることに注意を要する。(2)については，いわゆる二重抵当が問題となる。さらに (3)については，既に抵当権設定に関する横領罪が成立した不動産について，更に売却による横領行為が認められるのかが，問題となる。

　また，不動産の占有は，一般に登記名義人にあるが，後見人が被後見人の不動産を管理している場合には「業務上の占有」が認められること，さらに，後見人が親族であっても244条の適用がない（最決平20・2・18刑集62・2・37参照）ことにも，注意を要する。

解答の筋道

1. 甲の罪責
    (1) Bに対する抵当権設定行為
        - 有印私文書偽造罪の成否
        - Aに対する業務上横領罪の成否
            →抵当権の設定＝横領行為，未登記→既遂とならず（横領に未遂なし）
        - Bに対する詐欺罪の成否
    (2) 乙に対する抵当権設定行為
        - Aに対する業務上横領罪の成否
        - Bに対する背任罪→いわゆる二重抵当（乙との共犯関係）
        - 乙に対する詐欺罪の成否
            【参考】最判昭31・12・7（刑集10・12・1592）
    (3) 丙に売却する行為
        - Aに対する業務上横領罪の成否→横領後の横領（丙との共犯関係）
            【参考】大阪地判平20・3・14（判タ1279・337，最決平21・3・26原原審）
        - Bに対する背任罪
        - 乙に対する犯罪の成否
2. 乙の罪責
    (1) 自己に第1抵当権を設定し，登記する行為
        - Aに対する業務上横領罪
    (2) 甲に対する詐欺罪
        - 抵当権についての2項詐欺罪
        - 支払いの猶予を得る利益→2項詐欺罪か
3. 丙の罪責
    (1) Aに対する業務上横領罪
        - 甲との共同正犯の成否→65条1項，2項適用
            【参考】福岡高判昭47・11・22（刑月4・11・1803）
    (2) Bに対する背任罪（甲との共同正犯）
    (3) 公正証書原本不実記載

[答案作成上の注意]

　犯罪に該当する行為が多数存在するが，基本事項の確認として問いてみていただきたい。まず，甲について，時系列に沿って，Bとの抵当権設定契約に関する犯罪，乙との抵当権設定契約に関する犯罪，丙との売買契約に関する犯罪の順に論ずるのが適切である。不動産の横領や背任は，登記時に成立することに注意を要する。乙，丙の罪責は，甲の罪責を論じた後に，それを引用しつつ論ずればよい。

　横領後の横領については，最高裁が，「抵当権の設定による侵害よりも，所有権移転による侵害の方が程度が大きい」という考え方を採らないため，2個の横領罪成立を認める場合でも，別の理由づけが必要である。

　また，甲のBに対する詐欺罪の成否は，争いのあるところである。たしかに，Bは金員を交付しているが，それに対応して抵当権者となっているから，損害がないとする考え方もある（一般に，二重売買，二重抵当の第2の買主，抵当権者については，たとえ第1の売買契約，抵当権契約を知らされていなかったとしても，所有権や抵当権を取得しているから損害はないとされることが多い）。しかし，最近のように，詐欺罪において「損害」よりも「重要な事項について欺く行為」を重視する傾向が強まれば，これらの行為について詐欺罪の成立を認める余地もある。

解答案

一　甲の罪責
　1．Bとの抵当権設定契約について
　(1) 甲が，「A後見人甲」の名義で契約書を作成する行為は，有印私文書偽造罪（159条1項）に当たるか。
　ア．契約書は，権利義務の発生の要件になる文書であるから，「権利，義務」「に関する文書」に当たる。
　イ．「偽造」とは，文書の名義人と作成者の人格の同一性を偽ること

をいう。本文書の名義人は「A後見人甲」であり，作成者は，真実Aの後見人である甲であるが，甲の抵当権の設定は，甲自らの債務返済のための融資金を得るため，後見人の権限を逸脱して行ったもので，作成者は「A後見人の権限を逸脱して行為する甲」であり，「A後見人甲」とは別人格であり，偽造行為に当たる。

ウ．また，甲は，「A後見人甲」の署名を用いているから，「他人の署名を使用し」た有印に当たる。

エ．よって，甲には有印私文書偽造罪（159条1項）が成立する。さらに，同契約書をBに交付した行為が偽造有印私文書行使罪（161条1項）に当たる。

(2) 甲が，Bとの間で抵当権設定契約を結んだ行為が，業務上横領罪（253条）に当たらないか。

ア．被後見人Aの不動産はこれを管理する後見人甲に占有があるから，本件不動産は，甲にとって「自己の占有する他人の物」に当たる。

また，「業務」とは，社会生活上の地位に基づき，反復継続して行う事務であるが，後見人としての事務も「業務」に当たる。

よって，本件不動産は，甲にとって「業務上自己の占有する他人の物」に当たる。

イ．さらに，甲がBのために抵当権を設定する行為は，自らの債務の返済資金を入手するためになされており，後見人としての委託の任務に背いた，所有者でなければできない処分であるから，横領に当たる。

しかし，Bの抵当権は未登記であるから横領罪は既遂とならない。よって，甲がBとの間で抵当権設定契約を締結する行為は，業務上横領罪に当たらない。

(3) 甲が，Bに2,000万円を交付させる行為は，詐欺罪（246条1項）に当たるか。

ア．甲とBとの契約が，Aに対する横領行為に当たるとすれば，Bは将来的に抵当権を主張できなくなるおそれがあるから，甲が後見人の権限を逸脱しているか否かはBにとって重要な事項である。よって，

甲が自らの利益のために抵当権設定契約をすることを秘し同契約の締結を申し出る行為は，重要な事項について「欺」く行為に当たる。

イ．Bは，甲が，真実，後見人の任務として行為しているとの錯誤に陥り，その結果，「財物」である2,000万円を交付しているから，甲には詐欺罪（246条1項）が成立する。

2．乙との抵当権設定契約について

(1) Bとの契約において述べたように，本件不動産は，甲にとって「業務上自己の占有する他人の物」に当たる。

また，乙は抵当権設定登記を完了しているから，業務上横領罪（253条）は既遂となり，後述のようにこれは甲と乙との共同正犯となる。

(2) 甲が乙のために抵当権設定契約を締結する行為は，Bに対する背任罪（247条）に当たるか。

ア．甲は，Bのために抵当権を設定しており，Bの抵当権設定登記に協力する義務がある。Bは既に2,000万円を甲に渡し，抵当権の実質的な権利を有しているから，甲が登記協力義務を果たすことはBのための事務であり，甲は「他人のためにその事務を処理する者」に当たる。

イ．甲は，Bの抵当権を保全すべき義務があるのに，乙のために抵当権を設定する行為は，「その任務に背く行為」に当たる。

また，甲は乙から金員を借り入れるために抵当権を設定しているので，図利目的がある。さらに，本来第1順位であったはずのBの抵当権が後順位になることは損害に当たるから，「財産上の損害を加えた」といえる。

ウ．よって，甲には，背任罪（247条）が成立する。なお，乙には，Bが先順位の抵当権者であるとの認識がないから，甲の背任罪は単独犯である。また，Bの抵当権のことを告げずに乙に1,000万円を交付させた行為につき，甲に詐欺罪（246条1項）が成立する。

3．丙への売却行為について

(1) 甲が，本件不動産を丙に売却する行為は，業務上横領罪（253条）に当たるか。

ア．本件不動産は，甲にとって，依然として「業務上自己の占有する他人の物」に当たる。

イ．甲が，後見人の任務に反して，自己の利益のために本件不動産を売却する行為は，権限がないのに所有者でなければできないような処分であり，「横領」行為に当たる。

ウ．もっとも，乙への抵当権設定により，甲にはAに対する業務上横領罪が成立しているから，同一不動産について，再度，業務上横領罪は成立しないのではないか。しかし，乙への抵当権設定後も，本件不動産は甲にとって「業務上自己の占有する他人の物」であることに変わりはなく，これを売却する行為は，重ねて本件不動産に対するAの財産的利益を侵害するものであるから，業務上横領罪の成立を否定すべきではない。よって，丙への売却行為は業務上横領罪（253条）に当たる。

(2) 丙に売却する行為は，Bに対する背任罪（247条）に当たるか。

ア．甲は，登記はないものの，第2順位の抵当権者であるBのためにその利益を保全する任務があり，この任務は主としてBのために負うから，甲は「他人のためにその事務を処理する者」に当たる。

それにもかかわらず，丙に売却することは，未登記であるBの抵当権者としての利益を消滅させることになるから，「任務に背く行為」に当たる。

また，売却は，その代金を甲自らの借金返済に充てる目的，及び丙に所有権を移転する目的で行われているから，自己及び第三者である丙の「利益を図」る目的がある。

イ．もっとも，甲には，既に同一不動産におけるBの抵当権につき背任罪が成立していることから，重ねて背任罪が成立するかが問題となる。しかし，第1の背任行為はBの抵当権を後順位にするものであったのに対し，第2の背任行為は，Bの抵当権を抹消するものであり，Bには別個の損害が生じている。よって，甲には丙への売却について，Bに対する背任罪が成立し，後述のように丙との共同正犯（60条，247条）

となる。

なお，丙への売却によっても，乙の抵当権には影響を及ぼさず，乙に損害は発生しないから，乙に対する背任罪は成立しない。

4．以上から，甲には，①Bとの抵当権設定契約書につき有印私文書偽造罪（159条1項），②同行使罪（161条1項）が成立し，Aに対して③乙への抵当権設定につき業務上横領罪の乙との共同正犯（60条，253条），④丙への売却につき業務上横領罪の丙との共同正犯（60条，253条）が成立する。また，Bに対して⑤詐欺罪（246条1項）が成立し，同じくBに対して，⑥背任罪の乙との共同正犯（60条，247条），⑦背任罪の丙との共同正犯（60条，247条）が成立する。さらに，⑧乙に対する詐欺罪（246条1項）が成立する。①②⑤は牽連犯（54条1項後段）となり，その他の罪とは併合罪（45条前段）となる。

二　乙の罪責
1．本件不動産に抵当権を設定する行為について

乙に抵当権を設定した甲の業務上横領行為につき，乙に共同正犯が成立するか。

乙と甲とは，甲が後見人の権限を逸脱して登記設定契約を締結することの共謀があり，乙は，抵当権者として同契約に必要不可欠な役割を果たしており，20％の年利を得るという自己の利益のために実行しているから正犯意思もある。

よって，甲の業務上横領罪について，乙に共同正犯が成立する（60条，65条1項，253条）。

もっとも，乙には，本件不動産を業務上占有する身分はないので，65条2項により横領罪（252条）の刑が科される。

2．3,000万円融資すると偽った行為，及び支払いの猶予を得た行為について

(1)　乙が，1,000万円しか支払う意思も能力もないのに，3,000万円を融資すると偽った行為につき，2項詐欺罪（246条2項）が成立するか。

ア．甲は，不足する3,000万円を至急入手する必要があったのであり，融資金額が3,000万円であるか否かは，当該契約締結に当たり，甲にとって重要な事項であった。よって，3,000万円融資すると偽って契約を締結する行為は，「欺」く行為に当たる。

　イ．甲は，3,000万円融資されるとの錯誤に陥って契約を締結し，それにより乙は抵当権者となり，登記もなされているから，乙は「財産上の利益」である抵当権を取得したといえる。

　よって，乙には，2項詐欺罪（246条2項）が成立する。

　(2) 乙が，甲に，12月10日まで支払いを猶予させた行為は，2項詐欺罪（246条2項）に当たるか。

　ア．甲にとって，残金が12月10日までに振り込まれるか否かは，重要な事項であるから，それまでに振り込むと偽る行為は「欺」く行為に当たる。

　イ．甲は，残金が支払われるとの錯誤に陥って，支払いを12月10日まで猶予するという処分を行っている。

　もっとも，5日間程度の短期の猶予では，処罰に値する「財産上の利益」に当たらないようにみえる。しかし，乙は猶予を与えられたことにより，その後連絡がつかなくなって，事実上残金の支払いを免れている。よって，支払いの猶予は，実質的な支払い免除と評価でき，甲の処分行為により，乙は支払い免脱という「財産上の利益」を得たといえる。

　この，支払い免脱の利益は，上記(1)で述べた抵当権という利益の取得とは，全く別の客体に関し，別の犯意によりなされたものであるから，併合罪と解すべきである。

　以上から，乙には①Aに対する業務上横領罪の共同正犯が成立し（60条，65条1項，253条），横領罪の刑が科される（65条2項，252条）。また，甲に対して②抵当権の利益を得た2項詐欺罪（246条2項），③支払いを免れた2項詐欺罪（246条2項）が成立し，①②③は併合罪（45条前段）となる。

三　丙の罪責について
　1．甲の業務上横領罪につき，丙は同罪の共同正犯となるか。
　横領行為による売却の相手方たる買主は，それを認識していただけでは横領罪の共犯とはならない。
　しかし，丙は，本問不動産の売却により債務の返済をするよう積極的に指示し，具体的方法を示しているから，業務上横領罪の共謀があり，自ら所有権者となることを申し出て，法務局に出向き登記申請をしているから，横領行為にとって重要な役割を果たしている。また，③自ら，時価1億円の不動産の所有権を，2,000万円の安価で取得するという利益を得る目的があるから，正犯意思もある。よって，業務上横領罪につき甲との共同正犯となる（60条，65条1項，253条）。ただし，丙には，本問不動産を業務上占有する身分がないから，65条2項により横領罪（252条）の刑が科される。
　2．甲のBに対する背任罪につき，丙は共同正犯となるか。
　丙は甲の説明により，Bへの抵当権設定も認識しつつ，本問不動産の売却を共謀し，自ら買い取るという重要な役割を果たし，また1億円の不動産を2,000万円で入手するという自己の利益を意図しているから正犯意思も認められる。もっとも丙には，「他人のためにその事務を処理する者」の身分がないから，65条1項を適用し，背任罪の共同正犯となる（60条，65条1項，247条）。
　3．丙が，法務局に出向いて自己への所有権移転登記を完了する行為は，公正証書原本不実記載罪ないし記録罪（157条1項）に当たるか。
　「不実の記載をさせ」る行為とは，客観的事実に反する事柄を記載・記録させる行為をいう。甲は，後見人としての権限を逸脱して所有権を移転しているが，丙に所有権が移転したことは客観的事実に反しないから，不実記載・記録罪には当たらない。
　4．以上から，丙には，①Aに対する業務上横領罪の共同正犯（60条，65条1項，253条）が成立し，横領罪の刑が科される（65条2項，252条1項）。また，②Bに対する背任罪の共同正犯が成立する（60条，65条1項，

247条)。①②は所有権移転登記という1個の行為によりなされているから，観念的競合（54条1項前段）となる。

以　上

1．甲・B間の抵当権設定契約に関する問題

(1) 有印私文書偽造罪

甲は，真実「A後見人」の立場にあるから，契約書に「A後見人甲」と署名したとしても人格の同一性に偽りはないのではないか。しかし，後見人の任務はAの財産をAの利益のために管理することであり，当該不動産につき，甲自身の利益のために抵当権を設定する行為は，後見人としての行為とはいえず，「後見人甲」ではなく，後見人の権限を逸脱した「（後見人でない）甲」の行為である。そうだとすれば，**「A後見人甲」と「後見人の権限を逸脱して行為する甲」とは人格の同一性を欠くから**，偽造に当たる。

よって，甲が「A後見人甲」の署名を用いて契約書を作成する行為は，有印私文書偽造罪に当たる。

(2) 業務上横領罪の成否

甲が，Bとの抵当権設定契約を締結する行為が，Aに対する業務上横領罪（253条）に当たらないか。

ⅰ）不動産の「占有」

横領罪の客体は，「自己の占有」する「他人の物」である。自己の占有とは，窃盗罪等における事実上の支配よりも広く，例えば預金に対する占有のような**法律上の支配も含む**。横領罪では，濫用のおそれのある支配を有する者を占有者とみるからである（条解刑法803頁）。

不動産では，その不動産を第三者に処分し得る地位にあるのは登記名義人であるから，登記名義人が占有者に当たる。ただし，登記名義人以外でも，法定代理人や法人の財産の管理処分権限を有する者などは，不動産の占有者

に当たる。本問の成年後見人も，被後見人の不動産の占有者に当たる。

また，**業務とは，社会生活上の地位に基づき，反復継続して行う事務**であり，成年後見人としての事務も「業務」に当たる。

よって，本問不動産は，甲が業務上占有する物に当たる。

なお，甲はAの甥だが，後見人の業務としてAの財産を管理しており，同居の有無を問わず**親族相盗例（255条，244条）は適用されない**。

ⅱ)「他人の物」

「他人の物」は，他人の所有に属する財物をいう。本問不動産は，Aが所有しているから，甲にとって「他人の物」に当たる。

なお，本問には直接関係しないが，二重売買について，**第1の買主が，全くあるいは一部しか代金を支払わない場合**であっても，売買契約と同時に所有権が移転し（民法176条），「他人の物」となるかについては争いがある。横領罪における「他人の物」とは，それを領得することが所有者に一定程度以上の事実的・経済的マイナスを与えるものでなければならない（前田・各論265頁），あるいは横領罪としての保護に値する所有権の実質を備えていなければならない（西田・各論238頁）とする考え方によれば，代金未払いの段階での二重売買は横領罪に当たらないことになる。

ⅲ）登記の有無と横領罪の既遂

甲が抵当権を設定する行為は「横領」に当たるか。横領とは，不法領得の意思の発現行為であり，横領罪の不法領得の意思とは，**「他人の物の占有者が委託の任務に背いて，その物につき権限がないのに所有者でなければできないような処分をする意思」**である。抵当権の設定も，委託の任務に背いて所有者でなければできない処分をすることに当たる。

もっとも，不動産の二重売買をみれば分かるように，**第2の買主が登記（仮登記も含む）**[1]**を完了しない限り横領罪は既遂とならない**。場合によっては売主が第1の買主に所有権移転登記を完了させる可能性が残っているからである。同じことは抵当権の設定についてもいえるから，本問のように未だ

---

1) 最決平21・3・26（刑集63・3・291）は，「仮登記があった場合にはその権利が確保されているものとして扱われるのが通常である」ことを理由に，仮登記を了したことが横領行為に当たるとした（⇨［参考判例］参照）。

抵当権の登記を完了してない場合には，甲の横領罪が既遂になることはない（横領罪に未遂規定はない）。

(3) 背任罪の成否

では，甲がBに抵当権を設定する行為は，Aに対する背任罪（247条）に当たらないか。抵当権を設定する行為は，領得行為であると同時に，任務違背行為にも当たり得るからである。

背任罪は，他人のためにその事務を処理する者が，図利加害目的をもって任務違背行為を行い，その結果本人に損害を発生させることにより成立する。しかし，Bは未だ抵当権設定登記を完了していないから，Aには損害の発生が認められないといえよう。

では，背任未遂罪には当たるか。その成立余地もあろうが，他人の不動産への抵当権設定は典型的な横領行為であり，およそ「他人のためその事務を処理する」行為とはいえないとすれば，「任務違背行為」には当たらず，背任罪は未遂も含めて成立しないこととなる（横領罪と背任罪の区別，条解刑法790頁参照）。

(4) Bに対する詐欺罪の成否

甲が，自らの利益が目的であることを告げずに，Bとの間で抵当権設定契約を締結し，Bから2,000万円の交付を受けた行為は，Bに対する詐欺罪（246条1項）に当たらないか。

抵当権者となるBにとって，欺かれた内容が「重要な事項」に当たるか否かが問題となる。本問では，後見人甲が，その任務に反して抵当権を設定し，当該契約行為が横領罪に該当するという事実は，Bが抵当権設定契約を締結するに当たり「重要な事項」に他ならない。よって，後見人の任務に背く契約であることを秘して，抵当権の設定契約を締結する行為は，欺く行為に当たり，Bが錯誤に陥り2,000万円を交付した行為は，詐欺罪（246条1項）に当たる（二重売買の第2の買受人に対する詐欺罪を認めた裁判例として東京高判昭48・11・20高刑集26・5・548）。ただし，自己の不動産に関する典型的な二重抵当（第2の抵当権設定行為が横領罪に当たるといった事情がない場合）では，詐欺罪は成立しないとする見解が有力である（後掲2．(4) 参照）。

2. 乙に対する抵当権設定行為に関する問題

(1) 業務上横領罪の成否

1.(2)で検討したように、当該不動産は、甲にとって、「業務上自己の占有する他人の物」に当たる。また、他人の不動産を占有する者が、その不動産に抵当権を設定する行為は、委託の任務に背いて、その物につき権限がないのに所有者でなければできないような処分をすることであり、乙が抵当権設定登記を完了しているから「横領」に当たる。

よって、甲のAに対する業務上横領罪が成立する。

また、乙は、甲が後見人の任務に反して抵当権を設定していることを認識し、かつ自らの利益のために甲と共謀して行為しているから、有印私文書偽造罪も、業務上横領罪も甲と乙との共同正犯となる。

なお、乙は、甲との抵当権設定契約がAに対する業務上横領罪に当たることを認識しており、錯誤はないから、甲の乙に対する詐欺罪は成立しない。

(2) Bに対する背任罪の成否

甲が、乙のために抵当権設定契約を締結した行為は、Bに対する背任罪に当たるか。

背任罪は、他人のためにその事務を処理する者が、図利加害目的をもって任務違背行為を行い、その結果本人に損害を発生させることにより成立する。甲は、Bと抵当権設定契約を締結しているから、Bの抵当権設定登記に協力する任務がある。よってBのために事務を処理する者に当たる。

任務違背行為は、事実行為、法律行為を問わない。甲は、Bの登記に協力し、Bの抵当権を保全すべき任務があるといえる。第三者・乙に抵当権を設定し、これに登記を完了させる行為は、**Bの抵当権を保全すべき任務に違反し、Bとの委託の趣旨に反する行為**であるから、任務違背行為に当たる。ただし、抵当権者の抵当権を保全すべき任務は、常に「他人の事務」として認められるわけではなく、既に融資金が渡されているといった事情が重要である（条解刑法782頁）。本問でも、Bから2,000万円を受領している事実は、「他人の事務」の認定に当たって重要である。

また、乙と抵当権設定契約を締結することにより、甲は1,000万円の金員を入手し、また乙は第1抵当権者となることから、自己及び第三者（乙）図

利の目的がある。同時に、Bの抵当権が後順位となることから加害目的もある。

さらに、乙のために抵当権を設定し、これを登記する行為は、本来第1順位であるはずの**Bの抵当権が後順位となることを意味し、これは財産上の損害**に当たる。よって、乙が登記を完了した時点でBに財産上の損害の発生が認められる。ただし、乙は、甲とBとの抵当権設定契約を知らなかったため、Bに対する背任罪は甲の単独犯である。

(3) 乙に対する詐欺罪の成否

甲が、Bへの抵当権設定の事実を告げずに乙と消費貸借契約を締結し、乙に1,000万円交付させた行為は、乙に対する詐欺罪に当たるか。二重抵当の第2の抵当権者に対する詐欺罪の成否が問題となる。

かつての判例は、第2抵当権者に対する詐欺罪を認めていた（大判大1・11・28刑録18・1431）が、**最判昭31・12・7**（⇨[参考判例]参照）**は背任罪の成立を認め、詐欺罪には当たらないとした**[2]。

たしかに、乙は金員を交付（融資）しているものの、第1抵当権者の地位を得ているのだから、損害がないという見解もある（大谷・各論334頁）。しかし、いかに第1抵当権者の地位を得ていたとしても、金員を交付したこと自体は損害であり、1項詐欺罪の成立を否定する理由にはならない。甲の罪責として、**Bに対する背任罪**と、**乙に対する詐欺罪の両罪が成立**し、観念的競合になる余地もある（寺尾正二・最高裁判解昭31年390頁参照）。

では、どのような場合に詐欺罪が成立するか。第2の抵当権者にとって、先立つ抵当権設定の有無が「重要な事項」に当たる場合である。近時の詐欺罪の損害の考え方（金員の交付自体を損害とする⇨第19講参照）からすれば、第2の抵当権者に対する詐欺罪の成立を認める余地も十分にあろう（別途、第1の抵当権者に対する背任罪も成立し得る）。

---

2) 最判昭31・12・7は、根抵当権設定者が、根抵当権者Aが登記を完了していないことを知りながら、第三者Bから借入れをするために、Bのために当該不動産にさらに抵当権を設定し、Bの抵当権設定登記を完了させた行為につき、Aの抵当権が後順位の抵当権となるという財産上の損害を加えたとして、背任罪の成立を認めたものである。上告趣意は、二重抵当はBに対する詐欺罪が成立するものとした前掲・大判大1・11・28に反すると主張したが、最高裁は、本件とは事案が異なるとして退けている。

もっとも，自己が第1抵当権者となる（その登記がなされるからこそ，第1の抵当権者に対する背任罪が成立する）ことこそが重要な事項であり，先に未登記の抵当権が設定されているか否かは重要な事項ではないとすれば，甲に欺く行為はなく，乙にも錯誤はないことになる。

3．丙への売却行為について

(1) Ａに対する業務上横領罪の成否

　Ｂ及び乙と抵当権設定登記を締結しても，本問不動産の所有者，占有者に変更はなく，甲にとって「業務上自己の占有する他人の物」である。よって，後見人の任務に反して売却する行為は，委託の趣旨からいって許されないほしいままの行為であり，横領行為に当たる。ただし，既に乙への抵当権設定とその登記により，本問不動産に関して，甲のＡに対する業務上横領罪が成立しているから，丙への売却により，同一不動産に関して，再度横領罪が成立するのか，いわゆる**横領後の横領**が問題となる。

　最大判平 15・4・23（⇨［参考判例］参照）は，他人の不動産を占有する者が，ほしいままに抵当権を設定しその旨の登記を了した後に，その不動産を売却する行為について，後行の所有権移転行為のみが横領罪として起訴されている以上，それのみが審判の対象であり，**先行の抵当権設定行為の存在は，横領罪の成否に影響しない**とした。よって横領後の横領が成立する可能性を認めたことになる（ただし，実際に2個の横領罪の成立を認めたわけではない）。

　また，同判決の第1審は，後行の売却行為の方が侵害の程度が大きく，先行の抵当権設定行為に対する横領罪の違法評価に包含し尽くされていないとして，売却行為についての横領罪の成立を認めたが，最高裁はこのような見解は採っていないことに注意を要する（福崎伸一郎・最高裁判解平15年288頁参照）。第1審は，いわば横領罪の「所有権侵害」に大小があって，抵当権設定という「小さな侵害」の後に，売却という「大きな侵害」があった場合に「残りの部分」についての侵害を横領とすると考えるのであろうが，横領罪は，「自己の占有する他人の物」について，委託の趣旨からいって許されないほしいままの処分であって，それに大小があるとは考えにくい。最高裁の考え方によれば，例えば自己の占有するＡの不動産を，Ｂに売却し，Ｂが所有権移転登記を完了していないのに乗じ，Ｃに対して抵当権を設定する

ような行為，すなわち「大きな侵害」が先行している場合についても，後行の抵当権設定につき横領罪が成立する余地がある。

もっとも，最高裁は「2個の横領罪」が成立するか否かには言及していない。さらに，同一の不動産に対し，同一目的で，連続して2個の横領行為がなされた場合には，後行の横領行為は不可罰的事後行為に当たるとした下級審判例もある。不実の抵当権設定仮登記がなされた後，不実の所有権移転仮登記がなされた事案に関する最決平21・3・26（⇨［参考判例］参照）の第1審判決（大阪地判平20・3・14判タ1279・337）は，同一共犯者との共謀により実行されていること，抵当権設定仮登記と所有権移転仮登記が時期的に11日間の内になされていること，目的が同一であること（破産管財人との交渉を有利にする目的），仮装した内容も，同一架空債権を担保したものであることといった事情を理由に，所有権移転仮登記は不可罰的事後行為に当たるとした。

本問では，乙の抵当権設定登記と丙の所有権移転登記とは14日しか離れていない。しかし，最決平21・3・26の事案のように，同一の債権に関するものではなく（甲と乙，甲と丙とはそれぞれ別個に抵当権設定契約，所有権移転契約を行っている），また破産管財人との交渉を有利にするといった全く同一の目的に基づいて行っているわけでもない。よって，丙への売却行為につき別に業務上横領罪が成立し，併合罪となる。ただし，同一不動産に対する，時間的にも近接した横領行為であるから，包括一罪として処理する余地もあろう。

(2) Bに対する背任罪

丙への売却は，Bや乙の抵当権者に対する関係で，何らかの犯罪に当たるか。まず，Bは第1順位ではないものの，第2順位の抵当権者の地位にあるところ，丙に売却されることにより，丙に対しては抵当権を主張することができず，抵当権者としての地位を失うことになる。よって，Bに対して再度背任罪が成立することになる。

同じ抵当権者に対し，重ねて背任が成立するかという問題があり得るが（いわば，**背任後の背任**），先行の背任罪は，Bの第1抵当権を後順位とするものに過ぎないが，丙への売却は，Bの抵当権そのものを消滅させるものであり，また最初の背任行為は，抵当権の順位保全に協力すべき義務に反する任務違背行為であるのに対し，後行の背任行為は，抵当権そのものの保全に協力すべき義務に違反するものであるから，別個に成立し得ると解すべきで，

併合罪となる（藤木英雄・経済取引と犯罪126頁）。ただし，これも同一不動産に関して，同一人に対する，近接した時間でなされているから，包括一罪として処理する余地もある。

これに対し，乙は既に抵当権設定登記を完了しているから，抵当権者としての利益は維持されており，乙に対しての背任罪は成立しない。

4．乙の罪責について

(1) Aに対する犯罪

甲のAに対する業務上横領罪につき，乙は共同正犯となる。共同正犯の成立要件は，共謀の事実（意思の連絡），それに基づく実行行為（重要な役割の有無），正犯意思である。乙は，甲が後見人としての委託の趣旨に反して，甲自らの利益のために抵当権を設定する事実を認識しており，甲にもそのことを告げているから，甲・乙間には，後見人の任務に反して横領行為を行うことの共謀がある。また，当該契約の当事者である乙は，甲の横領行為にとって不可欠な役割を果たしている。さらに，乙は自己が第1抵当権者になるという利益のために行っているから，正犯意思も認められる。

ただ，業務上横領罪は，「業務上，他人の物を占有する者」のみが主体となる身分犯である。乙は，業務者でも，他人の物の占有者でもないから，共犯と身分に関する65条を適用して，共同正犯を認めることになる。業務上横領罪については，「他人の物を占有する者」でなければ主体となり得ないという「真正身分犯」の部分と，「業務上」の占有者をより重く処罰するという「不真正身分犯」とが合体した犯罪類型であるから，**65条1項を適用し，業務上横領罪の成立を認めた上で，科刑については65条2項を適用し，通常の刑（252条）を科すことになる**[3]。

[3) 判例実務は一貫して，業務上横領罪や特別背任罪の共同正犯については65条1項で重い犯罪の成立を認め，科刑のみ65条2項の適用を認めている。犯罪の成立と科刑とが分離して不当であるという批判や，固い犯罪共同説（共同正犯につき，重い犯罪の成立を認め，重い犯罪の故意のない者には軽い犯罪の刑を科す）の考え方と同様で不当であるとする批判もあるが，65条の適用に関する固有の問題と捉える方が分かりやすい。65条の適用につき，犯罪共同・行為共同の議論と結びつけて論ずる必要はない。

(2) 甲に対する詐欺罪の成否

i) 乙は、1,000万円しか融資する意思も能力もないのに、3,000万円を融資すると欺いて、甲に抵当権を設定させている。この行為は、2項詐欺罪に当たらないか。

甲にとって、至急3,000万円を入手する必要があったのであるから、乙からの融資が1,000万円か3,000万円かは、乙との抵当権設定契約に当たり重要な事項である。よって、1,000万円しか融資する意思・能力がないのに、3,000万円融資すると申し向ける行為は、欺く行為に当たる。

また、乙は、3,000万円の融資を受けられると誤信して、抵当権設定契約を締結し、抵当権を設定するという利益について処分を行っている。その結果、乙が抵当権者としての利益を得ているから、利益の移転も認められる。

もっとも、甲は後見人としての立場ではなく、個人的な利益のために本契約を締結しているから、Aの不動産について、抵当権設定という処分をする権限がないのではないか。しかし、甲は後見人として、Aの財産を処分する事実上の権限を有しているから、たとえ権限を逸脱した処分を行った場合でも、詐欺罪における処分権限がないとまではいえない。

よって、乙が甲に抵当権を設定させる行為は、2項詐欺罪に当たる。

ii) さらに、乙が、12月10日までに残金を振り込むと約束しつつ、振り込まなかった行為について、2項詐欺罪が成立するか。2項詐欺罪における「財産上の利益」には、債務の免除、履行期の延期、債務負担の約束などのほか、財産的価値のある役務の提供等、広く含まれる（⇨第19講参照）。一時的な利益も含むから、**債務の履行期を延期させることも含む**。

もっとも、甲は5日間の猶予を与えたに過ぎないから、処罰に値する程度の利益とはいえないとする余地もある。しかし、一時的な猶予を得たことにより、その後乙は連絡を絶って全く支払いに応じない状態となったのであるから、「5日間猶予してほしい」と欺く行為は、単に5日間の履行期の延期を得たにとどまらず、一切の支払いを免れるための手段と評価すべきである。よって、甲が処分した内容は、「5日間の猶予」ではなく、「**その場での支払いを免れさせ、事実上の債務免脱を認めた**」ことであって、十分に財産上の利益に当たるといえる。

5. 丙の罪責について

(1) Aに対する業務上横領罪

　二重売買における第2の買主に，横領罪の共同正犯が成立するかが問題となる。二重売買や二重抵当における第2の買主や抵当権者は，たとえ第1の売買や抵当権設定を認識していたとしても，必ずしも共犯となるわけではない。第2の買主はたとえ悪意で買ったとしても，登記がある以上民法上適法に所有権を取得するから（民法177条），これを刑法上処罰することは妥当でないと考えられるからである（最判昭31・6・26刑集10・6・874参照）。

　しかし，民法上も，背信的悪意者とされる者（例えば，詐欺・強迫により登記の申請を妨げた者や，登記の欠缺を主張することが信義則に反すると考えられる場合）は，適法に所有権を取得することはない。刑法上も，売却を拒絶する登記簿上の所有名義人に対し，経済的困窮等につけ込んで執拗かつ積極的に働きかけ，売却させた第2の買主には，横領罪の共同正犯が成立する（福岡高判昭47・11・22⇨［参考判例］参照）。

　丙は，甲から相談を受けた際に，①自らが所有権者となることを意図していること，②具体的な二重売買の方法を指示していること，③自ら法務局に出向き，登記申請をしていることなどの事情が認められる。よって，甲の横領行為は，**丙が甲に積極的に働きかけて実行させたもの**で，丙自身が重要な役割を果たしており，しかも丙自身が利益を得ることを意図しているから正犯意思も認められ，共同正犯が成立する。

　丙にはAの不動産を占有する身分も，業務者としての身分もないが，65条1項2項を適用し，甲との間でAに対する業務上横領罪の共同正犯が成立し，252条の刑が科される。

　さらに，甲は，丙に売却することによりBに対する背任罪も成立するが，この罪についても，丙には共同正犯が成立する。

(2) 公正証書原本不実記載罪

　丙が所有権移転登記を申請する行為は公正証書原本不実記載罪（あるいは電磁的公正証書原本不実記録罪）に当たらないか。

　公正証書原本不実記載（記録）罪とは，公務員に対し虚偽の申立てをして，登記簿，戸籍簿その他の公正証書の原本（あるいは原本たる電磁的記録）に，

客観的事実に反する事柄を記載・記録させる行為をいう。本問の丙が，当該不動産について甲との間で売買契約を締結した事実は真実であるから，客観的事実に反する事柄を記載させたとはいえない。よって，公正証書原本不実記載（記録）罪には当たらない（東京高判昭 27・3・29 判特 29・102 参照）。

【参考判例】

福岡高判昭 47・11・22（刑月 4・11・1803） Y の親が A に所有権を移転したものの未登記となっていた山林につき，A に売却を断られた X が，登記簿上の所有名義人 Y に働きかけ，売却しても Y には迷惑をかけないなどと申し向け，Y から買い受けた行為につき，X が，Y の横領罪の共同正犯となるとした〈前田・重要判例 No. 197〉。

最大判平 15・4・23（刑集 57・4・467） 業務上占有する A 所有の土地に，所有者に無断で抵当権を設定した後，同不動産を売却し，所有権移転登記手続を完了した行為につき，後行の所有権移転について業務上横領罪で立件された事案について，抵当権設定後も，当該不動産は，自己の占有する他人の物であることに変わりはなく，ほしいままに売却する行為は，所有者でなければできない処分であり横領行為に当たるとした。〔解説〕369 頁参照。〈前田・重要判例 No. 193，杉本一敏・百選Ⅱ No. 68〉

最決平 21・3・26（刑集 63・3・291） 他人の建物を預かり保管していた者が，金銭的利益を得ようとして，同建物の電磁的記録である登記記録に不実の抵当権設定仮登記を了した行為につき，仮登記であっても，権利が確保されているものとして扱われるのが通常であり，また抵当権設定が虚偽であっても，仮登記を了したことは不法領得の意思を実現する行為として十分であるとして，横領罪の成立を認めた。〈前田・重要判例 No. 194〉

最判昭 31・12・7（刑集 10・12・1592） 二重抵当について，抵当権設定者は，抵当権登記に協力する任務があり，その任務は主として他人である抵当権者のために負うとして，背任罪の成立を認めた。〈前田・重要判例 No. 198，高橋則夫・百選Ⅱ No. 69〉

最決平 15・2・18（刑集 57・2・161） 金融会社社長 Y から不正融資を受けた X が，Y の会社に損害が発生することの高度の認識を有し，Y が自己（Y）及び第三者（X）の利益を図る目的を持つことを認識し，かつ不正融資の手続に協力するなど，不正融資の実現に加担している場合には，Y の特別背任罪の共同正犯

となるとした。〈前田・重要判例 No. 202,井田良・百選Ⅱ No. 73〉

第21講 | 放火罪

▶設 問

甲, 乙, 丙及び丁の刑事責任について, 具体的事実を示しつつ論じなさい。

1 P暴力団の組長乙（45歳, 身長170センチメートル）は, P組の組員で, これまで面倒を見てきた甲（25歳, 身長180センチメートル）が, 自分の命令に逆らったため, 組事務所に連れてきて痛い目に遭わせようと思い, 12月10日の午後, 配下のP組組員の丙及び丁に命じて, 腕ずくでも甲を組事務所に連れてくるように命じた。

命令を受けた丙（30歳, 身長175センチメートル）及び丁（28歳, 身長178センチメートル）は, 同日午後10時過ぎに丙が運転する車で甲のアパートに向かった。その車内で, 丙と丁は, 甲が自宅玄関に出てきたら, 丙が殴った上で, 2人で車に連行するという手順を相談した。

2 12月10日午後10時15分頃に, 甲の自宅アパートに着いた丙, 丁は, アパートの玄関ベルを鳴らしたところ, 甲がドアを開けたので, 丙がいきなり甲のみぞおち及び顔面を手拳で殴りつけ,「乙が話があるから事務所に来いと言っている。」と告げた。甲は, 相手が丙, 丁の2名だったことから, 抵抗を諦め, 丙及び丁に両脇から挟まれるようにして丙の車まで連れていかれ, その車に乗せられた。

車は丙が運転し, 後部座席に丁と甲が座った。丁は, 同車内でも, 甲が抵抗できないように頭部を殴打する暴行を加えた。

3 同日午後10時30分頃に組事務所のあるマンションに到着した丙及び丁は, 甲を車から降ろし, マンションの通用口からマンションの建物内に入り, 乙のいる事務所に甲を連れて行った。同組事務所は鉄筋コン

クリート造りの4階建てのマンションの1階部分の1戸を乙の名義で借りたもので，同マンションの総戸数は24戸であり，各戸とも人が居住していた。組事務所として使っていた1戸分の面積は約80平方メートルで，5つの部屋と台所，風呂場などがあった。

4　乙は，甲に対し，「よくも俺に逆らったな。どうなるか分かっているだろうな。」と告げ，部屋の中にあったガラス製灰皿で，甲の頭部を殴打する暴行を加えた。その上で，丙及び丁に対し，「甲を奥の部屋に放り込んで，見張っていろ。絶対に逃がすな。」と命じた。

　そこで，丙及び丁は，甲を組事務所の玄関からみて一番奥の部屋（約6畳の板張り）に連れて行き，甲を1人で残してドアを閉めた。この部屋は，事務所玄関から通ずる廊下に面してドアがあり，マンション建物の外壁に面した壁の上部に，約20センチメートル四方の小さな窓があったが，他にドアや窓はなかった。

5　甲が閉じ込められた部屋のドアには鍵はかけられていなかったが，廊下を隔てた向かいの部屋には，乙，丙，丁のいずれかがいて，常に甲の部屋を見張っていた。甲は，部屋に閉じ込められている間，手足を縛られる等の拘束はされず，連れて来られた翌日の11日に2回，菓子パンと水を与えられたが，ドアは常に閉められており，トイレ以外は外に出ることは禁じられ，丙や丁は，「おとなしく乙のいうことを聞けば命は助けてやるが，指の1本や2本はなくなると思え。」と言いながら，乙に逆らった甲への報復として，甲の胸倉を摑んだり，手拳で胸をこづいたりしたが，甲は恐ろしくて抵抗できなかった。

6　甲は，このままでは，いつまでここに閉じ込められるか分からないし，丙や丁，さらに乙からどのような制裁を加えられるか分からないという恐怖心から，何とか逃走しようと考え，火事を起こして，その騒ぎに乗じて逃走することを思いついた。そこで，甲は，閉じ込められた翌々日の12月12日の午前1時頃，自分が着ていた合成繊維製のジャンパーを脱いで，たまたま室内にあったポリタンク入りの灯油をそのジャンパーにしみ込ませ，所持していたライターでジャンパーに点火した。

7　甲が，火のついたジャンパーを持って部屋の外の廊下に出たところ，向かいの部屋のドアが開いており，そこに丙と丁がテーブルに向かいあわせに座っているのが見えたので，甲は，丙と丁に向かってジャンパーを投げつけた。

ジャンパーは，丙のすぐ近くのカーペットが敷かれた床に落ちたが，これを見た丙は，カーペットに火が燃え広がるのを防ごうとして，とっさにジャンパーを蹴ったところ，ジャンパーは同室内にあった石油ストーブに覆い被さり，更に燃え上がり，石油ストーブからも炎が大きく上がり，炎は天井にまで達した。

8　甲は，その隙に逃げようとしてマンションの玄関の方に向かったが，これを見た丙は，甲を捕まえようとして甲の後を追い，玄関の外に逃げ出そうとした甲の背後から「この野郎，待て。」と叫んだ。

　甲は，とっさに玄関に置かれていたゴルフクラブを手に取り玄関の外に逃げ出した。甲はマンションの通用口から外に出たが，なお追ってきた丙にマンションの外の道路上で追いつかれそうになった。そこで甲は，このままでは捕まってどのような目に遭わされるか分からないと思い，丙から逃れようとして，振り返りざま，力任せにゴルフクラブで丙の頭部を4～5回殴りつけたところ，丙はその場に倒れ込んでしまった。甲は，ゴルフクラブをその場に投げ捨てて逃走した。

9　丁は，炎が上がったので慌てて消火しようとして，不用意に，ストーブに横からバケツで水をかけたが，その結果，火はさらに壁にも燃え広がって，手が付けられない状態となり，丁は恐ろしくなって部屋から逃げ出した。マンションの通用口から外に出たところ，路上に丙が倒れていたため，丁は，丙の身体を担ぎ，マンションの駐車場に駐めてあった車に丙を乗せて病院に向かったが，消防等に通報することはしなかった。当時，組事務所には，甲以外には丙と丁しかいなかった。

10　火により，丙らがいた部屋の壁や天井のうち，約30平方メートルが焼失した上，炎が部屋に続くベランダに置かれたゴミに燃え広がり，その炎がマンションの上の階のベランダに達した。上の階には住民Aが居住していたが，Aの居室のベランダに置かれたビニールシートが炎により燃え出し，そこから発生した煙に含まれる有毒ガスを吸って，Aは加療2週間を要する呼吸器の傷害を負った。

　火災は，マンションの他の住民が消防に通報したため，消防の消火活動により約30分後に鎮火した。

11　甲は，乙らによる暴行により加療2週間を要する頭部及び胸部打撲傷を負ったが，この傷害は，自宅アパートや連行された車内における暴行によるものか，組事務所内での暴行により生じたものかは特定できな

かった。丙は，丁により病院に運ばれて救急措置が執られたが，ゴルフクラブで頭部を強打されたことによる脳挫傷により，同日午前3時頃に死亡した。丁は，ストーブに水をかけて消火しようとした際に，燃え上がった炎に触れ，加療2週間を要する火傷を負った。

論点の整理

本問は，甲について，現住建造物放火罪，丙に対する傷害致死罪，丁及びAに対する傷害罪が問題となる。放火罪については，丙がジャンパーを蹴る，あるいは丁がストーブに水をかけるという介在事情の評価（因果関係），さらに監禁からの逃走行為として正当防衛，緊急避難の余地がないのかも問題となる。

乙，丙，丁については，傷害罪，監禁罪の成否を検討することとなる。甲の傷害は，連行時か監禁時かが不明であるが，不明であることと，監禁致傷罪の成否との関係につき論ずる必要がある。

さらに，丁が消火を断念して逃走した行為について，不作為の放火罪に当たるのかも検討を要する。

解答の筋道

1. 甲の罪責
    (1) 現住建造物放火罪の成否
        ・現住性→丙・丁が現在
        ・放火行為，焼損
        ・因果関係→丁の過失行為の介在
    (2) 正当防衛・緊急避難の成否
        ・正当防衛（過剰防衛）の成否→監禁に対する防衛行為か
        ・緊急避難（過剰避難）の成否
    (3) 丙，丁及びAに対する傷害罪
        ・丙に対する殺人罪の成否→誤想過剰防衛の成否
        ・丁に対する傷害罪→因果関係の有無
        ・Aに対する傷害罪の成否

2. 乙，丙及び丁の罪責について
　(1) 傷害罪の成否
　　・甲が負った傷害→共謀の射程内か
　　・逮捕監禁罪の成否
　　・監禁致傷罪の成否
　(2) 放火罪・失火罪について——丁が消火を断念して逃走した行為

[答案作成上の注意]

　放火罪については，建造物の一体性を明確にし，マンション全体が1個の「現住建造物」であるとすることが重要である。1個性は，物理的一体性と機能的一体性が並列に論じられることが多いが，重要なのは物理的一体性である。マンションのように外観上も1個とすることが容易な建物の場合には，何らかの例外的な事情がない限り1個の建造物と解すべきである。渡り廊下で連結されているなど，物理的一体性が不充分な場合に限り，その建物の機能面も併せて検討することになる。
　また，本問は，緊急避難なのか正当防衛なのかを迷うところである。監禁行為からの逃走であるから，まずは正当防衛を検討するのが順序である。そして，過剰防衛の相当性判断では，「およそ過剰防衛にも当たらない」という場合があるということに注意すべきである。防衛行為でないとされた場合に，緊急避難を検討することになる。

▶ 解答案

一　甲の罪責
　1．現住建造物放火罪について
　甲が，ジャンパーに火をつけて，丙・丁らに投げつけた行為について，現住建造物放火罪（108条）が成立するか。
　(1) 甲が放火した組事務所には，甲が放火行為を行った時点で，丙・

丁が現在していたから,「現に人がいる建造物」に当たる。

　組事務所として使用されていたのは, 4 階建てで総戸数 24 戸のマンションの 1 室であり, 他の各戸も居住者がいた。たとえ鉄筋コンクリート造りであっても, 他の住戸に全く燃え移る可能性がないとはいえず, 現に上階に火が回っていることを考えれば, マンション全体が 1 個の「現に人がいる建造物」に当たる。

　(2)「放火」行為とは, 目的物の燃焼を惹起させる行為, あるいはそれに原因力を与える行為をいう。媒介物に点火する行為も放火行為といえるから, 本問では, 媒介物であるジャンパーに火をつけた時点で実行の着手があり, その後そのジャンパーを丙・丁らに向けて投げる行為までが, 一連の「放火」行為に当たる。

　(3) 火が媒介物を離れ, 建造物が独立して燃焼を継続する状態に達すれば「焼損」となり, 既遂となるが, 本問では, マンションの部屋の天井及び壁が約 30 平方メートルにわたって焼失しているので, 建造物自体が独立して燃焼しており,「焼損」が認められる。

　(4) もっとも, 甲の放火行為と焼損の間に, 丙がジャンパーを蹴ってストーブに当てる行為や, 丁が不用意に水をかけて火を壁にも燃え広がらせたという事情が介在するから, 放火行為と焼損との間の因果関係が欠けるようにも思われる。

　しかし, ①甲の行った実行行為の危険性は, 焼損結果発生の危険性が大きいものであり, 実行行為の危険性は大きく, また, ②丙・丁らが消火活動を行うことは, 甲の放火行為に誘発され, 付随的に発生したものであって, 介在事情の異常性は小さい。たしかに③丙・丁の行為の結果への寄与度は小さいとはいえないが, 実行行為の重大性, 介在事情が誘発されたものであることを考慮すれば, 因果関係を否定すべきではない。

　以上から, 甲の行為は現住建造物放火罪 (108 条) の構成要件に該当する。

　(5) 甲は, 監禁状態から脱出するために放火行為を行っており, 乙らによる監禁行為に対する防衛行為として正当防衛 (36 条 1 項) に当たら

ないか。

　たしかに，監禁状態は「急迫不正の侵害」に当たるが，甲が守ろうとしたのは自己の行動の自由，身体であるのに対し，生じた侵害結果は不特定・多数人の生命・身体・財産に対する危険である。このように，およそ相当性を欠く行為については，過剰防衛すら認めることはできず，そもそも「防衛するため」の行為とはいえない。

　(6) 監禁状態は「現在の危難」に当たり，監禁状態からの逃走のために放火しているから，避難の意思も認められ，緊急避難（37条1項）に当たるようにみえる。しかし，他に逃走方法が全くないとはいえない以上補充性を欠き，さらに，放火行為は厳格に法益の権衡が要求される緊急避難においては，およそ相当性が認められないものである。よって過剰避難にも当たらない。

　以上から，甲には現住建造物放火罪（108条）が成立する。

　2．丙に対する殺人罪について

　(1) 甲は丙の頭部という急所を，硬く凶器となり得るゴルフクラブで4〜5回殴打しており，客観的に殺人罪の実行行為性が認められる。また，丙から逃れようととっさに殴打したものではあるが，素手の相手に対し，複数回，しかも頭部をめがけて殴り付けていることから，殺意も認められる。

　よって殺人罪の構成要件該当性が認められる。

　(2) 丙への殴打は，広い意味では監禁状態から逃れるためになされているから，正当防衛が認められるのではないか。ただし，放火行為と殴打行為とが一連の行為であるとすれば，放火行為が防衛行為に当たらない以上，それと連続した殴打行為も防衛行為には当たらないようにみえる。

　しかし，甲が既にマンションの外に出ていることから，場所的に一体とはいいにくい上，放火行為は不特定多数の者の生命・身体・財産に向けられているのに対し，殴打行為は，侵害の客体も，行為の目的も異なっており，同一の故意に基づく一連の行為とはいえない。そこで，殴打

行為につき，放火行為とは別に正当防衛の成否を検討する必要がある。

殴打行為前の丙は，単に甲を捕まえようと背後から「待て。」と言っているに過ぎないから，甲の生命・身体に対する「急迫不正の侵害」があるとはいえない。ただし，それまで監禁され脅されていたため，少なくとも身体に対する急迫不正の侵害があるとの誤想は相当なものと認められる。よって誤想防衛に当たるが，身体の侵害に対して殺人行為を行っているから，相当性を欠き，誤想過剰防衛（36条2項）となる。

3．丁に対する傷害罪について

丁の消火活動の最中の火傷という「傷害」につき，甲の行為との因果関係はあるか。

甲が丙と丁に向かって火の付いたジャンパーを投げた行為は，人の身体に対する有形力の行使であって暴行に当たり，投げている認識もあるから，少なくとも暴行罪の故意はある。丁の傷害発生には，丁自身の消火行為が影響してはいるが，消火行為は放火行為に誘発されたものであり異常な介在事情とはいえないから，因果関係は否定されず，甲には丁に対する傷害罪（204条）が成立する。これと現住建造物放火罪（108条）とは観念的競合（54条1項前段）の関係に立つ。

4．Aに対する傷害罪について

Aが，火災により発生した有毒ガスを吸って傷害を負った結果について，甲に傷害罪が成立するか。まず，Aの居室ベランダに置かれたビニールシートが燃えたことについては，マンション全体が1個の現住建造物であるから，現住建造物放火の焼損結果の一部と評価できる。また，ベランダから上階のベランダへ延焼する可能性は高いから，Aの放火行為とシートの焼損との因果関係も認められる。その結果，Aが傷害を負っているから，甲の放火行為とAの傷害との因果関係は認められる。

また，甲は上階にいるAの存在を具体的に認識していたとはいえないが，放火の時点で，監禁されていた暴力団組事務所がマンションの一室であることは認識しており，他に住人のいる可能性についても認識が

あったといえる。よって，Aに対する傷害罪（204条）が成立する。

5．以上から，甲には現住建造物放火罪（108条），丙に対する殺人罪（199条），丁及びAに対する傷害罪（204条）が成立し，現住建造物放火罪と，丁及びAに対する傷害罪とはそれぞれ観念的競合（54条1項前段）となり，これらは併合罪（45条前段）となる。また，これらの罪と，丙に対する殺人罪とは併合罪となる。

二 乙の罪責について
1．乙には，甲に対する逮捕監禁罪（220条）及び傷害罪（204条）が成立するか。
(1)「逮捕」とは，人の身体を直接拘束して，その身体活動の自由を奪うことであり，「監禁」とは，一定の場所からの脱出を著しく困難にすることをいう。乙は，丙及び丁に命じて，甲に暴行を加えて車に連れ込んでおり，この丙及び丁の行為は，逮捕行為に当たる。また，車中でも丁が甲に暴行を加え，脱出を困難にし，その後続けてマンションの1室に連れ込んで，丸1日以上部屋に閉じ込めて脱出を困難にしているから，監禁行為にも当たる。これらの一連の行為により，乙には，丙，丁との共謀に基づく逮捕監禁罪の共同正犯（60条，220条）が成立する。
(2) さらに，甲は，乙らの暴行により2週間の傷害を負っているが，乙には逮捕監禁致傷罪（221条）が成立するか。同罪は逮捕監禁手段から傷害結果が生じた場合に限り成立するが，甲の傷害は，連行される逮捕行為時に生じたのか，監禁後に組事務所で報復のために加えられた暴行により生じたかが不明であり，逮捕監禁手段と傷害結果との因果関係が認められず，監禁致傷罪は成立しない。
(3) また，報復のための暴行から生じたとの証明もないが，逮捕行為から組事務所での一連の暴行から傷害結果が生じているから，逮捕監禁罪とは別に傷害罪が成立する。これらの暴行はすべて乙と丙，丁との共謀に基づくから，傷害罪の共同正犯が成立する。

2．以上から，乙には，逮捕監禁罪及び傷害罪の共同正犯（60条，220条，204条）が成立する。両罪は，同一の機会に行われた密接に関連するものであり，併合罪ではなく，包括一罪として評価すべきである。

三　丙の罪責について

丙には，乙及び丁との共謀に基づく逮捕監禁罪，傷害罪の共同正犯（60条，220条，204条）が成立し，包括一罪となる。

四　丁の罪責について

(1)　丁には，乙及び丁との共謀に基づく逮捕監禁罪，傷害罪の共同正犯（60条，220条，204条）が成立する。

(2)　さらに，丁が消火を断念し，消防へも通報しないまま逃走した行為について，不作為の現住建造物放火罪（108条）が成立するか。不作為の放火罪を認めるためには，法律上の消火義務があること，及び消火の可能性・容易性が認められること，さらに主観的に既発の火力で建造物が焼損することの認識が必要である。

丁は，自らの不注意で火勢を強めており，また行為時に丁以外に消火の措置を執る者はいなかったという事情があるが，マンションの居室が丁の所有ではないこと，自らの不注意で出火したといった先行行為がないことから，消火すべき作為義務があったとはいえない。よって，不作為の現住建造物放火罪（108条）は成立しない。さらに，消火義務がない以上，失火罪（116条）にも当たらない。

(3)　以上から，丁には，乙及び丙との共謀に基づく逮捕監禁罪と傷害罪の共同正犯（60条，220条，204条）が成立し，包括一罪となる。

以　上

一 甲の罪責について

1. 現住建造物放火罪の成否

(1) 現住性

　現住建造物放火罪（108条）の「**現に人が住居に使用し**」とは，**現に人の起臥寝食の場所として日常使用されること**をいい，「現に人がいる」とは，放火する時点で，当該建造物に人が存在することをいう。どちらかに当たれば現住性は認められる。本問の組事務所には，甲が放火行為を行った時点で，丙・丁が現在しているから，現住性が認められることは争いがない。

　ただし，組事務所として使用されていたマンションの1戸分を，独立した1個の現住建造物とすべきかは議論の余地がある。建造物の1個性は，建物としては離れているが，渡り廊下等で連結されている場合（①平安神宮についての最決平1・7・14⇨［参考判例］参照，②宿泊施設についての福岡地判平14・1・17判タ1097・305）や，難燃性建造物の一部分（③マンション内のエレベーターについての最決平1・7・7⇨［参考判例］参照，④マンションの1室についての東京高判昭58・6・20判時1105・153）について問題となる。これらの判例では，②判決を除いて1個の現住建造物であるとされた。

　本問につき参考となる④の事案は，鉄筋コンクリート造3階建（15戸）の耐火構造のマンションの空室であった1戸への放火につき，耐火構造であっても延焼のおそれが全くないわけではないとし，**外廊下，外階段等の共用部分も含めて全体として1個の現住建造物**であるとした。本問でも鉄筋コンクリート造りではあるが，現に上の階のベランダにまで炎が達しており，延焼のおそれがある建物であるから，全体として1個の現住建造物とすべきである（乙の居室が，住居でなく組事務所として使用されていたとしても，他の居住者の住居部分も含めてマンション全体として1個の「住居」となる）。

(2) 放火行為と焼損

　「放火」行為とは，**目的物の燃焼を惹起させる行為，あるいはそれに原因力を与える行為**をいう（条解刑法334頁）。直接目的物に点火する場合だけで

なく，媒介物に点火する行為も「放火」行為であるから，本件では，媒介物であるジャンパーに火をつけた時点で，実行の着手がある。さらにそのジャンパーを丙・丁らに向けて投げているが，ジャンパーへの点火行為から投げつける行為までが，一連の放火行為となる。

甲の意図には丙らを驚かすことも含まれているが，火が部屋に燃え広がる隙に逃げることが主目的であるから，放火の故意が認められる。

放火罪は，「焼損」により既遂となる。**焼損とは，火が媒介物を離れ，客体に燃え移って独立して燃焼を継続する状態に達することをいう**（独立燃焼説）。本問では，マンションの部屋の天井及び壁が約30平方メートルにわたって焼失しているので，「焼損」が認められる。ちなみに，A宅ベランダに置かれたシートが燃えたことについては，マンション全体が1個の現住建造物であるから，別に放火罪が成立することはない。

(3) 因果関係の存否

甲がジャンパーを投げた後，丙がジャンパーを蹴って，ストーブに当てて更に燃え上がらせたり，丁が不用意に水をかけて火が壁にも燃え広がったという事情がある。丙・丁の行為は，いずれも甲による放火の実行行為後，焼損に至る前になされており，丙・丁の過失行為の介在による因果関係の存否が問われる。

放火罪の因果関係について参考となるのが，大阪高判平9・10・16（判タ997・291）である。放火現場で消火活動中の消防士が，誤ってガソリン入りポリタンクを蹴飛ばし，火災が拡大した事案につき，消火活動の過程で行われた行為により，一時的に火災が拡大することも通常予測できるとして，因果関係を肯定した。因果関係の判断基準（⇨第3講参照）に従えば，（ア）甲の行った実行行為は，焼損結果発生の危険性が大きいものであり，（イ）丙・丁らが消火活動を行うことは，甲の放火行為に誘発された異常性の小さなものである。さらに（ウ）丙・丁の行為の結果への寄与度は必ずしも小さくはないが，いくつかの原因があいまって結果が生じた場合であっても因果関係が欠けることはない（前掲53頁参照）。

2. 正当防衛・緊急避難の成否

(1) 正当防衛（過剰防衛）の成否

　監禁状態から逃走する目的での放火行為は，防衛行為ないし避難行為に当たらないか。例えば，監禁の被害者が，逃走するために見張りの者を殴る行為は，暴行罪ないし傷害罪の構成要件に当たるとしても，正当防衛として違法阻却される余地がある。ただし，**防衛の程度を極端に越える場合には，過剰防衛にも当たらない場合がある**。豆腐を盗まれそうになった者が，相手を撲殺する行為は，およそ防衛行為とはいえない（大判昭3・6・19新聞2891・14）。

　本問の場合，守ろうとしたのは自己の行動の自由や，せいぜいが自己の身体で，生命に対する侵害のおそれまでは認められないのに対し，生じた結果は現住建造物放火罪による不特定・多数人の生命・身体・財産に対する危険である。このような場合には，過剰防衛にも該当せず，そもそも「防衛のため」の行為とはいえないとすべきである。

(2) 緊急避難（過剰避難）の成否

　では，防衛行為とはいえなくとも，緊急避難（過剰避難）の余地はないか。まず，監禁状態であるから①「現在の危難」は認められる。では，②避難のための行為といえるか。避難の意思が問題となる。防衛の意思が，侵害に対応する意思であれば足り，報復の意思等が併存していても認められるのと同様，避難の意思も，専ら攻撃の意思があるような場合を除いて認められる。甲は，逃走のために放火しているので，避難の意思はあったといえる。

　では，③やむを得ずにした行為といえるか。**やむを得ずにした行為とは，危難を避けるために，当該避難行為を行う以外には方法がないことをいう（補充性）**。一般に「唯一の方法」であることともされるが，他に全く方法がないことまで要求すると，事実上，緊急避難の成立余地はほぼなくなる。そこで，「現実的可能性のある行為としては他に方法がなかった」という程度のものとして理解すべきである（前田・総論286頁参照）。

　問題は，補充性を欠いた場合にはおよそ「過剰避難」すら認められないのかである[1]。判例は，補充性を欠く場合には，そもそも法益権衡を論ずる余地もないから，過剰避難にも当たらないとするものが多い（最判昭35・2・4刑集14・1・61）。本問が参考とした大阪高判平10・6・24（高刑集51・2・116）も，補

充性が欠ける以上,過剰避難の余地はないとする。しかし,同判決でも,放火行為の相当性判断は行っており,補充性が欠けた場合でも,法益権衡(相当性)と併せて判断することにより,過剰避難の余地があることを認めているといえる。

　これを前提に,甲の行為について検討すると,①手足を縛られる等はしておらず,また,丙・丁らが常に目の前にいて監視していたわけではなく,食事やトイレも可能な程度の自由侵害であったことから,放火が逃走のための唯一の手段とはいえず,補充性は認められない。また,補充性を欠いても過剰避難の余地があるとする見解を採るとしても,②甲に対する行動の自由の侵害や,身体の侵害の程度が重大なものではなかった(手拳で殴られる程度で,結果的に2週間の傷害にとどまる程度のものであった)のに対し,現に多数の人間の居住する現住建造物であるマンションに,灯油を用いて放火するという危険な手段を執り,結果的に30平方メートルもの面積を焼損し,その結果,重傷者も出たことを勘案すると,法益の権衡は著しく欠くといわざるを得ない。よって,過剰避難も認められないと解すべきである。

3. 丙,丁及びAに対する傷害罪

(1) 丙に対する殺人罪について

　甲が丙を殴打して死亡させた行為は,凶器となり得るゴルフクラブで,身体の枢要部である頭部を複数回力任せに殴打するものであり,殺人罪の構成要件該当性が認められる。

　殺意まで認められるかは議論の余地はあろうが,逃走の際にゴルフクラブを持って出ており,丙に追いつかれた際にとっさに手に取ったものではないこと,また,ゴルフクラブで頭部を4～5回強打することの認識がある以上,少なくとも未必的な殺意は否定することは難しい。

　では,丙への殴打が,監禁行為から逃れるための正当防衛ないし緊急避難に当たる余地はあるか。たしかに,丙への殴打のみを取り出して,個別に判

---

1) 過剰避難について,法益の権衡を欠く場合の過剰避難の他に,補充性が完全には認められない場合にも「過剰」避難を認める余地があるかが問題となる。拙稿「過剰避難における補充性と『相当性』」研修640号3頁参照。

断すれば防衛行為に当たるようにもみえる。しかし，甲が，殴打行為に先立ち放火行為を行っていることは影響しないか。放火と殴打とは，時間的・場所的に近接していることから，これらを全体として**一連の防衛ないし避難行為**と考えるとすれば，放火という相当性を欠く行為がある以上，およそ防衛ないし避難の余地はないということになろう。

しかし，甲は殴打時に既にマンションの外に出ており，場所的に一体とはいい難い上，放火行為（監禁からの逃走行為）と丙に対する身体の侵害（甲の身体防衛のための行為）とは，目的も侵害客体も異なっているから，**同一の故意に基づく一連の行為とは評価できない**。よって，丙に対する殴打行為は，放火行為とは別に正当防衛の成否を問うことになる。

まず，急迫不正の侵害はあるか。丙は，単に甲を捕まえようとしただけで，しかも背後から「待て。」と言っているに過ぎないから，甲の生命・身体に対する急迫不正の侵害があるとはいえない。ただし，それまで監禁され，「殺されなくとも，指の1本や2本はなくなる。」と脅されていることから，甲としては，恐怖心から本当に殺されるかもしれないと思ったとしても不合理とはいえない。少なくとも**身体に対する急迫不正の侵害があるとの誤想**は認められよう。日常的に暴行を加えられていた女性が，相手の男性が身動きをしただけで殴られるのではないかと誤信し，刺殺した行為について，誤想過剰防衛を認めた裁判例もある（東京地判平20・10・27判タ1229・313⇨第7講参照）。

本問の甲は，監禁状態が2日間にわたっており常に見張られてはいるものの，食事等も与えられていること，丙らから暴行を加えられているが手拳で殴られた程度であって，結果的に甲が負った加療2週間を要する傷害は，連行の際に負った可能性もあること，丙は単に捕まえようとしただけで，しかも背後から「待て。」と言っているだけであること，実際に甲が殴った時点では，相手は丙のみで丁はその場にいなかったことといった事情から判断すると，たとえ殴られると誤想したとしても，その誤想内容と比較して，ゴルフクラブで複数回殴打して殺害する行為は，相当性が認められるとはいえず，（誤想）過剰防衛となる。

(2) 丁に対する傷害罪

丁は，自らの消火活動の最中にやけどを負っているが，この傷害結果につ

き，甲による丙・丁に対する（火をつけた衣類を投げる）暴行との因果関係を認めることができるかが問題となる。

甲は，丙・丁に向かって火のついたジャンパーを投げているから，少なくとも暴行罪の故意はある。**丁自身の消火行為が介在してはいるが**，甲による放火行為が身体に対する重大な危険性を持つ行為であり，消火行為という介在事情も，放火行為に誘発されたものであるから異常とはいえない。よって因果関係は否定されず，丁に対する傷害罪が成立し，放火罪とは観念的競合の関係に立つ。

(3) Aに対する傷害罪について

Aが火災により発生した有毒ガスを吸って傷害を負った結果について，甲に傷害罪が成立するか。甲が，丙及び丁に対する暴行の故意を有していたことは認められるが，上階の住民であるAについても故意が認められるかが問われる。「法定的符合説によればAについても暴行の故意が認められる」とする説明では，余りにも形式論である。いかに「法定的符合説」を採用したとしても，客観的に因果関係を欠くような客体についてまで「故意」が認められるとはいえないからである。

より具体的に，放火の時点で，マンションの他の部分に人が存在する可能性は高く，甲もそのことの認識があったといえるからこそ，放火現場（甲の見える範囲）にいない者についても，火力が及ぶ認識を認めることができ，**マンション内の他の者についても（火力による）暴行の故意を認めることができる**。よって，Aに対する傷害罪も成立する[2]。

4. 甲の罪責の処理について

甲には現住建造物放火罪の既遂，丙に対する殺人罪，丁及びAに対する傷害罪が成立し，殺人罪と，2個の傷害罪は併合罪となる。また，各傷害罪と放火罪とは観念的競合となるので，放火罪をかすがいとして，科刑上一罪とする必要があるか（「かすがい現象」を認める必要があるか）が問題となるが，本来は併合罪として重く処罰すべきものを，観念的競合の関係があることに

---

[2] 強盗手段としての暴行・脅迫は，行為者から見えない者に対しても及ぶことにつき東京地判平15・3・6（判夕1152・296⇨第18講330頁参照）。

よりかえって軽く処罰することになるのは不当であり、かすがい現象は認めるべきではないとする考え方もある（⇨331頁参照）。

二　乙，丙及び丁の罪責について

1. 傷害罪の成否

(1) 甲に対する傷害罪，監禁罪

甲が負った傷害は、丙・丁による連行時の暴行（第1暴行）によるものか、組事務所における報復目的での暴行（第2暴行）によるものかが不明である。第1暴行から生じたとすれば逮捕監禁致死傷（221条）となるが、報復目的で加えた暴行により生じたとすれば、逮捕監禁罪とは別に傷害罪が成立する。

本問では、第1暴行と傷害結果との因果関係が認められないため、221条が成立するとはいえない。もっとも、乙，丙，丁には、当初から一貫して甲を**逮捕監禁することだけでなく、暴行することの共謀**も認められるから、第1，第2の一連の暴行により傷害を生じさせたとして傷害罪の共同正犯が成立する。なお、一見すると、第1，第2いずれの暴行から致傷結果が生じたか不明な場合であるから、同時傷害の特例を適用し、監禁致傷罪が成立するようにもみえるが、207条を221条に適用することは認められないであろう。

よって、逮捕監禁致傷罪ではなく、逮捕監禁罪の共同正犯と傷害罪の共同正犯とが成立することとなる。

(2) 罪数について

この両罪の罪数関係につき参考となるのが、名古屋高裁金沢支判平3・7・18（判時1043・125）である。一連の第1暴行（暴行行為）と第2暴行（事後強盗の実行行為）のいずれから傷害結果が発生したか不明な場合につき、**事後強盗罪と傷害罪との（混合的）包括一罪**とした。本問でも、逮捕監禁行為と暴行とは同一の機会に行われた密接に関連するものであるから、逮捕監禁罪の共同正犯と傷害罪の共同正犯との混合的包括一罪と解すべきである。

2. 放火罪・失火罪について──丁が消火を断念して逃走した行為

丁が、消火措置も消防への通報も行わずに逃走した行為を、**不作為の放火罪**とする余地はあるか。同罪の実行行為性を認めるためには、消火すべき作

為義務が必要であり，**法律上の消火義務及び消火の可能性・容易性**が認められなければならない。

　丁は，自らの不注意で火勢を強め，丁以外に消火する者はいなかったことから，作為義務を認める余地があるようにもみえる。しかし，積極的に防火設備等を損壊して消火を妨害する罪（消火妨害罪，114条）が1年以上10年以下の懲役であることと比較し，単に消火せずに放置する行為に作為義務を認め，放火罪として処罰することは妥当でない。

　たしかに，不作為の放火罪の成立を認める判例は少なくないが，**既発の火力を利用する意思がある場合**など，自己の犯罪や失策を隠蔽する目的（大判大7・12・18刑録24・1558，最判昭33・9・9刑集12・13・2882）や，火災保険金を得る目的で放置した行為（大判昭13・3・11刑集17・237）に限られる。消火の協力義務や延焼防止等の義務を果たさなくとも，作為義務違反があるとはいえない。丁に既発の火力を積極的に利用する意思は認められないから，消火すべき作為義務を認めることはできず，不作為の放火罪は成立しない。

　では，失火罪（116条1項）が成立し得るか。たしかに，誤って火勢を強めてはいるが，消火のための行為に伴うものであって，水をかける行為も注意義務違反があるとはいえないであろう。

【参考判例】

東京地判昭59・6・22（判時1131・156―東京交通会館ビル放火事件）　ビル内の塵芥処理場に放火し，処理場のコンクリート内壁モルタルや天井表面の石綿を剝離，脱落，損傷させるなどしたが，建物そのものは燃焼しなかった事案に関し，焼損を認めず，未遂にとどまるとした。〈前田・重要判例No.207〉

最決平1・7・14（刑集43・7・641―平安神宮放火事件）　回廊でつながれた平安神宮の社殿のうち，人がいた社務所から百数十メートル離れた祭具庫に放火した行為につき，社殿は「物理的に見ても，機能的に見ても，その全体が一個の現住建造物であったと認めるのが相当である」として，現住建造物放火罪の成立を認めた。〈前田・重要判例No.210，星周一郎・百選ⅡNo.82〉

最決平1・7・7（判時1326・157）　マンション内のエレベーターのかご内で放火し，側壁の化粧鋼板の表面約0.3平方メートルを燃焼させた事案につき，現住建造

物等放火罪の成立を認めた〈金光旭・百選II No. 81〉。

大阪高判平 9・10・16（判タ 997・291）［解説］387 頁参照。〈前田・重要判例 No. 208〉

最決平 9・10・21（刑集 51・9・755）　競売手続妨害の目的で，直前まで従業員を交代で寝泊まりさせていた家屋は，放火当日に従業員を旅行に連れ出し近づけないようにしたとしても，現住建造物に当たるとした。〈前田・重要判例 No. 209，金尚均・百選II No. 83〉

最決平 15・4・14（刑集 57・4・445）　刑法 110 条の「公共の危険」は，建造物等への延焼の可能性に限定されず，不特定または多数の人の生命，身体または建造物以外の財産に対する危険も含むとし，駐車場の車への放火につき，他の車に延焼する危険があれば公共の危険の発生があるとした。〈前田・重要判例 No. 211，松宮孝明・百選II No. 84〉

大阪高判平 10・6・24（高刑集 51・2・116）　監禁されていた暴力団組事務所（木造瓦葺 2 階 5 戸 1 棟のうちの 1 戸）から逃げるため，事務所に放火し，焼損した行為につき，現住建造物放火罪の成立を認め，逃走の手段として他にとるべき方法がなかったといえず，また法益の均衡を著しく失するもので，緊急避難にも過剰避難にも当たらないとした。

文書偽造罪

▶設 問

　次の事例に基づき，甲，乙及び丙の刑事責任を論じなさい（特別法違反の点を除く。）。なお，各人の刑事責任を論ずるに当たり，必要があれば，〈参考資料〉についても言及すること。

1　甲は，本名が山田太郎，生年月日が昭和60年10月1日であったが，消費者金融への返済が滞り，ブラックリストに掲載されてしまったことから，本名ではこれ以上融資が受けられない状況となった。そこで，他人に成り済まして消費者金融からの融資を受けることを思いついた。

　　平成27年11月9日，甲は友人の乙に対し，「急に実家に帰らなければならなくなった。」と虚偽の事実を告げ，「10万円ほど貸してくれ。」と頼んだ。しかし，乙は，甲が金遣いが荒いことを知っていたので，「そんな大金は貸せない。」と答えたところ，甲は，「では，おまえの名前を貸してくれないか。俺は，今，バイトで働いていて，身分証明書がなくて消費者金融で金を借りることができない。実家から戻ったら，すぐにバイト代が入る。名前を使わせてもらうだけだから，金のことでおまえに迷惑をかけることはない。」と頼んだ。

　　しかし，実際には，甲がアルバイトをしている事実はなく，消費者金融から借りた金を返すつもりもなかった。

2　乙は，本名が田中一郎で生年月日が昭和60年5月1日であった。乙は，自分の名前を使わせたくなかったが，手元に10万円の現金がなく，甲に金を貸してやれなかった負い目もあり，甲が「本当に迷惑をかけない。」と何度も頼むので，やむを得ず，消費者金融から金を借りる際に乙の名前を使うことを了承した。また，甲から身分証明書として必要だ

と言われたので，乙は自分の健康保険被保険者証も貸すこととした。

　　ただし，乙は甲に対し，「やたらに名前を使われたら困る。消費者金融から金を借りる時に使うだけにしてくれ。」と念を押し，甲も「分かった。」と返事をした。

3　翌11月10日，甲は，乙の名前を使って，消費者金融から融資を受けることとし，午前9時過ぎに，甲の自宅近くのP金融の無人店舗に赴き，ローンカード申込書に田中一郎の住所，氏名，生年月日，さらに勤務先として，乙の勤務先であるQ株式会社と記入し，自動契約受付機のイメージスキャナで，記入したローンカード申込書及び乙の健康保険被保険者証を読み取らせた。

4　甲が利用したP金融の無人店舗の自動契約受付機では，顧客がイメージスキャナで身分証明書，申込書等を読み取らせると，その情報が回線を通じて最寄りのP金融の支店に送られ，支店に勤務する従業員がその情報をディスプレイ上で確認した上で，顧客が融資を受けるために用いる「Pカード」を発行する仕組みとなっていた。

　　P金融R支店に勤務する従業員Aは，甲が無人店舗の自動契約受付機を通じて送信した情報を，同支店備え付けのディスプレイ上で確認し，その情報を消費者金融業界で共通して利用しているブラックリスト等と照合し，当該住所，生年月日の田中一郎の名前がないことを確認し，すぐに甲のいる無人店舗に設置された自動契約受付機を通じて，田中一郎の名前が記載された「Pカード」を発行した。

5　甲は，自動契約受付機から，田中一郎の名前の記載された「Pカード」を受け取り，その直後に，自動契約受付機に隣接して設置されていたATMコーナーにある融資受付機に，受け取ったばかりの「Pカード」を挿入し，融資限度額の上限である現金20万円を引き出した。

6　甲は，とりあえず当座をしのぐ金は入ったものの，返済の当てがないことから，P金融からの融資もすぐに受けられなくなると思い，今後も，田中一郎の名前を，他の金融機関から融資を受けたり，銀行口座を開設する場合に利用しようと考え，健康保険証の原寸大のカラーコピーをとっておいた。

　　乙は，健康保険証をいつまでも甲に貸しておくと，甲がどのような使い方をするか分からないのですぐに取り返さなければと思い，11月10日の昼過ぎに甲に連絡し，甲から健康保険証を取り戻した。その際に，

甲は乙に，P金融から金を借りられた礼を述べたが，保険証のコピーをとったことは告げなかった。

甲は，乙の健康保険証のカラーコピーを，保険証の大きさに切り抜き，厚紙で裏打ちした上で，両面をラミネートシートで覆い，本物らしく見せかけたものを作った。ただし，裏面は白紙の厚紙が見える状態であった。

7　甲は，まず，乙の名義で銀行口座を開設しようと考え，11月10日の午後2時頃，S銀行のT支店に出向き，同支店に備え付けてあった預金口座開設申込書に，田中一郎の氏名及び甲自身の住所，電話番号を記入して，同支店窓口係員Bにこれを提出した。その際，身分証明となる書類の提示を求められたので，甲は，加工した保険証をBに提示した。Bは，これを手に取って確認したが，本物であると思い，そのまま甲に返却した。

同日，田中一郎名義の銀行預金口座が開設され，甲はBから，田中一郎名義の通帳及び現金自動預払機で使用するキャッシュカードを渡された。

8　甲は，手に入れた20万円をすぐに使ってしまったことから，乙名義で開設した口座を利用し，振り込め詐欺をすることとした。

甲は，11月11日，遠方に居住しており，甲も顔見知りの乙の母親Cに電話をかけ，乙に成り済まして，「今度，S銀行に勤めている友達に頼まれて，新しくS銀行に口座を開設したのだけれど，その友人が，普通預金でいいから10万円ほど入金してくれると助かると言っている。給料が入ったら返すから，新しい口座に入金してくれないか。」と頼み，S銀行T支店に開設した口座番号を伝えた。

Cは，乙からの電話だと信じて，その日のうちに，自宅近くのS銀行の支店から，甲に指示されたT支店の口座に10万円を振り込んだ。

9　甲は，翌11月12日，付き合っている丙女に羽振りのよいところを見せようと思い，「10万円ほど金が入ったから，このカードで金を下ろして好きな物を買えよ。」と告げ，キャッシュカードを渡し，暗証番号も教えた。

丙は，カードの名義が甲ではなかったので，「他人のカードじゃないの。」と言ったが，甲は，「そいつは気前がいいから，カードを貸してくれたんだ。自由に使っていいと言われている。」と答え，丙もそれを信

じた。
10　丙は，近くにある，S銀行U支店が管理しているATM無人店舗に行き，同店舗に設置されたATM機に，甲から渡された銀行のキャッシュカードを挿入し，暗証番号を打ち込んで，現金10万円を引き出した。丙は，5万円を自分の財布に入れ，残りの5万円を甲に渡した。

〈参考資料〉本問の被保険者証の表面の記載

健 康 保 険 被保険者証	本人（被保険者）　　　　　　　　　　00163
	平成22年10月14日交付
	記号　21700023　番号　21
氏名	田中一郎
生年月日	昭和60年5月1日　　　　　　性別　男
資格取得年月日	平成20年4月1日
事業所名称	Q株式会社
保険者番号	01010011
保険者名称	全国健康保険協会　東京支部
保険者所在地	品川区大崎5-1-5　　　　全国健康保険協会東京支部　印

（注）　全国健康保険協会は，平成20年に設立された，中小企業等の従業員が加入する民間の法人である。

論点の整理

　本問は，私文書偽造罪の成否について，名義人の承諾がある場合を中心に問う内容である。一般に，私文書偽造罪は，名義人の承諾があれば成立しないとされる。名義人の意思が表示されることになるから，名義人と作成者の人格の同一性に偽りがないからである。しかし，交通事件原票や入学試験答案のように，本人が直接記載することが要求される文書については，たとえ名義人が自己の氏名を使用することを承諾していたとしても偽造となる。

　本問では，金融機関からの融資契約の申込書に，他人の承諾を得てその氏名を記入する行為を取り上げた。融資契約の性質等を考慮しつつ，偽造行為に当たるかを判断することとなる。

　また，振り込まれた金員の引出しについては，自己が管理する口座の預金についても，詐欺罪ないし窃盗罪が成立するかが問題となる。

解答の筋道

1. 甲の罪責
   (1) 乙に被保険者証を交付させる行為
     ・重要な事項に関する欺く行為の有無
   (2) P金融からPカードを受領する行為
     ・有印私文書偽造罪，同行使罪の成否
     ・乙の承諾の意義
     ・カードに対する1項詐欺罪の成否
   (3) 20万円の窃取
     ・カードの詐欺罪との罪数関係
   (4) カラーコピーをとり，ラミネート加工した行為
     ・何が偽造文書か
     ・一般人が真正と思う外観の有無
     ・有印か→〈参考資料〉の記載
   (5) 銀行で口座を開設し，通帳，キャッシュカードを取得した行為
     ・有印私文書偽造罪，同行使罪の成否
     ・欺く行為の有無
   (6) Cに現金を振り込ませた行為
     ・1項詐欺罪の成否
   (7) 丙を使って銀行口座から現金を引き出す行為
     ・銀行が許容しない方法での引出しか→間接正犯の成否
2. 乙の罪責
   ・甲の有印私文書偽造罪・同行使罪の幇助の成否
   ・カードについての詐欺罪，現金の窃盗罪につき幇助の成否
3. 丙の罪責
   ・キャッシュカードの利用が許可されているとの誤信→窃盗罪の成否

［答案作成上の注意］

参考資料が付されていても，その情報の全てが重要とは限らない。〈参考

資料〉では「名義人」が誰かが重要である。あくまでも，問題文との関連で何が重要かに着目すべきである。

偽造の意義については，かつては「名義の偽り」とされたが，現在は「人格の同一性の偽り」として説明される事案が多い。自己の名義を用いたり（例えば養子縁組⇨第19講参照），名義人の承諾がある（本講）場合は，「名義の偽り」では説明が困難だからである。「名義人」，「作成者」が誰かを確実に論ずることが重要である。

また，偽造罪は，詐欺罪等と関連して出題されることが多いと想定され，罪数関係にも注意を払うことが大切である。

解答案

一　甲の罪責

1．甲が，乙に健康保険被保険者証を交付させる行為が，1項詐欺罪（246条1項）に当たるか。

甲は，乙に対し，消費者金融から融資を受けるために，乙に成り済ますことを告げてはいるが，借金を返済する意思も能力もないのに，乙に対しては，金のことで迷惑をかけないとの虚偽の事実を申し向けている。乙にとっては，甲の返済能力・意思の有無は，保険証を渡すか否かの判断にとって重要な事項であるから，返済能力・意思を偽る行為は「欺」く行為に当たる。

乙は，甲の返済能力・意思について錯誤に陥り，それによって保険証を交付しているから，保険証という「財物」の移転も認められる。

よって，甲が乙に保険証を交付させる行為は1項詐欺罪（246条1項）に当たる。

2．甲がP金融の無人店舗に立ち入る行為は，建造物侵入罪（130条前段）に当たるか。

甲は，ローンカードを騙取し，現金を窃取する目的で，P金融の無人店舗に立ち入っているから，管理権者の意思に反し，平穏を害する「侵入」に当たり，建造物侵入罪（130条前段）が成立する。

3．甲がP金融に対し，田中一郎名義でカード申込書を作成し，イ

メージスキャナを通して送信する行為が，有印私文書偽造罪（159条1項），同行使罪（161条1項）に当たるか。

(1) ローンカード申込書は，田中一郎が金融機関から融資を受けるためのカードを申し込むという事実を証明するための文書であるから，「事実証明に関する文書」に当たる。

P金融従業員に提示するために作成しているから，「行使の目的」もある。

さらに，田中一郎の氏名を記入しているから，有印である。

(2) 田中一郎である乙が，自己の名義を用いることを了承しているが，名義人本人が作成することが当該文書の性質上要求されている場合には，たとえ名義人が自己の氏名を利用することを許容しているとしても，当該文書の社会的信用は害され，人格の同一性の偽りが認められる。

消費者金融のカードローン契約申込書の性質を考えると，同文書においては，申込者である名義人本人の支払意思・能力の有無が重要な事項である。たとえ乙の承諾があっても，作成者は支払意思・能力のない甲であり，名義人は支払意思・能力のある乙であるから，名義人と作成者の人格の同一性の偽りがある。よって，甲が申込書を作成する行為は，有印私文書偽造罪（159条1項）に当たる。

また，甲は，自身の名義では融資を受けられないことを認識しているから，有形偽造の認識もある。乙は，後述のように幇助犯となる。

(3) 同申込書をスキャナを通じて，R支店のディスプレイ上に表示させた行為は，表示させることにより，同支店の従業員が認識し得る状態に置いているから，偽造有印私文書行使罪（161条1項）に当たる。

4. 甲が，Aからローンカードの交付を受ける行為は，詐欺罪（246条1項）に当たるか。

(1) 甲が，申込書及び保険証を用いて乙に成り済ましてローン契約を申し込む行為は，返済意思・能力及び名義を偽って契約を申し込む行為であり，「欺」く行為に当たる。

Aは，甲の欺く行為により，甲が乙という名前で，かつ支払意思・

能力があるとの錯誤に陥り，Pカードという「財物」を「交付」しているから，甲の行為は1項詐欺罪（246条1項）に当たる。

(2) 甲が，カード入手直後に，同無人店舗内で20万円の現金を借り出した行為は，同店舗を管理するR支店の管理者の占用する現金を，不正に入手したカードを用いて奪う行為で，窃盗罪（235条）に当たる。

(3) カードに対する詐欺罪と，現金に対する窃盗罪は，時間的・場所的に接着して行われた行為ではあるが，カードは，それを用いて限度額に至るまで，何度でも融資を受けることのできるものであるから，甲の行った詐欺罪と窃盗罪とは別個の法益に向けられた独立の行為と評価すべきである。よって，両罪は併合罪（45条前段）となる。

5. 甲が，乙の保険証のカラーコピーをとり，原寸大に切って，厚紙で裏打ちした上でラミネート加工した行為は，有印私文書偽造（159条1項）に当たるか。

(1) 保険証は，乙がQ株式会社に勤務し，全国健康保険協会東京支部の被保険者であるという事実を示す文書であるから，「事実証明に関する文書」に当たる。

甲は，本問加工物を銀行口座開設の際に用いる目的で作成しているから，「行使の目的」がある。

また，〈参考資料〉によれば，本問の保険証の名義人は全国健康保険協会東京支部であるのに対し，作成者はコピーをとって加工を加えた甲であるから，名義人と作成者の人格の同一性の偽りがあり，「偽造」行為に当たる。

(2) もっとも，偽造といえるためには，一般人が真正なものであると誤信する程度の外観が必要である。本問加工物は，厚紙で裏打ちして裏面は白紙であるから，なお真正な外観があるといえるかが問題となる。しかし，保険証は，身分証明として相手方に提示し，相手も確認のため一瞥するだけといった用いられ方もすると考えられるから，表面がカラーコピーでラミネート加工されている以上，たとえ裏面が白紙でも，一般人からみて真正な外観を有するといえる。

さらに，この保険証のコピーには，全国健康保険協会東京支部の記名があるから「他人の署名を使用して」といえる。

(3) よって，甲が保険証のコピーを使って本物らしく見せかけた文書を作成する行為は，有印私文書偽造罪（159条1項）に当たる。

6．甲が乙名義で銀行口座を開設する行為は，有印私文書偽造罪（159条1項），同行使罪（161条1項），詐欺罪（246条1項）に当たるか。

(1) 他人名義の口座を開設し，通帳やカードを騙取する目的でT支店に立ち入っているから，管理権者の意思に反し，平穏を害する「侵入」に当たり，建造物侵入罪（130条前段）に当たる。

(2) 預金口座開設申込書は，乙が口座開設を申し込むという事実を証明する文書で，「事実証明に関する文書」に当たる。

同申込書の名義は乙で，作成者は甲であるから人格の同一性の偽りがあり，「偽造」行為に当たる。

また，乙の署名を用いているから，「他人の署名を使用して」いる。

よって，甲が同申込書を作成する行為は，有印私文書偽造罪（159条1項）に当たる。

(3) 甲が，コピーから作成した保険証と，口座開設申込書を係員Bに提示する行為は，偽造有印私文書行使罪（161条1項）に当たる。

(4) 甲が，偽造した申込書と保険証を提示し，乙であるように装って口座開設を申し込む行為は，Bに対する「欺」く行為に当たる。

Bは，甲が乙であるとの錯誤に陥り，それにより「財物」である通帳及びキャッシュカードを甲に「交付」しているから，甲の行為は，通帳及びキャッシュカードに対する1項詐欺罪（246条）に当たる。

また，振り込め詐欺によりCから乙名義の口座に振り込ませた行為は，詐欺罪（246条1項）に当たる。

7．甲が丙女にキャッシュカードを利用して現金を引き出させる行為は，窃盗罪（235条）の間接正犯に当たるか。

(1) まず，丙を無人店舗に立ち入らせる行為は，建造物侵入罪（130条前段）の間接正犯に当たる。

（2）丙が，騙取したキャッシュカードを用いて現金を取得する行為は，客観的には窃取行為に当たるが，丙はカードの利用が乙により許容されていると認識しているため窃盗罪の故意が欠け，同罪には当たらない。

これに対し甲は，騙取したカードを用いて現金を引き出す行為が，銀行の許容しない預金の引出し方法であることの認識があるから，窃盗罪の故意がある。

甲は，事情を知らず，違法な行為であるとの認識のない丙を道具として利用して，ATM機から現金を窃取させているから，窃盗罪（235条）の間接正犯に当たる。

8．以上から，甲には，①乙に対する詐欺罪（246条1項），②P金融無人担保への建造物侵入罪（130条前段），③P金融に関する有印私文書偽造罪（159条1項），④同行使罪（161条1項），⑤Aに対する詐欺罪（246条1項），⑥R支店支店長に対する窃盗罪（235条）が成立し，②③④⑤は牽連犯（Ⅰ），②⑥も牽連犯となる（Ⅱ）。また，⑦保険証についての有印私文書偽造罪，⑧S銀行T支店への建造物侵入罪（130条前段），⑨S銀行に関する有印私文書偽造罪（159条1項），⑩同行使罪（161条1項），⑪Bに対する詐欺罪（246条1項）が成立し，⑧⑨⑩⑪は牽連犯となる（Ⅲ）。さらに，⑫Cに対する詐欺罪，⑬丙女を利用した建造物侵入罪（130条前段）と⑭窃盗罪の間接正犯（235条）が成立し，⑬⑭は牽連犯（54条1項後段）となる（Ⅳ）。Ⅰ～Ⅳと①，⑦，⑫は併合罪（45条前段）となる。

二　乙の罪責

1．乙は，甲のP金融に関する有印私文書偽造罪（159条1項），同行使罪（161条1項），及びAに対する詐欺罪（246条1項）の幇助犯に当たるか。

（1）まず客観的に，乙は，甲の偽造行為，詐欺行為の遂行に不可欠である保険証を貸与しており，甲の犯罪行為において重要な役割を果たしている。

また，乙は，甲が消費者金融契約に利用することを認識した上で，保険証を貸与しているから，甲が乙に成り済まして契約を締結し，現金も借り出すことについて，認識していたといえる。
　(2) しかし，乙は，甲から話を持ちかけられてやむを得ず貸与していること，乙自身は全く利益がないこと，直後に保険証を取り戻していることから，偽造罪についても詐欺罪についても，自己の犯罪として行っているとは認められず，正犯性を欠く。よって，これらの罪についての幇助犯にとどまる。
　なお，乙は，甲がその後行った，銀行口座の開設，丙へのカード貸与といった行為の前に，保険証を取り戻しており，これらの行為については全く認識していないから，これらの罪については幇助犯は成立しない。
　2．よって，乙には，甲の以下の犯罪，すなわち①建造物侵入罪（130条前段），②P金融に関する有印私文書偽造罪（159条1項），③同行使罪（161条1項），④Aに対する詐欺罪（246条1項），及び⑤窃盗罪（235条）の幇助犯（62条）が成立し，これらは乙の保険証貸与という1個の幇助行為によりなされているから，観念的競合（54条1項前段）となる。

三　丙の罪責
　(1) 丙が，キャッシュカードを使用して10万円を引き出した行為について窃盗罪（235条）が成立するか。
　(2) 預金口座からの引き出し行為について窃盗罪が成立するためには，正当な権限なく引き出していることの認識が必要である。しかし，丙は，甲から口座名義人が預金の引き出しについて承諾していると聞かされており，不正なカードであることの認識もない。よって窃取についての故意が欠けるから，窃盗罪は成立しない。

　　　　　　　　　　　　　　　　　　　　　　　　　　以　上

一 甲の罪責

1. 乙に被保険者証を交付させる行為

甲が，乙に健康保険被保険者証（以下，「保険証」とする）を交付させる行為が，1項詐欺罪に当たるか。

欺く行為には，**当該取引に当たって「重要な事項」について偽る**ことが必要である（⇨第19講）。甲は，乙に対し，消費者金融から融資を受けるために，乙に成り済ますことを告げ，その本人確認のために必要だとして保険証を貸すよう申し向けているから，保険証の利用方法についての偽りはなく，欺く行為が認められないようにもみえる。

しかし，消費者金融に返済する意思も能力もないのに，乙に対しては，帰ったらすぐに借金は返すとの虚偽の事実を告げている。乙としては，甲が返済しなければ自分が債務を負うことになるから，甲の返済意思の有無は重要な事項である。よって，甲が，「迷惑をかけないから保険証を貸してくれ」との虚偽の事実を申し向ける行為は，欺く行為に当たる。

2. P金融からPカードを受領する行為

次に，P金融との関係では，偽造罪，詐欺罪，窃盗罪が問題となる。

(1) 名義人の承諾と有形偽造

乙名義でカードローン契約申込書に記入する行為は，他人の名義を用いた有印私文書偽造罪に当たるといえるであろうか。乙が名義を使うことを了承していることの評価が問題となる。

例えば，取締役社長名義の文書を，秘書が作成する場合，社長の承諾があれば社長が作成者となり，偽造とはならない。これに対し，承諾を得て交通事件原票の供述書に他人名義で署名する行為（最決昭56・4・8⇨［参考判例］参照），承諾を得て他人名義で入試の答案を作成する行為（東京地判平4・5・28判タ806・230），承諾を得て他人名義でパスポートの申請書を作成する行為（東京地判平10・8・19判時1653・154）は，いずれも有形偽造に当たるとされた。理

由は，いかに承諾があっても，作成者は現に記入した者であり，名義人と交通違反をした作成者，名義人と答案を記入した作成者，名義人とパスポートを申請した作成者との間には，いずれも人格の同一性の偽りがあるからである。これらの文書は，それぞれ「誰が違反したか」，「誰が答案を作成したか」，「誰がパスポートを所持するか」が重要であり，**名義人の特定が高度に要求される文書**であり，いかに承諾があっても偽造が認められると考えられている。判例で，自署性が必要である，あるいは本人以外の作成が許されないとされる文書は，このような意味で，名義人の特定が高度に要求される文書を指している。

　消費者金融のカードローン契約の申込みについても，本人自身の与信が問題となるものであり，金融業者は，本人による申込みしか認めていないことが重要である（犯罪収益移転防止法4条参照。仙台高判平18・9・12高検速報平18・329）。本問の甲の行為も，いかに乙が承諾していたとしても，作成者は支払意思・能力のない甲であり，人格の同一性に偽りがあるから有形偽造に当たる。

　また，甲は，他人名義で記載していることの認識があるから，有形偽造の認識もあり，有印私文書偽造罪が成立する（乙との共犯関係については後述410-411頁）。

(2) ディスプレイ上の表示と行使

　甲が，上記申込書をイメージスキャナで読み取らせ，ディスプレイ上に表示させる行為は，行使罪に当たる。ただし，**ディスプレイ上の表示はあくまでも「行使」であって，偽造文書ではない**。甲が，無人店舗内で所持している申請書が「偽造文書」であり，従業員Aは，その偽造文書を「ディスプレイ」を通じて見ていると考えることになる。文書は，「ある程度持続すべき状態において」観念を表示したものに限るから，ディスプレイ上の表示のように電子的な作用で表現されたものを「文書」ということは困難だからである（⇨第17講308頁）。

　乙の保険証の原本をスキャナで読み取らせる行為は，乙に成り済ますための詐欺行為の手段ではあるが，改ざん等がなされているわけではないから，偽造には当たらない。

(3) 詐欺罪の成否

　従業員Aに対し，自動契約受付機を通じてPカードを交付させる行為は，1項詐欺罪に当たる。「機械は騙されない」から，機械を通じて入手する行為は窃盗罪であると形式的に覚えていると間違えやすいので注意を要する。問題文にもあるように，人である従業員Aが，乙名義の人物についての情報照会をした上でカードを発行しているから，錯誤に基づく交付行為が認められる。

　欺く行為は，「氏名が田中一郎ではなく，また消費者金融で融資が受けられない者であるにもかかわらず，田中一郎であり，消費者金融のブラックリストに載っていないように装って融資を申し込む行為」である。もちろん，単に氏名を偽ることのみでも欺く行為に当たる。しかし，融資を受ける資格の有無も，欺く行為の内容として挙げるべきである。**消費者金融の申込みに当たっての「重要な事項」**は，その申請者に対する与信の可否であり，ブラックリストに載っていないか，暴力団関係者ではないかなどの事情も重要だからである。

　また，Pカードの財物性も問題となり得るが，同カードは，所持することにより，限度額に達するまで何度でも融資を受けることができるものであるから，単なる「プラスチック板」以上の価値を有し，それ自体の財物性は否定されない。

(4) 20万円の窃取

　甲は，カードを受領直後に，その場で，融資受付機を通じて20万円の融資を受けている。ATMからの引出し行為は，従業員が個別の判断をして交付しているものではないから，機械に対する行為として詐欺罪ではなく窃盗罪となる。

　もっとも，甲が乙に成り済まして融資を受けることは，乙が了承しているため，窃盗罪は成立しないようにもみえる。しかし，この窃盗罪の被害者は乙ではなくP金融であり，20万円は，P金融の当該無人店舗を管理している支店の管理者が占有を有する。P金融としては，**不正に入手したPカードを利用した金員の引出しは許容しない**から，当該行為は占有者の意思に反した占有侵害であり，窃盗罪が成立する[1]。

3．S銀行に対する行為

(1) 保険証のカラーコピーをとり，ラミネート加工した行為

　カラーコピーをとる行為自体は，紙幣のように複写が禁じられている物を除き，犯罪行為に当たることはない。また，当該コピーを，原本として用いる意図がなければ偽造行為には当たらない。例えば，保険証を，紛失等に備えて本人が手控えとしてコピーをとる場合，これをコピーとして用いる意図であれば偽造には当たらない。

　それに対し，原本として行使する目的でコピーし，ラミネート加工する行為は，**新たな証明力を有する文書を作出する行為**であり，有形偽造に当たる。たとえ裏面が白紙であったとしても，**一般人が真正と思う外観**があるといえ，有印（⇨〈参考資料〉）私文書偽造罪に当たる。ここでは，コピーとしての文書性が問題となるわけではないことに注意を要する。

　なお，保険証につき，国民健康保険被保険者証を思い浮かべて「公文書」と考えがちであるが，〈参考資料〉を見れば分かるように，名義人は「全国健康保険協会　東京支部」（民間の法人）であるから，「私文書」である。

(2) 銀行で口座を開設し，通帳，キャッシュカードを取得した行為

　甲が，口座開設申込書を，田中一郎名義で作成する行為は有印私文書偽造罪に当たり，Bに提出した行為は行使罪に当たる。また，本問で甲がラミネート加工して作出したものは偽造文書であるから，これを原本であるとしてBに提示する行為は，行使罪に当たる。ただし，例えば，乙から借りた保険証をコピーし，乙に成り済まして，これをコピーであると告げた上で提示したような場合には，改ざんを加えないでコピーすること自体は許容されているから当該コピーは偽造文書に当たらず，偽造文書に当たらないものを提示している以上，行使罪にも当たらないことになる。

---

1) 最決平19・4・13（刑集61・3・340）は，電子機器を身体に装着してパチスロ機で遊戯する行為は，店舗がそのような態様による遊戯を許容しない以上，窃取行為に当たるとした。なお，最決平21・6・29（刑集63・5・461）は，パチスロのメダルの不正取得に際し，隣で壁役となった者が取得したメダルにつき，通常の遊戯方法で取得されたものであって，店長が許容しない方法による窃取とはいえないとした（⇨第17講314頁）。

また，通帳やカードを交付させた行為は1項詐欺罪に当たる。銀行は，犯罪収益移転防止法により厳格な本人確認が要求されており，銀行にとって口座の名義が申込者本人か否かは重要な事項であって欺く行為が認められる。

Cに対しては，口座に振り込ませた時点で1項詐欺罪の既遂となる。

4. 丙にキャッシュカードを使用させた行為

まず，丙に窃盗罪が成立するかが問題となる。客観的には，乙名義の口座は不正に開設されたものであり，カード自体も騙取したものであるから，これを用いて他人名義の口座から無断で金員を引き出す行為は窃盗罪に当たる。しかし，丙は，当該口座の名義人が利用を許可していると誤信している。よって，窃盗罪の故意が欠け，同罪は成立しない（⇨「三　丙の罪責」参照）。

これに対し甲は，自己が不正に開設した口座であることを認識して引き出させているから，丙を道具として利用した窃盗罪の間接正犯となる。

なお，仮に，甲が銀行の窓口で払戻申請書を記載し，現金の払戻しを受けた場合はどうか。大阪高判平16・12・21（判タ1183・333）は，あらかじめ開設しておいた他人A名義の銀行口座に，第三者に対する詐欺により金員を振込送金させた上で，銀行窓口の行員に，A名義で預金払戻請求書を提出して金員を払い戻した行為につき，口座に振り込ませた時点で詐欺罪が成立し，その後A名義で払戻請求書を作成する行為は，名義人Aと作成者Xとの人格の同一性を偽る行為であるから，有印私文書偽造罪に当たるとし，「実質的な預金者本人が管理する口座から預金を引き出す行為は，窃盗や詐欺には当たらない」とする弁護人の主張を退けている。

二　乙の罪責

乙は，甲が消費者金融の契約申込みに利用することを認識した上で，保険証を貸与しているから，甲の有印私文書偽造罪・同行使罪，詐欺罪及び窃盗罪の共犯に当たる。では，共同正犯か幇助犯か。**関与した役割の重要性や，正犯意思の有無**が問題となる。乙の保険証がなければ，金融機関からの融資は得られなかったから，役割の重要性は大きい。しかし，甲に頼まれてやむ

を得ず貸与していること，乙自身は全く得るものがないこと，直後に保険証を取り戻していることから，自己の犯罪として行っていると認めることは困難で，正犯性を欠き，幇助犯にとどまる。

なお，乙が認識していたのは，消費者金融の契約に限定されるから，甲がP金融の無人店舗で行った，有印私文書偽造罪，同行使罪，カードについての1項詐欺罪，及び現金についての窃盗罪の限度で幇助犯となる。

ただ，甲は乙から保険証を騙取しているから，乙はこの詐欺罪の被害者でもある。詐欺罪の被害者である乙が，騙取された保険証を利用して甲が行った犯罪の共犯者となるのは妥当でないようにもみえる。しかし，乙の貸与行為があったからこそ甲はP金融での偽造罪等を実行することが可能であった上，乙は，甲がP金融で行う犯罪行為について認識した上で貸している以上，幇助の故意もある。

三　丙の罪責

キャッシュカードの不正使用について，窃盗罪が成立するかが問題となる。口座名義人に成り済まして，他人の口座からキャッシュカードを用いて現金を引き出す行為は，当該金融機関の意思に反して現金の占有を侵害するものであって，窃盗罪に当たるのではないか。

しかし，キャッシュカードについては，クレジットカードと異なり，金融機関が，その利用に際しカード所持人の署名を求めたり，信用確認をすることはない。「**暗証番号さえ一致すれば，ATMから現金の引出しができる仕組み**になっており，換言すれば，金融機関は，貸付けにおいても一定額の範囲内であれば，預金の払戻しの場合と同様に，現金を引き出すことを容認している」（京都地判平13・9・21刑集58・2・93（最決平16・2・9刑集58・2・89の第1審判決））のである（⇨第11講203頁参照）。

もちろん，キャッシュカードの窃盗犯人が，そのカードを用いて現金を引き出せば，それは銀行の容認しない引出し行為であるとして窃盗罪が成立する。それに対し，友人から依頼されて，その者のカードを用いて銀行口座から金員を引き出す行為は，カード名義人の承諾があるから窃盗罪に当たるとはいえない。クレジットカードについて，同居の家族などの特別な関係にある者以外の利用は認められないと理解されているのとは異な

る。

　本問についても，甲自身が本問のキャッシュカードを用いて引き出す行為は窃盗罪に当たる。しかし，丙は不正なカードであることの認識がなく，乙がカード使用を許容していると誤信している以上，窃盗罪の故意が認められない。よって，丙には犯罪は成立しない。

【参考判例】

最判昭51・4・30（刑集30・3・453）　⇒第17講［参考判例］。

広島高岡山支判平8・5・22（高刑集49・2・246）　ファクシミリについて，コピーと同様に文書性を認めた。

最判昭59・2・17（刑集38・3・336）　日本に密入国したXが，20年以上使用し，定着した通称名Bを用いて再入国許可申請書を作成した行為につき，本申請書は，ことがらの性質上，当然に，本名を用いて申請書を作成することが要求されているから，適法に本邦に在留することを許されているBと，密入国し，在留資格のないXとは別人格であり，名義人と作成者との人格の同一性に齟齬を生じているとして，有印私文書偽造罪の成立を認めた。〈前田・重要判例No.216，石井徹哉・百選Ⅱ No.93〉

最決平15・10・6（刑集57・9・987）　国際運転免許証に酷似する文書を，その発給権限のない団体名義で作成した行為は，たとえ当該団体がその団体の名称で作成したものであっても，文書の名義人と作成者の間の人格の同一性を偽るもので，有印私文書偽造罪が成立するとした。〈前田・重要判例No.220，今井猛嘉・百選Ⅱ No.96〉

最決昭56・4・8（刑集35・3・57）　運転免許停止処分を受けていたXが，事前にAから承諾を得た上で，免許証不携帯で取締りを受けた際，交通事件原票の供述書にAと署名した行為について，文書の性質上，作成名義人以外の者がこれを作成することは法令上許されないとして，有印私文書偽造罪の成立を認めた。
〈前田・重要判例No.221，城下裕二・百選Ⅱ No.97〉

東京高判平20・7・18（判タ1306・311）　⇒第17講［参考判例］。

東京高判平2・2・20（高刑集43・1・11）　自動車登録事項等証明書に記載される事項は，実社会生活に交渉を有する事項であり，自動車登録事項等証明書交付請求書は，何某という請求者がこれらの情報の入手を請求する意思を表示したことを証明するもので，実社会生活に交渉を有する事項を証明するに足りる文書

であるから,「事実証明に関する文書」に当たるとした。〈前田・重要判例 No. 226〉

 賄賂罪

▶設 問

　以下の事例に基づき，甲，乙，丙及び丁の刑事責任について，具体的事実を示しつつ論じなさい（特別法違反の点を除く。）。

1　甲はA県土木建設課の課長補佐であったが，A県の県営住宅建設工事の監督の任に当たっていたところ，同工事を受注したB建設会社の下請けのC土木会社の工事関係者から，「県営住宅の現場では手抜き工事をやっている。」との噂を聞き込んだ。甲が内々に調査したところ，B建設がC土木に対し，工事契約時の仕様書と異なる安価な資材を用いるよう指示している疑いが生じた。
　そこで，甲は，平成26年6月16日の昼休みに，B建設の工事現場主任である乙に電話をかけ，「仕様書通りの資材を用いているか，検査したい。明日までに，関係資料のコピーを提出するように。」と告げた。
2　乙は，上司に当たるB建設の本件工事担当のD課長や部下たちにも内緒で，工事作業員との懇親のための費用や，万一工事に関する何らかの問題が発生した場合の予備費など，工事現場主任として工事を円滑に進めるための経費を捻出するため，実際に安価な資材を納品するようC土木に指示していた。そして，会社から預かっていた工事代金支払い用資金と実際に支払う金額との差額として合計500万円を，乙自身が自由に使える裏金として作り，E銀行F支店に，乙名義で個人的に開設した預金口座に入金して保管していた。乙は，甲の電話で，裏金のことが発覚したと思い，何とか早急に手を打つ必要があると考えた。
3　乙は，仕様書との整合性を図るためにC土木の納品書を修正しようとしたが，その日は午後から出張で現場を離れなければならなかった

め，普段から特に目をかけていた部下の丙に対し，「急ぎの件で必要なので，Ｃ土木から提出された納品関係の書類をコピーして，今晩中に俺の机の上に置いておいてくれ。書類のコピー禁止は分かっているが，何とかうまくやってくれ。」と頼んだ。

　丙は，乙から裏金のことは聞いていなかったが，普段から乙が羽振りがよく，特にＣ土木の関係者と親しくしている様子だったので，乙がＣ土木との契約に関係して裏金を作っているのではないかと，うすうす感づいていた。そして，乙が慌てている様子から，裏金のことが露見して何かまずいことになっているのかもしれないとは思ったものの，常々乙には世話になっていたことから，乙には何も聞かずに，「分かりました。」と答えて，指示通りにコピーすることにした。

4　工事の契約に関する書類はすべて，工事現場内の工事事務所２階の書類保管室に保管されており，Ｄ課長の部下のＧが，保管管理していた。そこで，丙は，同室にいたＧに対し，書類をコピーすることには触れずに，「乙さんに頼まれて，資材の納入に関する書類を確認することになった。今晩中には返すので，書類ファイルを借りたい。」と申し向けた。Ｇは，「分かった。ファイルは原則として持出禁止だが，すぐに返してくれるなら構わない。分かっているだろうが，コピーは厳禁だから，扱いには気を付けてくれ。」と答えた。丙は「分かった。」と答えて，自分で棚から納品関係の書類ファイルを３冊取り出し，それを持って保管室を出て，１階の乙が管理する事務室に行った。

5　丙は，事務室内にあるコピー機を用い，持ち出した書類ファイル内のＣ土木の納品に関する資料を約30頁分ほどコピーし，そのコピーをまとめて紙袋に入れ，乙の机の上に「Ｃ土木」というメモを付けて置いておいた。丙は，ファイルから必要な書類を探すのに手間取ったため，約３時間後に書類ファイルを保管室の棚に返却したが，保管室にいたＧは丙に，「ご苦労さん。」と声をかけた。

6　翌６月17日の早朝に出勤した乙は，まだ誰も出勤していない工事事務所内で，丙にコピーさせた書類を確認し，仕様書と矛盾しないように品名，金額，数量を書き換える変更を加えた上，変更を加えたコピーをさらにコピーして，甲に提出するための資料としてコピーを30枚作成した。丙が持ち出してコピーした納品関係の書類は，すべてＣ土木資材部長のＨ名義で作成されたものであり，いずれの書類にも資材部長

Hの記名があった。

7 　その日の午後，乙は1人でA県庁内の甲を訪ね，作成したコピー30枚を甲に渡した。乙が帰った後で，甲が県に保管してある書類と付き合わせた結果，乙が持参したコピーは改ざんしたものであることが分かり，甲は，工事に関して不正が行われていることを確信した。甲は，本来はこの段階で，県として調査を開始すべきであると思ったものの，甲自身が，約半年後に行われる予定の地方議会議員選挙に出馬する予定だったことから，選挙資金として少しでも金が欲しいと思い，工事の不正について乙に指摘し，乙に金員を出させようと考えた。

8 　そこで，甲は，6月19日に乙を呼び出し，「資料を見たが，不正行為が行われている可能性が高いから，査察に入らなければならない。ただし，そちらがそれなりの対応をするのであれば，摘発を見送ってやってもよい。」と告げた。乙は，「対応とおっしゃいますが，金のことでしょうか。」と聞いたが，甲は敢えて何も言わずに黙っていた。乙としては，甲が乙の質問に対し否定しなかったことから，甲に金を渡さなければ県からの調査が入り，工事全体に重大な支障が生じるであろうことや，裏金のことが露見すれば，それによって自分の工事現場主任としての地位も危うくなると考え，それなりの金額を用意しなければならないと強く感じた。

9 　6月21日，乙は，甲に渡す金を用意するため，以前から貯めていた裏金の500万円のうち，100万円をF支店から引き出し，これに，乙が工事費用としてB建設から預かり，工事事務所内の金庫で自ら管理保管していた金員1,000万円のうちの200万円を足して，合計300万円を用意した。

10 　他方，甲は，乙に上記のように申し向けた直後に異動が決まり，7月1日からA県の外郭団体である住宅供給公社に出向し，同公社の開発課長として勤務することとなった。同公社の職員はみなし公務員に当たるものであった。異動までの間，甲は，自らB建設に対する査察や摘発を行わなかっただけでなく，不正工事の可能性が高いことについて上司や同僚にも告げず，また，A県土木建設課の後任課長補佐であるIにも，不正工事のおそれがあることについての引継ぎをしなかった。

11 　甲が公社に出向してから1週間後の7月8日に，乙から甲に，「課長就任祝いをお持ちしたい。」との電話があった。甲は，先日の話の回答

として，乙が金を渡しに来るのだろうと思ったが，公社に直接来られては目立つと考え，「今度の土曜日に，Ｊホテルのロビーで待ち合わせよう。ただ，当日私はゴルフの予定が入っているので，妻の丁をホテルに行かせる。」と伝えた。

12　帰宅後，甲は丁に対し，「乙は私のよく知っている建設業者だが，課長就任祝いだといって金を渡したいと言ってきた。不正工事の疑いをちらつかせたら，びくついていたから，それなりの金額を持ってくるはずだ。土曜日にＪホテルで会って受け取ってくれ。」と伝えた。丁は，甲が，不正を見逃す代わりに業者からまとまった金員を受け取るのだろうと思ったが，甲が選挙に出ると言い出して金がかかる上に，家計も楽ではなかったことから，金があれば助かると思い，言われるままに，7月11日にＪホテルに出かけ，乙から金の入った封筒を受け取った。

　　丁が封筒の中身を確認したところ，300万円入っていたが，丁は，家計のやりくりに困って，夫に内緒で消費者金融から借金していたことから，その返済に充てようと考え，そのうち100万円を取り出した上で，包みを家に持ち帰った。

13　丁は帰宅した後，包みを甲に渡したところ，甲は中身が200万円であることを確認し，そのうち50万円を丁に渡し，「それはおまえが使ってよい。」と言った。丁は，抜き取った100万円を消費者金融の返済に充て，甲から渡された50万円は日常の買物等で費消した。甲は150万円を選挙資金として保管した。

　　約半年後に，甲は公社を退職し，地方議会議員選挙に立候補したが，落選した。

論点の整理

　本問の最大の論点は，恐喝罪と収賄罪の関係である。収賄罪は公務員が要求する行為も含むが，公務員に脅されてやむを得ず支払った者は，恐喝の被害者であっても，贈賄罪の主体となる。細かな論点がいくつか含まれているが，まず，大きな柱となる収賄罪，贈賄罪の成否と，それぞれの成立時期を見定めることが重要である。

　収賄罪に関しては，要求罪・約束罪と収賄罪との関係（両罪が成立するので

はなく，包括して一罪となる），共同正犯の成否（本問では，妻が受け取っても第三者供賄ではなく共同正犯となる）などにつき，注意を要する。財産犯に関しては，乙の業務上横領行為が 2 度問題となり得るが，両罪の関係をどのように処理するかの他，ファイルの持出し行為が窃盗罪ではなく詐欺罪であることも重要である。さらに，偽造罪については，誰の名義の文書かに注意した上で，コピーの文書性にも触れる必要がある。

解答の筋道

1. 甲の罪責
    (1) 恐喝罪の成否
    (2) 加重収賄罪（丁との共同正犯）の成否
        ・職務権限の有無
        ・「相当な行為をしなかった」といえるか
            →要求・約束＋「不正行為」→197 条の 3 第 1 項
            「不正行為」＋収受→197 条の 3 第 2 項
2. 丁の罪責
    (1) 恐喝罪の成否
        ・幇助か共同正犯か
    (2) 加重収賄罪の成否
        ・不正行為の認識
        ・公務員の身分なし→65 条 1 項
    (3) 横領罪の成否
3. 乙の罪責
    (1) 業務上横領罪（500 万円について）
    (2) ファイルに関する詐欺罪の成否（丙との共同正犯）
    (3) コピーについての有印私文書偽造罪の成否
    (4) 金庫内の金員に対する業務上横領罪の成否
        ・委託の趣旨からいって許されないほしいままの処分か
        ・「1」の業務上横領罪との関係
    (5) 贈賄罪の成否
        ・恐喝の被害者による贈賄罪
4. 丙の罪責

・資料ファイルに対する詐欺罪の成否（乙との共同正犯）

●解答例

［答案作成上の注意］

　多くの論点があるが，収賄側（甲，丁），贈賄側（乙，丙）に分けて論ずると分かりやすい。収賄罪は，実際の事件では金品が動いた時点，すなわち「収受」として立件されることが多いようである。しかし，本問のような事案では，理論的には要求・約束・収受の全ての実行行為があるから，収受だけ論証したのでは足りない。包括して一罪とする罪数処理についても，理解しておく必要がある。

　乙の裏金については，たとえ「個人的な利用」ではなく，工事関係の費用として用いる意図であっても，自由に処分し得る状態に置けば横領行為に当たることに注意を要する。横領罪の不法領得の意思は，窃盗罪に比べ広く認められるからである（木村376頁参照）。

▶解答案

一　甲の罪責

　1．甲が「それなりの対応」をすれば摘発を見送ると告げ，乙を通じて金員を交付させた行為が，恐喝罪（249条）に当たるか。

　「恐喝」行為とは，相手の反抗を抑圧しない程度の脅迫・暴行で，財物ないし財産上の利益を得るために用いられるものをいう。告知される害悪の種類には制限がないから，本問のように，不正行為を摘発すると告げる行為も「恐喝」行為に当たり，畏怖した乙に金員を交付させているから，甲には恐喝罪（249条）が成立する。なお，この行為は，後述のように丁との共同正犯となる。

　2．甲は300万円を交付させた見返りに，査察を見送っており，加重収賄罪（197条の3）が成立しないか。

　(1) 甲は，300万円を要求した時点では県職員として公務員の身分が

あり、収受した時点でも、みなし公務員の身分を有していたから、いずれの時点でも、収賄罪における「公務員」に当たる。

(2) 収賄罪の成立には、「職務に関し」て賄賂を要求・約束・収受したという職務権限が必要である。甲は、県の土木建設課の課長補佐の職にあった当時、B建設の工事の監督の任に当たっていたから、本問の工事について具体的職務権限を有していたが、300万円を収受した時点では、職務権限を有しない住宅供給公社の職員に転職していた。

しかし、収賄罪処罰の根拠となる公務員の職務の公正性の侵害は、その者が過去に行った公務に関して賄賂を収受した場合でも認められる。よって、甲が転職後に300万円を収受した行為についても、「職務に関し」収受したといえる。

(3) 甲は、「それなりの対応」と発言し、乙が「金のことでしょうか」と尋ねたのに対し、敢えて返事をしていない。これは、金を「要求」したものと理解できる。

そして、甲が対応如何では査察を見送ると言ったのに対し、乙が「金のことでしょうか」と聞いた趣旨は、金を出せば査察を見送ってくれるかと尋ねたとみることができるから、査察を見送るようにとの「請託」があったといえる。

また、乙が金のことに言及して、甲の要求に応ずるそぶりを見せているから、この時点で両者の間で、賄賂の収受についての「約束」があったものと認められる。

そこで、甲が「要求」し、乙がこれに応じた時点で、受託収賄罪（197条1項後段）の「要求」・「約束」行為があったと認められる。

(4) 甲は、査察の必要性を認識したものの、自らが査察を実施しなかったのみならず、上司や後任の課長補佐Ｉにも、工事の不正について何ら告げていないことから、加重収賄罪の「相当な行為をしなかった」ものに当たる。

受託収賄罪に該当する行為を行った後に、加重収賄罪の不正行為が認められるから、この時点までの甲の行為は、事前加重収賄罪（197条の3

第1項）に当たる。

(5) 甲は，転職後に300万円を収受しており，この行為は，相当な行為をしなかった後に，受託収賄罪の「収受」行為があったものといえるから，事後加重収賄罪（197条の3第2項）に当たる。

この事後加重収賄罪と，先の事前加重収賄罪とは，包括して1個の加重収賄罪（197条の3）に当たる。

(6) 以上から，甲には，恐喝罪（249条）と加重収賄罪（197条の3）につき，後述のように丁との共同正犯（60条）が成立し，両罪は観念的競合（54条1項前段）となる。

二　丁の罪責

1．丁が乙から300万円の交付を受けた行為は，恐喝罪（249条）に当たるか。

(1) 丁は，甲が「不正工事の疑いをちらつかせたこと」，「乙がそれに怯えて金を持ってくること」を認識しているから，甲の恐喝行為について認識を有していた。

(2) また，丁は，甲が乙を脅した先行行為を認識し，それを積極的に利用して乙に交付させており，承継的共犯が成立する。さらに，丁は，単に甲を助ける意図ではなく，自らも金員が必要であると認識して実行しているから，単なる幇助犯ではなく正犯性が認められる。よって，恐喝罪について甲との共同正犯が認められる（60条，249条）。

2．丁に加重収賄罪（197条の3）が成立するか。

(1) 丁は甲から，「不正工事の疑いをちらつかせたら，乙がびくついていた」と聞かされていることから，甲が工事の不正を見逃す見返りとして金を要求したことを認識していた。よって，甲が「職務に関し」，「不正行為を行い」，「賄賂を要求した」ことを認識しつつ，「収受すること」について意思を通じているから，加重収賄罪（197条の3）の共謀が認められる。

(2) ただ，丁には公務員の身分がないが，65条1項により，身分の

ない者も身分犯に加功することにより共犯となる。また，丁は家計のために自ら金員を手に入れたいと考えているから，正犯性も認められる。

さらに，丁は収受行為についてのみ関与しているが，甲の先行行為を認識し，それを積極的に利用して収受行為を行っているから，加重収賄罪の承継的共同正犯（60条，65条1項，197条の3）が成立する。

3．丁が，乙から受け取った300万円のうち，100万円を抜き取った行為が横領罪（252条）に当たるか。

(1) 丁は，当該金員を所持しているから，この100万円は「自己の占有する」物に当たる。

また，300万円は賄賂として収受した金員であり，甲の所有物ではないが，丁にとって，依然として自己の占有する「他人の物」に当たる。

さらに，甲に収受を依頼されているから，甲との間に委託信頼関係も認められ，その委託の趣旨に背いて，所有権者でなければできない処分を行っており，横領罪（252条）に当たる。

(2) もっとも，丁が共同正犯として自己が収受した金員についてさらに横領罪が成立するか。収賄罪が国家法益に対する罪であるのに対し，横領罪は甲に対して成立する財産犯であることから，罪質も被害者も異なっており，重ねて成立し得る。

4．以上から，丁には恐喝罪（249条）と加重収賄罪（197条の3）が成立し，甲との共同正犯となり（60条，65条1項，249条，197条の3），両罪は観念的競合（54条1項前段）となる。さらに横領罪（252条）が成立し，併合罪（45条前段）となる。

三　乙の罪責

1．乙が，保管していた500万円を自己名義の口座に預金する行為は，業務上横領罪（253条）に当たるか。

(1) 乙が預金したのは，B建設の所有する支払い用の金員で，乙が業務上保管していた物の一部であるから，乙にとって，「業務上自己の占有する」「他人の物」に当たる。

工事代金として使途を定めて預かった金員を，他の目的に利用することは，委託の趣旨からいって許されない，所有者でなければできない処分といえ，「横領」に当たる。

(2) よって，乙が保管していた金員を自己名義の口座に移した時点で，業務上横領罪（253条）が成立する。

2. 乙が，丙に命じてファイルを持ち出させた行為について，詐欺罪の共同正犯（60条，246条1項）が成立するか。

(1) 後述のように，丙がファイルを持ち出す行為は，Gに対して，コピー目的であることを隠して欺き，交付させる行為であるから，1項詐欺罪（246条1項）に当たる。

(2) では，乙は詐欺罪の共同正犯に当たるか。乙は，丙が具体的に詐欺手段により持ち出すことまでは了解していないが，丙との間で，コピーが禁止されている書類について，コピー目的で持ち出すことについての共謀が認められる。丙の，欺く行為を用いた持出しは，乙との間の不正な持出しの共謀の射程に含まれる。

(3) 乙は，自らの不正行為を隠蔽することを目的としてファイルの持出しを命じており，さらに，部下の丙を使って主体的に実行していることから，乙には正犯性が認められる。ただし，丙も乙の部下とはいえ，乙を助けるために積極的に関与しているから，単なる道具とはいえず，乙の行為は間接正犯ではなく，丙との詐欺罪の共同正犯（60条，246条1項）となる。

3. 乙が，丙の作成したコピーを，さらに改ざんした上でコピーを作成する行為は，有印私文書偽造罪（159条1項）に当たるか。

(1) コピーは，原本を正確に複写した形式，外観を有し，かつ原本同様の社会的機能と信用性を有する場合には，原本と同様に文書として保護すべきである。

(2) まず，納品書の類の文書は，それをコピーした文書も「事実証明に関する文書」に当たり，Hの記名があるから「他人の署名を使用し」た有印私文書に当たる。

(3) また、乙は、コピーを甲に見せるために作成しているから、「行使の目的」もある。

(4) 本問の納品書コピーの名義人はHであり、作成者は改ざんしてコピーを作成した乙であるから、名義人と作成者の人格の同一性に齟齬があり、有形偽造となる。また、改ざんは納品関係の書類にとって重要な部分である品名、金額、数量に及んでいるから、変造ではなく「偽造」行為に当たる。

(5) よって、乙が内容を改ざんしたコピーを作成する行為は、有印私文書偽造罪（159条1項）に当たり、これを甲に見せる行為は、偽造有印私文書行使罪（161条1項）に当たる。

4．(1) 乙が、200万円を持ち出した行為は業務上横領罪（253条）に当たるか。

(2) この200万円は、乙が工事費用として業務上保管していた物で乙にとって、「業務上自己の占有する他人の物」に当たる。

また、工事費用として保管していた金員を、賄賂として支払うために持ち出しているが、自らの保身から賄賂を供与することを決意しており、専らB建設のために供与したといった事情も認められない。よって、委託の趣旨に背いて、その物につき権限がないのに所有者でなければできないような処分に当たり、「横領」したといえる。よって、業務上横領罪（253条）が成立する。

(3) 乙は、先に自己名義の預金口座に入金し、横領した500万円のうちの100万円も賄賂として供与している。この行為について、重ねて業務上横領罪（253条）が成立するか。自己名義の預金口座に入金していたとしても、乙にとっては、なお自己の占有する他人の物であるから、それを本来の使途である工事代金以外のために支出する行為は、横領行為に当たる。

よって、乙には、500万円についての業務上横領罪（253条）、100万円、200万円についての2個の業務上横領罪（253条）が成立し、これらは併合罪となる（45条前段）。

5．乙が，丁を通じて甲に対し300万円を供与した行為は，贈賄罪（198条）に当たる。乙は恐喝罪の被害者であるものの，意思の自由が完全に失われたわけではないから，贈賄罪の成立が妨げられることはない。

以上から，乙には，①3つの業務上横領罪（253条，併合罪），②1項詐欺罪の丙との共同正犯（60条，246条1項），③有印私文書偽造罪（159条1項），同行使罪（161条）（これら2罪は牽連犯），④贈賄罪が成立し，①の3つの業務上横領罪と，②から④までの各罪とは，併合罪（45条前段）となる。

四　丙の罪責

丙が，乙に指示されて資料ファイルを持ち出す行為について，詐欺罪（246条1項）が成立するか。

(1) 本問ファイルは，納品に関する情報が化体された「財物」に当たる。

丙はGに対して，コピーをする意図がないかのように装って，持ち出すことを申し出ているから，「欺」く行為が認められる。Gはそれにより錯誤に陥り，丙がファイルを持ち出すことを容認しているから，「交付」行為がある。

また，丙には返還意思があるが，たとえ短時間であっても，本来許容されないコピー目的で持ち出しているから，所有権者を排除し，他人の物を自己の所有物として，その本来的・経済的用法に従って利用処分する意思が認められる。

(2) よって，丙には1項詐欺罪が成立し，乙について論じたように，乙との共同正犯となる（60条，246条1項）。

以　上

解　説

一　甲の罪責

1. 恐喝罪の成否

　恐喝行為とは，相手の反抗を抑圧しない程度の脅迫・暴行で，財物ないし財産上の利益を得るために用いられるものをいう。告知される害悪の種類には制限がなく，犯罪事実を警察に申告すると告知することも含む。本問のように，工事の不正を摘発するという正当な行為を告げる場合も含む。ただし，恐喝の故意，すなわち相手に財物ないし財産上の利益を交付させることを意図して告げる必要がある。

　また，**告知の手段・方法には制限がなく，黙示の告知でもよい**。本問では，害悪の告知自体は明示的になされているが，金員の要求については積極的な言動はなく，「それなりの対応」としか発言していない。しかし，乙が「金のことでしょうか。」と聞いているのに敢えて黙っていることから，金員を要求した告知であるといえ，恐喝行為に当たる。なお，恐喝以外の目的で脅したところ，相手がこれを免れるために金員を提供する行為は，恐喝罪に当たらない（条解刑法 795 頁参照。恐喝罪の故意が欠けることになる）[1]。

2. 加重収賄罪の成否について

　甲は，（ア）不正工事を見逃すことの見返りとして（「請託」あり），それなりの対応を要求することにより，賄賂を要求し，乙に事実上これを約束させ，（イ）査察すべき事実を認識しながら，これを行わず（不正行為あり），（ウ）転職（異動）後に，乙から 300 万円を収受している。

　(1)　まず，「職務に関し」賄賂を収受したといえるか（（ウ）の問題）。「**職務**」とは，**公務員がその地位に伴い公務として取り扱う一切の執務**をいう。具体的職務権限がある場合に限らず，**一般的職務権限**（中央官庁であれば同一

---

[1]　ただし，当初は別の理由で脅迫していたところ，被害者が金銭で勘弁して欲しいと申し出て，その金員を受領した行為は，全体として恐喝罪となる（高松高判昭 36・2・9 下刑集 3・1＝2・35）。

の「課」内の職務など）がある場合や，**職務密接関連行為**（事実上所管する行為で，準職務行為ともいう）についても「職務」に当たる。また，職務に「関し」とは，**賄賂がその職務と対価関係にあること**を意味する。

　本問の甲は，要求した時点では県の土木建設課課長補佐であったが，収受時には県の外郭団体である住宅供給公社の開発課長（みなし公務員の身分はある）に出向していた。このように，転職（日常用語でいう「異動」）により，一般的職務権限が異なる職務に就いた後，前の職務に関して賄賂を収受した場合に，「職務に関し」といえるかが問題となる（いわゆる転職後の職務権限の問題）。なお，仮に，公務員の身分を失う職種に転職した場合は，収受時には公務員ではないので，事後収賄罪に該当しない限り収賄罪は成立しない。

　判例は，**転職前の職務に関して賄賂を収受した場合でも，公務員の身分を失わない限り収賄罪が成立する**とする（最決昭58・3・25⇨［参考判例］参照）。その者が過去に行った公務に関して賄賂を収受する行為は，その者に公務員の身分がある限り，公務の公正性を害する行為といえるからである。

　(2) 次に，請託の有無（前頁（ア）の問題）であるが，**請託とは，職務に関し一定の行為を行うこと，あるいは行わないことの依頼**である。暗黙の依頼でも足り，本問では，甲が不正工事に言及し，乙としては，金を渡さなければ摘発され，工事全体に支障が生じたり，自分の地位が危うくなると考えているから，「摘発を見送ってほしい」という黙示の請託があったといえる。

　(3) さらに，**賄賂の要求罪と収受罪の関係は，一般に包括一罪**と解されている（要求，約束に引き続き収受があった場合には，包括して1個の収賄罪（197条）が成立する）。本問でも，①要求行為と③収受行為の両方があるが，包括して1個の収賄罪に当たる。ただし，本問の甲は，「不正工事の摘発を見送ること」＝「相当の行為をしないこと」の見返りとして賄賂を要求しているから，加重収賄罪が問題となる（前頁（イ）の問題）。

　加重収賄罪（197条の3）には，**要求・収受・約束があった上で，不正行為を行う事前加重収賄罪**（同条1項）と，**不正行為を行った上で，要求・約束・収受がある事後加重収賄罪**（同条2項）とがある。本問では，①要求・約束行為，②不正行為，③収受行為がなされており，不正行為の前にも後にも収賄罪の構成要件該当行為が認められる。このような場合は，事前加重収賄，事後加重収賄のいずれと考えるべきであろうか。

各行為を分析すると，まず，①の段階で，査察を見送ることについて乙の請託があると認められるから，受託収賄罪（要求・約束）が認められ，それに続いて②甲の不正行為（査察の見送り）があるから，②の段階で事前加重収賄罪に当たる行為が行われたと評価できる。また，③の段階でなされた収受も，単純な収受ではなく，不正行為が行われた後の収受であるから，事後加重収賄罪（収受）となる。したがって，事前加重収賄と事後加重収賄の両方に当たることになるが，包括して197条の3の加重収賄罪一罪が成立すると評価すれば足りる。

二　丁の罪責

1．恐喝罪の成否

甲の恐喝罪に関し，丁に共犯が成立するか。まず，丁に甲の恐喝についての認識があったかが問題となるが，丁は甲が「不正工事の疑いをちらつかせたこと」，「乙がそれに怯えて金を持ってくること」を認識しているから，甲の恐喝行為につき認識があるといえる。

もっとも，丁は金を受領する行為しか行っていないが，このような場合にも丁に共犯が成立するか。承継的共犯の成否が問題となる。承継的共犯は強盗罪について問題となることが多いが，詐欺罪・恐喝罪のような単純一罪の場合の方が，先行行為の積極的利用が認められやすい面がある。ただ，丁は，恐喝罪の中心部分である脅迫が終了した後に関与しているから，幇助にとどまるのではないか（横浜地判昭56・7・17判時1011・142。実行行為の一部である金員を交付させる行為の分担を幇助とした。木村175頁参照）。

しかし，丁自身も家計のための金が必要だと思っていること，乙から金を受け取るという重要な役割を果たしていることから，丁は**先行行為を認識し，それを積極的に利用し，**自己の犯罪として実行したといえる。よって，丁には恐喝罪の承継的共同正犯が成立する。

2．収賄罪の共同正犯の成否

丁は甲から，「不正工事の疑いをちらつかせたら，乙がびくついていた。」と聞かされているから，甲が工事の不正を見逃す見返りとして金を要求した

ことを認識していたと考えるべきである。よって,「職務に関し」,「不正行為を行い」,「賄賂を要求した」ことの認識があり,さらに金員受領を相談しているから「収受すること」について,共謀が成立しているといえる。

また,恐喝罪と同様,丁は金員を受領する行為だけを共同して行っているが,収賄罪に関しても,甲の**先行行為を積極的に利用して収受行為を行っている**から,承継的共同正犯が成立する。

丁には公務員の身分がないものの,65条1項により加重収賄罪の共同正犯が成立するが,科刑は65条2項により単純収賄罪の刑が科されることになるのだろうか。業務上横領罪や特別背任罪については,業務者や特別背任の身分のない者については65条1項により業務上横領罪(特別背任罪)が成立し,65条2項により刑は横領罪(背任罪)にとどまると理解されている(⇨第20講371頁参照)。しかし,加重収賄罪は,一定の身分により刑が加重されているわけではなく,不正行為を行ったことが加重の根拠である。そうだとすれば,身分により刑の減軽を認める必要はなく,65条1項のみを適用して加重収賄罪一罪の共同正犯が成立すると理解する方が妥当である。

3.横領罪の成否

丁は,乙から受け取った300万円のうち,100万円を抜き取って,残額200万円を甲に渡しているが,この行為は横領罪(252条)に当たるか。

丁は,当該金員について既に収賄罪が成立しているから,その後に,当該金員を費消したとしても何ら犯罪が成立しないのではないか。あるいは,甲は当該金員について何ら権限を有しないから,横領罪の被害者として保護すべき財産的利益が認められないのではないか(いわば不法原因給付と同様の問題が生ずる)が問題となる。

例えば,XとYとが共同して現金を窃取した後,Yが奪った現金の一部をXに黙って持ち逃げした場合,Yは窃盗罪にならないか。盗品について,正犯者がその後処分する行為について犯罪が成立することはない。しかし,その盗品を,XとYとが共同して占有するに至った後,一方が他方の占有を侵害する行為は窃盗罪として評価できる(窃盗犯人から第三者が盗品を奪えば,窃盗罪になるのと同様である。たしかに,第三者と元々の窃盗の共犯者との違いはあるが,最初の窃盗とは全く別個の行為がなされている以上,共犯者による新たな

犯罪を成立させることは十分に可能である）。

本問では，甲と丁が共同して収賄した金員ではあるが，**収賄罪が完成した後，丁が単独で占有している時点で着服**しており，自己（丁）の占有する他人の物の横領といえる。

もっとも，収賄罪の共同正犯間に委託信頼関係が認められるかという問題はある。しかし，盗品のあっせんを依頼された者が，その盗品を着服すれば，盗品を預けた者に対しての横領罪が成立する[2]から，本問の甲と丁についても同様の関係が認められよう。

三 乙の罪責

1. 業務上横領罪について

(1) 乙が，B建設から業務上預かって保管していた支払い用の金員のうち，500万円を自己名義の口座に預金する行為は，業務上横領罪（253条）に当たるか。

乙が自己名義の口座に預金したのは，B建設の所有する工事代金支払い用の金員で，乙が業務上保管していた物の一部であるから，乙にとって，「業務上自己の占有する」物といえる（自己の預金口座にある預金は，横領罪との関係では占有が認められる。⇨第20講364頁参照）。

また，この500万円は工事代金であり，B建設の所有する金員であるから，乙にとって「他人の物」に当たる。

(2) では，「横領」行為といえるか。横領行為とは，不法領得の意思の発現行為であり，委託の任務に背いて，その物につき権限がないのに所有者でなければできないような処分をすることをいう。乙は，工事を円滑に進めるための費用として裏金を作っているから，直接的に自己の利益を得ようとしたものとはいえない。しかし，個人的な利益を図る意図でないとしても，**専ら会社のために行う意図**でない限りは，不法領得の意思の発現行為に当たる。

[2) 最判昭36・10・10（刑集15・9・1580）は，盗品を売却するあっせんを行った者が，売却代金を着服した行為につき，盗品の有償処分のあっせんの罪（256条2項）の他，横領罪（252条）も成立するとした。

乙は工事代金として使途を定めて預かった金員を，他の目的すなわち，乙の自由に使える金を捻出する目的で利用しているから，専ら会社のための行為とはいえない[3]。よって，委託の趣旨からいって許されない，所有者でなければできない処分といえ，保管する金員を自己名義の口座に移した時点で，業務上横領罪が成立する。

2. 丙にファイルを持ち出させ，コピーを作成させる行為について

（1）丙は，ファイルを保管管理しているGに対し，ファイルを閲覧するために短時間借りたいとの虚偽の事実を申し向けて借り出しているから，丙の行為は1項詐欺罪（246条1項）に当たる。では，命じた乙にも詐欺罪の共同正犯が成立するか。

乙は裏金については丙に隠しているものの，コピーが禁止されている書類について，コピー目的で持ち出すことについては，乙と丙との間に共謀が認められる。乙は，具体的に丙がどのような口実でファイルを持ち出すかまでは了解していないが，「何とかうまくやってくれ。」と言っていることから，窃盗ないし詐欺の態様での持出しを命じているといえる。

そして，乙は，自らの不正行為の隠蔽目的で丙にファイルの持出しを命じていること，丙が乙の部下であるために断りにくい関係であることを利用していることを考慮すれば，乙は単なる教唆ではなく，乙自らの犯罪として丙に詐欺行為を行わせているといえるから，正犯性が認められる。

他方，丙も，乙の意図を完全に認識しているわけではないが，コピー禁止のファイルを持ち出してコピーすることの認識はあるから，単なる道具とはいえず，乙は間接正犯ではなく共同正犯となる。

（2）乙は，丙の作成したコピーを，さらに改ざんした上でコピーを作成している。この行為は有印私文書偽造罪（159条1項）に当たるか。どの文書が偽造文書となるのかを明確にする必要がある。偽造罪は「行使の目的」が必要であるから，「行使するのはどの文書か」という観点から考えると分かりやすい。原本を行使するつもりなのか，そのコピーを行使するつもりなのか，

---

[3] 委託の趣旨以外の「他の目的」が，例えば，専ら会社のために賄賂を贈るなどの場合には，不法領得の意思が欠けることもあり得る（後掲・注4）参照）。

コピーを切り貼りして作成したものを行使するつもりなのかを，常に意識して検討する必要がある。

まず，納品書の類の文書は，一定の数量や金額の資材が納品されたという事実を示す物であるから，事実証明に関する文書に当たる。また，これらの納品関係の書類は，H名義の私文書であり，記名もあるから有印である。

もっとも，本問では原本ではなくコピーを行使する目的であるから，乙が作成したコピーが私文書に当たるといえなければならない。コピーは，単なる写しであって，文書に当たらないとして文書性を否定する見解もあるが，たとえ原本の写しであっても，原本の機械的に正確な複写版の形式，外観を有し，かつ原本同様の社会的機能と信用性を有する場合には，コピーであっても原本と同様に文書として保護すべきである（⇨第17講309頁参照）。本問の乙が作成したコピーについても，文書として保護すべきである。

また，乙は，甲に見せるためにコピーを作成しているから，行使の目的もある。

では，「偽造」行為といえるか。偽造とは，名義人と作成者の同一性に齟齬を生じさせることをいう。本問の納品書等の名義人はHであり，作成者は改ざんしてコピーを作成した乙であるから，名義人と作成者の同一性に齟齬がある。よって，乙が内容を改ざんしたコピーを作成する行為は，有印私文書偽造罪（159条1項）に当たり，これを甲に見せる行為は，偽造有印私文書行使罪（161条1項）に当たる。

なお，品名，金額，数量を改ざんしているが，これらは納品関係の書類にとって重要部分に変更を加えるもので，納品書の本質的部分の改変といえるから，変造ではなく偽造と解すべきである。

3. 金庫内の金員に対する業務上横領罪

乙は，甲に渡すために，金庫内に保管していた1,000万円のうち200万円を持ち出している。

この200万円は，B建設の所有する金員であり，乙が工事費用として業務上保管していた物である。よって，乙にとって，業務上自己の占有する，他人の物に当たる。

また，工事費用として保管していた金員を，賄賂として支払うために持ち

出す行為は，**委託の任務に背いて，その物につき権限がないのに所有者でなければできないような処分**に当たるから，横領行為といえる。もっとも，賄賂が違法行為であることのみを挙げて，委託の任務に背いた横領行為であるとするのは妥当でない。たとえ賄賂として渡すために会社の金を持ち出した場合であっても，**専ら会社のためにする意図であれば，不法領得の意思の発現行為とはいえない**からである[4]。

　しかし，本問の乙は，査察が入ることにより工事に支障が生ずることを恐れただけではなく，裏金のことが露見すれば自己の工事現場主任としての地位が危うくなると考え，会社の金を使って賄賂を渡すことを決意しているから，専ら会社のために甲に賄賂を渡す意図であったとはいえず，横領行為に当たる。

　乙は，①自己名義の口座の預金のうちの100万円と，②金庫内の会社資金200万円を併せて甲に渡す300万円を用意しているが，①の100万円については，乙名義の預金口座に入金した時点で業務上横領罪が成立している。では，甲に渡すために口座から引き出す行為は，新たに別の業務上横領罪が成立するのであろうか。

　この100万円は，乙の口座に預金されていたものであるから自己の占有する物である。また，乙が横領して得た金員であるが，なお所有権はB建設にあり，依然として他人の物であることに変わりはない。しかも，裏金として使う目的とは別の，賄賂として用いる目的で持ち出しているから，改めて委託の任務に背いて，その物につき権限がないのに所有者でなければできない行為を行ったといえ，重ねて業務上横領罪が成立することとなる。

　もっとも，もともと自己名義の口座に移した500万円も，金庫から新たに持ち出した200万円も，乙が業務上保管していたB建設の工事代金を着服した一連の行為であると評価する余地もあろう。しかし，500万円の横領と，200万円の横領とは，**機会も目的も異なるから，社会的にみて別個の犯罪行為**として併合罪と考えるべきであろう。

---

4)　最決平13・11・5（刑集55・6・546ー国際航業事件）は，「専ら会社のためにする」意図であれば，不法領得の意思は認められないとし，自社株の買い戻しのために会社資金を使った行為につき，その行為が商法その他の法令に違反するという一事から，直ちに行為者の不法領得の意思を認めることはできないとする。ただし，結論としては業務上横領罪の成立を認めた。

4. 贈賄罪

乙が，丁を通じて甲に対し300万円を供与した行為は，贈賄罪（198条）に当たるが，**恐喝罪の被害者である乙に，贈賄罪が成立するか**が問題となる。

もし，脅迫により意思が完全に抑圧され，財物を強取されたような場合であれば，贈賄罪は成立し得ない。しかし，「贈賄罪における賄賂の供与等の行為には，必ずしも完全な自由意思を要するものではなく，**不完全ながらも，いやしくも贈賄すべきか否かを決定する自由が保有されておれば足りるもの**と解するのが相当である」（最決昭39・12・8⇨［参考判例］参照）。

乙は，脅されて畏怖してはいるものの，工事への影響や自らの保身を考えて賄賂の供与を決意しており，贈賄すべきか否かを決定する自由は有していたといえる。

四 丙の罪責

丙が，乙に指示されて資料ファイルを持ち出す行為について，詐欺罪（246条1項）が成立するか。

まず，本問のファイルは，納品に関する情報が化体されたものであり，財物に当たる。

次に，ファイルの持出し行為が詐欺罪に当たるか窃盗罪に当たるかが問題となる。このファイルは保管室にあり，B建設のGが保管管理しているから，Gが占有する物である。では，Gからの占有の移転は，錯誤に基づく交付行為によるのか（詐欺罪），それとも窃取行為によるのか。

たしかに，Gがファイルを手渡した事実がないから，「交付」行為がないようにもみえる。しかし，占有している者の注意を他に向け，その隙に財物を窃取する行為とは異なり，丙は，Gに虚偽の事実を申し向け，Gの許可を得てファイルを持ち出しているから，Gの（黙示の）交付行為があったといえる。GがD課長の部下であることを理由に処分権限がないとの疑いが生ずる可能性もあるが，Gがファイルを保管管理している以上，処分権限は否定されない。

また，ファイルはコピーが禁じられており，現にGは丙にコピーしないよう確認しているから，**コピー目的の持出しか否かは，Gにとって重要な事**

項である。よって，コピー目的であるのにそうでないように装って持出しの許可を得る行為は，重要な事項について虚偽の事実を申し向けたといえ，欺く行為に当たる。

ただし，丙には短時間で返却する意思があるから，不法領得の意思を欠くのではないかが問題となる。しかし，たとえ返還意思があったとしても，コピーが禁じられている書類についてコピーを作成する行為は，所有権者を排除し，他人の物を自己の所有物として利用または処分する意思があるといえる。**コピーをとることが，本来的・経済的用法に従って利用処分する意思で**あることも認められる（⇨第16講287-289頁参照）。

Gはコピー目的ではないとの錯誤に陥り，持出しを許可し，交付しているから，丙には1項詐欺罪が成立する。

丙と乙との共犯関係であるが，丙が乙に命じられるままに行為しているとすれば，幇助にとどまるようにもみえる。しかし，丙は，裏金に気づいているものの，乙の世話になっていることから乙のために不正な行為でも実行しようと決意したものと考えるのが自然であり，重要な役割を担っているから，持出し行為については共同正犯が成立するといえる。

なお，丙が，改ざんを加えずにコピーする行為は，何ら犯罪を構成しない。仮に，丙が，乙の改ざん行為を予想してコピーしていたといった事実が認められれば，乙の偽造罪の幇助犯となる余地もあるが，本問ではそのような事実は認められない。

【参考判例】

最大判平15・4・23（刑集57・4・467）（横領後の横領）⇨第20講［参考判例］。

最決平17・3・11（刑集59・2・1） 警視庁A警察署地域課に勤務する警察官が，同庁B警察署刑事課で捜査中の事件に関し，同事件の関係者から現金の供与を受ける行為につき，警視庁警察官の犯罪捜査に関する職務権限は，同庁の管轄区域である東京都の全域に及ぶとして，収賄罪に当たるとした。〈前田・重要判例No.246，北野通世・百選Ⅱ No.105〉

最決昭58・3・25（刑集37・2・170） 県の建築部宅建業係長だった職員に対し，その者が県住宅供給公社職員（みなし公務員）に出向した後に，宅建取引業者が，

係長としての職務に関し現金を手渡した行為につき，公務員が一般的職務権限を異にする他の職務に転じた後に前の職務に関して賄賂を供与した場合であっても，右供与の当時受供与者が公務員である以上，贈賄罪が成立するとした。〈前田・重要判例 No. 247，山本紘之・百選Ⅱ No. 109〉

最決昭 39・12・8（刑集 18・10・952） 関東財務局の証券検査官 A に，経理上の不正を指摘された会社幹部 X が，検査のために A が一時保管中の金員をそのまま持ち去ることを容認した行為が，贈賄罪に当たるとした。⇨［解説］434 頁参照。

事項索引

あ
欺く行為 ……………… 250, 289, 344, 408

い
遺棄 ……………………………… 234
移置 ……………………………… 166
一時使用 ………………………… 287
一般的職務権限 ………………… 426
居直り強盗 ……………………… 216
違法阻却 ………………………… 84
威力 ……………………… 252, 276
因果関係 ……………… 52, 92, 387
　　──の錯誤 ………………… 42
因果関係論 ……………………… 12
隠匿 ……………………………… 327
隠避 ……………………………… 312

う
ヴェーバーの概括的故意 ……… 15

お
横領行為 ………………… 348, 365
横領後の横領 …………………… 369
横領罪 …………………… 170, 429
　　──の不法領得の意思 …… 365
　　──の占有 ………………… 364
横領罪と背任罪の区別 ………… 366
置き去り ………………………… 166

か
科刑上一罪 ……………………… 256
加重収賄罪 ……………………… 426
過剰避難 ………………… 388, 389
過剰防衛 ……………… 108, 219, 388
かすがい現象 …………… 292, 331, 392
カード名義人の承諾 …………… 349
監禁罪 …………………………… 93
監禁致傷罪 ……………………… 93
間接正犯 ……… 11, 94, 201, 213, 250, 272
　　窃盗罪の── ……………… 410

き
観念的競合 ……………………… 255
偽計 ……………………… 271, 276
偽計業務妨害罪 ………………… 237
危険運転致死傷罪 ……………… 42, 49
偽造 ……………………… 309, 432
偽造文書 ……………… 308, 407, 431
偽造有印私文書行使罪 ………… 345
毀損 ……………………………… 271
寄付金詐欺 ……………………… 250
器物損壊罪 ……… 48, 94, 232, 236, 327
客観的帰責 ……………………… 52
キャッシュカード ……………… 201
急迫性 …………………… 106, 181
急迫不正の侵害 ………… 219, 390
恐喝行為 ………………………… 426
恐喝罪 …………………… 426, 428
狭義の作為義務 ………………… 69
教唆犯 …………… 169, 201, 213, 214, 350
共同正犯 ………………… 75, 410
　　横領罪の── ……………… 373
脅迫 ……………………………… 330
共犯からの離脱 ………… 201, 238
共犯関係の解消 ………………… 238
共犯と身分 ……………… 293, 371
共犯と錯誤 ……………………… 224
共犯の因果性 …………………… 202
共謀 …………… 90, 164, 182, 231, 431
　　教唆犯の── ……………… 169
　　予備の── ………………… 169
　　──の射程 ………… 199, 238
共謀共同正犯 …………………… 214
業務 ……………… 253, 274, 365
　　──と公務 ………………… 253
業務上横領罪 …………… 364, 367, 430
業務上過失致死罪 ……………… 78
業務妨害罪 ……………………… 274
強要罪 …………………………… 312
虚偽診断書等作成罪 …………… 169
虚偽の風説の流布 ……………… 271

極端従属性説 ……………………… 213
挙動による欺く行為 ……………… 93
緊急避難 ……………………… 185, 388

く

具体的職務権限 …………………… 426
具体的符合説 ……………………… 186
クレジットカード ………… 201, 348, 411

け

計画 ………………………………… 31
結果 ………………………………… 11
原因において違法な行為 ………… 106
原因において自由な行為 …… 143, 144
喧嘩両成敗 ………………………… 105
現在の危難 ………………………… 388
現住建造物 ………………………… 386
現住建造物放火罪 ………………… 386
建造物侵入罪 ……………………… 233
建造物の一体性 …………………… 380
限定責任能力 ……………………… 145
現場共謀 …………………… 235, 255
権力的公務 ………………… 274, 292
牽連犯 …………………………… 94, 234

こ

故意 …………………………… 11, 31
行為共同説 ………………… 76, 167
行為の連続性 ……………………… 10
公共の危険 ………………………… 394
行使 ………………………… 310, 407
　──目的 ………………………… 307
強盗罪 ……………………… 198, 200
強盗致傷罪 ………………… 199, 330
強盗の機会 ………………………… 199
公文書 ……………………………… 307
公務 ………………………………… 255
　──と業務 ……………… 253, 274
公務執行妨害罪 …………… 255, 292
誤想過剰防衛 ……………… 125, 390
誤想避難 …………………………… 112
誤想防衛 ………………… 112, 125, 185
コピーの文書性 …………… 307, 432
個別財産の喪失 …………………… 344

さ

財産上の利益 …………… 198, 347, 372

罪数 ………………………………… 392
財物 ………………………………… 287
詐欺罪 ……………………… 93, 368, 408
作為可能性 ………………………… 68
作為義務 …………………………… 68
　──に関する錯誤 ……………… 61
作為義務違反 ……………………… 69
錯誤
　事実の── …………………… 329
　方法の── ……………………… 50
　法律の── ……………………… 255
　共犯と── ……………………… 224
作成者 ……………………………… 309
殺人罪 ……………………………… 163
　不作為の── ………………… 235
殺人予備罪 ………………… 28, 273

し

事後加重収賄罪 …………………… 427
事後強盗罪 ………………………… 290
事後強盗罪と共犯 ………………… 293
事後強盗殺人罪 …………………… 233
事後収賄罪 ………………………… 427
事実証明に関する文書 ………… 432
事実の錯誤 ………………………… 329
自傷行為 …………………………… 92
自招防衛 …………………………… 106
事前加重収賄罪 …………………… 427
失火罪 ……………………………… 393
実行行為 …………………………… 10
　──の連続性 ………………… 16
実行の着手 ………………………… 28
実行未遂 …………………………… 34
自動車運転過失致死傷罪 ……… 42, 91
自動車運転処罰法 ……………… 42, 48
私文書 ……………………………… 310
私文書偽造罪 ……………………… 169
事務処理者 ………………… 351, 366
重過失致死罪 ……………………… 137
住居 ………………………………… 386
収受罪 ……………………………… 427
収賄罪 ……………………………… 428
取得説 ……………………………… 288
準職務行為 ………………………… 427
傷害 ………………………………… 331
傷害罪 ……………………………… 49, 392
傷害致死罪 ………………………… 49, 50

障害未遂 …………………………………… 34
消火妨害罪 ………………………………… 393
承継的共同正犯 …………………… 131, 257, 428
承継的共犯 ………………………… 130, 293, 428
証拠隠滅罪 ………………………………… 312
焼損 ………………………………………… 387
職務に関し ………………………………… 426
職務密接関連行為 ………………………… 427
人格の同一性 ……………………………… 309
心神喪失 …………………………………… 144
真正身分犯 …………………………… 294, 371
親族相盗例 ………………………………… 365
信用 ………………………………………… 272
信用毀損罪 ………………………………… 270
心理的因果性 ……………………………… 202

せ
制限従属性説 ……………………………… 213
請託 ………………………………………… 427
正当防衛 …………………………… 105, 180, 388
正当防衛権の濫用 ………………………… 106
正犯意思 ……………………………… 215, 371
責任能力 …………………………………… 144
積極加害意思 …………………… 104, 129, 180
積極加害型自招侵害 ……………………… 110
積極加害行為 ……………………………… 181
窃取 ………………………………………… 197, 314
窃盗罪 …………………… 203, 232, 286, 408
窃盗の犯行の機会の継続中 ……………… 292
先行行為 …………………………………… 70
占有 ………………………………………… 364

そ
相当因果関係説 ……………………… 14, 42
贈賄罪 ……………………………………… 434
損壊 ………………………………………… 327
損害 ………………………………………… 336
　　──の発生 …………………… 344, 351

た
第三者防衛 ……………………… 112, 183, 234
逮捕監禁罪 ………………………………… 392
逮捕監禁致死傷 …………………………… 392
他人の物 …………………………………… 365

ち
着手未遂 …………………………………… 34

中止未遂 …………………………………… 34
抽象的事実の錯誤 ………………………… 329
挑発行為 ……………………………… 108, 217

つ
通称名 ……………………………………… 412

て
電磁的公正証書原本不実記録罪 ……… 345
転職 ………………………………………… 427

と
同意傷害 …………………………………… 90
同時傷害の特例 …………………… 131, 257, 392
同時存在の原則 …………………………… 143
盗品 ………………………………………… 429
独立燃焼説 ………………………………… 387
図利加害目的 ……………………………… 367

に
2項詐欺罪 ………………………………… 372
二重売買 ……………………………… 365, 373
任意性 ……………………………………… 35
任務違背行為 ……………………………… 367

は
背任罪 ……………………………… 351, 366, 367
　　──と横領罪の区別 ………………… 366
早すぎた構成要件の実現 ………………… 15
反抗抑圧後の財物奪取意思 ……………… 328
犯罪共同説 …………………………… 76, 167
犯罪収益移転防止法 ……………………… 344
犯人隠避罪 ………………………………… 312

ひ
被害者の承諾 ………………………… 84, 91
避難の意思 ………………………………… 388

ふ
ファクシミリの文書性 …………… 307, 308
不可罰的事後行為 ………………… 329, 370
不作為
　　──の殺人罪 ………………………… 68
　　──の実行行為 ……………………… 68
　　──の幇助犯 ………………………… 167
不作為犯の因果関係 ……………………… 72
不真正身分犯 ………………………… 294, 371

物理的因果性 …………………………… 202
不法原因給付 ……………………… 171, 348
不法領得の意思
　………… 216, 231, 287, 326, 430, 433, 435
　　横領罪の── ……………………… 365
不保護 ………………………………… 71, 73
不保護罪 ………………………………… 166

へ

併合罪 ………………………………… 94, 433
変造 ……………………………………… 309

ほ

防衛行為の連続性 ……………………… 127
防衛するため ……………………… 109, 181
防衛の意思 ……………………… 219, 234, 388
放火 ……………………………………… 386
妨害 ……………………………………… 275
放火罪
　　不作為の── ……………………… 392
包括一罪 ………………… 48, 251, 392, 427
防御の範囲 ……………………………… 312
暴行 ……………………………………… 255
暴行罪 …………………………………… 48
幇助 ……………………………………… 75
　　不作為の── ……………………… 167
　　──の故意 …………………… 168, 411
法条競合 ………………………………… 255
幇助犯 ……………………………… 203, 350, 411
法定的符合説 ………………… 17, 33, 111
方法の錯誤 …………………………… 41, 50
法律の錯誤 ……………………………… 255
暴力団排除条例 ………………………… 346
保険金詐欺 ……………………………… 91
保護責任者 ……………………………… 71
保護責任者遺棄罪 ………………… 71, 234
保護責任者遺棄致死罪 ………… 76, 166
補充性 …………………………… 185, 388
保障人的地位 ……………………………… 63

み

未遂 ……………………………………… 10
未必の故意 ……………………………… 70
身分 ……………………………………… 429
身分犯 …………………………………… 371

む

無印 ……………………………………… 301
無形偽造 ………………………… 170, 307
無銭飲食 ………………………………… 350

め

名義人 …………………………………… 309
名義人の承諾 …………………… 349, 406

や

やむを得ずにした行為 ………… 178, 388

ゆ

有印 ……………………………… 309, 409
有印公文書偽造罪 ……………………… 307
有印私文書偽造罪 ……… 345, 364, 407, 431
有形偽造 ………………………… 406, 409
有償処分のあっせん …………………… 430

よ

要求罪 …………………………………… 427
養子縁組 ………………………………… 345
要素従属性 ……………………………… 213
要保護性 ………………………………… 253
予備 ……………………………………… 273

り

利益強盗罪 ……………………………… 198
離脱 ……………………………………… 257
量的過剰 ………………………………… 219

わ

賄賂 ……………………………… 427, 434

判例索引

大正

大判大 1・11・28 刑録 18・1431 ………………368
大判大 7・12・18 刑録 24・1558 ………………393
大判大 12・3・23 刑集 2・254 ……………14, 17
大判大 12・4・30 刑集 2・378 ……………14, 17

昭和 1〜30 年

大判昭 5・12・12 刑集 9・893 …………………94
大判昭 13・3・11 刑集 17・237 ………………393
最判昭 23・10・23 刑集 2・11・1386 …158, 169
最判昭 24・4・5 刑集 3・4・421 ………………133
最判昭 25・3・31 刑集 4・3・469 ………………53
最判昭 25・11・16 裁判集刑 36・45 ……………83
最判昭 26・8・9 刑集 5・9・1730 ……………292
東京高判昭 27・3・29 判特 29・102 …………374
最判昭 27・12・25 刑集 6・12・1387 ………336
最決昭 29・5・27 刑集 8・5・741 ……………292
最決昭 30・7・7 刑集 9・9・1856 ……………351

昭和 31〜40 年

名古屋高判昭 31・4・19 高刑集 9・5・411
　　　　　　　　　　　　　　　　　147, 152
最判昭 31・6・26 刑集 10・6・874 ……………373
最判昭 31・12・7 刑集 10・12・1592
　　　　　　　　　　　　　　356, 368, 374
最判昭 32・1・22 刑集 11・1・31 ……………108
最決昭 32・9・10 刑集 11・9・2202 ……34, 36, 38
最判昭 32・11・19 刑集 11・12・3073 ………165
最判昭 33・9・9 刑集 12・13・2882 …………393
最決昭 34・5・22 刑集 13・5・801 ……………199
最判昭 35・2・4 刑集 14・1・61 ………………388
高松高判昭 36・2・9 下刑集 3・1=2・35 ……426
最判昭 36・10・10 刑集 15・9・1580 …171, 430
最決昭 39・12・8 刑集 18・10・952 ……434, 436
宇都宮地判昭 40・12・9 下刑集 7・12・2189…273

昭和 41〜50 年

最決昭 42・10・24 刑集 21・8・1116 ……………55
最決昭 43・2・27 刑集 22・2・67 ……………152
東京高判昭 43・4・26 東高刑時報 19・4・93…315

東京高判昭 44・5・2 判タ 236・217 …………217
東京高判昭 45・11・11 高刑集 23・4・759 ……83
福岡高判昭 47・11・22 刑月 4・11・1803
　　　　　　　　　　　　　　356, 373, 374
東京高判昭 48・3・26 高刑集 26・1・85
　　　　　　　　　　　　　　321, 328, 331
東京高判昭 48・11・20 高刑集 26・5・548 …366
東京地判昭 49・11・7 判タ 319・295 ……48, 51

昭和 51〜60 年

大阪地判昭 51・3・4 判時 822・109 ……147, 152
最判昭 51・4・30 刑集 30・3・453 ………316, 412
東京地判昭 51・7・14 判時 834・106 …………35
東京地判昭 52・6・8 判時 874・103 ……………83
最決昭 52・7・21 刑集 31・4・747 ………107, 180
大阪地判昭 52・12・26 判時 893・104 …………83
最決昭 53・3・22 刑集 32・2・381 ……13, 15, 18
最決昭 54・4・13 刑集 33・3・179 ………156, 171
最決昭 55・10・30 刑集 34・5・357 …………287
最決昭 55・11・13 刑集 34・6・396 ……83, 91, 96
最決昭 56・4・8 刑集 35・3・57 …………406, 412
横浜地判昭 56・7・17 判時 1011・142 ………428
東京地判昭 58・3・25 刑集 37・2・170 …427, 435
最決昭 58・4・8 刑集 37・3・215 …………291, 295
東京地判昭 58・6・20 判時 1105・153 ………386
最決昭 58・9・21 刑集 37・7・1070
　　　　　　　　　　　　　　207, 213, 220
最決昭 59・2・17 刑集 38・3・336 ……………412
東京地判昭 59・6・22 判時 1131・156 ………393
東京地判昭 59・6・28 刑月 16・5=6・476 …287
大阪高判昭 60・2・6 判タ 555・342 …………331

昭和 61〜63 年

福岡高判昭 61・3・6 高刑集 39・1・1 ………36, 38
仙台地石巻支判昭 62・2・18 判タ 632・254
　　　　　　　　　　　　　　　　　　83, 95
最決昭 62・3・26 刑集 41・2・182 ……………133
東京高判昭 62・7・16 判時 1247・140 ……34, 38
大阪高判昭 62・7・17 判時 1253・141 ………294
大阪地判昭 63・12・22 判タ 707・267 ………288

平成 1～10 年

最決平 1・7・7 判時 1326・157 ………… 386, 393
最決平 1・7・14 刑集 43・7・641 ………… 386, 393
最決平 1・12・15 刑集 43・13・879 …… 72, 78, 167
名古屋高判平 2・1・25 判タ 739・243 ………… 37
東京高判平 2・2・20 高刑集 43・1・11 ……… 412
名古屋高判平 2・7・17 判タ 739・245 ………… 37
最決平 2・11・20 刑集 44・8・837 ………… 53, 55
名古屋高裁金沢支判平 3・7・18 判時 1043・125
　　………………………………………………392
東京高判平 3・12・26 判タ 787・272 ……… 349
長崎地判平 4・1・14 判時 1415・142
　　……………………………… 136, 146, 152
浦和地判平 4・2・27 判タ 795・263 ………… 37
東京地判平 4・5・28 判タ 806・230 ……… 406
最決平 4・6・5 刑集 46・4・245
　　……………………………… 117, 118, 127, 183, 186
東京高判平 4・10・28 判時 823・252 ……… 289
最決平 5・10・5 刑集 47・8・7 ……………… 309
東京高判平 6・7・12 判時 1518・148 ……… 136
最判平 6・12・6 刑集 48・8・509 ………… 127, 187
東京高判平 7・3・14 高刑集 48・1・15 …… 315
札幌高判平 7・6・29 判時 1551・142 …… 328, 331
東京地判平 7・10・9 判時 1598・155 ……… 238
東京地判平 7・10・24 判時 1596・125 ……… 38
大阪高判平 7・11・9 判時 1569・145 …… 207, 214
東京高判平 8・2・7 判時 1568・145
　　……………………………… 99, 100, 110, 113
東京地判平 8・3・28 判時 1596・125 ………… 37
岡山地判平 8・4・15 判時 1587・155 ……… 296
広島高岡山支判平 8・5・22 高刑集 49・2・246
　　………………………………………………412
大阪地判平 8・7・8 判タ 960・293 ………… 309
東京地判平 9・3・6 判時 1599・41 ………… 253
最決平 9・6・16 刑集 51・5・435 …………… 128
大阪地判平 9・6・18 判時 1610・155 ………… 37
東京地判平 9・7・15 判時 1641・156 ……… 148
東京高判平 9・8・4 高刑集 50・2・130 ……… 91
大阪地判平 9・8・20 判タ 995・286 …… 132, 258
大阪高判平 9・10・26 判タ 997・291 …… 387, 394
最決平 9・10・21 刑集 51・9・755 ………… 394
横浜地判平 10・3・30 判時 1649・179 ……… 37
大阪高判平 10・6・24 高刑集 51・2・116
　　……………………………………… 388, 394
東京地判平 10・8・19 判時 1653・154 ……… 406
東京地判平 10・10・27 判タ 1019・297
　　……………………………… 175, 180, 182, 187
東京高判平 10・11・27 高刑集 51・3・485 ……253

平成 11～20 年

東京高判平 11・1・29 判時 1683・153 …168, 204
神戸地判平 11・2・1 判時 1671・161 …… 137, 150
福岡高判平 11・9・7 判時 1691・156 …… 35, 38
最決平 12・2・17 刑集 54・2・38 …………… 277
東京高判平 12・2・21 判時 1740・107 ……… 199
札幌高判平 12・3・16 判時 1711・170 ……… 204
東京高判平 12・5・15 判タ 1741・157
　　……………………………… 296, 327, 331
大阪高判平 12・6・22 判タ 1067・276 ……… 181
東京高判平 13・2・20 判時 1756・162 …16, 18, 21
大阪高判平 13・3・14 高刑集 54・1・1 ……… 327
東京高判平 13・4・9 高刑速 3132・50 ………… 38
札幌高判平 13・5・10 判時 1089・298 ………… 37
大阪高判平 13・6・21 判時 1085・292 ……… 204
京都地判平 13・9・21 刑集 58・2・93 …… 203, 411
最決平 13・10・25 刑集 55・6・519 …… 214, 220
最決平 13・11・5 刑集 55・6・546 ………… 433
福岡地判平 14・1・17 判時 1097・305 ……… 386
最決平 14・2・14 刑集 56・2・86 …………… 296
名古屋高判平 14・8・29 判時 1831・158
　　……………………… 132, 202, 204, 225, 238, 239
大阪高判平 14・9・4 判タ 1114・293
　　……………………………… 176, 184, 185, 187
最決平 14・9・30 刑集 56・7・395
　　……………………………… 253, 254, 258, 274, 277
東京地判平 15・1・31 判時 1838・158 ……… 345
最決平 15・2・18 刑集 57・2・161 …………… 374
東京地判平 15・3・6 判タ 1152・296
　　……………………………… 320, 330, 332, 391
最決平 15・3・11 刑集 57・3・293 …… 272, 277
東京高判平 15・3・20 判時 1855・171 ……… 332
最決平 15・4・14 刑集 57・4・445 …………… 394
最大判平 15・4・23 刑集 57・4・467
　　……………………………… 369, 374, 435
最決平 15・7・16 刑集 57・7・950 …… 52, 56, 149
最決平 15・10・6 刑集 57・9・987 …………… 412
札幌地判平 15・11・27 判タ 1159・292
　　……………………………… 70, 167, 171
最決平 16・2・9 刑集 58・2・89
　　……………………………… 203, 345, 349, 352, 411
最決平 16・2・17 刑集 58・2・169 ……………… 53
最決平 16・3・22 刑集 58・3・187 ……… 21, 23, 29

仙台高判平16・5・10 高検速報平16・229 …345
最決平16・11・30 刑集58・8・1005
　………………………………287, 288, 296
東京高判平16・12・1 判時1920・154
　………………………………………48, 50, 149
最判平16・12・10 刑集58・9・1047 …………296
大阪高判平16・12・21 判タ1183・333………410
最決平17・3・11 刑集59・2・1 ……………435
大阪地判平17・3・29 判タ1194・293 …337, 347
名古屋地判平17・6・1 公刊物未登載 ………29
最決平17・7・4 刑集59・6・403
　………………………70, 76, 78, 156, 165, 171
最決平18・3・27 刑集60・3・382…………55, 149
東京地八王子支判平18・7・19 刑集62・6・1794
　………………………………………………105
仙台高判平18・9・12 高検速報平18・329 …407
東京高判平18・11・29 刑集62・6・1802 ……107
名古屋高判平19・2・16 判タ1247・342 …21, 29
最決平19・4・13 刑集61・3・340
　………………………………300, 315, 316, 409
最決平19・7・2 刑集61・5・379…………291, 296
福岡高判平19・7・6 裁判所HP………………78
最決平19・7・17 刑集61・5・521 ……………252
神戸地判平19・8・28 公刊物未登載 ………347
最決平19・12・3 刑集61・9・821 ……………256
最決平20・1・22 刑集62・1・1 ………………199
最決平20・2・18 刑集62・2・37………………355
東京高判平20・3・10 判タ1269・324 ………144
大阪地判平20・3・14 判タ1279・337 …356, 370
最判平20・4・11 刑集62・5・1217………291, 296
東京高判平20・5・19 東高刑時報59・1=12・40
　………………………………………………276
最決平20・5・20 刑集62・6・1786
　………………………99, 100, 107, 113, 181, 218

神戸地判平20・5・28 裁判所HP………337, 347
仙台地判平20・6・3 裁判所HP…42, 53, 55, 149
最決平20・6・18 刑集62・6・1812……………144
最決平20・6・25 刑集62・6・1859
　………………………………113, 128, 129, 219
東京高判平20・7・18 判タ1306・311
　………………………………301, 308, 316, 412
東京地判平20・10・27 判タ1229・313
　………………………………117, 125, 133, 390

平成21年～

仙台高判平21・1・27 刑集63・5・470 ………314
最決平21・2・24 刑集63・2・1 ……113, 118, 128
東京高判平21・3・12 高刑集62・1・21
　………………………………………274, 275, 277
最決平21・3・26 刑集63・3・291
　………………………………356, 365, 370, 374
最決平21・6・29 刑集63・5・461
　………………………………300, 301, 314, 316, 409
最決平21・6・30 刑集63・5・475 …225, 237, 238
東京高判平21・10・8 判タ1388・370 ………113
東京高判平21・11・16 判タ1337・280…198, 347
最決平21・11・30 刑集63・9・1765 ……291, 296
東京高判平21・12・22 判タ1333・282………289
最決平22・3・17 刑集64・2・111 ……………251
最決平22・7・29 刑集64・5・829 ………345, 352
最決平22・10・26 刑集64・7・1019……………52
大阪地判平23・7・22 判タ1359・251 ………133
最決平24・11・6 刑集66・11・1281
　………………………………118, 131, 257, 258
東京高判平25・4・12 東高刑時報64・1=12・103
　………………………………………275, 277
最判平26・3・28 刑集68・3・582 ……………352
最決平26・4・7 刑集68・4・715 ……………352

著者略歴
1955 年　東京に生れる
1979 年　東京都立大学法学部卒業
現　在　首都大学東京 法科大学院教授，法学博士

主要著書
『財産犯論の研究』1988 年，日本評論社
『主観的犯罪要素の研究』1992 年，東京大学出版会
『詐欺罪の研究』2000 年，東京都立大学出版会
『刑事法入門　第 2 版』2001 年，東京大学出版会
『刑法　第 3 版』2010 年，東京大学出版会

演習刑法　第 2 版
2016 年 2 月 25 日　初　版

[検印廃止]

著　者　木村光江（きむらみつえ）

発行所　一般財団法人　東京大学出版会
代表者　古田元夫
153-0041　東京都目黒区駒場 4-5-29
電話 03-6407-1069　Fax 03-6407-1991
振替 00160-6-59964

印刷所　大日本法令印刷株式会社
製本所　牧製本印刷株式会社

©2016 Mitsue Kimura
ISBN 978-4-13-032379-6　Printed in Japan

〈JCOPY〉〈(社)出版者著作権管理機構 委託出版物〉
本書の無断複写は著作権法上での例外を除き禁じられています．複写される場合は，そのつど事前に，(社)出版者著作権管理機構（電話 03-3513-6969，FAX 03-3513-6979, e-mail: info@jcopy.or.jp）の許諾を得てください．

刑法 第3版		
木村光江 著	A5	3500 円
刑事法入門 第2版［オンデマンド版］		
木村光江 著	A5	2500 円
刑法総論講義 第6版		
前田雅英 著	A5	3600 円
刑法各論講義 第6版		
前田雅英 著	A5	3600 円
刑法総論 第2版		
林 幹人 著	A5	3800 円
刑法各論 第2版		
林 幹人 著	A5	3800 円
刑事訴訟法講義 第5版		
池田 修＝前田雅英 著	A5	3800 円
判例教材 刑事訴訟法 第5版		
三井 誠 編	A5	4800 円

ここに表示された価格は本体価格です．御購入の際には消費税が加算されますので御了承下さい．